金融机器学习

Advances in Financial Machine Learning

[西] 马科斯·洛佩斯·德普拉多 / 著
(Marcos López de Prado)
林华 等 / 译

中信出版集团 | 北京

图书在版编目（CIP）数据

金融机器学习 /（西）马科斯·洛佩斯·德普拉多著；林华 等译. -- 北京：中信出版社，2021.5（2025.12重印）

书名原文：Advances in Financial Machine Learning

ISBN 978-7-5217-2809-5

Ⅰ. ①金… Ⅱ. ①马… ②林… Ⅲ. ①机器学习—应用—金融投资 Ⅳ. ① F830.59-39

中国版本图书馆 CIP 数据核字（2021）第 030767 号

Advances in Financial Machine Learning by Marcos López de Prado
ISBN：978-1-119-48208-6

金融机器学习

著　　者：［西］马科斯·洛佩斯·德普拉多
译　　者：林华 等
出版发行：中信出版集团股份有限公司
（北京市朝阳区东三环北路 27 号嘉铭中心　　邮编　100020）
承 印 者：北京盛通印刷股份有限公司

开　　本：787mm×1092mm　1/16　　印　　张：27.5　　字　　数：353 千字
版　　次：2021 年 5 月第 1 版　　印　　次：2025 年 12 月第 6 次印刷
京权图字：01-2019-3798
书　　号：ISBN 978-7-5217-2809-5
定　　价：99.00 元

服务热线：400-600-8099
投稿邮箱：author@citicpub.com

译者名单

译　　者　林　华

其他译者　许余洁　蔡长春　汤子欧　林　侃　王相林

　　　　　苏　波　刘为为　江　虹　熊彬冰

很少有我们知道却无法简化到用数学推理来描述的事情。如果真的无法做到，那么一定是我们对其了解太少。如果能够使用数学推理，却不用它，那就如明明面前放着蜡烛，却偏要在黑暗中摸索一样愚蠢。

摘自《机会法则》序言

苏格兰数学家约翰·阿布思诺特（John Arbuthnot）

目 录

第1部分 数据分析

第2部分 模型

第3部分 回测

第4部分 有用的金融特征

第5部分 高性能计算方法

第1章

作为独立学科的金融机器学习

1.1 写作动机

机器学习正在彻底改变我们生活的方方面面。直到现在，依然是只有专家才能通过使用机器学习算法来完成任务。就金融领域而言，采用这样一个具有颠覆性的，并将改变人们坚持了几十年的投资方法的技术，令人尤为心潮澎湃。这本书将对我在过去20年中使用的可靠的机器学习工具进行科学解释，而这些工具也帮助我为那些需求最复杂的机构投资者管理了大规模的基金。

有关投资的书大多分为两类。一类书的作者用极其简化的数学方式描述了在现实中不存在的情况，对其阐述的东西并没有实践过。只是因为在逻辑上是正确的原理，不一定意味着在现实世界中就能行得通。另一类书的作者提供的解释缺乏逻辑严密的学术理论的支撑，不能使用正确的数学工具来解释实际观察，他们的模型在实现时就会出现过拟合并失败的结果。学术性的调研和报告与金融市场的实际应用脱节，很多交易或投资领域中的应用也不以正确的科学方法为基础。

创作本书的第一个动机是想要跨越学术界与产业界之间众所周知的鸿沟。我曾经在这两个领域都工作过，明白跨越的难度和只坚持一方观点的轻易。二者之间的平衡是一种美德。本书不会仅仅因为数学之美而鼓吹某个原理，也不会仅仅因为某个方案似乎可行就进行推荐。我的目标是传授那些来源于经验，并通过严格推导所形成的知识。

第二个动机是希望让金融服务于某个目标。在过去几年，我在一些学术报刊上发表的文章表达了我对金融在社会生活中扮演的角色的失望。投资者听信了那些源自江湖骗子，又被大众媒体鼓吹的假消息，拿自己的财富进行赌博。在不久的将来，机器学习将引领金融界，科学将战胜猜测，投资将不再是赌博。我真诚希望我的读者能参与到这场革命中来。

第三个动机源于很多投资者无法理解机器学习在投资应用中的复杂性。这一点在那些拥有完全支配权的投资公司向“量化”投资领域转型时尤为突出。我担心他们的高预期很难达到，不是因为机器学习失效了，而是因为他们用错了机器学习。在未来几年，很多公司可能会利用来自学术机构或者硅谷的现成的机器学习算法进行投资，我预测他们将赔钱（相对于更好的机器学习解决方案而言）。战胜群众的智慧比识别人脸或者驾驶汽车难得多。通过本书，我希望你能学会如何应对一些挑战，这些挑战使得金融成为机器学习算法难以攻克的领域，比如回测的过拟合问题。金融机器学习已成为一门学科，与标准机器学习既有关联又有区别，本书将为你全面介绍金融机器学习。

1.2 金融机器学习失败的主要原因

量化金融领域的失败率很高，其中的金融机器学习更是如此。只有极少数成功的机构积累了大笔的资产，并持续为它们的投资者提供超乎寻常的业绩回报。在过去的20年中，我已经见识了太多人进来又出去，一个个公司起来又倒下。从我个人的经验看，那些失败案例都犯了同一个致命错误。

1.2.1 西西弗斯范式

全权委托投资组合管理人做投资决策时，不会遵循一个特别的定律或基本原则（如果有的话，那就是普通管理人）。他们获取原始信息并进行分析，不过主要还是依赖他们自己的判断或直觉。他们为这些决策找的借口是基于一些故事，但每一个决策都是一个故事。因为没人能完全理解他们投注背后的逻辑，投资公司让他们各自独立工作，以保证多元化投资。如果你曾经参加过全权委托投资组合管理人的会议，很可能已注意到了他们的会议冗长并且缺乏目标导向。参会人各执一词，巨大的分歧在没有实证的情况下被忽视。当然，这并不意味着全权委托投资组合管理人不可能成功。相反，有些确实成功了。问题在于，他们天然地不能进行团队工作：叫来50名全权委托投资组合管理人，他们的观点会互相影响，最终结果是老板不得不付50个人的工资，而他们完成的却是一个人的工作。因此，让他们独立工作，尽可能减少他们之间的互相影响，是非常合理的。

不管在哪里，很多公司采用全权委托投资组合管理人模式去做量化或机器学习的项目，最终结果都很糟糕。董事会的心态是，全权委托投资组合管理人都在用这种方式，那我们就用这种模式做量化吧。雇用50个博士，要求他们每人在6个月内制定一套投资策略。这个方法往往事与愿违，因为每个博士都会疯狂地寻找投资机会，结果通常是：（1）拥有亮丽回测结果的过拟合；（2）标准的因子投资，一种低夏普比率（SR）的过饱和投资，但至少有理论支撑。这两种结果都会让投资委员会失望，致使项目最终被取消。即使有5个博士发现了有效的投资策略，5个人的收益也无法支付50个博士的费用，因此这5个博士也要另谋高就。这就是所谓的让每个员工日复一日搬石头上山的西西弗斯（Sisyphus）范式，这种范式的投入产出比极低。

1.2.2 元策略范式

如果你被要求自行制定一套机器学习策略，成功的概率是极其低的。

制定一套真正的投资策略所付出的努力完全不亚于制定100套投资策略所付出的努力，而且复杂度是超乎想象的：数据策划、处理、高性能计算架构、软件开发、特征分析、执行模拟、回测等。即使公司在这些领域提供了共享服务，你的处境也如同宝马公司的一个工人被要求利用身处的车间单独造出一辆完整的汽车一样困难。你必须在一星期内是一个高级的焊工，另一星期又必须成为一个电工，下一星期又需要成为一个机械工程师，然后是油漆工……你不得不不断尝试，失败，然后又回到焊工。这种感觉如何？

我所了解的每个成功的量化公司都使用了元策略（Meta-Strategy）范式［López de Prado（2014）］。因此，本书是为团队而非个人编写的研究手册。通过本书各个章节，你将学到如何设立一个研究工厂以及装配线上的各种岗位。每个数据分析师的角色应专注于特定的任务，成为该任务的最佳人选，但同时也应该对整个过程有个全局的视野。本书概括了工厂计划，其中团队以可预测的速度产生新的发现，并且不依赖于运气。这也是美国劳伦斯·伯克利国家实验室以及其他美国国家实验室在科学研究中常用的方法，比如在元素周期表上新增16种元素，或者进行磁共振成像（MRI）以及正电子发射断层扫描（PET）的基础研究。① 因为新发现是团队共同努力的结果，团队中的个体都有所贡献，所以没有一个特定的个人需要为整个研究负责。当然，设立这样的金融实验室需要很多时间，也需要了解自己所从事的工作以及有经验的从业者。但是，你认为哪个成功的机会更大呢？是这个已得到证明的组织协作范式，还是单打独斗的西西弗斯范式——让每个量化分析师将他们手中的巨石推上山顶？

1.3 本书的结构

本书将一堆互相关联的主题打乱，并重新组织成了一个有序的结

---

① Berkeley Lab，http：//www. lbl. gov/about.

构。每个章节都假设读者已经阅读了之前章节的内容。第 1 部分将帮助读者结构化金融数据以适合机器学习算法。第 2 部分讨论利用数据来进行机器学习算法研究。这一部分的重点是做研究，如何通过科学过程得出实际发现，而不是没有目标地进行研究直至某些（很可能是错误的）偶然结果出现。第 3 部分解释如何回测以检验发现成果，并评估错误率。

这 3 个部分提供了一个完整过程的综述，从数据分析、模型研究到发现评估。基于以上知识，第 4 部分回到数据本身并给出了新颖的方式来提取信息特征。最后，因为所有这些工作都需要强大的计算能力，所以第 5 部分将给出一些有效的高性能计算方法。

1.3.1 按生产链定位章节内容

在 16 和 17 世纪，开采金银是一项相对简单的工作。在不到 100 年的时间里，西班牙黄金舰队将欧洲大陆上贵金属的流通量提高了 3 倍。那些日子已经一去不复返了，现在，探矿者必须采用复杂的工业手段，才能从成吨的土壤中提取微量的金银颗粒。当然，这并不意味着黄金产量处于历史低位。相反，如今矿工每年能够开采 2 500 公吨的黄金，而西班牙殖民者整个 16 世纪挖掘的黄金总共才有 1.54 公吨![1] 已开采的黄金总量只占地球上全部黄金储备的极少部分。要是弗朗西斯科 · 皮萨罗（Francisco Pizarro）能把他手中的剑换成显微镜就好了……

投资策略的研究历程与此类似。如果说 10 年前一个人找到一种宏观阿尔法方法（也就是使用简单的数学工具，比如计量经济学）是相对普通的，那么在今天，这种情况发生的概率几乎趋于零。现在，不管一个人经验或知识如何，他寻找宏观阿尔法的过程，就是在与压倒性的优势做斗争（没有可能找到）。唯一剩下的阿尔法是微观的，找到它需要高成本的工业手段。就像黄金，微观阿尔法并不意味着更小的总收益，如今的微观阿尔法比历史上的宏观阿尔法收益更丰

---

① http：//www. numbersleuth. org/worlds - gold/.

厚，从中可以大赚一笔，但是需要使用大量的机器学习工具。

让我们以现代投资经理的视角来审视生产链中涉及的岗位。

1.3.1.1 数据管理员

这个岗位负责收集、清洗、索引、存储、调整并向生产链传输全部数据。数值可以表格化或层次化，对齐或不对齐，是历史的或实时传送的。团队成员是市场微观结构以及数据协议比如金融信息交换协议（FIX）的专家。他们必须开发用于理解数据产生背景的数据处理器。比如，一个报价撤销后是用其他报价替代，还是只是撤销？每种资产类别之间都有细微差别。比如，债券是固定的交易或回购；股票则有增发、反向拆分、权益投票等；期货和期权必须进行滚动；货币不是在一个中心化的订单中心交易的。此岗位涉及的专业程度已超过本书讨论的范围，因此第 1 章只会讨论数据管理中的几个方面。

1.3.1.2 特征分析师

这个岗位负责将原始数据转换为包含信息量的信号。这些信息信号对金融变量具有一定的预测能力。团队成员需要精通信息原理、信号解析与处理、可视化、标签、权重、分类以及特征重要性技术。比如，当发生以下情况时，特征分析师可能会发现出现抛售的可能性特别高：（1）报价被取消，代之以市价卖单；（2）买单报价被取消，代之以限价买单。这种发现本身不是一种投资策略，但是可以以其他方式进行利用：执行、监控流动性风险、做市、持仓等。一种常见的误解是认为特征分析师会制定投资策略。实际上，特征分析师只是收集并归类那些对多个岗位有用的发现。第 2 章到第 9 章和第 17 章到第 19 章专门讨论这个重要的岗位。

1.3.1.3 策略研究员

在这个岗位，信息特征被转换成实际的投资算法。策略研究员通过分析特征库寻找灵感制定投资策略。这些特征是不同的分析师通过研究众多投资工具和资产类别得来的。策略研究员的目标是对所有观察结果进行梳理，并形成一般理论来解释它们。因此，策略仅仅是用来验证这一理论有效性的实验。团队成员都是数据科学家，有着深厚的金融市场知识和经济学知识。记住，这一理论需要解释一个巨大的重要特征集合。特别是，这一理论必须能够识别导致人们亏钱的经济机制是因为行为偏差、非对称信息，还是监管限制。特征可能是通过黑箱发现的，但是策略肯定是在白箱中开发出来的。将一堆分类好的特征堆砌在一起并不能形成一个理论。一旦策略形成，策略研究员们将准备好使用完整算法的代码并提交原型给回测团队。第 10 章和第 16 章将专门讲述这个岗位，但要理解，一本书提出某一特定的投资策略是不合理的。

1.3.1.4 回测员

此岗位评估一个投资策略在不同市场环境下的盈利能力。一个有趣的场景是如果历史重演，该策略将如何发挥作用。然而，历史路径只是一种随机过程的可能结果，并不意味着一定会发生。其他场景也必须进行评估，并与推荐策略的优缺点相一致。团队成员是精通实验技术的数据科学家。一个优秀的回测员需要考虑策略产生的背景，并与其分析的元信息进行结合。特别是，他的分析必须通过考虑实验次数以评估过拟合的可能性。评估的结果不会被其他岗位重复利用（理由将在第 11 章中解释），相反，回测结果只会提交给管理层，并且不会与任何其他人共享。第 11 章到第 16 章将讨论这个岗位产出的分析报告。

1.3.1.5 部署团队

部署团队的任务是让策略上实盘。某些组件可能在多个策略中进行重复利用，特别是它们共享通用特征的时候。团队成员都是算法专家和硬核数学程序员。他们的工作一部分是确保部署的解决方案与其收到的原型逻辑一致；另一部分是充分优化算法，如使生产系统的延时最短。由于策略计算往往时效性比较强，这个团队将高度依赖进程调度器、自动化服务器（Jenkins）、向量化方法、多线程、多进程、图形处理单元（GPU - NVIDIA）、分布式计算（Hadoop）、高性能计算（Slurm）和并行计算技术等，以优化策略计算效率。第 20 章到第 22 章将简单介绍这个团队感兴趣的这些方面，因为它们与金融机器学习息息相关。

1.3.1.6 投资组合监督

策略一旦部署完毕，它将进入以下流程，将涉及以下阶段或周期：

1. 禁入期：最初，策略是在回测结束之后观察到的数据上运行的。这个时间段可以是回测员保留的，或者是执行延时的回测结果。如果禁入的结果与回测结果一致，策略将被推进到下一步骤。
2. 模拟交易：这时，策略是在真实的实时数据基础上执行的。在这种情况下，数据解析延迟、计算延迟、执行延迟，以及其他从观察到获取头寸间的时间间隔都可以计算得出，从而获得真实的性能数据。模拟交易的时间可长可短，标准就是收集到足够的证据证明策略能达到预期业绩。
3. 分级：在这个阶段，策略将掌管真正的头寸，或者独立进行，或者作为整体的一部分。业绩将从风险归因、回报、成本等几方面精确估算。
4. 重配置：基于系统的绩效，在多样化的投资组合中，对分级策略的分配结果频繁进行自动重新评估。通常，一个策略的配置紧跟着一个凹函数。初始配置（已分级）是很小的，随着时间推移，策略绩效符合预期，配置将增加。久而久之，随着业绩下降，配置将逐渐变少。
5. 退出：最终，所有的策略都将终止。当业绩在足够长的扩展期内低于预期，可以判断其理论已经不再被经验证据所支持。

通常，更可取的方式是发布一个原有策略的改进版，并与旧版本同时运行。每个版本都需要经历上述生命周期，出于多元化投资考虑，旧策略将得到更小的分配，但同时考虑其长时间跟踪记录所形成的置信度。

1.3.2 按策略组件定位章节内容

很多投资经理认为，致富的秘籍是开发一个特别复杂的机器学习算法。他们要失望了，如果这像编写一个最先进的分类器那么简单的话，那硅谷的大部分人都要成为百万富翁了。一个成功的投资策略是多种因素共同作用的结果。表1.1描述了本书哪些章节可以在哪些方面帮助你解决在制定成功投资策略中碰到的挑战。

你将在本书中发现我引用了很多我过去发表在期刊上的一些文章。这不是为了重复我的观点，而是想提醒你参考这些文章，因为在这些文章中，你会很方便地找到对这些主题的详细分析。我提到的所有论文都可以在我的网站 www.QuantResearch.org 上免费下载到已经编辑好的文档。

表1.1 各章节具体解决的问题全览

部分	章节	金融数据	软件	硬件	数学	元策略	过拟合
1	2	X	X				
1	3	X	X				
1	4	X	X				
1	5	X	X		X		
2	6		X				
2	7		X			X	X
2	8		X			X	
2	9		X			X	
3	10		X			X	
3	11		X		X		X

（续表）

部分	章节	金融数据	软件	硬件	数学	元策略	过拟合
3	12		X		X		X
3	13		X		X		X
3	14		X		X		X
3	15		X		X		X
3	16		X		X	X	X
4	17	X	X		X		
4	18	X	X		X		
4	19	X	X				
5	20		X	X	X		
5	21		X	X	X		
5	22		X	X	X		

1.3.2.1 数据

- 问题：原始数据没用，处理后的数据也没用。
- 解决方案：仅在唯一的，难以操控的数据上进行操作。如果你是数据的唯一使用者，则随你的便。
- 章节定位：
  - 第 2 章：正确地结构化数据。
  - 第 3 章：创建信息标签。
  - 第 4 章到第 5 章：对非独立同分布（IID）序列进行正确建模。
  - 第 17 章到第 19 章：找到可预测的特征。

1.3.2.2 软件

- 问题：特定的任务需要定制化的工具。
- 解决方案：开发自己的工具包。使用流行的工具包意味着难以超越竞争对手。

- 章节定位：
  - 第2章到第22章：我们在本书每章都编写了自己的函数。对于你的特定问题，需要仿照书中的例子，类比操作。

1.3.2.3 硬件

- 问题：机器学习涉及数学中算力要求高的任务。
- 解决方案：成为一个高性能计算专家。如果可能，与国家实验室合作制造一台超级计算机。
- 章节定位：
  - 第20章和第22章：学会如何以多进程架构进行思考。当你自己编写函数库时，需要确保函数能被并行调用。本书将提供很多这样的例子。
  - 第21章：开发量子计算机的算法。

1.3.2.4 数学

- 问题：数学证明可能需要等待数年、数十年，甚至数个世纪，投资者不可能等待那么长时间。
- 解决方案：使用实验数学。通过实验而不是证明去解决棘手的问题。举例来说，贝利（Bailey）、博温（Borwein）和普洛夫（Plouffe）在1997年找到了一种不需要证明即可以直接计算 π 的算法，这突破了之前人们认为的此类数学发现是无法实现的认知。
- 章节定位：
  - 第5章：熟悉内存保留数据传输方法。
  - 第11章到第15章：用不同的实验方法评估策略的价值，这些方法比历史模拟更可靠。
  - 第16章：在样本中，最优的算法脱离样本可能表现很糟糕。对于投资成功无法进行数学证明，只能依赖实验方法引导研究。

- 第 17 章和第 18 章：将方法用于检测结构化中断，并且量化由金融序列化承载的信息数量。
- 第 20 章：学习用于分布式计算的队列方法，从而可以将复杂任务分解并提高计算速度。
- 第 21 章：熟悉离散方法，这是其他人在量子计算机中使用的方法，用于解决棘手的问题。

1.3.2.5 元策略

- 问题：非专业人士开发他们自己的策略，相信存在一个可以致富的神奇公式。相反，专业人士考虑如何批量生产策略。金钱不是用于造一辆车，而是用于建设一家汽车工厂。
- 解决方案：以商人的方式思考。你的目标是像运营一家工厂一样运营一个研究实验室，在那里，研究成果不是源自灵感，而是源自有条理的艰苦工作。这是物理学家欧内斯特·劳伦斯（Ernest Lawrence）的哲学思考。
- 章节定位：
    - 第 7 章到第 9 章：在处理各种金融特征时，构建一套研究流程，识别与资产类别相关的特征。
    - 第 10 章：将多种预测整合进单个推测中。
    - 第 16 章：将资金配置到这样的策略中，这些策略使用的方法足够稳健，且在样本数据的测试中表现良好。

1.3.2.6 过拟合

- 问题：标准的交叉验证方法在金融中失效了。由于多重检验和选择偏差问题，金融领域中的大多数发现都是错的。
- 解决方案：
    - 不管做什么，先问自己在哪个方向可能出现过拟合。始终对自己的工作保持怀疑态度，不停地要求自己证明正在增加价值。
  - 过拟合是不道德的。它会导致对不可能的收益做出虚假承诺。如果是故意的，过拟合就是彻底的科学欺诈。很多专家这样做，但并不意味着这就是对的：他们并没有拿任何人的财富冒险，甚至没拿他们自己的财富去冒险。
  - 这也是一种时间、资源和机会的浪费。另外，行业只会对样本外（OOS）的收益付费。只有真正为投资者创造了财富，才算是成功。
- 章节定位：
  - 第 11 章到第 15 章：共有三种回测范式，历史模拟只是其中的一种。每种回测在一定程度上都存在过拟合，学会量化是很关键的。
  - 第 16 章：在付出样本外绩效代价的情况下，学习在样本内（IS）不会过拟合的资产配置的稳健技术。

1.3.3 按常见陷阱定位章节内容

虽然机器学习有各种优势，但它并不是灵丹妙药。机器学习的灵活性和能力也有其劣势。当被错误使用，机器学习算法会将统计学上的侥幸成功与模式混淆。这个事实，再加上低信噪比这一金融业特征，几乎注定会让粗心的用户以更快的速度产生出错误的发现。本书将探讨一些机器学习专家在将他们的技术应用到金融数据集时最容易犯的错误。表1.2 列出了其中一些易犯的错误（陷阱），相应解决方案则在指定的章节进行解释说明。

表 1.2　金融机器学习中的常见陷阱

序号	类别	陷阱	解决方案	章节
1	认识论	西西弗斯范式	元策略范式	1
2	认识论	通过回测的研究	特征重要性分析	8

（续表）

序号	类别	陷阱	解决方案	章节
3	数据处理	按时间顺序采样	交易量时间	2
4	数据处理	整数阶微分	分数阶微分	5
5	分类	固定时间范围标记	三边界方法	3
6	分类	同时决定交易方向和交易规模	元标签	3
7	分类	对非 IID 样本的加权	唯一性加权；序列自举	4
8	评估	交叉验证时泄露信息	清洗与禁入	7、9
9	评估	前向（历史）回测	组合清洗交叉验证	11、12
10	评估	回测过拟合	人造数据上的回测；收缩夏普比率	10—16

1.4 目标读者

本书介绍的高级机器学习方法是为应对由金融数据集带来的挑战专门设计的。所谓的“高级”并不是指特别难以理解，或解释最新的深度、周期或卷积神经网络。相反，本书旨在回答高级研究人员认为比较关键的问题，这些研究人员具有将机器学习算法应用到金融问题中的实际经验。如果你刚接触机器学习算法，并没有复杂算法的使用经验，那本书可能并不适合你。除非你曾经在实际中处理过书中谈到的问题，否则要理解这些解决问题的工具可能有一定困难。在读本书前，你可能需要学习近些年出版的优秀的机器学习入门书籍，我在“引用文献”部分列了一些。

本书的核心读者是具有深厚机器学习背景的专业投资人士。我的目标是让你把从本书中学到的知识“变现”，帮助我们推进金融现代化进程，并为投资者真正创造价值。

那些成功将机器学习算法应用到金融以外的领域的数据科学家也是本书的目标群体。如果你在谷歌工作，并且已将深度神经网络算法应用到人脸识别中，但是将该算法用在金融领域中似乎并不奏效，那么本书将会帮到你。有时，你可能无法理解某些结构背后的基本金融原理（如元标签、三边界方法、分数阶微分），但是请稍微忍忍：一旦你管理一个投资组合的时间足够长，就会慢慢读懂这些章节，其中的游戏规则也将会变得很清晰。

1.5 前提

和这本书所反映的一样，投资管理是一个涉及多学科的研究领域。理解书中各章节内容需要一定的实践知识，包括机器学习、市场微观结构、投资组合管理、数学金融、统计学、计量经济学、线性代数、凸优化、离散数学、信号处理、信息论、面向对象编程、并行处理和超级计算等。

Python 已经成为机器学习的业界标准语言，而我假设你是一位经验丰富的开发者，那你应该熟悉 scikit-learn（sklearn）、pandas、numpy、scipy、multiprocessing、matplotlib，以及一些其他的 Python 库。代码片段一般使用这些库的常规前缀来调用函数，其中，pd 表示 pandas，np 表示 numpy，mpl 表示 matplotlib，等等。介绍这些库的书籍很多，但是你不可能对每一个库的内容都了如指掌。我们将在本书中讨论这些库在实现中的一些问题，也包括那些尚未解决的漏洞。

1.6 常见问题解答

1.6.1 机器学习算法如何在金融领域中发挥作用?

很多金融操作需要根据预先制定的规则做出决策，比如期权定价、算法执行或者风险监控。金融市场转变为超高速、超连接的信息交换网络，是迄今为止已发生的大规模自动化。为了完成这些任务，机器需要在遵循规则的基础上以最快的速度运行。高频交易是一个最好的例子［Easley，López de Prado，O'Hara（2013）］。

金融算法化的进程方兴未艾。在1968年6月12日到1968年12月31日间，纽约交易所每周三需要停市，以便后台补录纸质文件。你能想象这种状态吗？现在我们生活在与之不同的世界，10年后甚至会更好。因为下一波自动化浪潮将不再是服从规则，而是直接做出决策。人类作为感情动物，受制于恐惧、希望和动机等，其实不擅长基于事实做决策，尤其是这些决策涉及利益冲突时。在这种情况下，当机器基于从硬数据中获得的事实做出决策时，投资者会获得更好的服务。这不仅适用于投资策略开发，事实上也适用于金融咨询的每一个领域：贷款审批、债券评级、公司分类、人才招聘、收益预测、通胀预报等等。而且，当编程设定好后，机器绝不会违法。如果做出了可疑的决策，投资者可以随时通过日志查明到底发生了什么。改进一个算法投资的过程比完全依赖于人要简单得多。

1.6.2 机器学习算法在投资中如何打败人类？

你还记得计算机永远不会在国际象棋、《危险边缘》（智力问答节目）、扑克牌、围棋中打败人类的断言吗？百万年的进化（遗传算法）已经将我们的大脑调教成能够在这个充满敌意的三维世界（这个世界中，自然规律是稳定的）中生存的模式。现在，当在一个游戏规则每天都在变化的高维世界中识别微妙的模式时，所有这些调教就变得不利了。机器学习算法要在100维世界中发现一些模式就像在我们熟悉的三维世界中一样容易。当我们嘲笑算法犯了一个愚蠢错误时，请记住，算法出现的时间与我们百万年的进化史相比微不足道。它们每天都在进步，而人类却做不到。人类学习很慢，这使得我们在快速变化的世界中处于不利地位，比如在金融领域中。

1.6.3 这是否意味着对于人工投资者来说，就没有任何空间了呢？

不是这样的。没有人可以在国际象棋中击败计算机，同样也没有计算机可以击败一个有计算机辅助的人类。全权委托投资组合管理人在与机器学习算法较量时处于劣势，但是全权委托投资组合管理人与机器学习算法的结合却能打造最好的策略。这就是逐渐被人认识的“量化基本面投资”之路。你会在本书中找到量化基本面投资团队所用到的技术，这些技术可以将猜测（受基本面参数激发）与数学预测结合起来。特别是，第 3 章将介绍一种叫作元标签的新技术，它允许你在全权委托投资之上增加一个机器学习层。

1.6.4 金融机器学习与计量经济学的差别是什么?

计量经济学是应用于经济领域和金融领域的经典统计学方法。计量经济学的基本工具是多元线性回归，这是一种 18 世纪的技术——高斯在 1794 年之前就已掌握这种技术［Stigler（1981）］。标准的计量经济学模型不能自己学习。很难相信，像 21 世纪的金融这样复杂的东西，可以用协方差矩阵求逆这样简单的方法去理解。

每种经验科学都是在观察的基础上构建理论。如果用来建立这类观测数据模型的统计工具箱是线性回归，那么研究者将难以认识到数据的复杂性，而由此得出的理论将会非常简单又无用。我毫不怀疑，计量经济学是过去 70 年来经济学和金融学没有取得重大进展的主要原因［Calkin，López de Prado（2014a，2014b）］。

几个世纪来，古代天文学家通过观察，创建了天体运行机制的理论。这些理论从未考虑非圆形的轨道，因为他们认为这是不神圣的，是违反上帝旨意的。由于预测的误差显而易见，必须设计更复杂的理论来解释这些偏差。直到开普勒勇敢地提出了非圆（椭圆）轨道，才突然间发现有一个简单得多的通用模型可以无比精确地预测行星的位置。如果天文学家从未考虑过非圆轨道会怎样呢？如果经济学家终于开始考虑非线性函数呢？金融界的开普勒又在哪儿？没有开普勒就不会有牛顿，所以目前金融界没有定律。

金融机器学习方法不会取代理论，但它们可以指导理论。机器学习算法可以在无须特别指导的情况下识别高维空间的模式。一旦我们理解了一个现象前兆的特征，就可以创建一个理论解释，从而可以在一套独立的数据集上进行测试。比起计量经济学课程，经济学和金融学的学生更应该在机器学习课程中表现出色。金融学术领域可能有计量经济学的方法足矣（就当前发展而言），但是金融实务领域则需要机器学习。

1.6.5 该对那些不把机器学习算法当作黑箱的人说些什么?

如果你正在阅读本书，那么你很可能会认为机器学习算法是白箱，它们是清晰、明确又易懂的模式识别函数。大多数人并没有你所拥有的知识，对他们来说，机器学习就像一个魔法盒：“那只兔子从何而来?巫婆又如何欺骗我们?”人们总是对自己不懂的事情持怀疑态度，他们的偏见源于无知。对于这点，苏格拉底的方法很简单：教育。另外，也有人喜欢动脑思考，即使神经系统科学家尚不能精确描绘人脑的工作方式（它本身就是个黑箱）。

你肯定时不时会碰到无可救药的“卢德分子”（反对技术进步的人）。内德·卢德（Ned Ludd）是一个来自英格兰莱斯特郡的纺织工人，1779年，他愤怒地捣毁了两个织架。随着工业革命的到来，机械化引燃了暴徒的怒火，他们砸烂了所有能找到的机械设备。纺织工人破坏了如此多的工业设备，以致议会不得不通过立法将破坏机器定为死罪。在1811年到1816年间，英格兰的大部分地区都处于暴乱之中，投入镇压卢德分子的英国部队比在伊比利亚半岛上抗击拿破仑的部队还多，卢德分子的暴动在军队的残酷镇压下最终结束了。我们希望机器学习的黑箱运动不会走到这一步。

1.6.6 为什么不讨论特定的机器学习算法?

本书不对你选择的特定的机器学习算法进行讨论。不管你是运用卷积神经网络、适应增强算法（AdaBoost）、随机森林（RF）、支持向量机（SVM），还是其他算法，都面临共同的问题：数据结构化、标记、赋权、固定转换、交叉验证、特征选择、特征重要性、过拟合、回测，等等。对于金融建模来说，回答这些问题并不简单，需要开发特定框架的方法来解决，这就是本书关注的焦点。

1.6.7 关于这个主题，有哪些其他书籍可以推荐?

据我所知，本书是第一本完整且系统地介绍机器学习算法在金融领域中应用的书籍：从金融数据结构的章节开始，然后是金融序列的标注、样本的加权、时间序列微分……一路下来，形成一个完整的致力于投资策略的合适回测。当然，之前有很多出版物（大部分为期刊文章）已经介绍了如何将标准机器学习应用于金融序列，但这与本书所讲的内容不同。我的目标是处理那些使金融机器学习建模极具挑战性的讨厌事。就如任何其他新学科一样，机器学习也在快速迭代，本书将根据学科的进展随时进行更新。如果你希望在将来的更新版本中看到特别的话题，请通过电子邮件与我联系：mldp@ quantresearch. org。我将很乐意添加这些话题，同时也将感谢提出建议的读者。

1.6.8 我看不懂书里的部分章节，怎么办?

我的建议是先阅读每章末尾所列出的“引用文献”。我在写这本书时是假设读者熟悉已有的相关文献的。如果读完引用文献仍然对章节内容不理解，那么很有可能这些章节只有专业投资人士才能理解。举个例子，第 2 章将讨论调整期货滚动价格的有效方法，尽管在其他书中很少提到，但这是大多数从业者都知道的一个问题。

1.6.9 本书为什么对回测中的过拟合念念不忘?

有两个原因。第一个原因，回测过拟合可能是在数学金融学中最重要的开放问题，这就相当于计算机科学中的“P 对 NP 问题”（计算机科学领域中的最大难题）。如果有精确方法可以避免回测过拟合，我们就可以将回测存入银行了。回测可是跟现金一样的好东西，对冲基金可以信心满满地将资金配置给投资组合经理；投资者可以减少风险，并愿意支付更高的费用；监管者可以将对冲基金经理的技能和知识作为可靠依据为其发放牌照，让江湖骗子无处藏身。在我看来，如果一本投资书不重点指出这个问题，那就不值得你浪费时间。一本涉及资本资产定价模型、套利定价理论、资产配置技术、风险管理的书，却对支持其论点的实证结果并不进行伪发现率测定，你为什么要阅读它呢？

第二个原因，机器学习在你的研究工具库中是一个非常厉害的武器，当然也极其危险。如果回测过拟合在计量经济学分析中是个问题，那么机器学习的灵活性将会使这个问题持续威胁你的工作。在金融领域更是如此，因为我们的数据集更小，信噪比更低，而且我们也没有可以控制所有环境变量的实验室［López de Prado（2015）］。一本有关机器学习的书却对这些问题避而不谈，对你职业生涯的影响可能弊大于利。

1.6.10 书中数学符号的使用规则是什么？

当我开始写作本书时，我曾想过全书一个数学变量或函数使用一个符号。如果本书只关注一个话题，比如随机最优化控制，这肯定不会有问题。但是本书涉及一系列数学专题，每个专题都有其符号习惯。除非我也遵循文献的标准，否则不利于读者参阅参考文献，这意味着有时候我们必须重复使用一些符号。为防止混淆，在每章中使用到符号时都将对其含义进行解释。大部分数学函数都有相应的代码片段，所以，如果有疑问，请先阅读程序代码。

1.6.11 谁写作了第22章？

人们普遍认为，机器学习是一项由IBM、谷歌、脸书、亚马逊、网飞、特斯拉等高科技公司发明或完善的吸引人的新技术。的确，近年来，这些科技公司已经成为机器学习的重度用户，它们赞助了一些最广为人知的机器学习成果（比如《危险边缘》和围棋），这可能加深了这种印象。

但是，读者可能会惊讶地发现，实际上美国国家实验室才是机器学习使用历史最久的研究中心。这些研究中心在机器学习还没那么流行时就已经使用了几十年，产生了令人震惊的科学发现。如果预测网飞接下来会推荐你看什么电影是一个有价值的尝试，那么，了解宇宙的扩张速度，或者预测受全球变暖影响的海岸线收缩，或者防止国家电网的大面积故障也是一样的。这正是美国劳伦斯·伯克利国家实验室这样的研究机构利用机器学习算法每天研究的令人惊讶的问题，虽然默默无闻，但依然孜孜不倦。

在第22章中，劳伦斯·伯克利国家实验室的副主任霍斯特·西蒙（Horst Simon）博士和项目负责人吴克生（Kesheng Wu）博士提供了他们的观点，他们的研究主要涉及大数据、高性能计算和机器学习。国家实验室与传统大学设定不同，它基于明确的责任分工，依据设计良好的流程，通过跨学科的团队协作以取得科学突破。这种基于生产链的研究模型90年前诞生于劳伦斯·伯克利国家实验室，促成了元策略范式的出现，这种范式我们已经在第1.2.2节和第1.3.1节解释过。

练习

1.1 你是否了解一些公司正尝试从全权委托投资转变成机器学习投资，或者将机器学习融进它们所谓的“量化基本面”基金？
 （1）它们成功了吗？
 （2）转变过程中遇到了什么难题？

1.2 在数学金融领域中最重要的开放问题是什么？如果这个问题解决了，怎么才能让：
 （1）监管层使用它发放投资管理许可证？
 （2）投资者使用它来配置资金？
 （3）机构使用它来回报研究者？

1.3 根据《机构投资者》杂志的数据，只有17%的对冲基金资产是由量化投资公司管理的。截至2017年6月，总共大约有 5 000 亿美元的资产配置在量化基金中，而 2016 年这个数字是 3 860 亿美元。你认为是什么原因导致了这种大规模的资产重新配置？

1.4 根据《机构投资者》财富榜，在最赚钱的 10 家公司中，有多少量化投资公司？这与量化基金所管理的资产份额比较结果如何？

1.5 计量经济学与机器学习的本质区别是什么？经济学家如何通过更新他们的统计工具获益？

1.6 科学对人脑（或者任何脑）的工作原理了解甚少，从这个意义上来说，大脑是一个绝对的黑箱。你认为是什么原因让金融机器学习的批评者在支持全权委托投资的同时却又不把机器学习当作一个黑箱？

1.7 假如你在期刊上看到一篇描述投资策略的文章，描述的是在一次回测中，它的年化夏普比率超过 2，置信度为 95%。利用这个数据集，你也可以在独立回测中重现它的结论。为什么这个发现可能是错误的？

1.8 投资顾问代表他们的客户做投资决策时会受到利益冲突的困扰。

（1）机器学习算法可以在没有利益冲突的情况下管理投资，为什么？

（2）假设一个机器学习算法做出了一个导致损失的决策。根据计算机日志，算法完全按照程序执行，投资者也认可了程序。和全权委托投资组合管理人做出的错误判断导致的损失对比，在何种意义上机器学习算法做出的决策对投资者更有利？在这两种情况下，投资者的损失向谁追索？

（3）对于理财顾问来说，可以将这类中立代理人的决策作为自己决策的基准吗？

引用文献

Bailey, D., P. Borwein, and S. Plouffe (1997): "On the rapid computation of various polylogarithmic constants." *Mathematics of Computation*, Vol. 66, No. 218, pp. 903–913.
Calkin, N. and M. López de Prado (2014a): "Stochastic flow diagrams." *Algorithmic Finance*, Vol. 3, No. 1, pp. 21–42.
Calkin, N. and M. López de Prado (2014b): "The topology of macro financial flows: An application of stochastic flow diagrams." *Algorithmic Finance*, Vol. 3, No. 1, pp. 43–85.
Easley, D., M. López de Prado, and M. O'Hara (2013): *High-Frequency Trading*, 1st ed. Risk Books.
López de Prado, M. (2014): "Quantitative meta-strategies." *Practical Applications, Institutional Investor Journals*, Vol. 2, No. 3, pp. 1–3.
López de Prado, M. (2015): "The Future of Empirical Finance." *Journal of Portfolio Management*, Vol. 41, No. 4, pp. 140–144.
Stigler, Stephen M. (1981): "Gauss and the invention of least squares." *Annals of Statistics*, Vol. 9, No. 3, pp. 465–474.

参考文献

Abu-Mostafa, Y., M. Magdon-Ismail, and H. Lin (2012): *Learning from Data*, 1st ed. AMLBook.
Akansu, A., S. Kulkarni, and D. Malioutov (2016): *Financial Signal Processing and Machine Learning*, 1st ed. John Wiley & Sons-IEEE Press.
Aronson, D. and T. Masters (2013): *Statistically Sound Machine Learning for Algorithmic Trading of Financial Instruments: Developing Predictive-Model-Based Trading Systems Using TSSB*, 1st ed. CreateSpace Independent Publishing Platform.
Boyarshinov, V. (2012): *Machine Learning in Computational Finance: Practical Algorithms for Building Artificial Intelligence Applications*, 1st ed. LAP LAMBERT Academic Publishing.
Cerniglia, J., F. Fabozzi, and P. Kolm (2016): "Best practices in research for quantitative equity strategies." *Journal of Portfolio Management*, Vol. 42, No. 5, pp. 135–143.
Chan, E. (2017): *Machine Trading: Deploying Computer Algorithms to Conquer the Markets*, 1st ed. John Wiley & Sons.
Gareth, J., D. Witten, T. Hastie, and R. Tibshirani (2013): *An Introduction to Statistical Learning: with Applications in R*, 1st ed. Springer.
Geron, A. (2017): *Hands-On Machine Learning with Scikit-Learn and TensorFlow: Concepts, Tools, and Techniques to Build Intelligent Systems*, 1st ed. O'Reilly Media.
Gyorfi, L., G. Ottucsak, and H. Walk (2012): *Machine Learning for Financial Engineering*, 1st ed. Imperial College Press.
Hackeling, G. (2014): *Mastering Machine Learning with Scikit-Learn*, 1st ed. Packt Publishing.
Hastie, T., R. Tibshirani, and J. Friedman (2016): *The Elements of Statistical Learning*, 2nd ed. Springer-Verlag.
Hauck, T. (2014): *Scikit-Learn Cookbook*, 1st ed. Packt Publishing.
McNelis, P. (2005): *Neural Networks in Finance*, 1st ed. Academic Press.
Raschka, S. (2015): *Python Machine Learning*, 1st ed. Packt Publishing.

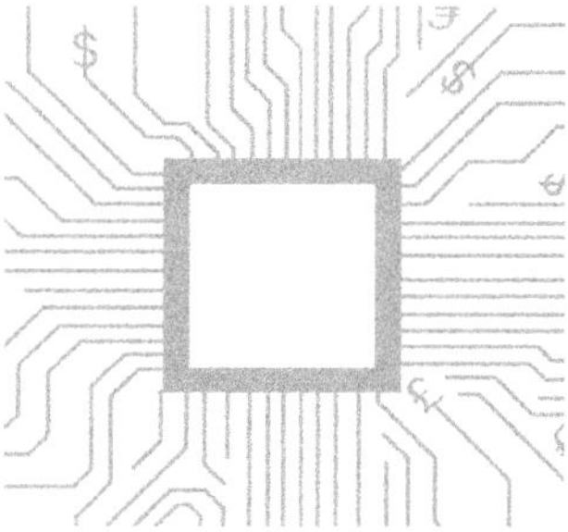

第1部分
数据分析

第2章

金融数据结构

2.1 动机

本章我们将学习如何对未结构化的金融数据进行处理，从而获得符合机器学习算法需求的结构化数据集。一般来说，我们并不愿意使用经过他人处理的数据集，因为这样我们得到的很有可能是别人已经知道的或者很快就会知道的结果。较为理想的起点是一系列未结构化的原始数据，这样我们就可以通过恰当的方式利用数据得到有效的结果。

2.2 金融数据的基本类型

金融数据呈现的形式与格式多种多样。表2.1所示为金融数据的4种基本类型。接下来我们将对这些数据性质与应用的差异进行讨论。

2.2.1 基础数据

基础数据中含有的信息可以在监管文件和商业分析中找到。基础数据中绝大多数都是进行季度性汇报的会计数据。需要注意的一个方面是，

表 2.1　金融数据的四种基本类型

基础数据	市场数据	分析数据	另类数据
资产	价格/产量/隐含波动率	分析建议	卫星/监控画面
负债	成交量	信用评级	谷歌搜索
成本/收益	分红/息票	收益预期	推特/聊天
宏观经济变量	未平仓量	新闻观点	元数据
……	报价/撤销	……	……
	代理方		
	……		

此类数据一般都附带一个到期时间。在采集数据的时候需要确认各数据发布的确切时间点，只有在此数据成为可为公众获得的数据之后，才能够使用此数据进行分析。新手经常犯的一个错误就是将报表周期的结束时间当作数据的公布时间。事实上根本不是这样的。

例如，彭博（Bloomberg）公布的基础数据由其报告中的最后一个日期进行索引，这个日期早于其发布日期（一般为一个半月）。也就是说，彭博将这些值分配到了一个尚未进行发布的日期。你都无法相信每年有多少论文采用了错位的基础数据，这一点在因子投资文献方面尤为明显。一旦你对数据进行正确的排序之后，这些文章中的大量结果与发现就都不再成立了。

需要注意的另一个方面是，基础数据经常出现回填或恢复的情况。“回填”指的是向丢失的数据分配一个值，即便此时并不知道真实的值是多少。“恢复”指的是对初始发布信息中的不正确值进行修正。一家公司很可能会在数据首次发布很久以后，对过去一个季度的结果进行多次修正，而数据供应商也有可能对他们提供的初始值进行各种修正。这种做法的问题在于，修正后的值在其首次发布的日期并不为人所知。部分数据提供方采用针对每个可变量设置多个发布日期和值的方式规避这一问题。例如，为单次季度性 GDP 发布信息设置三个值：一个原始发布值和两个月度修订值。但使用最终发布值并将其分配至首次发布时间甚至是报表周期的最后一天的研究依旧是较为常见的。我们将在第11章对回测错误进行讨论时，对此处的错误及其影响进行进一步探讨。

基础数据是一种极端规律化且频率极低的数据。由于基础数据在市场中的易得性，其仍有大量探索价值的可能性并不大。但在与其他类型的数据搭配使用时，基础数据依旧有其价值。

2.2.2 市场数据

市场数据包括在交易所（如芝加哥商品交易所）或交易场所（如MarketAxess[①]）等发生的一切交易活动。在理想情况下，数据提供方会向我们提供原始数据，其中包含各种未结构化的信息，比如能够用于对交易账簿进行完整复现的FIX信息，或完整的竞争性招标（BWIC）回应等。每个市场参与者都会在交易记录中留下独特的足迹，如果我们拥有足够的耐心，就能够找到对竞争者的下一步动作进行预测的方法。例如，时间加权平均价格（TWAP）算法会留下由捕食搜索算法用于对日终（盘后）交易（通常为对冲）活动进行超前交易等足迹［Easley，López de Prado，O'Hara（2011）］。图形用户界面（GUI）交易者一般以整批的形式进行交易，因此我们可以利用这一特点对特定时间点上来自这些交易方的交易所占的百分比进行预估，然后将预估结果与特定的市场行为联系起来进行讨论。

FIX数据的一个优势在于它不像基础数据那样在交易过程中信息量极少，其每日的生成量可以超过10TB。这一特性使得此种数据更加适合作为进行战略研究的数据集。

2.2.3 分析数据

我们可以将分析数据看作基于基础数据、市场数据、另类数据甚至

① 一家供金融机构使用的债券电子竞价交易平台，同时也提供市场数据和交易后服务，已在纳斯达克上市。——译者注

其他分析数据等原始资源而得到的衍生数据。我们对分析数据进行判定的方式并非其信息内容，而是其是否在原始来源中可得，以及是否以某种方式进行了处理。投资银行与调查公司等出售的有价值的信息都是通过对公司的商业模型、活动、竞争、结果等进行了深度分析后得到的。部分专业性公司也会出售通过另类数据衍生的统计数据，如从新闻报告和社交媒体中提取的观点等。

分析数据的积极一面在于这一信号是从原始来源中提取供我们使用的。其消极一面在于这种分析数据产生的成本极高，且其中所使用的方法会存在片面性或不透明性，毕竟我们并不是唯一的客户。

2.2.4 另类数据

Kolanovic & Krishnamachari（2017）对个人产生的另类数据（社交媒体、新闻、网页搜索等）、商业过程产生的另类数据（交易、企业数据、政府机构等）以及传感器产生的另类数据（卫星、地理定位、天气、闭路电视等）进行了区分。一些卫星图片或视频中包含了对油罐车、隧道交通活动或停车场占用情况等的监控信息。

另类数据的真正特征是它是原始信息，即没有其他来源的信息。在埃克森美孚公司（Exxon Mobile）报告盈利增长之前，在其市场价格飙升之前，在分析师对其最新财报进行评论之前，油罐车、钻井机以及输油管道交通就已经开始活动了。在其他类型的数据能够对这些活动进行体现之前，这些活动就已经发生几个月了。另类数据有两个方面的问题：成本与隐私。间谍设备都极其昂贵，而被监视的公司会进行反对，更不用说旁观者了。

另类数据使我们能够有机会接触并处理真正意义上独特且难以处理的数据集。记住，难以储存、控制和操作的数据才是最有价值的。如果一个数据集给你的数据基础设施团队带来了困扰，那么你就应该意识到这个数据集可能非常有用。很有可能你的竞争对手没有尝试将这个数据集用作逻辑推理，或者他们中途放弃了，或者处理得不正确。

2.3 线

为了将机器学习算法应用到我们的未结构化数据上，我们需要对此数据进行解析，从中提取出有价值的信息，并以正规化的格式储存起来。大部分机器学习算法都需要使用表格对提取的数据进行体现。金融从业者通常将表格中的行称为“线”（bar)。我们可以将线法区分为两类：(1）标准线法，常见于文献中；(2）更加先进的信息驱动法，主要由资深从业者使用，但未见于期刊文章中。本章我们将对线的形成进行讨论。

2.3.1 标准线

有些构线方法在金融行业极为常用，大多数数据供应方的应用程序编程接口（API）都能够兼容其中的若干种方法。这些构线方法的作用是将一系列以不规律的频率（通常称为“非均匀序列”）获得的观察（数据）转化为通过规律性的采样衍生的均匀序列。

2.3.1.1 时间线

时间线是以固定的时间间隔，如每分钟一次，进行信息采样的方式获得的。所采集的信息通常包括：

- 时间戳。
- 成交量加权平均价（VWAP)。
- 开盘价（首个价格)。
- 收盘价（最后一个价格)。
- 最高价。
- 最低价。
- 成交量。

虽然时间线可能在行业内和学术界都有着最为广泛的使用，但基于如下两个原因，我们应当避免使用此种方法。其一，市场并不会以恒定的时间间隔对信息进行处理。开盘后的第一个小时的活跃度要远远超过接近中午的活跃度（对期货来说是午夜前后的一小时）。作为生物个体，人类更加倾向于顺着太阳的升降安排作息。但如今的市场是由仅需少量人力监督的算法操纵的，因此 CPU 的处理周期要比按照时间排序的间隔更加重要［Easley，López de Prado，O'Hara（2011）］。这就意味着时间线法在低活跃度阶段采样过多，而在高活跃度阶段采样过少。其二，时间采样序列的统计学特性都极差，如序列相关性、异方差性以及汇报的非常态性等［Easley，López de Prado，O'Hara（2012）］。使用广义自回归条件异方差模型（GARCH）的目的之一就是对通过不正确采样方式得到的数据中的异方差性进行处理。而下文讨论的将线作为交易活动的从属过程进行构建，就能够从一开始避免此类问题。

2.3.1.2 分时线

分时线的理念较为简单：较早列出的样本变量（时间戳、VWAP、开盘价等）将在每次预设数量（如 1 000 笔）的交易发生后被提取。这使得我们能够根据信息到达（即分时开始的速度）与信息采样进行同步。

Mandelbrot & Taylor（1967）最早意识到了将采样作为交易数量的函数能够体现出理想的统计学特性："一定数量的交易中发生的价格变化可能服从高斯分布。一定时间内发生的价格变化可能服从稳定帕累托分布，其方差为无限大。由于任何时间段内的交易数量是随机的，以上描述并不一定是相悖的。"

之后，诸多研究都证实了将采样作为交易活动的函数能够使我们获得更加接近于 IID 正态的回报［Ané，Geman（2000）］。这一点是非常重要的，因为许多统计学的方法都依赖于"观察是由 IID 高斯过程获得的”这一假设。直观来说，我们只能利用不变的随机变量做出推断，但分时线使我们能够做出优于时间线的推断。

在构建分时线时，我们需要了解离群值。许多交易所都会在开盘和收盘时进行拍卖。这就意味着在一定时间内，订单簿将对出价与报价进行累积而不作匹配。当拍卖结束时，以清算价格对大型交易以特大交易量进行公布。此种拍卖行为相当于数千个分时，但其报表中只显示为一个分时。

2.3.1.3 成交量线

分时线存在的一个问题是订单碎片化会导致分时数量出现任意性。例如，假设报价中只有一个订单，大小为 10。如果我们买 10 个批次，则一个订单被记录为一个分时。如果报价中有 10 个大小为 1 的订单，则我们的一次购买将会被记录为 10 笔不同的交易。此外，匹配引擎协议会将一次成交拆分为多个人工部分成交，从而获得操作上的便利性。

成交量线通过对每时间段中预定义的成交量（股份、期货合约等）进行抽样的方式对此问题进行了规避。例如，我们可以在每次期货合约发生 1 000 个单位的交换时进行采样而不考虑其中涉及的分时数量。

很难想象过去客户在很大程度上依赖于分时价格的时代，而 20 世纪 60 年代的供应方又很少公布成交量数据。在成交量开始被记入报表之后，Clark（1973）意识到从成交量数据中获得的采样回报能够产生比分时线更加出色的统计学特性（如更加接近 IID 高斯分布）。另一个优先选择成交量线而非时间线或分时线的原因，是多个市场微观结构理论对价格和成交量之间的相互作用进行的研究。将采样作为这些变量之一的一个函数是一种更加便于分析的方式，我们将在第 19 章对此进行讨论。

2.3.1.4 美元线

美元线是通过对每时间段中预定义的成交额进行采样而形成的。当然，引用美元是因为它适用于证券计价货币，但没有人采用欧元线、英镑线或日元线等（黄金线倒是值得一试）。

我们举几个例子对美元线背后的基本原理进行阐释。首先，假设我们想对一只在特定时间段内升值 100% 的股票进行分析。在该时期结束时卖出价值为 1 000 美元的股票，需要交易的股票数量是最初购买价值 1 000 美元股票数量的一半。也就是说，发生交易的股票的数量是实际发生交换的价值的函数。因此，以发生交换的美元价值而非分时或交易量等对线进行采样就具有意义，特别是当分析涉及大幅度的价格浮动时。这一观点可以使用经验主义的方法进行验证。如果给定线的大小，在 E－迷你标普 500 指数期货上对分时线和成交量线进行计算，则每天的线的数量会在各年中出现极大的差异。但如果改为对每天的美元线进行计算，则对于一个恒定的线的大小，这种变化的范围与速度就会大大降低。图 2.1 绘制了当我们在分时、成交量和美元采样方法上使用固定的线的大小时，所产生的每日线数的指数加权平均数。

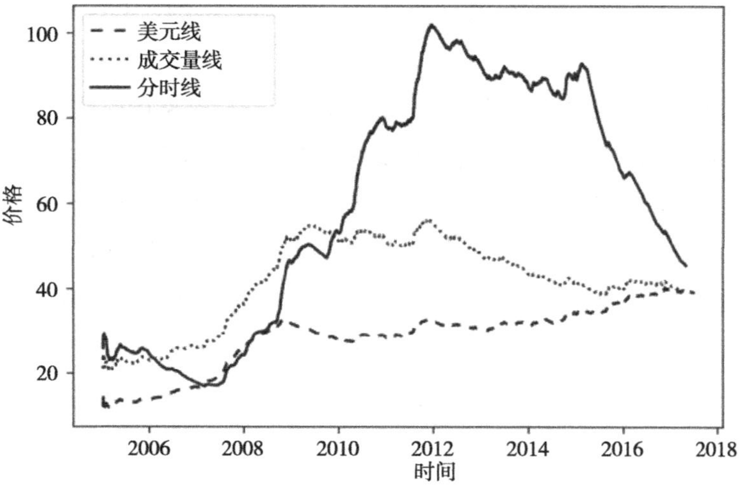

图 2.1　分时线、成交量线和美元线的平均每日频率

另一个优先选择美元线而非时间线、分时线或成交量线的原因是，在证券寿命周期内，流通股的数量通常会因企业行为而发生若干次变化。即便在进行了调整以适应分割和反向分割后，也还是会有其他行为对分时和成交量的数量产生影响，如发行新股份或回购现有股份（自2008年大萧条之后这种现象非常常见）等。美元线在面对此类行为时更加稳定。此外，美元线还可以用于在线的大小不随时间发生恒定变化的情况下进行采样。线的大小可以根据公司的自由浮动市值（股票）或已发行债券的未偿还总额（固定收益证券）进行动态调整。

2.3.2 信息驱动线

信息驱动线的目的是在新信息进入市场时进行更加频繁的采样。在此种情境下，“信息”一词带有市场微观结构上的意义。我们将在第19章中谈到，市场微观结构理论对不平衡仓单流通量的持续性赋予了特殊意义，因为这种现象与知情交易者的存在有关。将采样和知情交易者的出现进行同步，我们或许可以在价格达到一个新的平衡水平之前做出决策。本节内容将对如何使用各种信息达到指标进行采样做一番探讨。

2.3.2.1 分时不平衡线

假设有一个分时序列 $\{(p_t, v_t)\} t = 1, \cdots, T$，其中 p_t 是与分时 t 有关的价格，v_t 是与分时 t 有关的成交量。“分时规则”定义了一个序列 $\{b_t\} t = 1, \cdots, T$，其中：

$$b_t = \begin{cases} b_{t-1} & \text{if } \Delta p_t = 0 \\ \dfrac{|\Delta p_t|}{\Delta p_t} & \text{if } \Delta p_t \neq 0 \end{cases}$$

且 $b_t \in \{-1, 1\}$，边界条件 b_0 设置为与前一个线的终值 b_T 相匹配。

分时不平衡线的原理是在分时不平衡超出预期时对线进行采样。我们希望对分时指数 T 进行判定，从而使累计仓单分时（依照分时规则进行）能够超出一个指定阈值。接下来我们将讨论的是 T 的判定过程。

第一，我们设时间 T 时的分时不平衡为：

$$\theta_T = \sum_{t=1}^{T} b_t$$

第二，我们在线起点处对 θ_T 的预期值进行计算，$E_0[\theta_T] = E_0[T](P[b_t = 1] - P[b_t = -1])$，其中，$E_0[T]$ 是分时线的预期大小，$P[b_t = 1]$ 是分时被归类为购买的无条件概率，$P[b_t = -1]$ 是分时被归类为出售的无条件概率。由于 $P[b_t = 1] + P[b_t = -1] = 1$，则 $E_0[\theta_T] = E_0[T](2P[b_t = 1] - 1)$。在实际情况下，我们将 $E_0[T]$ 估算为前线所得 T 值的指数加权移动平均数，将 $2P[b_t = 1] - 1$ 估算为前线所得 b_t 值的指数加权移动平均数。

第三，我们将分时不平衡线定义为分时的一个 T^* - 邻近子集，从而满足如下条件：

$$T^* = \arg\min_T \left\{ |\theta_T| \geqslant E_0[T] \left| 2P[b_t = 1] - 1 \right| \right\}$$

其中，预期的不平衡大小用 $2P[b_t = 1] - 1$ 表示。当 θ_T 的不平衡超出预期时，低 T 将满足条件。相应地，当存在知情交易（促成单方面交易的不对称信息）时，分时不平衡线的产生频率更快。实际上，我们可以将分时不平衡线理解成包含有等量信息的交易组合（不考虑发生交易的成交量、价格或分时等）。

2.3.2.2 成交量/美元不平衡线

成交量不平衡线和美元不平衡线的意义在于对分时不平衡线的概念

进行拓展。我们希望在成交量或美元交易与我们的预期发生偏离时进行线采样。基于与分时不平衡线相同的分时规则和边界条件 b_0，我们依照如下过程对下一个样本 T 的指数进行判定。

第一，设时间 T 时的不平衡为：

$$\theta_T = \sum_{t=1}^{T} b_t v_t$$

其中，v_t表示发生交易的证券数量或发生交换的美元的量。你对 v_t 的选择决定了你是根据前者还是后者进行采样。

第二，我们在线的起点处对 θ_T的预期值进行计算：

$$E_0[\theta_T] = E_0\left[\sum_{t|b_t=1}^{T} v_t\right] - E_0\left[\sum_{t|b_t=-1}^{T} v_t\right] = E_0[T](P[b_t = 1]E_0[v_t|b_t = 1]$$
$$-P[b_t = -1]E_0[v_t|b_t = -1])$$

我们使 $v^+ = P[b_t = 1]E_0[v_t | b_t = 1]$，$v^- = P[b_t = -1]E_0[v_t | b_t = -1]$，从而有 $E_0[T]^{-1}E_0[\sum_t v_t] = E_0[v_t] = v^+ + v^-$。我们可以将 v^+ 和 v^- 看作 v_t的初始预期分解后得到的购买分量和出售分量。则有：

$$E_0[\theta_T] = E_0[T](v^+ - v^-) = E_0[T](2v^+ - E_0[v_t])$$

在实际情况下，我们将 $E_0[T]$ 估算为前线所得 T 值的指数加权移动平均数，将 $2v^+ - E_0[v_t]$ 估算为前线所得 $b_t v_t$值的指数加权移动平均数。

第三，我们将成交量不平衡线或美元不平衡线定义为分时的一个 T^*－邻近子集，从而满足如下条件：

$$T^* = \arg\min_T \{|\theta_T| \geqslant E_0[T]|2v^+ - E_0[v_t]|\}$$

其中，预期的不平衡大小以 $|2v^{+}-E_0[v_t]|$ 表示。当 θ_T 的不平衡超出预期时，低 T 将满足条件。这是基于信息对成交量线和美元线进行的模拟，与前文一样，它描述的也是与分时碎片化和离群值有关的问题。此外，这一模拟还对企业行为进行了讨论，因为以上过程不依赖于恒定的线的大小，相反，线的大小是可以进行动态调整的。

2.3.2.3 分时运行线

分时不平衡线、成交量不平衡线和美元不平衡线以对分时、成交量以及发生交换的美元价值进行测量的方式对指令流不平衡进行监控。大型交易方会使用冰山指令或采用将一个上级订单拆分为多个子级订单（且所有订单均在 $\{b_t\}_{t=1,\cdots,T}$ 序列中有运行痕迹）的方式对其订单簿进行扫描。因此，我们可以借其对整体成交量中的购买序列进行监控，并在序列偏离预期时进行采样。

第一，设当前运行的长度为：

$$\theta_T=\max\left\{\sum_{t|b_t=1}^{T}b_t,-\sum_{t|b_t=-1}^{T}b_t\right\}$$

第二，我们在线的起点处对 θ_T 的预期值进行计算：

$$E_0[\theta_T]=E_0[T]\max\{P[b_t=1],1-P[b_t=1]\}$$

在实际情况下，我们将 $E_0[T]$ 估算为前线所得 T 值的指数加权移动平均数，将 $P[b_t=1]$ 估算为前线所得购买分时的比例的指数加权移动平均数。

第三，我们将分时运行线定义为分时的一个 T^*-邻近子集，从而满足如下条件：

$$T^* = \arg\min_T \{\theta_T \geqslant E_0[T]\max\{P[b_t = 1], 1 - P[b_t = 1]\}\}$$

其中，运行中的分时的预期计数表示为 $\max\{P[b_t=1], 1-P[b_t=-1]\}$。当 θ_T 体现出的运行超过预期时，低 T 能够满足以上条件。“运行”这一定义使我们能够对序列进行拆分。也就是说，我们对每一方的分线数量进行计数且无须进行补偿（无不平衡），而非对最长序列的长度进行测量。在构线情境下，这种定义比对序列长度进行测量更加有效。

2.3.2.4 成交量/美元运行线

成交量运行线和美元运行线分别将上文所述“运行”的定义延伸到成交量和发生了交换的美元上。这是因为我们希望在任意一方的成交量线或美元线超出预期时都能够进行线采样。在对分时规则依照习惯命名法进行命名之后，我们需要对线中最后一个观察的指数 T 进行判定。

第一，设与运行有关的成交量或美元为：

$$\theta_T = \max\left\{\sum_{t|b_t=1}^{T} b_t v_t, -\sum_{t|b_t=-1}^{T} b_t v_t\right\}$$

其中，v_t 可以表示进行了交易的证券的数量或发生了交换的美元金额。你对 v_t 的选择决定了你是根据前者还是后者进行采样。

第二，我们在线的起点处对 θ_T 的预期值进行计算：

$$E_0[\theta_T] = E_0[T]\max\{P[b_t = 1]E_0[v_t|b_t = 1], \\ (1 - P[b_t = 1])E_0[v_t|b_t = -1]\}$$

在实际情况下，我们将 $E_0[T]$ 估算为前线所得 T 值的指数加权移动平均数，将 $\mathrm{P}[b_t=1]$ 估算为前线所得购买分时的比例的指数加权移动平均数，将 $\mathrm{E}_0[v_t \mid b_t=1]$ 估算为前线所得购买成交量的指数加权移动平均数，并将 $\mathrm{E}_0[v_t \mid b_t=-1]$ 估算为前线所得出售成交量的指数加权移动平均数。

第三，我们将成交量运行线定义为分时的一个 T^* - 邻近子集，从而满足如下条件：

$$T^* = \arg\min_T \{\theta_T \geqslant \mathrm{E}_0[T]\max\{\mathrm{P}[b_t=1]\mathrm{E}_0[v_t|b_t=1],\\ (1-\mathrm{P}[b_t=1])\mathrm{E}_0[v_t|b_t=-1]\}\}$$

其中，运行中的预期成交量表示为 $\max\{\mathrm{P}[b_t=1]\mathrm{E}_0[v_t \mid b_t=1], (1-\mathrm{P}[b_t=1])\mathrm{E}_0[v_t \mid b_t=-1]\}$。当 θ_T 所体现出的运行超出预期时，或运行中的成交量超出预期时，低 T 将满足以上条件。

2.4 多产品序列处理

有些时候我们需要对权重随时间进行动态调整的工具的时间序列进行建模，还有些时候我们需要对不定期支付息票或股息的产品，或者受制于公司行为的产品进行处理。对于研究中能够使时间序列的性质发生变化的事件需要进行妥善的处理，否则就会在不经意间导致结构化中断，进而对研究产生误导（此问题将在第 17 章进行详细讨论）。这种问题可能在多种情况下出现，比如：当对权重不断变化的差价进行建模时，当对必须进行重新平衡的组合进行建模时，当指数的构成发生变化时，当必须对过期或到期的合约或证券进行替换时，等等。

期货就是一个比较恰当的例子。从我个人的经验来看，人们之所以在操纵期权时做着大量的无用功，其原因主要是不知道如何对期货的滚动进行恰当的处理。基于期货差价、股票或债券组合等制定的策略也是如此。接下来我将阐释将一个证券组合看作一个单一的现金产品进行建模的方法。我称之为“交易所交易基金（ETF）分时法”，因为其目的是将任何复杂的多产品数据集转化为一个与总回报 ETF 类似的单一数据集。为什么要采用这种方法呢？因为采用这种方法，我们的代码总是可以假设仅对类现金产品（非过期现金工具）进行交易，而无须考虑基本序列的复杂性和构成成分。

2.4.1 ETF 分时法

假设我们需要制定一个对期货的差价进行交易的策略。在对差价而非真正的工具进行处理的过程中会出现一些问题。第一，差价是以随着时间而变化的权重向量表示的。因此差价本身甚至可能在价格不发生变化的情况下出现收敛。如果出现这种情况，则对此序列进行交易的模型会错误地将净市价损益（PnL）当作权重诱发的收敛所产生的结果。第二，差价可能会出现负值，因为差价表示的并不是价格。而且由于大部分模型都假设差价为正值，这种情况就会导致问题的出现。第三，交易次数并不会与所有的组成部分严格一致，因此差价也不总是可以在最后公布的水平上交易或实现零潜在风险交易。第四，还需要考虑到执行成本的问题，如跨买卖差价等。

对以上问题进行规避的方法之一，是产生一个能够反映 1 美元投资差价的价值的时间序列。这个序列发生的变化将能够对 PnL 中的变化进行体现，此序列严格为正（极限情况为无穷小），且能够对实现差值进行考量。此序列可以作为一个 ETF 用于建模、生成信号以及进行交易等。

假设我们通过第 2.3 节介绍的方法知道了线的历史情况。已知线中包含如下项：

- $O_{i,t}$是在线 $t=1, \cdots, T$ 时，工具 $i=1, \cdots, I$ 的原始开盘价格。
- $P_{i,t}$是在线 $t=1, \cdots, T$ 时，工具 $i=1, \cdots, I$ 的原始收盘价格。
- $\varphi_{i,t}$是在线 $t=1, \cdots, T$ 时，工具 $i=1, \cdots, I$ 的一个点的美元价值。

包括汇率。

- $v_{i,t}$是在线 $t=1, \cdots, T$ 时，工具 $i=1, \cdots, I$ 的成交量。
- $d_{i,t}$是工具 i 在线 t 时支付的融资、分红或息票。该变量也可以用于对边际成本或资金成本等进行费用收取。

其中，所有的工具 $i = 1, \cdots, I$ 都能够在线 $t = 1, \cdots, T$ 时进行交易。也就是说，即便部分工具在整个 $[t-1, t]$ 区间内都无法交易，也能够在 $t-1$ 和 t 时进行交易（在这两个时间点上，市场是开放的且能够执行指令）。对于以分配向量 ω_t表示的并在线 $B\subseteq \{1, \cdots, T\}$ 上重新平衡（或滚动）的期货组合，1 美元投资值 $\{K_t\}$ 表示为：

$$h_{i,t} = \begin{cases} \text{如果}\, t\in B, & \dfrac{\omega_{i,t}K_t}{o_{i,t+1}\varphi_{i,t}\sum_{i=1}^{I}|\omega_{i,t}|} \\ \text{否则}, & h_{i,t-1} \end{cases}$$

$$\delta_{i,t} = \begin{cases} \text{如果}\,(t-1)\in B, & p_{i,t} - o_{i,t} \\ \text{否则}, & \Delta p_{i,t} \end{cases}$$

$$K_t = K_{t-1} + \sum_{i=1}^{I} h_{i,t-1}\varphi_{i,t}\left(\delta_{i,t} + d_{i,t}\right)$$

初始资产管理规模（AUM）中的 $K_0=1$。变量 $h_{i,t}$表示时间 t 时持有的工具 i 的量（证券或合约数量）。变量 $\delta_{i,t}$是工具 i 在 $t-1$ 至 t 期间市场价值发生的变化。需注意，当 $t\in B$ 时，所有的损益均进行重新投资，因而能够防止负值价格的出现。分红 $d_{i,t}$已包含在 K_t内，因此此策略无须对其进行讨论。在 $h_{i,t}$中，$\omega_{i,t}\left(\sum_{i=1}^{I}|\omega_{i,t}|\right)^{-1}$ 的作用是对分配进行去杠杆化。对于期货序列，我们并不知道滚动时间 t 时新合约的 $p_{i,t}$，因此我们将 $o_{i,t+1}$ 作为最为接近的那一个。

使 τ_i为与工具 i 的 1 美元交易相关的交易成本，比如 $\tau_i=1E-4$（1 个基点）。对于每一个观察到的线 t，该策略还需要 3 个额外变量：

1. 再平衡成本：与分配再平衡相关的可变成本 $\{c_t\}$ 为 $c_t = \sum_{i=1}^{I}(|h_{i,t}-1|p_{i,t}+|h_{i,t}|o_{i,t}+1)\varphi_{i,t}\tau_i, \forall t \in B$。我们并没有将 c_t 包含在 K_t 中，否则卖空差价的动作将会在分配再平衡时产生虚构利润。在我们的计算中，我们可以将 $\{c_t\}$ 看作一个（负值的）分红。
2. 买卖差价：对一个单位的此虚拟 ETF 进行购买或出售的成本 $\{\tilde{c}_t\}$ 为 $\tilde{c}_t = \sum_{i=1}^{I}|h_{i,t-1}|p_{i,t}\varphi_{i,t}\tau_i$。当一个单位完成出售或购买时，策略必须收取此成本 $\tilde{c}_t$，此成本等同于此虚拟 ETF 的买卖价差差额。
3. 成交量：完成交易的成交量 $\{v_t\}$ 由组合中至少一个活跃成分决定。使 $v_{i,t}$ 为线 t 内由工具 i 进行交易的成交量。则可交易的组合单位的数量为 $v_t = \min_i \left\{ \frac{v_{i,t}}{|h_{i,t-1}|} \right\}$。

交易成本函数并不一定是线性函数，此策略也基于以上信息可以对非线性成本函数进行模拟。利用 ETF 分时法，我们可以将期货组合（或单一期货）作为一个单一的非过期现金产品进行模拟。

2.4.2 用主成分分析（PCA）确定权重

感兴趣的读者可以在本章引用文献 López de Prado & Leinweber（2012）以及 Bailey & López de Prado（2012）中找到许多对对冲权重进行计算的方法。为确保完整性，我们对上一节描述的用于推导向量 $\{\omega_t\}$ 的一种方法进行回顾。考虑一个 IID 多元高斯过程，以一个大小为 $N\times1$ 的均值向量 μ、一个大小为 $N\times N$ 的协方差矩阵 V 表示。这一随机过程描述了一个不变的随机变量，如 N 个工具组合的股票回报、债券收益率的变化或期权波动率的变化等。我们想计算出符合风险在主要成分 V 中的分布的分配向量 ω。

第一，我们进行谱分解，$VW = W\Lambda$，其中，W 中的栏进行重新排序，从而使 Λ 的对角元素以降序排列。

第二，对于指定的分配向量 ω，我们可以将组合的风险计算为 $\sigma^2 =$

$\omega' V\omega = \omega' W\Lambda W'\omega = \beta'\Lambda\beta = (\Lambda^{1/2}\beta)'(\Lambda^{1/2}\beta)$，其中，$\beta$ 表示 ω 的正交投影。

第三，Λ 是一个对角矩阵，因此 $\sigma^2 = \sum_{n=1}^{N} \beta_n^2 \Lambda_{n,n}$，且第 n 个成分引起的风险为 $R_n = \beta_n^2 \Lambda_{n,n} \sigma^{-2} = [W'\omega]_n^2 \Lambda_{n,n} \sigma^{-2}$，$R' 1_N = 1$，且 1_N 是 N 个 1 的向量。我们可以将 $\{R_n\}_{n=1,\cdots,N}$ 看作投影成分上的风险分布。

第四，我们对能够产生自定义风险分布 R 的向量 ω 进行计算。由上文可知，$\beta = \left\{\sigma \sqrt{\frac{R_n}{\Lambda_{n,n}}}\right\}_{n=1,\ldots,N}$，表示的是新的（正交）分布。

第五，前文所述正交分布基础上分配可以表示为 $\omega = W\beta$。对 ω 进行重新缩放仅会使 σ 发生缩放，因此风险分布恒定不变。图 2.2 所示为逆方差分配中各主要部分对风险产生的贡献。几乎所有的成分都对风险产生了贡献，包括方差最大的成分（成分 1 与 2）。而与之形成对比的是，对于 PCA 组合，只有方差最低的成分贡献了风险。

代码片段 2.1 中应用了这一方法，其中，自定义风险分布 R 通过 `riskDist`（可选为空）。如果 `riskDist` 为空，则代码将假设所有的风险必须分配至特征值最小的主要成分，其权重将是最后一个重新缩放的特征向量，从而与 σ（`riskTarget`）相匹配。

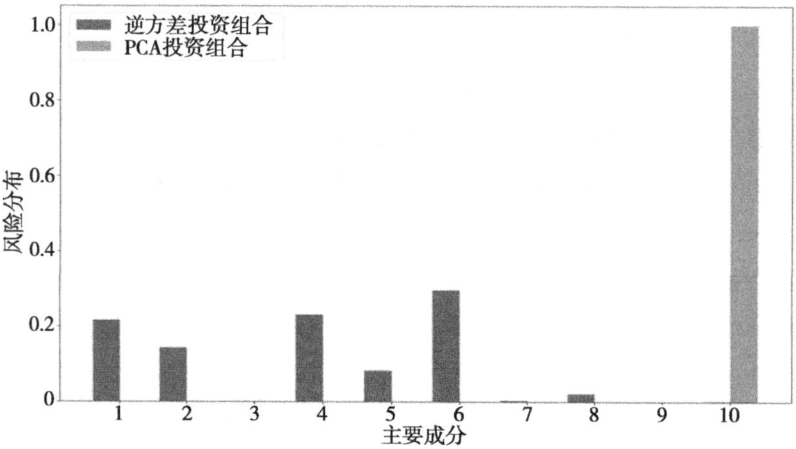

图 2.2　主要成分对风险的贡献

代码片段 2.1　风险分布 R 中的 PCA 权重

```
def pcaWeights(cov,riskDist=None,riskTarget=1.):
    # Following the riskAlloc distribution, match riskTarget
    eVal,eVec=np.linalg.eigh(cov) # must be Hermitian
    indices=eVal.argsort()[::-1] # arguments for sorting eVal desc
    eVal,eVec=eVal[indices],eVec[:,indices]
    if riskDist is None:
        riskDist=np.zeros(cov.shape[0])
        riskDist[-1]=1.
    loads=riskTarget*(riskDist/eVal)**.5
    wghts=np.dot(eVec,np.reshape(loads,(-1,1)))
    #ctr=(loads/riskTarget)**2*eVal # verify riskDist
    return wghts
```

2.4.3　单期货滚动

ETF 分时法可以将单期货合约的滚动作为一种特殊的单边差价情况进行处理。但在对单期货合约进行处理时，一种（与本方法）等效且更直接的方法是构建累计滚动间隙的时间序列，并从价格序列中将此间隙序列扣除。代码片段 2.2 显示的是此逻辑的一种应用方式，即使用从彭博终端上下载并存储在 HDF5 表格中的一个分时线序列。彭博域的意义如下：

- FUT_CUR_GEN_TICKER：对与价格相关的合约进行鉴别。其与每一个滚动相对应的价值都不同。
- X_OPEN：与该线相关的开盘价格。
- PX_LAST：与该线相关的收盘价格。
- VWAP：与该线有关的成交量权重平均价格。

函数 rollGaps 中的 matchEnd 决定了期货序列是向前滚动（matchEnd = False），还是向后滚动（matchEnd = True）。如果向前滚动，则已滚动序列起始处的价格与原始序列起始处的价格相匹配。如果向后滚动，则已滚动序列的终止处的价格与原始序列的终止处的价格相对应。

代码片段 2.2　构建一个间隙序列，将其从价格中扣除

```
def getRolledSeries(pathIn,key):
    series=pd.read_hdf(pathIn,key='bars/ES_10k')
    series['Time']=pd.to_datetime(series['Time'],format='%Y%m%d%H%M%S%f')
    series=series.set_index('Time')
    gaps=rollGaps(series)
    for fld in ['Close','VWAP']:series[fld]-=gaps
    return series
#———————————————————————————————————————————
def rollGaps(series,dictio={'Instrument':'FUT_CUR_GEN_TICKER','Open':'PX_OPEN', \
    'Close':'PX_LAST'},matchEnd=True):
    # Compute gaps at each roll, between previous close and next open
    rollDates=series[dictio['Instrument']].drop_duplicates(keep='first').index
    gaps=series[dictio['Close']]*0
    iloc=list(series.index)
    iloc=[iloc.index(i)-1 for i in rollDates] # index of days prior to roll
gaps.loc[rollDates[1:]]=series[dictio['Open']].loc[rollDates[1:]]- \
    series[dictio['Close']].iloc[iloc[1:]].values
gaps=gaps.cumsum()
if matchEnd:gaps-=gaps.iloc[-1] # roll backward
return gaps
```

已滚动价格用于对 PnL 和组合的盯市价格进行模拟。但此时依旧需要使用原始价格对寸头大小以及资本消耗进行判定。需要记住的一点是，已滚动价格是有可能为负值的，特别是对于已廉价出售但出现处于溢价状态的期货合约。对于此，可以在一个 2 号棉花期货或天然气期货上运行代码片段 2.2 进行了解。

一般来说，我们希望使用的是非负已滚动序列，从而得出 1 美元投资的价格序列如下：(1) 对已滚动期货价格的时间序列进行计算；(2) 将已滚动价格变化除以此前的原始价格作为回报 r；(3) 使用回报［如 (1 + r).cumprod()］构成一个价格序列，参见代码片段 2.3。

代码片段 2.3　非负已滚动价格序列

```
raw=pd.read_csv(filePath,index_col=0,parse_dates=True)
gaps=rollGaps(raw,dictio={'Instrument':'Symbol','Open':'Open','Close':'Close'})
rolled=raw.copy(deep=True)
for fld in ['Open','Close']:rolled[fld]-=gaps
rolled['Returns']=rolled['Close'].diff()/raw['Close'].shift(1)
rolled['rPrices']=(1+rolled['Returns']).cumprod()
```

2.5 采样特征

到目前为止，我们已经讨论了如何利用一系列未结构化的金融数据产生连续、同质且结构化的数据集。我们可以采用机器学习算法对数据集进行处理，但这并不是一个很好的方法，其原因如下。第一，部分机器学习算法无法对样本大小进行很好的缩放（如支持向量机）。第二，机器学习算法只有在存在相关的样本参考的情况下才能达到最高的精确度。假设我们需要预测后续的5%绝对回报是为正（5%回升）还是为负（5%抛售），在任意的随机时间，此预测的精确性都是极低的。但如果在出现某些催化性条件后再对后续5%的绝对回报进行正负预测，那么我们就能够得到更加精确的预测结果。我们将在这一节讨论通过线的抽样来产生特征矩阵的方法。

2.5.1 缩减采样

如上文所述，从结构化的数据集中对特征进行采样的原因之一，是缩减为符合机器学习算法要求而存在的数据的量。这样操作也被称为“缩减采样”。通常以恒定的步长进行序列采样（线性等分采样），或以使用均匀分布进行随机采样（均匀采样）的方式实现。

线性等分采样的优势在于其简单，劣势在于步长是任意的，且结果也会随种子线而发生变化。均匀采样通过在整个线集内进行均匀采样的方式对上述问题进行处理。但这两种方法都因其样本并没有根据预测能力，或信息内容包含大部分相关观察的子集而饱受诟病。

2.5.2 事件驱动采样

投资组合管理者通常会在某些事件发生后进行下注，如结构化中断（见第17章）、已提取信号（见第18章）或微观结构现象（见第19章）等。这些事件可能与某些宏观经济统计数据的发布有关，如波动性的突然增加、差价大幅度偏离平衡水平等。我们可以将一个事件判定为重要，然后让机器学习算法学习在这些情况下是否存在一个准确的预测函数。如果答案为否，则我们可以对事件的构成进行重新定义，或使用其他特征重新尝试。为表达方便，我们讨论一种事件驱动采样方法。

2.5.2.1 CUSUM 过滤器

CUSUM 过滤器是一种质量控制方法，用于对偏离目标值的测量所得质量的平均值的变化进行检测。对于由一个局部平稳过程中产生的 IID 观察 $\{y_t\}_{t=1,\cdots,T}$，我们设累积和为：

$$S_t = \max\left\{0, S_{t-1} + y_t - \mathrm{E}_{t-1}\left[y_t\right]\right\}$$

其边界条件为 $S_0=0$。此过程推荐在第一个 t 时进行一个满足 $S_t \geqslant h$ 的动作，得到阈值 h（过滤器大小）。需注意，当 $y_t \leqslant \mathrm{E}_{t-1}[y_t]-S_{t-1}$ 时，$S_t=0$。零水平表示我们可以跳过会使 S_t 为负的部分向下的偏差。进行此操作的原因是，过滤器的作用是将上侧发散序列从重置水平零鉴别出来。如果满足如下情况，则阈值激活：

$$S_t \geqslant h \Leftrightarrow \exists \tau \in [1,t] \left| \sum_{i=\tau}^{t} \left(y_i - \mathrm{E}_{i-1}\left[y_t\right]\right) \geqslant h \right.$$

此上行（run-ups）概念还可以进行拓展，将下行包括进来，产生一个系对称的 CUSUM 过滤器：

$$S_t^+ = \max\left\{0, S_{t-1}^+ + y_t - \mathrm{E}_{t-1}\left[y_t\right]\right\}, \ S_0^+ = 0$$
$$S_t^- = \min\left\{0, S_{t-1}^- + y_t - \mathrm{E}_{t-1}\left[y_t\right]\right\}, \ S_0^- = 0$$
$$S_t = \max\left\{S_t^+, -S_t^-\right\}$$

Lam & Yam（1997）提出了一种投资策略，当观察到的绝对回报 h 高于或低于前一个观察值时，产生交替买卖信号。两位作者指出此种策略等同于 Fama & Blume（1966）提出的所谓的“过滤交易策略”。我们对 CUSUM 过滤器的使用有所不同：当且仅当 $S_t \geqslant h$ 时，我们将采样一个线 t，点 S_t 是重置点。代码片段 2.4 为该对称 CUSUM 过滤器的应用，其中，$\mathrm{E}_{t-1}[y_t] = y_{t-1}$。

代码片段 2.4　对称 CUSUM 过滤器

```
def getTEvents(gRaw,h):
    tEvents,sPos,sNeg=[],0,0
    diff=gRaw.diff()
    for i in diff.index[1:]:
        sPos,sNeg=max(0,sPos+diff.loc[i]),min(0,sNeg+diff.loc[i])
        if sNeg<-h:
            sNeg=0;tEvents.append(i)
        elif sPos>h:
            sPos=0;tEvents.append(i)
    return pd.DatetimeIndex(tEvents)
```

函数 getTEvents 接收两个参数：我们需要过滤的原始时间序列（gRaw）和阈值 h。使 CUSUM 过滤器具备优势的一个较为实际的方面在于多个时间并不是由阈值水平附近的浮动的 gRaw 触发的，但较为流行的市场信号，诸如布林线指标等，都会受到这一问题的困扰。CUSUM 过滤器需要完整运行长度 h 才能使 gRaw 触发一个事件。图 2.3 所示为对一个序列进行的 CUSUM 采样。

变量 S_t 可以基于我们将在第 17 章讨论的任何特征，如结构性中断统计、熵或市场微观结构测量等。例如，当上确界扩张迪基 - 福勒（SADF，定义参见第 17 章）偏离之前重置水平足够远时，我们可以判定发生了一个事件。一旦获得了此事件驱动线的子集后，我们将让机器学习算法判定该事件是否构成一个可使用情报。

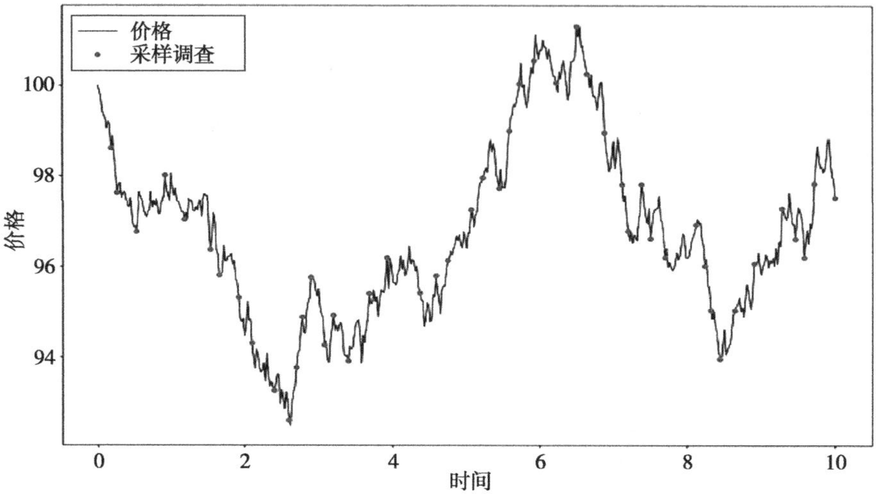

图 2. 3　对一个序列进行的 CUSUM 采样

练习

2. 1　在一个 E－迷你标普 500 指数期货的一系列分时数据序列上：

（1）构建分时线、成交量线和美元线。使用 ETF 分时对滚动进行处理。

（2）对由分时线、成交量线和美元线产生的线数进行每周计数，并绘制时间序列。何种线类型产生的每周计数最稳定？为什么？

（3）计算 3 种线的回报的序列相关性。哪一种线的序列相关性最低？

（4）将线序列拆分为每月数据集。计算每一种线的每一个子集的回报的方差。哪一种方法的方差最小？

（5）将雅克－贝拉（Jarque-Bera）正态性检验应用到由 3 种线得到的回报上。哪一种方法的检验统计量最低？

2.2 在一个 E－迷你标普 500 指数期货分时数据序列上，计算美元线与美元不平衡线。哪一种线的序列相关性更高？为什么？

2.3 在 E－迷你标普 500 指数期货与欧洲斯托克 50 指数期货的美元线序列上；

（1）参考第 2.4.2 节内容计算 ETF 分时的 $\{\hat{\omega}_t\}$ 向量。（提示：你需要滚动日期当日的欧元/美元外汇价值。）

（2）推导出标普 500 指数/欧洲斯托克 50 指数差价的时间序列。

（3）通过扩张迪基－福勒（ADF）检验方法来检验此序列是否平稳。

2.4 构建 E－迷你标普 500 指数期货美元线：

（1）计算一个滚动移动平均数附近 5% 的宽度的布林线指标。统计价格越过指数的次数（即从指数内部跨越至指数外部）。

（2）使用 CUSUM 过滤器对上述线进行过滤，其中，$\{y_t\}$ 是回报且 $h=0.05$。你得到了多少个样本？

（3）计算两个采样序列的滚动标准差。哪一个的异方差性最低？

2.5 使用练习 2.4 的线：

（1）使用 CUSUM 过滤器对线进行采样，其中 $\{y_t\}$ 是绝对回报且 $h=0.05$。

（2）计算采样线的滚动标准差。

（3）将此结果与练习 2.4 的结果进行比较。哪一种方法得到的异方差性样本最少？为什么？

引用文献

Ané, T. and H. Geman (2000): "Order flow, transaction clock and normality of asset returns." *Journal of Finance*, Vol. 55, pp. 2259 2284.

Bailey, David H., and M. López de Prado (2012): "Balanced baskets: A new approach to trading and hedging risks." *Journal of Investment Strategies (Risk Journals)*, Vol. 1, No. 4 (Fall), pp. 21–62.

Clark, P. K. (1973): "A subordinated stochastic process model with finite variance for speculative prices." *Econometrica*, Vol. 41, pp. 135–155.

Easley, D., M. López de Prado, and M. O'Hara (2011): "The volume clock: Insights into the high frequency paradigm." *Journal of Portfolio Management*, Vol. 37, No. 2, pp. 118–128.

Easley, D., M. López de Prado, and M. O'Hara (2012): "Flow toxicity and liquidity in a high frequency world." *Review of Financial Studies*, Vol. 25, No. 5, pp. 1457–1493.

Fama, E. and M. Blume (1966): "Filter rules and stock market trading." *Journal of Business*, Vol. 40, pp. 226–241.

Kolanovic, M. and R. Krishnamachari (2017): "Big data and AI strategies: Machine learning and alternative data approach to investing." White paper, JP Morgan, Quantitative and Derivatives Strategy. May 18.

Lam, K. and H. Yam (1997): "CUSUM techniques for technical trading in financial markets." *Financial Engineering and the Japanese Markets*, Vol. 4, pp. 257–274.

López de Prado, M. and D. Leinweber (2012): "Advances in cointegration and subset correlation hedging methods." *Journal of Investment Strategies (Risk Journals)*, Vol. 1, No. 2 (Spring), pp. 67–115.

Mandelbrot, B. and M. Taylor (1967): "On the distribution of stock price differences." *Operations Research*, Vol. 15, No. 5, pp. 1057–1062.

第 3 章

标签

3.1 动机

在第 2 章中我们对如何利用未结构化的数据集产生一个带有金融特征的矩阵 X 进行了讨论。一方面，无监督学习算法可以从该矩阵 X 中学习规律，如是否包含层次化聚类等；另一方面，监督学习算法需要 X 中的各行都与一个标签阵列或 y 值相关联，这样就可以在未看到的特征样本上预测这些标签或值。本章我们将讨论对金融数据使用标签进行标记的方法。

3.2 固定时间水平标识法

由于与金融相关，几乎所有的有关机器学习的研究文章都使用固定时间水平标识法对观察进行标记。这种方法具体可以描述如下。设特征矩阵 X 有 I 行，$\{X_i\}_{i=1,\cdots,I}$，矩阵由指数 $t=1$，$\cdots$，T 且 $I\leqslant T$ 的线得到。第 2 章第 2.5 节讨论了能够产生特征集 $\{X_i\}_{i=1,\cdots,I}$ 的采样方法。观察 X_i 分配到的标签为 y_i，且 $y_i\in\{-1,0,1\}$：

$$y_i = \begin{cases} -1 & \text{if } r_{t_{i,0},t_{i,0}+h} < -\tau \\ 0 & \text{if } |r_{t_{i,0},t_{i,0}+h}| \leqslant \tau \\ 1 & \text{if } r_{t_{i,0},t_{i,0}+h} > \tau \end{cases}$$

其中，τ 是预设的恒定阈值，$t_{i,0}$是紧随 X_i后发生的线的指数，$t_{i,0}+h$ 是 $t_{i,0}$之后的第 h 个线的指数，$r_{t_{i,0},t_{i,0}+h}$是线水平 h 上方的价格回报。

$$r_{t_{i,0},t_{i,0}+h} = \frac{p_{t_{i,0}+h}}{p_{t_{i,0}}} - 1$$

由于本章总是会需要使用时间线，因此 h 表示的是固定时间水平。本章参考文献部分列出了多项有关机器学习的研究，其中，Dixon 等人（2016）是最近使用此标注方法进行研究的文献。抛开其应用的广泛性，基于诸多原因，需要在大多数情况下避免使用此方法。第一，在第 2 章中我们可以看到，时间线并不具有良好的统计学特性。第二，使用了相同的阈值 τ 而未考虑观察到的波动性。假定 $\tau = 1E-2$，有时候我们将观察值标记为 $y_{i=1}$，实际线的波动性为 $\sigma_{t_{i,0}} = 1E-4$（如夜间）或 $\sigma_{t_{i,0}} = 1E-2$。即便回报 $r_{t_{i,0},t_{i,0}+h}$ 具有可预测性且具有统计学上的重要性，大部分的标签都将为 0。

换句话说，依照时间线上的一个固定阈值对观察进行标记是一个非常常见的错误。更好的方法还有很多种。第一种，可以根据使用回报的一个滚动指数加权标准差估算得到的变化阈值 $\sigma_{t_{i,0}}$ 进行标记。第二种，使用成交量线或美元线，因为其波动性更为接近常量（同方差性）。但即便是这两种方法，也无法解决固定时间水平标识法中的一个不足，即价格变动的轨迹。每一种投资策略都具有一个止损限额，该止损限额由组合管理者自行设定并由风险部门予以强化，或由请求保证金触发。制定一个能够利用被交易所进行止损的头寸产生利润的策略本身就是不切实际的事情。几乎没有文献在对观察进行标注的时候对此进行解释，就足以说明对投资进行探讨的文献的一些现状。

3.3 动态阈值计算

如前文所讨论，在实际操作中我们希望设置一个止盈与止损限额，作为投注所包含的风险的函数，从而避免因普遍存在的波动性而将目标定得过高（$\tau \gg \sigma_{t_{i,0}}$）或过低（$\tau \ll \sigma_{t_{i,0}}$）。

代码片段3.1将span0天的跨度施加到一个指数加权移动标准差上，对日内估计点上的每日波动性进行计算。请查看pandas文件了解更多有关pandas.Series.ewm函数的信息。

代码片段3.1 每日波动估计

```
def getDailyVol(close,span0=100):
    # daily vol, reindexed to close
    df0=close.index.searchsorted(close.index-pd.Timedelta(days=1))
    df0=df0[df0>0]
    df0=pd.Series(close.index[df0-1], index=close.index[close.shape[0]-df0.shape[0]:])
    df0=close.loc[df0.index]/close.loc[df0.values].values-1 # daily returns
    df0=df0.ewm(span=span0).std()
    return df0
```

在本章的其余部分，我们可以使用此函数的输出对默认止盈与止损限额进行设置。

3.4 三重屏障标签法

此部分我将介绍一种在文献中没有发现的标记方法。如果你是一名专业投资人士，我想你会很容易理解这一部分的内容。我称这种方法为三重屏障标签法，是因为这种方法依照三重屏障中第一重被触碰的屏障对观察进行标记。第一步，我们设置两个水平屏障和一个垂直屏障。此水平屏障分别是止盈和止损限额，其均为估计波动性（无论是否实现）的动态函数。第三重屏障是以已产生的线的数量的形式进行定义的，因为该头寸已经被占有（过期时间限制）。如果上方屏障首先被触碰，则将此观察标记为1。如果下方屏障首先被触碰，则我们有两个选择：回报符号或0。我个人倾向于选择前者，从而能够在一定的范围内实现止盈或止损，但对于你所研究的特殊情况，你可以尝试0是否能够产生更好的效果。

可能你已经注意到，三重屏障标签法依赖于轨迹。为了对一个观察进行标记，我们需要对 $t_{i,0}, t_{i,0}+h$ 范围内的整个轨迹进行考量，其中 h 定义垂直屏障（过期时间限制）。我们设 $t_{i,1}$ 为第一重屏障的触碰的时间，与被观察到的特征相关的回报为 $r_{t_{i,0},t_{i,1}}$。为方便说明，$t_{i,1} \leqslant t_{i,0}+h$ 和水平屏障并不一定是对称的。

代码片段3.2是三重屏障标签法的应用。函数接收4个参数：

- close：价格的pandas序列。
- events：一个分栏的pandas数据帧：
  - t1：垂直屏障的时间戳。当此值为np.nan时，无垂直屏障。
  - trgt：水平屏障的单位宽度。
- ptSl：两个非负浮动值清单：
  - ptSl [0]：乘以trgt从而对上方屏障的宽度进行设定的因数。如果为0，则无上方屏障。
  - ptSl [1]：乘以trgt从而对下方屏障的宽度进行设定的因数。如果为0，则无下方屏障。
- molecule：将由单线程进行处理的事件索引的子集清单。

代码片段3.2　三重屏障标签法

```
def applyPtSlOnT1(close,events,ptSl,molecule):
    # apply stop loss/profit taking, if it takes place before t1 (end of event)
    events_=events.loc[molecule]
    out=events_[['t1']].copy(deep=True)
if ptSl[0]>0:pt=ptSl[0]*events_['trgt']
else:pt=pd.Series(index=events.index) # NaNs
if ptSl[1]>0:sl=-ptSl[1]*events_['trgt']
```

```
else:sl=pd.Series(index=events.index) # NaNs
for loc,t1 in events_['t1'].fillna(close.index[-1]).iteritems():
    df0=close[loc:t1] # path prices
    df0=(df0/close[loc]-1)*events_.at[loc,'side'] # path returns
    out.loc[loc,'sl']=df0[df0<sl[loc]].index.min() # earliest stop loss.
    out.loc[loc,'pt']=df0[df0>pt[loc]].index.min() # earliest profit taking.
return out
```

该函数的输出是一个含有屏障被触碰时的时间戳（如有）的 pandas 数据帧。由前文叙述可知，该方法考虑到了 3 个屏障各自无法生效的可能性。我们以［pt, sl, t1］对屏障进行定义，其中 0 表示屏障未激活，1 表示屏障为活跃状态。可能出现的 8 种状态分别为：

- 3 种有用状态：
    - ［1，1，1］：此为标准设置，同时也对三重屏障的出口条件进行定义。我们希望获得利润，但这种情况下我们具有一个最大损失承受值和一个持有时间段。
    - ［0，1，1］：在此状态下，我们在若干个线后退出，除非被止损措施终止。
    - ［1，1，0］：我们可以在没有被止损措施终止的情况下继续获得利润。但这是不切实际的，因为我们想在这个头寸下停留尽可能久的时间。
- 3 种较不实际的状态：
    - ［0，0，1］：相当于固定时间水平标识法。这一状态可以应用于成交量线、美元线或信息驱动线，其多个预测均在水平内进行更新。
    - ［1，0，1］：停留于一个头寸直至最大停留期限结束，不考虑中间的未实现的损失。
    - ［1，0，0］：停留于一个头寸直至产生利润。可能意味着若干年内都处于损失头寸。
- 2 种不符合逻辑的状态：

○ [0, 1, 0]：无目标状态，停留于一个头寸，直至被终止。

○ [0, 0, 0]：无屏障。头寸永远锁定，无标签产生。

图 3.1 所示为三重屏障法的两种状态。图（a）是 [1, 1, 0]，第一重被触碰的屏障是下方水平屏障。图（b）是 [1, 1, 1]，第一重被触碰的屏障是垂直屏障。

3.5 学习侧和标记尺寸

这一部分我们将讨论的是如何对样本进行标记，从而使机器学习算法能够对投注的“侧”和标记尺寸进行学习。当我们没有一个基础模型对头寸（长/短）的符号进行设定，就需要对投注的“侧”进行学习。在此种情况下，我们无法在止盈屏障与止损屏障之间进行区分，因为进行区分就需要对“侧”了解。学习侧意味着要么不存在水平屏障，要么水平屏障一定是对称的。

代码片段 3.3 应用了 `getEvents` 函数，可以用于确定第一个屏障被触碰的时间。该函数接收如下参数：

- `close`：一个价格 pandas 序列。
- `tEvents`：pandas 时标中含有用于生成每一个三重屏障的时间戳。这些时间戳是利用第 2 章中的第 2.5 节所述流程选择出来的。
- `ptSl`：一个非负浮动，对两个屏障的宽度进行设定。0 值表示相应的水平屏障（盈利或止损）将失效。
- `t1`：带有垂直屏障时间戳的 pandas 序列。如果想要使此垂直屏障失效，则输入一个 `False` 值。
- `trgt`：一个目标 pandas 序列，以绝对回报的形式表达。

- minRet：进行三重屏障搜索所需要的最小目标回报。
- numThreads：函数当前使用的线程数量。

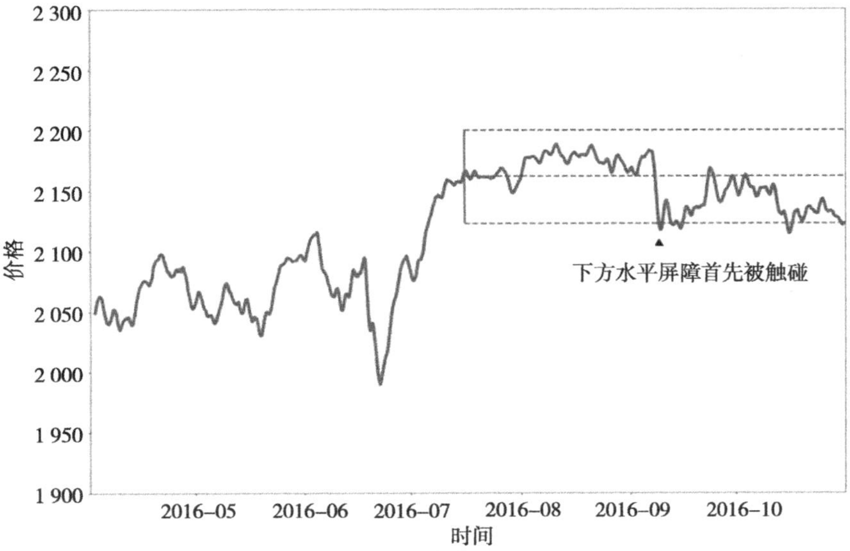

（a）

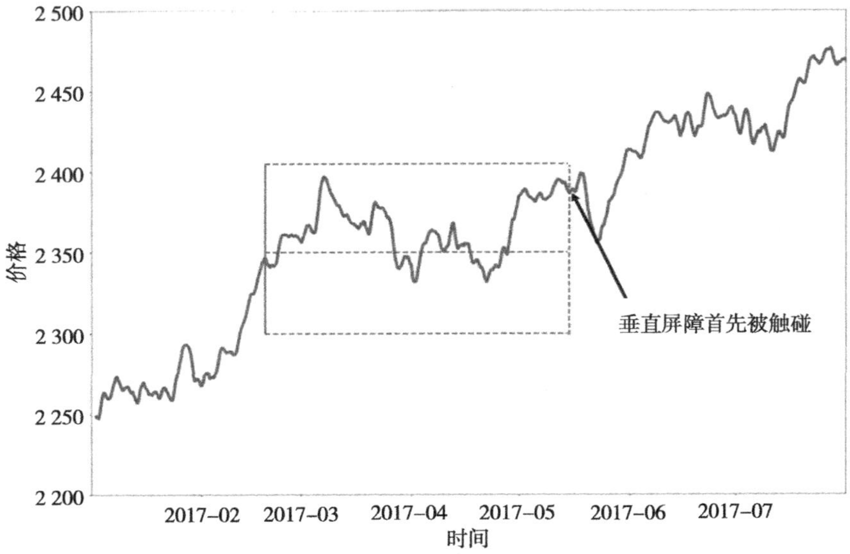

（b）

图 3.1　三重屏障法的两种状态

代码片段3.3 获取首次触碰时间

```
def getEvents(close,tEvents,ptSl,trgt,minRet,numThreads,t1=False):
    #1) get target
    trgt=trgt.loc[tEvents]
    trgt=trgt[trgt>minRet] # minRet
    #2) get t1 (max holding period)
    if t1 is False:t1=pd.Series(pd.NaT,index=tEvents)
    #3) form events object, apply stop loss on t1
side_=pd.Series(1.,index=trgt.index)
events=pd.concat({'t1':t1,'trgt':trgt,'side':side_}, \
    axis=1).dropna(subset=['trgt'])
df0=mpPandasObj(func=applyPtSlOnT1,pdObj=('molecule',events.index), \
    numThreads=numThreads,close=close,events=events,ptSl=[ptSl,ptSl])
events['t1']=df0.dropna(how='all').min(axis=1) # pd.min ignores nan
events=events.drop('side',axis=1)
return events
```

设 $I=1E6$，$h=1E3$，则单一工具上可以进行估算的条件的数量就高达10亿。许多机器学习任务的计算成本极高，除非能够熟练运用多线程计算，而这种方法就是其中之一。此处我们引入并行计算的概念。第20章将对我们所使用的多进程处理进行介绍。

函数 mpPandasObj 需要由多进程处理引擎运行，这一点将在第20章进行深入阐释。就本节内容而言，我们只需要知道此函数将对 applyPtSlOnT1 进行平行执行。每当屏障被触碰（如果发生）时，函数 applyPtSlOnT1 都会返还一个时间戳。第一个发生触碰的时间就是 applyPtSlOnT1 所返还的3个时间中最早的那个。由于我们需要对投注侧进行学习，我们输入一个参数 ptSl = [ptSl, ptSl]，同时任意设置“侧”为恒长（水平屏障对称，因此“侧”与首次触碰时间的判定无关）。此函数的输出是一个分栏的 pandas 数据帧：

- t1：首次触碰的时间戳。
- trgt：用于生成水平屏障的目标。

代码片段3.4为一种对垂直屏障进行定义的方法。对于 tEvents 中的每一个指标，它都能够找到若干天 numDays 时或若干天 numDays 后的下一个价格线的时间戳。这个垂直屏障可以作为 getEvents 中的一个可选参数 t1。

代码片段 3.4　添加一个垂直屏障

```
t1=close.index.searchsorted(tEvents+pd.Timedelta(days=numDays))
t1=t1[t1<close.shape[0]]
t1=pd.Series(close.index[t1],index=tEvents[:t1.shape[0]]) # NaNs at end
```

最后，我们可以使用代码片段 3.5 中定义的 getBins 函数对观察进行标记。其参数是我们刚刚讨论过的 events 数据帧和价格的 close pandas 序列。其输出是一个分栏数据帧：

- ret：屏障首次被触碰时实现的回报。
- bin：标签｛-1，0，1｝作为结果标记的一个函数。此函数可以进行调整后在垂直屏障被首次触碰时标记为 0，我们将在本章的练习部分讨论。

代码片段 3.5　侧与投注大小标签

```
def getBins(events,close):
    #1) prices aligned with events
    events_=events.dropna(subset=['t1'])
    px=events_.index.union(events_['t1'].values).drop_duplicates()
    px=close.reindex(px,method='bfill')
#2) create out object
out=pd.DataFrame(index=events_.index)
out['ret']=px.loc[events_['t1'].values].values/px.loc[events_.index]-
out['bin']=np.sign(out['ret'])
return out
```

3.6　元标签法

假设我们有一个模型需要对投注（长或短）侧进行设定。我们需要对该投注的“侧”进行学习，其中还包括无投注的可能性（零大小）。这是从业者经常需要面对的一个问题。通常情况下，我们知道自己是想买还是想卖，因此剩下的一个问题就是我们愿意在这一投注过程中承担多少钱的风险呢？我们并不想要机器学习算法对“侧”进行学习，而是只需要它告诉我们合适的投注大小是多少。从这个角度来看，没有著作或文章对这一常见问题进行讨论也就不足为奇了。但这一现象也要到此为止了。我将这一问题称之为元标签，是因为我们需要构建的是一个能够学习如何使用初级外源性模型的二级机器学习模型。

我们并不需要编写一个全新的 getEvents 函数，只需要对该函数的代码进行一定的调整即可实现对元标签的处理。第一步，我们接受一个新的 side 可选参数（默认值为 None），其中包含了初级模型中定义的投注的“侧”。当 side 为非 None 时，此函数能够对元标签进行理解（解析）。第二步，由于此时“侧”是已知的，我们可以有效地对止盈与止损进行区分。此处的水平屏障并不需要像第 3.5 节中那样对称。参数 ptSl 是两个非负浮动值的一个清单，其中 ptSl [0] 是与 trgt 相乘从而对上方边界的宽度进行定义的因数，ptSl [1] 是与 trgt 相乘从而对下方边界的宽度进行定义的因数。如果任意一个为 0，则相应的屏障失效。代码片段 3.6 为此种改良的应用。

代码片段 3.6 将 getEvents 进行拓展从而进行元标签处理

```
def getEvents(close,tEvents,ptSl,trgt,minRet,numThreads,t1=False,side=None):
    #1) get target
    trgt=trgt.loc[tEvents]
    trgt=trgt[trgt>minRet] # minRet
    #2) get t1 (max holding period)
    if t1 is False:t1=pd.Series(pd.NaT,index=tEvents)
    #3) form events object, apply stop loss on t1
    if side is None:side_,ptSl_=pd.Series(1.,index=trgt.index),[ptSl[0],ptSl[0]]
    else:side_,ptSl_=side.loc[trgt.index],ptSl[:2]
    events=pd.concat({'t1':t1,'trgt':trgt,'side':side_}, \
        axis=1).dropna(subset=['trgt'])
    df0=mpPandasObj(func=applyPtSlOnT1,pdObj=('molecule',events.index), \
        numThreads=numThreads,close=inst['Close'],events=events,ptSl=ptSl_)
    events['t1']=df0.dropna(how='all').min(axis=1) # pd.min ignores nan
    if side is None:events=events.drop('side',axis=1)
    return events
```

同样地，我们还需要对 getBins 函数进行拓展，从而使其能够对元标签进行处理。代码片段 3.7 所示为必要的更改。

代码片段 3.7　将 getBins 进行拓展从而进行元标签处理

```
def getBins(events,close):
    '''
    Compute event's outcome (including side information, if provided).
    events is a DataFrame where:
    —events.index is event's starttime
    —events['t1'] is event's endtime
    —events['trgt'] is event's target
    —events['side'] (optional) implies the algo's position side
    Case 1: ('side' not in events): bin in (-1,1) <—label by price action
    Case 2: ('side' in events): bin in (0,1) <—label by pnl (meta-labeling)
    '''
    #1) prices aligned with events
    events_=events.dropna(subset=['t1'])
    px=events_.index.union(events_['t1'].values).drop_duplicates()
    px=close.reindex(px,method='bfill')
    #2) create out object
    out=pd.DataFrame(index=events_.index)
    out['ret']=px.loc[events_['t1'].values].values/px.loc[events_.index]-1
    if 'side' in events_:out['ret']*=events_['side'] # meta-labeling
    out['bin']=np.sign(out['ret'])
    if 'side' in events_:out.loc[out['ret']<=0,'bin']=0 # meta-labeling
    return out
```

此时，out ['bin'] 中标签的可能值为 {0,1}，与前一容许值 {-1,0,1} 相反。机器学习算法经培训后可以用于判定是否选择此投注，此为纯二元预测。当预测的标签为 1 时，我们可以利用此二级预测的概率得到投注的大小，其中此头寸的“侧”（符号）已经由初级模型进行了设定。

3.7　如何使用元标签法

二元分类问题中存在一个在 I 类错误（假阳性）和 II 类错误（假阴性）之间进行取舍的问题。一般来说，提高二元分类器的真阳性率会使其假阳性率上升。二元分类器的受试者工作特征曲线对提高真阳性率的成本进行了测量，测量结果以接受的假阳性率的形式体现。

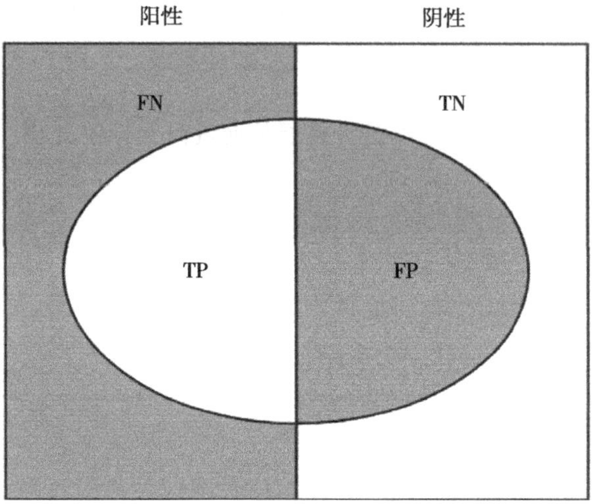

图 3.2 “混淆矩阵”示意图

图 3.2 所示为“混淆矩阵”。在一个观察集上，有的项表示一种情况（阳性，左侧矩形），有的项不表示一种情况（阴性，右侧矩形）。二元分类器对表示一种情况（椭圆）的项进行预测，其中，TP 区包含真阳性，TN 区包含真阴性。这会引出两种错误：假阳性（FP）和假阴性（FN）。“精确度”指的是 TP 区和椭圆中区域的比例。此情境下检索率（也称“真阳性率”）的概念描述的是分类问题，而“功效”则描述的是假设检验。TP 与 TN 面积总和除以项的总集合（平方）即为“准确度”。一般来说，想要缩减 FP 的面积，就需要增加 FN 的面积，因为较高的精确度一般也同时意味着较少的调用，因此检索率也就更低。但我们仍旧可以通过将精确度和检索率进行搭配，从而使分类器的整体效率最大化。F1 分数以精确度和检索率之间的调和平均数的形式对分类器的效率进行体现（见第 14 章）。

元标签法在需要获得更高的 F1 分数时作用较大。第一步，我们建立一个能够产生较高检索率的模型，即便其精确度不高也不要紧。第二步，我们针对由初级模型预测的阳性采用元标签法对低精确度进行修正。

元标签法能够在大多数的阳性已经由初级模型进行了判定的情况下，通过滤除假阳性的方式提高 F1 分数。换句话说，二级机器学习算法作用就是判定由初级模型提供的阳性的真假。该方法不是为了产生一个投注机会，而是判定是否应当针对此机会采取恰当的行动。

元标签法是一种非常强大的工具，有 4 个原因。

第一，机器学习算法常被批判为黑箱（见第 1 章）。元标签法则使我们能够在白箱（相当于一个在经济理论基础上建造的基础模型）上建立一个机器学习算法系统。这种将基础模型转化为机器学习模型的能力使得元标签法特别符合量化基本面投资企业的需求。

第二，使用元标签法能够对过拟合的影响进行限制，因为机器学习算法不会决定投注的“侧”，只会决定投注的大小。

第三，将侧预测从投注大小中去耦合化，元标签法能够对复杂的策略结构进行处理。例如，叠加的推动特征就可能与回升的推动特征不同。在这种情况下，我们需要基于初级模型给出的购买建议专门针对多余头寸制定一种机器学习策略，并基于一个完全不同的初级模型专门针对短缺头寸制定一种机器学习策略。

第四，尝试在较小的投注上获得较高的精确度并在较大的投注上获得较低的精确度的过程会使你不胜其烦。对良好机遇的大小进行判定和对良好机遇进行判定同等重要，因此我们需要构建一种专注于制定正确（大小判断）决策的算法。我们将在第 10 章对此问题进行详细讨论。就我的经验来看，元标签法机器学习模型能够比标准标签法模型产生更加稳定可靠的结果。

3.8 量化基本面投资方法

你可能已经了解到许多对冲基金都选择使用量化基本面投资的方法。用搜索引擎搜索一下，就可以看到许多对冲基金，包括最传统的一些基金，都对旨在利用量化方法对人类的专业知识进行整合的技术进行了投资。现在看来，元标签法正是这些人苦苦等候的方法。我们来说一说为什么。

假设我们持有一些期货，而且我们认为这些期货能够预测价格，但我们并不知道如何预测。由于我们并没有一个合适的模型对投注侧进行判定，因此我们需要对“侧”和投注大小进行学习。然后我们将应用第 3.5 节的内容并基于带有对称水平屏障的三重屏障法建立标签。此时我们就可以将算法应用到一个培训集上，最终提升对于一个测试集的预测精确度。当然你也可以进行如下操作：

1. 利用初级模型产生的预测生成元标签。记住，此情况下水平屏障并非一定要对称。
2. 再次在相同的培训集上使用模型，但此次使用刚刚生成的元标签。
3. 将第一个机器学习模型产生的“侧”和第二个机器学习模型产生的“投注大小”结合起来。

我们可以将此元标签层添加到任何初级模型上，无论初级模型是机器学习算法、经济计量方程、技术交易规则，还是基本分析等。同时还包括人类依据直觉做出的预测等。在这种情况下，元标签法将帮助我们判断是否要对全权委托投资组合管理人的决定进行响应或忽略。这种元标签机器学习算法使用的特征可以是从市场信息到人口统计学数据再到心里评估的多种信息。例如，元标签机器学习算法可能发现全权委托投资组合管理人会在出现结构性中断（见第 17 章）时做出特别好的决定，因为此时他们更容易把握市场体制中的变化。相反，算法可能发现如果管理者存在失眠、疲劳、体重变化等压力较大的表现，则他可能会做出较为不准确的预测。[①] 许多职业都需要从业人员进行定期的心理检查，机

① 你可能已经知道至少一家对其研究分析师进行每日心理状态监控的大型对冲基金。

器学习元标签算法则能够通过检查分数判断出该产品管理者的预测的可信度。当然，也有可能以上信息并不会对全权委托投资组合管理人产生影响，他们的大脑完全不受情绪的影响，如同冷漠的运算机器。我认为这种情况是不存在的，因此元标签法应当是每一个全权对冲基金的核心机器学习技术。在不远的将来，每一个全权对冲基金都将变成一个量化基本面投资企业，而元标签法则能够为其提供明确的交易方向。

3.9 抛弃不必要标签

有些机器学习分类器在类别严重不平衡时表现不佳。在这种情况下，需要抛弃极其罕见的标签并侧重于更加常见的结果。代码片段 3.8 所示为递归性地抛弃一些与极其罕见的标签相关的观察方法。函数 dropLabels 递归性地将那些与 minPct 中很少出现的类别相关的观察进行剔除，除非仅剩余两类。

代码片段 3.8　抛弃不必要标签

```
def dropLabels(events,minPtc=.05):
    # apply weights, drop labels with insufficient examples
    while True:
        df0=events['bin'].value_counts(normalize=True)
        if df0.min()>minPct or df0.shape[0]<3:break
        print 'dropped label',df0.argmin(),df0.min()
        events=events[events['bin']!=df0.argmin()]
    return events
```

另一个可能需要抛弃不必要标签的原因是 sklearn 错误：https://github.com/scikit-learn/scikit-learn/issues/8566。这种错误是由 sklearn 应用过程中一种非常基本的假设造成的，而且目前还无法解决。在这种特殊情况下，错误起源于 sklearn 使用标准数组而非结构化数组或 pandas 项目进行运行的决策。当你在阅读本章节内容的时候或不久的将来，也不太可能有一个解决方案。在后续章节中，我们将学习如何通过构建自己的分类并拓展 sklearn 功能的方式对此类应用错误进行规避。

练习

3.1 针对 E－迷你标普 500 指数期货构建一个美元线：

（1）应用对称 CUSUM 过滤器（见第 2 章中的第 2.5.2.1 节），其阈值为每日回报的标准差（见代码片段 3.1）。

（2）将代码片段 3.4 应用至 pandas 序列 `t1`，其中 `numDays =1`。

（3）采用三重屏障法对采样得到的特征进行处理，其中 `ptSl = [1, 1]`，`t1` 是点 1.b 处生成的序列。

（4）使用 `getBins` 生成标签。

3.2 利用练习 3.1 的结果，使用代码片段 3.8 抛弃罕见标签。

3.3 对 `getBins` 函数（代码片段 3.5）进行调整，使其在垂直屏障被触碰时返还一个 0 值。

3.4 基于通用的技术分析统计数据（如交叉移动平均）制定一个趋势追随策略。对于每一个观察，模型都针对“侧”给出一个建议，但不对投注大小进行建议。

（1）生成 `ptSl = [1, 2]` 和 `t1` 的元标签，其中 `numDays =1`。将 `trgt` 作为由代码片段 3.1 计算得到的每日标准差。

（2）培训一个随机森林用于决定是否进行交易。注意：这一决定是是否进行交易 {0, 1}，因为基础模型（交叉移动平均）已经决定了“侧”{－1,1}。

3.5 基于布林线指标制定一个均值回归策略。对于每一个观察，模型都针对“侧”给出一个建议，但不对投注大小进行建议。

（1）生成 `ptSl = [0, 2]` 和 `t1` 的元标签，其中 `numDays =1`。将 `trgt` 作为由代码片段 3.1 计算得到的每日标准差。

（2）培训一个随机森林用于决定是否进行交易。使用练习 3.2

中的波动性、序列相关性以及交叉移动平均作为特征。

（3）初级模型的预测准确度是多少（如二级模型不对投注进行过滤）？其精确度、检索率以及 F1 分数分别是多少？

参考文献

Ahmed, N., A. Atiya, N. Gayar, and H. El-Shishiny (2010): "An empirical comparison of machine learning models for time series forecasting." *Econometric Reviews*, Vol. 29, No. 5–6, pp. 594–621.

Ballings, M., D. van den Poel, N. Hespeels, and R. Gryp (2015): "Evaluating multiple classifiers for stock price direction prediction." *Expert Systems with Applications*, Vol. 42, No. 20, pp. 7046–7056.

Bontempi, G., S. Taieb, and Y. Le Borgne (2012): "Machine learning strategies for time series forecasting." *Lecture Notes in Business Information Processing*, Vol. 138, No. 1, pp. 62–77.

Booth, A., E. Gerding and F. McGroarty (2014): "Automated trading with performance weighted random forests and seasonality." *Expert Systems with Applications*, Vol. 41, No. 8, pp. 3651–3661.

Cao, L. and F. Tay (2001): "Financial forecasting using support vector machines." *Neural Computing & Applications*, Vol. 10, No. 2, pp. 184–192.

Cao, L., F. Tay and F. Hock (2003): "Support vector machine with adaptive parameters in financial time series forecasting." *IEEE Transactions on Neural Networks*, Vol. 14, No. 6, pp. 1506–1518.

Cervelló-Royo, R., F. Guijarro, and K. Michniuk (2015): "Stock market trading rule based on pattern recognition and technical analysis: Forecasting the DJIA index with intraday data." *Expert Systems with Applications*, Vol. 42, No. 14, pp. 5963–5975.

Chang, P., C. Fan and J. Lin (2011): "Trend discovery in financial time series data using a case-based fuzzy decision tree." *Expert Systems with Applications*, Vol. 38, No. 5, pp. 6070–6080.

Kuan, C. and L. Tung (1995): "Forecasting exchange rates using feedforward and recurrent neural networks." *Journal of Applied Econometrics*, Vol. 10, No. 4, pp. 347–364.

Creamer, G. and Y. Freund (2007): "A boosting approach for automated trading." *Journal of Trading*, Vol. 2, No. 3, pp. 84–96.

Creamer, G. and Y. Freund (2010): "Automated trading with boosting and expert weighting." *Quantitative Finance*, Vol. 10, No. 4, pp. 401–420.

Creamer, G., Y. Ren, Y. Sakamoto, and J. Nickerson (2016): "A textual analysis algorithm for the equity market: The European case." *Journal of Investing*, Vol. 25, No. 3, pp. 105–116.

Dixon, M., D. Klabjan, and J. Bang (2016): "Classification-based financial markets prediction using deep neural networks." *Algorithmic Finance*, forthcoming (2017). Available at SSRN: https://ssrn.com/abstract=2756331.

Dunis, C., and M. Williams (2002): "Modelling and trading the euro/US dollar exchange rate: Do neural network models perform better?" *Journal of Derivatives & Hedge Funds*, Vol. 8, No. 3, pp. 211–239.

Feuerriegel, S. and H. Prendinger (2016): "News-based trading strategies." *Decision Support Systems*, Vol. 90, pp. 65–74.

Hsu, S., J. Hsieh, T. Chih, and K. Hsu (2009): "A two-stage architecture for stock price forecasting by integrating self-organizing map and support vector regression." *Expert Systems with Applications*, Vol. 36, No. 4, pp. 7947–7951.

Huang, W., Y. Nakamori, and S. Wang (2005): "Forecasting stock market movement direction with support vector machine." *Computers & Operations Research*, Vol. 32, No. 10, pp. 2513–2522.

Kara, Y., M. Boyacioglu, and O. Baykan (2011): "Predicting direction of stock price index movement using artificial neural networks and support vector machines: The sample of the Istanbul Stock Exchange." *Expert Systems with Applications*, Vol. 38, No. 5, pp. 5311–5319.

Kim, K. (2003): "Financial time series forecasting using support vector machines." *Neurocomputing*, Vol. 55, No. 1, pp. 307–319.

Krauss, C., X. Do, and N. Huck (2017): "Deep neural networks, gradient-boosted trees, random forests: Statistical arbitrage on the S&P 500." *European Journal of Operational Research*, Vol. 259, No. 2, pp. 689–702.

Laborda, R. and J. Laborda (2017): "Can tree-structured classifiers add value to the investor?" *Finance Research Letters*, Vol. 22 (August), pp. 211–226.

Nakamura, E. (2005): "Inflation forecasting using a neural network." *Economics Letters*, Vol. 86, No. 3, pp. 373–378.

Olson, D. and C. Mossman (2003): "Neural network forecasts of Canadian stock returns using accounting ratios." *International Journal of Forecasting*, Vol. 19, No. 3, pp. 453–465.

Patel, J., S. Sha, P. Thakkar, and K. Kotecha (2015): "Predicting stock and stock price index movement using trend deterministic data preparation and machine learning techniques." *Expert Systems with Applications*, Vol. 42, No. 1, pp. 259–268.

Patel, J., S. Sha, P. Thakkar, and K. Kotecha (2015): "Predicting stock market index using fusion of machine learning techniques." *Expert Systems with Applications*, Vol. 42, No. 4, pp. 2162–2172.

Qin, Q., Q. Wang, J. Li, and S. Shuzhi (2013): "Linear and nonlinear trading models with gradient boosted random forests and application to Singapore Stock Market." *Journal of Intelligent Learning Systems and Applications*, Vol. 5, No. 1, pp. 1–10.

Sorensen, E., K. Miller, and C. Ooi (2000): "The decision tree approach to stock selection." *Journal of Portfolio Management*, Vol. 27, No. 1, pp. 42–52.

Theofilatos, K., S. Likothanassis, and A. Karathanasopoulos (2012): "Modeling and trading the EUR/USD exchange rate using machine learning techniques." *Engineering, Technology & Applied Science Research*, Vol. 2, No. 5, pp. 269–272.

Trafalis, T. and H. Ince (2000): "Support vector machine for regression and applications to financial forecasting." *Neural Networks*, Vol. 6, No. 1, pp. 348–353.

Trippi, R. and D. DeSieno (1992): "Trading equity index futures with a neural network." *Journal of Portfolio Management*, Vol. 19, No. 1, pp. 27–33.

Tsai, C. and S. Wang (2009): "Stock price forecasting by hybrid machine learning techniques." *Proceedings of the International Multi-Conference of Engineers and Computer Scientists*, Vol. 1, No. 1, pp. 755–760.

Tsai, C., Y. Lin, D. Yen, and Y. Chen (2011): "Predicting stock returns by classifier ensembles." *Applied Soft Computing*, Vol. 11, No. 2, pp. 2452–2459.

Wang, J. and S. Chan (2006): "Stock market trading rule discovery using two-layer bias decision tree." *Expert Systems with Applications*, Vol. 30, No. 4, pp. 605–611.

Wang, Q., J. Li, Q. Qin, and S. Ge (2011): "Linear, adaptive and nonlinear trading models for Singapore Stock Market with random forests." Proceedings of the 9th IEEE International Conference on Control and Automation, pp. 726–731.

Wei, P. and N. Wang (2016): "Wikipedia and stock return: Wikipedia usage pattern helps to predict the individual stock movement." Proceedings of the 25th International Conference Companion on World Wide Web, Vol. 1, pp. 591–594.

Żbikowski, K. (2015): "Using volume weighted support vector machines with walk forward testing and feature selection for the purpose of creating stock trading strategy." *Expert Systems with Applications*, Vol. 42, No. 4, pp. 1797–1805.

Zhang, G., B. Patuwo, and M. Hu (1998): "Forecasting with artificial neural networks: The state of the art." *International Journal of Forecasting*, Vol. 14, No. 1, pp. 35–62.

Zhu, M., D. Philpotts and M. Stevenson (2012): "The benefits of tree-based models for stock selection." *Journal of Asset Management*, Vol. 13, No. 6, pp. 437–448.

Zhu, M., D. Philpotts, R. Sparks, and J. Stevenson, Maxwell (2011): "A hybrid approach to combining CART and logistic regression for stock ranking." *Journal of Portfolio Management*, Vol. 38, No. 1, pp. 100–109.

第 4 章

样本权重

4.1 动机

第 3 章讲述了对金融观察进行标注的多种新方法。我们着重介绍了两种新方法，三重屏障法和元标签法，同时也解释了其在金融领域中的应用，如量化基本面投资等。本章我们将学习如何使用样本权重对金融领域另一个普遍存在的问题进行处理，即观察并不是由 IID 过程产生的。大多数有关机器学习的研究文献都是在此 IID 假设的基础上进行讨论的，而许多机器学习算法在金融领域中的应用不容易成功的原因之一，是其假设在金融时间序列下是不实际的。

4.2 重叠结果

在第 3 章中我们分配至观察所得特征 X_i 的标签是 y_i，其中，y_i 是在区间 $[t_{i,0}, t_{i,1}]$ 上产生的价格线的函数。当 $t_{i,1} > t_{j,0}$ 且 $i < j$ 时，y_i 与 y_j 均取决于回报 $r_{t_{j,0}, \min\{t_{i,1}, t_{j,1}\}}$，即 $[t_{j,0}, \min\{t_{i,1}, t_{j,1}\}]$ 区间上的回报。其结果就是当任意两个连续结果出现重叠且 $\exists i | t_{i,1} > t_{i+1,0}$ 时，标签序列 $\{y_i\}_{i=1,\cdots,I}$

均不为 IID。

假设我们通过将投注范围限制在 $t_{i,1} \leqslant t_{i+1,0}$ 内来对此问题进行规避，则不会出现重叠，因为每一个特征结果都是在下一个观察到的特征开始前或开始时进行确定的。在这种情况下会产生粗糙模型，其特征采样频率将受到用于确定结果的范围的限制。一方面，如果我们想要对持续一个月的结果进行讨论，则采样频率最多为每月一次；另一方面，如果我们增加采样频率到每日采样，则必须降低结果的范围至一天。此外，如果我们采用路径依赖型标签技术，则像三重屏障法一样，采样频率将依照第一个屏障的触碰频率进行制定。无论采取怎样的措施，通过对结果的范围进行调整从而消除重叠的方式，都不是一个好办法。我们必须允许 $t_{i,1} > t_{i+1,0}$，但这样就把我们带回到前文所述的重叠结果的问题中。

这一情况就是金融领域内的一个特征。大多数非金融机器学习研究者都可以假设观察是由 IID 过程得到的。例如，我们可以从大量患者中采集血液样本并对其胆固醇进行测量。虽然各种基础常见因素会使平均数和胆固醇分布的标准差发生变化，但样本依旧是独立的：每个对象产生一个观察。假设我们采集了血液样本，但实验室里有一名研究人员将一个试管中的血液样本溅洒进了其余 9 个试管中，即 10 号试管中既含有 10 号患者的血液样本，同时也含有 1 ~ 9 号患者的血液样本；11 号试管中既含有 11 号患者的血液样本，同时也含有 2 ~ 10 号患者的血液样本，以此类推。现在我们需要在不知道每名患者的确切胆固醇水平的情况下判定能够预测高胆固醇的特征（饮食、锻炼、年龄等）。金融机器学习所面临的就是这种难度的挑战，并且还附带着“溅洒”规律不确定的问题。由于涉及机器学习的应用，金融并不是即插即用型学科，如果有人说是，那他一定是在浪费你的时间和金钱。

能够解决非 IID 标签问题的方法不在少数，本章我们将采用设计采样与权重方案的方式，对结果重叠的不正当影响进行修正，进而解决这一问题。

4.3 同时存在标签数量

如果两个标签 y_i 和 y_j 是至少一个共同回报 $r_{t-1,t}=\frac{P_t}{P_{t-1}}-1$ 的函数，则这两个标签在时间 t 时共存。如果两个标签都在相同的时间区间内，则重叠无须完美。本节我们将计算作为指定回报 $r_{t-1,t}$ 的函数的标签的数量。第一步，对于每一个时间点 $t=1,\cdots,T$，我们构建一个二进制数组 $\{1_{t,i}\}_{i=1,\cdots,I}$，其中，$1_{t,i}\in\{0,1\}$。当且仅当 $[t_{i,0},t_{i,1}]$ 与 $[t-1,t]$ 重合时，$1_{t,i}=1$，否则 $1_{t,i}=0$。如前文所述，标签的范围 $\{[t_{i,0},t_{i,1}]\}_{i=1,\cdots,I}$ 是由第 3 章所描述的 t1 进行定义的。第二步，计算时间 t 时同时存在的标签的数量，$c_t=\sum_{i=1}^{I}=1_{t,i}$。代码片段 4.1 所描述的是此逻辑的应用。

代码片段 4.1　估算一个标签的唯一性

```
def mpNumCoEvents(closeIdx,t1,molecule):
    '''
    Compute the number of concurrent events per bar.
    +molecule[0] is the date of the first event on which the weight will be computed
    +molecule[-1] is the date of the last event on which the weight will be computed
    Any event that starts before t1[molecule].max() impacts the count.
    '''
    #1) find events that span the period [molecule[0],molecule[-1]]
    t1=t1.fillna(closeIdx[-1]) # unclosed events still must impact other weights
    t1=t1[t1>=molecule[0]] # events that end at or after molecule[0]
    t1=t1.loc[:t1[molecule].max()] # events that start at or before t1[molecule].max()
    #2) count events spanning a bar
    iloc=closeIdx.searchsorted(np.array([t1.index[0],t1.max()]))
    count=pd.Series(0,index=closeIdx[iloc[0]:iloc[1]+1])
    for tIn,tOut in t1.iteritems():count.loc[tIn:tOut]+=1.
    return count.loc[molecule[0]:t1[molecule].max()]
```

4.4 一个标签的平均唯一性

本节我们将对一个标签的唯一性（非覆盖性）进行估算，作为其寿命周期内的平均唯一性。首先，一个标签 i 在时间 t 的唯一性是 $u_{t,i}=1_{t,i}c_t^{-1}$。其次，标签 i 在其寿命周期内的平均唯一性为 $\bar{u}_i=\left(\sum_{t=1}^{T}u_{t,i}\right)\left(\sum_{t=1}^{T}1_{t,i}\right)^{-1}$。平均唯一性还可以理解为事件寿命周期内调和平均数

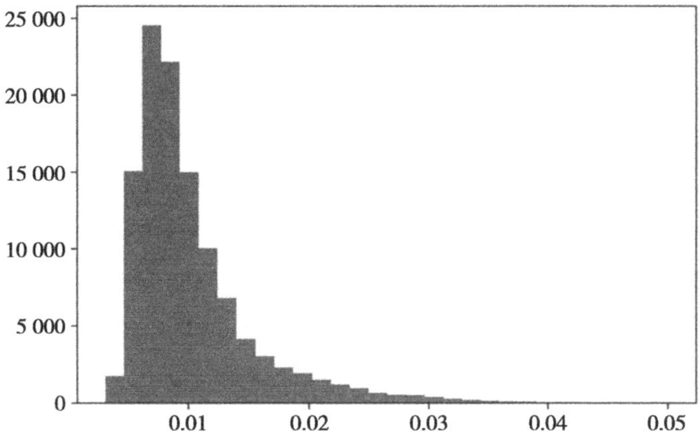

图 4.1　独特性值的直方图

c_t的倒数。图 4.1 描述了由一个对象 t1 得到的唯一性值的直方图。代码片段 4.2 应用了此计算方法。

代码片段 4.2　对一个标签的平均唯一性进行估算

```
def mpSampleTW(t1,numCoEvents,molecule):
    # Derive average uniqueness over the event's lifespan
    wght=pd.Series(index=molecule)
    for tIn,tOut in t1.loc[wght.index].iteritems():
        wght.loc[tIn]=(1./numCoEvents.loc[tIn:tOut]).mean()
    return wght
#———————————————————————————————————————
numCoEvents=mpPandasObj(mpNumCoEvents,('molecule',events.index),numThreads, \
        closeIdx=close.index,t1=events['t1'])
numCoEvents=numCoEvents.loc[~numCoEvents.index.duplicated(keep='last')]
numCoEvents=numCoEvents.reindex(close.index).fillna(0)
out['tW']=mpPandasObj(mpSampleTW,('molecule',events.index),numThreads, \
        t1=events['t1'],numCoEvents=numCoEvents)
```

这里我们再次使用函数 mpPandasObj，从而利用多进程处理（见第 20 章）的方法加快运算速度。对与标签 i 相关的平均唯一性 $\bar{u}_i$ 进行计算需要的是在未来的时间才可获得的信息 events ['t1']。但这并不是问题，因为 $\{\bar{u}_i\}_{i=1,\cdots,I}$ 是在培训集而非测试集内与标签信息搭配进行使用的。$\{\bar{u}_i\}_{i=1,\cdots,I}$ 并不用于对标签进行预报，因此并不会出现信息泄露。这种方式使得我们能够以非重叠结果的形式针对每一个观察到的特征在 0 ~ 1 之间进行唯一性评分。

4.5 装袋分类器与唯一性

采用抽出后放回的方式抽取 I 个项，在这个过程中不抽到某一特定项 i 的概率为 $(1-I^{-1})^I$。随着样本大小的增加，这一概率趋近于渐进值 $\lim_{I\to\infty}(1-I^{-1})^I=e^{-1}$。这意味着抽取特殊的观察的数量为 $(1-e^{-1})\approx 2/3$。

假设非重叠结果的最大数量为 $K\leqslant I$。在相同参数下，采用抽出后放回的方式抽取 I 个项，在过程中不抽到某一特定项 i 的概率为 $(1-K^{-1})^I$。随着样本大小的增加，这一概率近似为 $(1-I^{-1})^{I\frac{K}{I}}\approx e^{-\frac{K}{I}}$，即抽取特殊的观察的数量为 $1-e^{-\frac{K}{I}}\leqslant 1-e^{-1}$。也就是说，不正确地对 IID 采样进行假设才是采样过密的原因。

采用抽取后放回的方式对观察进行采样，且 $I^{-1}\sum_{i=1}^{I}\bar{u}_i\ll 1$，袋内（集内）观察将：（1）相互冗余；（2）与袋外（集外）观察极为类似。

抽取的冗余会使引导程序出现不足（见第 6 章）。例如，在随机森林条件下，森林中所有的树木都是一个拟合决策树的类似复制品。由于随机采样法会使袋外样本极为类似于袋内样本，因此袋外样本的准确性就会发生严重的膨胀。我们将在第 7 章中在非 IID 观察下进行交叉验证时对第二个问题进行详细的讨论。在本节内我们主要讨论第一个问题，即 $I^{-1}\sum_{i=1}^{I}\bar{u}_i\ll 1$ 时观察的“装袋”（bagging）问题。

第一种解决方案是在执行引导程序之前抛弃重叠的结果。但由于重叠并非完美，因部分重叠而抛弃观察会导致极端的信息丢失。我不推荐使用这种方法。

第二种方法稍好一些，即使用平均唯一性 $I^{-1}\sum_{i=1}^{I}\bar{u}_i$ 削弱含有冗余信息的结果的不正当影响。相应地，我们可以只对观察中的 `out ['tW'] .mean ()` 部分进行采样。在 sklearn 中，`sklearn.ensemble.Bagging Classifier` 分类接收一个参数 `max_samples`，该参数可以设置为 `max_samples = out ['tW'] .mean ()`。通过这种方法，我们强行使袋内观察的采样频率不超过其唯一性。随机森林不具有此 `max_samples` 功能，但可以通过对大量的决策树进行“装袋”的方法予以处理。我们将在第 6 章对此进行详细讨论。

4.5.1 序列性引导程序

第三种方法，也是更好的一种方法，是执行序列性引导程序，依照对冗余进行控制的持续变动的概率进行抽取。Rao 等人（1997）提出采用序列性重新采样后放回的方法进行抽取，直至出现 K 个不同的原始观察。虽然很有新意，但这种方法并不能对金融问题进行处理。接下来我们将介绍另一种直接对结果重叠问题进行处理的方法。

首先，从一个均匀分布 $i \sim U[1, I]$ 中抽取一个观察 X_i，即抽取到任何一个值 i 的概率最初为 $\delta_i^{(1)} = I^{-1}$。对于第二次抽取，我们希望降低抽到带有高重叠结果的观察 X_j 的概率。引导程序允许进行重复抽取，因此可能再次抽取到 X_i，但我们希望降低这种可能性，因为 X_i 和其本身就存在了（完美）重叠。我们设 φ 为包含重复的抽取序列。至此，我们知道 $\varphi^{(1)} = \{i\}$。时间 t 时的 j 的唯一性为 $u_{t,j}^{(2)} = 1_{t,j}\left(1 + \sum_{k\in\varphi^{(1)}} 1_{t,k}\right)^{-1}$，该唯一性是向当前的抽取序列 $\varphi^{(1)}$ 中加入 j 的序列后得到的结果。j 在其寿命期间的平均唯一性为 $u_{t,j}^{(2)}$，$\bar{u}_j^{(2)} = \left(\sum_{t=1}^{T} u_{t,j}\right)\left(\sum_{t=1}^{T} 1_{t,j}\right)^{-1}$。我们可以基于更新后的概率 $\left\{\delta_j^{(2)}\right\}_{j=1,\ldots,I}$ 进行第二次抽取：

$$\delta_j^{(2)} = \bar{u}_j^{(2)}\left(\sum_{k=1}^{I}\bar{u}_k^{(2)}\right)^{-1}$$

其中，$\left\{\delta_j^{(2)}\right\}_{j=1,\ldots,I}$ 均可以最高缩放至1，$\sum_{j=1}^{I}\delta_j^{(2)}=1$。此时我们可以进行第二次抽取，更新 $\varphi^{(2)}$ 并重新求 $\left\{\delta_j^{(3)}\right\}_{j=1,\ldots,I}$ 的值。此过程重复进行，直至抽取了 I 个观察。此序列性引导程序法的优势在于重叠（甚至是重复）仍然可能存在，但可能性越来越小。采用序列性引导程序法抽取的样本构成比采用标准引导程序法抽取的样本更加接近 IID。这一点可以对 $I^{-1}\sum_{i=1}^{I}\bar{u}_i$ 的增加进行测量并将其与标准引导程序法的该值进行对比的方式进行验证。

4.5.2 序列性引导程序的应用

代码片段4.3由两个参数得出了一个指示矩阵。这两个参数分别为线指数（barIx）和 pandas 序列 t1（见第3章）。t1 由一个含有特征被观察到的时间的指数以及一个含有标签被确定的时间的键值数组进行定义。该函数的输出是一个数组矩阵，表示的是对各观察产生影响的（价格）线。

代码片段4.3 构建一个指示矩阵

```
import pandas as pd,numpy as np
#———————————————————————————————————————
def getIndMatrix(barIx,t1):
    # Get indicator matrix
    indM=pd.DataFrame(0,index=barIx,columns=range(t1.shape[0]))
    for i,(t0,t1) in enumerate(t1.iteritems()):indM.loc[t0:t1,i]=1.
    return indM
```

代码片段4.4返还的是各观察所得特征的平均唯一性。其输入是由 getIndMatrix 构建的指示矩阵。

代码片段4.4 计算平均唯一性

```
def getAvgUniqueness(indM):
    # Average uniqueness from indicator matrix
    c=indM.sum(axis=1) # concurrency
    u=indM.div(c,axis=0) # uniqueness
    avgU=u[u>0].mean() # average uniqueness
    return avgU
```

代码片段4.5所示为序列性引导程序采集的特征的指数。其输入是指示矩阵（indM）和一个可选样本长度（sLength），其默认值为 indM 的组数。

代码片段4.5 序列性引导程序的返还样本

```
def seqBootstrap(indM,sLength=None):
    # Generate a sample via sequential bootstrap
    if sLength is None:sLength=indM.shape[1]
    phi=[]
    while len(phi)<sLength:
        avgU=pd.Series()
        for i in indM:
            indM_=indM[phi+[i]] # reduce indM
            avgU.loc[i]=getAvgUniqueness(indM_).iloc[-1]
        prob=avgU/avgU.sum() # draw prob
        phi+=[np.random.choice(indM.columns,p=prob)]
return phi
```

4.5.3 数值样本

假设有一个标签集 $\{y_i\}_{i=1,2,3}$，其中标签 y_1 是回报 $r_{0,3}$ 的一个函数，标签 y_2 是回报 $r_{2,4}$ 的一个函数，标签 y_3 是回报 $r_{4,6}$ 的一个函数。结果的重叠以此指示矩阵 $\{1_{t,i}\}$ 表示：

$$\{1_{t,i}\} = \begin{bmatrix} 1 & 0 & 0 \\ 1 & 0 & 0 \\ 1 & 1 & 0 \\ 0 & 1 & 0 \\ 0 & 0 & 1 \\ 0 & 0 & 1 \end{bmatrix}$$

此过程以 $\varphi^{(0)} = \emptyset$ 开始，概率均匀分布，$\delta_i = \dfrac{1}{3}, \forall i = 1,2,3$。假设我们随机从｛1，2，3｝中抽取一个数字，且抽出的数字为2。在从｛1，2，3｝中抽取第二个数字之前（记住，引导程序抽取过程中允许重复），我们需要对概率进行调整。到目前为止，被抽取的观察集为 $\varphi^{(1)} = \{2\}$。第一个特征的平均唯一性为 $\bar{u}_1^{(2)} = \left(1+1+\frac{1}{2}\right)\frac{1}{3} = \frac{5}{6} < 1$，第

二个特征的平均唯一性为 $\bar{u}_2^{(2)}=\left(\frac{1}{2}+\frac{1}{2}\right)\frac{1}{2}=\frac{1}{2}<1$。第二次抽取的概率为 $\delta^{(2)}=\left\{\frac{5}{14},\frac{3}{14},\frac{6}{14}\right\}$。有两点值得一提：（1）被抽出的概率最低的是第一个被抽出的特征，此种情况下的重叠（率）最高；（2）在 $\varphi^{(1)}$ 以外的两个可能抽出的特征中，被抽出的可能性最高的是 $\delta_3^{(2)}$，因为这个标签与 $\varphi^{(1)}$ 不存在重叠。假设第二个被抽出的数字是3，我们将第三个同时也是最后一个被抽到的 $\delta^{(3)}$ 的概率的计算留在练习部分讨论。代码片段4.6在本段样本中的 $\{1_{t,i}\}$ 指示矩阵上运行了序列性引导程序。

代码片段4.6　序列性引导程序示例

```
def main():
    t1=pd.Series([2,3,5],index=[0,2,4]) # t0,t1 for each feature obs
    barIx=range(t1.max()+1) # index of bars
    indM=getIndMatrix(barIx,t1)
    phi=np.random.choice(indM.columns,size=indM.shape[1])
    print phi
    print 'Standard uniqueness:',getAvgUniqueness(indM[phi]).mean()
    phi=seqBootstrap(indM)
    print phi
    print 'Sequential uniqueness:',getAvgUniqueness(indM[phi]).mean()
    return
```

4.5.4　蒙特卡洛实验

我们可以通过实验方法对序列性引导程序算法的效率进行评估。代码片段4.7所示为能够针对多个观察 numObs（I）产生一个随机 t1 序列的函数。每一个观察都是针对一个从均匀分布中抽出的随机数值进行的，其边界为0和 numBars，numBars 是线（T）的数量。用于获取观察的线的数量是通过从边界为0和 maxH 的均匀分布中随机抽取一个数字的方式确定的。

代码片段4.7　生成一个随机 t1 序列

```
def getRndT1(numObs,numBars,maxH):
    # random t1 Series
    t1=pd.Series()
    for i in xrange(numObs):
        ix=np.random.randint(0,numBars)
        val=ix+np.random.randint(1,maxH)
        t1.loc[ix]=val
    return t1.sort_index()
```

代码片段4.8对随机t1序列进行处理，并得出隐含指示矩阵indM。该矩阵随后经过两个过程进行处理。在第一个过程中，我们从一个标准引导程序（采用取样后放回的方式）中得出平均唯一性。在第二个过程中，我们利用序列性引导程序法得出平均唯一性。所得结果可以作为字典用于参考。

代码片段4.8　标准与序列性引导程序得出的唯一性

```
def auxMC(numObs,numBars,maxH):
    # Parallelized auxiliary function
    t1=getRndT1(numObs,numBars,maxH)
    barIx=range(t1.max()+1)
    indM=getIndMatrix(barIx,t1)
    phi=np.random.choice(indM.columns,size=indM.shape[1])
    stdU=getAvgUniqueness(indM[phi]).mean()
    phi=seqBootstrap(indM)
    seqU=getAvgUniqueness(indM[phi]).mean()
    return {'stdU':stdU,'seqU':seqU}
```

以上操作需要进行大量的迭代重复。代码片段4.9是对第20章所讨论的多进程处理技术进行的蒙特卡洛实验。例如，一个24核服务器需要6小时才能完成蒙特卡洛实验所需的1E6次迭代运算，其中，numObs=10，numBars=100，maxH=5。在不进行并行化运算的情况下，类似的蒙特卡洛实验所需的运算时间约为6天。

代码片段4.9　多进程蒙特卡洛实验

```
import pandas as pd,numpy as np
from mpEngine import processJobs,processJobs_
#———————————————————————————————————————
def mainMC(numObs=10,numBars=100,maxH=5,numIters=1E6,numThreads=24):
    # Monte Carlo experiments
    jobs=[]
    for i in xrange(int(numIters)):
        job={'func':auxMC,'numObs':numObs,'numBars':numBars,'maxH':maxH}
        jobs.append(job)
        if numThreads==1:out=processJobs_(jobs)
        else:out=processJobs(jobs,numThreads=numThreads)
        print pd.DataFrame(out).describe()
        return
```

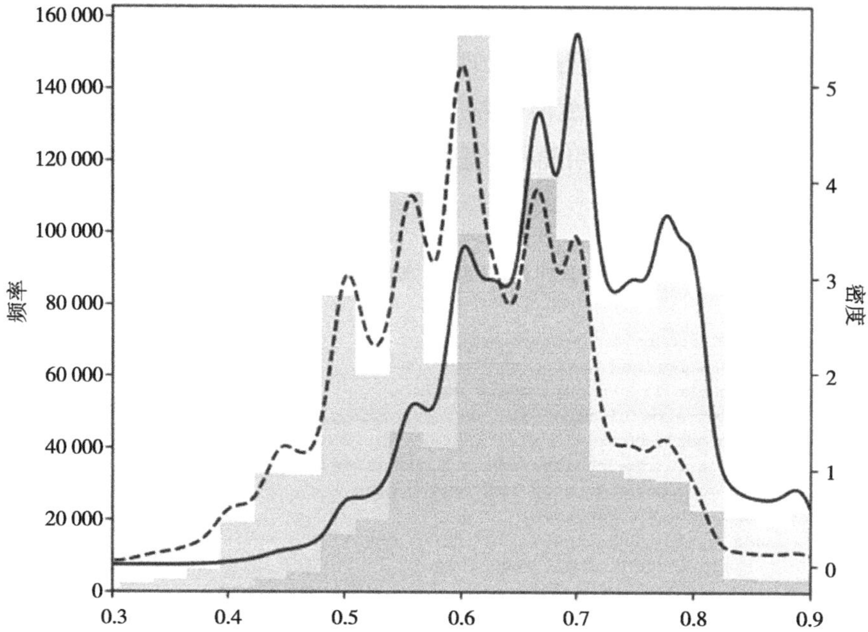

图 4.2　标准引导程序与序列性引导程序的蒙特卡洛实验

图 4.2 所示为使用标准引导程序样本（左）和序列性引导程序样本（右）得到的唯一性的柱状图。标准法所得的平均唯一性的中位数为 0.6，序列法所得的平均唯一性的中位数为 0.7。对平均数的差异进行的方差分析测试表明概率较小且渐趋于零。从统计学的角度来说，利用序列性引导程序法获得的唯一性值符合预期，在任意的合理置信水平上都超过了标准引导程序法。

4.6　回报归因

在前一节中我们学习了通过程序引导使样本更加接近 IID 的方法。本节我们将介绍一种对样本进行加权，从而对机器学习算法进行培训的方法。如果对非重叠结果进行同等考虑，则高度重叠的结果将具有不成比例的权重。而同时，与较大绝对回报相关联的标签则会比那些绝对回报较小的标签具有更加显著的重要性。简言之，我们需要利用唯一性和绝对回报的一些函数对观察进行加权。

当标签是回报的符号函数（标准标签为 $\{-1,1\}$，元标签为 $\{0,1\}$）时，样本权重可以以时间寿命周期 $[t_{i,0},t_{i,1}]$ 内所产生的回报的总和的形式进行定义。

$$\tilde{w}_i = \left| \sum_{t=t_{i,0}}^{t_{i,1}} \frac{r_{t-1,t}}{c_t} \right|$$

$$w_i = \tilde{w}_i I \left(\sum_{j=1}^{I} \tilde{w}_j \right)^{-1}$$

因此，$\sum_{i=1}^{I} w_i = I$。我们已将权重缩放至最高为 I，因为函数库（包括 sklearn）通常假设默认权重为 1，进而对算法参数进行定义。

采用这种方法的基本原理是我们对一个观察进行加权，从而将其作为可以仅对此函数产生影响的绝对对数回报的一个函数。但这种方法在“中性”（回报低于阈值）的情况下效果并不好。在此种情况下，较低的回报应当赋予较高的权重，而非倒数。“中性”情况是非必要的，这种情况可以使用置信水平较低的“-1”或“1”预测表示。这也是我建议大家抛弃“中性”情况的原因之一。代码片段 4.10 即为此方法的应用。

代码片段 4.10　利用绝对回报归因法对样本权重进行判定

```
def mpSampleW(t1,numCoEvents,close,molecule):
    # Derive sample weight by return attribution
    ret=np.log(close).diff() # log-returns, so that they are additive
    wght=pd.Series(index=molecule)
    for tIn,tOut in t1.loc[wght.index].iteritems():
        wght.loc[tIn]=(ret.loc[tIn:tOut]/numCoEvents.loc[tIn:tOut]).sum()
    return wght.abs()
#———————————————————————————————————————
out['w']=mpPandasObj(mpSampleW,('molecule',events.index),numThreads, \
        t1=events['t1'],numCoEvents=numCoEvents,close=close)
out['w']*=out.shape[0]/out['w'].sum()
```

4.7 时间衰减

市场是一个自适应系统［Lo（2017）］。随着市场的发展，旧样本与市场的关联逐渐弱于新样本。使 $d[x] \geqslant 0, \forall x \in \left[0, \sum_{i=1}^{I} \bar{u}_i\right]$ 为时间衰减系数并与前一节得到的样本权重相乘。最终权重中没有衰减，$d\left[\sum_{i=1}^{I} \bar{u}_i\right] = 1$，其他权重将相对于此进行调整。使 $c \in (-1, 1]$ 为自定义参数，使其对衰减函数定义如下：由于 $c \in [0,1]$，有 $d[1] = c$，为线性衰减；对于 $c \in (-1, 0)$，有 $d\left[-c\sum_{i=1}^{I} \bar{u}_i\right] = 0$，在 $\left[-c\sum_{i=1}^{I} \bar{u}_i, \sum_{i=1}^{I} \bar{u}_i\right]$ 内线性衰减，且 $d[x] = 0\ \forall x \leqslant -c\sum_{i=1}^{I} \bar{u}_i$。对于线性分段函数 $d = \max\{0, a + bx\}$，以上要求在如下边界条件下得到满足：

1. $d = a + b\sum_{i=1}^{I} \bar{u}_i = 1 \Rightarrow a = 1 - b\sum_{i=1}^{I} \bar{u}_i$。
2. 视 c 而定：

   （1）$d = a + b0 = c \Rightarrow b = (1 - c)\left(\sum_{i=1}^{I} \bar{u}_i\right)^{-1}, \forall c \in [0, 1]$

   （2）$d = a - bc\sum_{i=1}^{I} \bar{u}_i = 0 \Rightarrow b = \left[(c+1)\sum_{i=1}^{I} \bar{u}_i\right]^{-1}, \forall c \in (-1, 0)$

代码片段 4.11 应用了此种形式的时间衰减系数。但需注意，时间并不一定是顺序的。在此应用过程中，衰减受累积唯一性 $x \in \left[0, \sum_{i=1}^{I} \bar{u}_i\right]$ 的影响而出现，因为如果存在多余的观察，则按时间顺序的衰减将导致权重下降过快。

代码片段 4.11　时间衰减系数的应用

```
def getTimeDecay(tW,clfLastW=1.):
    # apply piecewise-linear decay to observed uniqueness (tW)
    # newest observation gets weight=1, oldest observation gets weight=clfLastW
    clfW=tW.sort_index().cumsum()
    if clfLastW>=0:slope=(1.-clfLastW)/clfW.iloc[-1]
    else:slope=1./((clfLastW+1)*clfW.iloc[-1])
```

```
const=1.-slope*clfW.iloc[-1]
clfW=const+slope*clfW
clfW[clfW<0]=0
print const,slope
return clfW
```

有一些情况值得进行讨论：

- $c=1$ 表示无时间衰减。
- $0<c<1$ 表示权重随时间呈线性衰减，但每一个观察仍得到一个严格正权重，与其发生时间无关。
- $c=0$ 表示权重随时间的推移线性趋近于0。
- $c<0$ 表示观察中发生时间最早的部分 cT 得到零权重（如已从内存中擦除）。

图4.3所示为应用衰减因数 $c\in\{1,0.75,0.5,0,-0.25,-0.5\}$ 后的已衰减权重 out['w']*df。虽然实际应用价值并不尽如人意，但这一方法给出了一种可能性，即将c设置为 $c>1$ 可以生成随时间增长的权重。

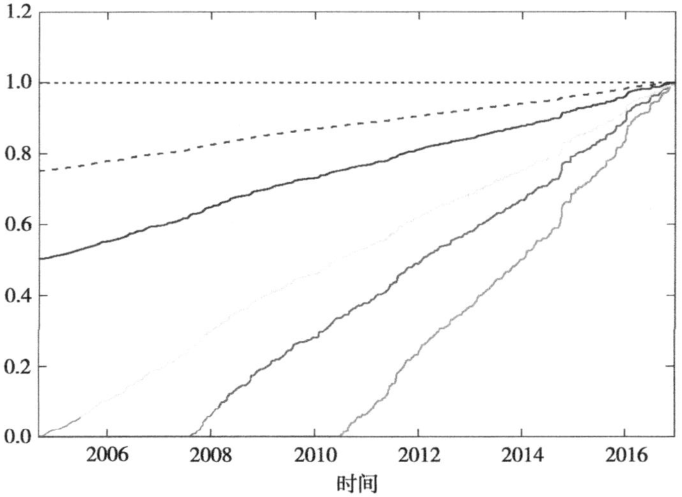

图4.3　分段线性时间衰减因数

4.8 类别权重

除样本权重以外，类别权重也有其应用。类别权重是对代表性不足的标签进行修正的权重。这一点在最重要的类别出现次数极少的情况下进行的分类问题中尤为重要［King & Zeng（2001）］。例如，假设我们需要对类似2010年5月6日的“闪电崩盘”事件的清偿危机进行预测。这种事件相对于其他数百万种观察而言极为罕见。除非我们对此类罕见标签赋予更高的权重，否则机器学习算法只有在最常见的标签上才能取得最高的准确度，而“闪电崩盘”将被视为离群值而非罕见事件。

机器学习函数库一般采用泛函分析对类别权重进行处理。例如，sklearn 将 `class[j]`，$j=1,\cdots,J$ 样本中的错误的权重定义为 `class_weight[j]` 而非1。相应地，标签 j 上较高的类别权重会迫使算法对 j 产生较高的准确度。如果类别权重无法累计达到 J，则其效果等同于变更了分类器的正规化参数。

在金融应用中，分类算法的标准标签为｛-1，1｝，其中的零（或中性）情况由概率仅略高于0.5且低于中性阈值的预测进行表示。使一个类别的准确度高于另一个类别并不合理，较好的默认设置是使 `class_weight='balanced'`。这一选择对观察进行重新加权，从而对所有的类别均以相同频率出现的情况进行模拟。在分类器装袋情境下，我们需要考虑到参数 `class_weight='balanced_subsample'`，也就是说 `class_weight='balanced'` 将应用至袋内引导程序样本，而非整个数据集。如需了解更多详细信息，请查阅 sklearn 中应用 `class_weight` 的源代码。另请注意此报告中的错误：https://github.com/scikit-learn/scikit-learn/issues/4324。

练习

4.1 在第3章中我们将 `t1` 设为第一个屏障被触碰的时间戳的一个

pandas 序列，指数是该观察的时间戳。这是 `getEvents` 函数的输出。

(1) 在从 E-迷你标普 500 指数期货分时数据中得到的美元线上计算一个 `t1` 序列。

(2) 使用函数 `mpNumCoEvents` 计算时间中的每一个点上的重叠数量。

(3) 在主轴坐标上标记同时存在的标签数量的时间序列，在次轴坐标上标记回报的指数加权移动标准差的时间序列。

(4) 生成一个同时存在标签数量（x 轴）和回报的指数加权移动标准差（y 轴）的散点图。你能看出它们之间有什么关系吗？

4.2 使用函数 `mpSampleTW` 计算每一个标签的平均唯一性。该时间序列的一阶序列相关 AR（1）是多少？在统计上具有重要性吗？为什么？

4.3 针对一个金融数据集制定生成一个随机森林，并使 $I^{-1}\sum_{i=1}^{I}\bar{u}_i \ll 1$。

(1) 平均袋外准确度是多少？

(2) 在相同数据集上，k 折交叉验证（无打乱）的平均准确度是多少？

(3) 为什么袋外准确度远高于交叉验证准确度？

4.4 对第 4.7 节的代码进行更改从而应用一个指数时间衰减系数。

4.5 假设你已经针对趋势跟踪模型所判定的事件使用了元标签法，且其中 2/3 的标签为 0，1/3 的标签为 1。

(1) 如果添加一个分类器但不对其类别权重进行平衡，会出现什么情况？

(2) 标签 1 表示的是真阳性，标签 0 表示的是假阳性。通过应用平衡后的类别权重，我们迫使分类器更多地关注真阳性，同时更少地关注假阳性。为什么要这样呢？

（3）在使用平衡后的类别权重之前，预测标签的分布如何？

4.6 更新第 4.5.3 节中最后一次抽取的概率。

4.7 在第 4.5.3 节中，假设数字 2 在第二次抽取时再次被抽中，那么第三次抽取的更新后概率是多少？

引用文献

Rao, C., P. Pathak and V. Koltchinskii (1997): "Bootstrap by sequential resampling." *Journal of Statistical Planning and Inference*, Vol. 64, No. 2, pp. 257–281.

King, G. and L. Zeng (2001): "Logistic Regression in Rare Events Data." Working paper, Harvard University. Available at **https://gking.harvard.edu/files/0s.pdf.**

Lo, A. (2017): *Adaptive Markets*, 1st ed. Princeton University Press.

参考文献

Efron, B. (1979): "Bootstrap methods: Another look at the jackknife." *Annals of Statistics*, Vol. 7, pp. 1–26.

Efron, B. (1983): "Estimating the error rote of a prediction rule: Improvement on cross-validation." *Journal of the American Statistical Association*, Vol. 78, pp. 316–331.

Bickel, P. and D. Freedman (1981): "Some asymptotic theory for the bootstrap." *Annals of Statistics*, Vol. 9, pp. 1196–1217.

Gine, E. and J. Zinn (1990): "Bootstrapping general empirical measures." *Annals of Probability*, Vol. 18, pp. 851–869.

Hall, P. and E. Mammen (1994): "On general resampling algorithms and their performance in distribution estimation." *Annals of Statistics*, Vol. 24, pp. 2011–2030.

Mitra, S. and P. Pathak (1984): "The nature of simple random sampling." *Annals of Statistics*, Vol. 12, pp. 1536–1542.

Pathak, P. (1964): "Sufficiency in sampling theory." *Annals of Mathematical Statistics*, Vol. 35, pp. 795–808.

Pathak, P. (1964): "On inverse sampling with unequal probabilities." *Biometrika*, Vol. 51, pp. 185–193.

Praestgaard, J. and J. Wellner (1993): "Exchangeably weighted bootstraps of the general empirical process." *Annals of Probability*, Vol. 21, pp. 2053–2086.

Rao, C., P. Pathak and V. Koltchinskii (1997): "Bootstrap by sequential resampling." *Journal of Statistical Planning and Inference*, Vol. 64, No. 2, pp. 257–281.

第5章

分数微分特征

5.1　动机

众所周知，作为一种套利工具，金融序列具有极低的信噪比［López de Prado（2015）］。而标准稳定性转换，诸如整数微分法等对于记忆的移除进一步降低了信号的量，这让事情变得更糟糕。价格序列是具有记忆的，因为每一个值都是由此前（价格）水平经过长时间的演变而得到的。而与之对比，整数微分序列如回报等则是存在了记忆截断的，即在有限的采样窗口之后将历史记录完全忽略掉。一旦稳定性转换法将记忆从数据中抹去，统计学家就需要借助复杂的数学技术对残存信号进行提取。因此，采用此类复杂的技术对经历过记忆擦除的序列进行分析经常得到错误的发现，也就不足为奇了。本章我们将介绍一种能够在保留尽可能多的数据的前提下确保数据稳定性的转换方法。

5.2　稳定性与记忆困境

金融体系中非平稳时间序列是比较常见的。使序列出现不稳定的原因是记忆的存在，比如之前水平的较长久的历史记录会使序列的平均值随时间发生变化。为进行推理分析，研究者需要采用不变过程法，如价格回报（或对数价格变化）、收益率变化或波动性变化等。此类数据转化使序列具有平稳性，但会将所有记忆从原始序列中移除［Alexander（2001）］。虽然平稳性是进行推理的必要属性，但在处理过程中我们将所有的记忆都擦除掉的情况还是很少见的，毕竟记忆是模型预测能力的基础。例如，平衡（平稳性）模型需要利用记忆判定价格偏离长期预期值的程度从而生成预报。此时的困境在于，回报稳定则无记忆，有价格记忆，则价格不稳定。因此就出现了一个问题：在获得价格序列稳定性的同时保留尽可能多的记忆的最小分化量是多少呢？相应地，我们将回报的概念泛化，从而对完全没有擦除任何记忆的平稳序列进行讨论。在此框架下，回报只是一种（在大多数情况下是次最优的）价格转换方法而已。

协整法具有重要性的原因之一，是这种方法能够对带有记忆的序列进行建模。但能够产生最佳结果的为什么是零分化这种特殊情况呢？零分化和1步分化都是任意性的。这两种方法（完全分化序列和零分化序列）之间还有众多的区别需要采用分数阶微分的方法进行研究，从而得到一个高度预测性的机器学习模型。

监督学习算法通常需要稳定特征，因为我们需要将未看到（未被标注）的观察投射到一个已标注的标签样本集上，从而推理得到新观察的标签。如果特征不稳定，则我们无法将新观察投射到大量的已知样本上。但事实上，稳定性并不能保证预测能力。平稳性对于机器学习算法的高性能来说是必要非充分条件。而平稳性和记忆之间存在着一个取舍的问题。我们可以通过微分获得更加平稳的序列，但代价是记忆的丢失，这将对机器学习算法的预测带来负面影响。本章我们将介绍一种能够解决这一困境的方法。

5.3 文献回顾

几乎所有的金融时间序列文献都是基于通过整数转换获得非平稳序列的稳定性这一前提进行的［Hamilton（1994）］。这种现象会引出两个问题：（1）为什么整数1微分（如计算对数价格回报）是最优方法？（2）过度微分是不是文献在有效市场假说方面存在分歧的原因之一？

将分数阶微分的概念应用在预测性时间序列分析数据上的实践至少可以追溯到Hosking（1981）。在研究中，Hosking使差分度取分数数值从而对差分整合移动平均自回归（ARIMA）过程进行泛化。这种方法有效的原因是分数阶微分过程具有长期持续性和反持续性，因此与标准ARIMA方法相比更能够强化预测能力。Hosking还在研究中指出："除了Granger（1978），似乎没有其他文献提及与时间序列分析有关的内容。"

在霍斯金的文章之后，有关此课题的文献极其稀少，总共只有9位作者撰写了8篇文章：Hosking，Johansen，Nielsen，MacKinnon，Jensen，Jones，Popiel，Cavaliere，Taylor（请参阅本章末尾的文献了解详细内容）。以上大多数文章都与技术问题相关，如在连续随机过程中对分数阶微分进行快速运算等［Jensen & Nielsen（2014）］。

对随机过程进行微分是一个极其耗费计算力的过程。本章我们将使用一种实际的、全新的方法获得稳定性：以非整数步长对差分算子进行泛化。

5.4 方法

假设实值特征矩阵为$\{X_t\}$，滞后算子为B，其中对于任意$k \geqslant 0$都有$B^k X_t = X_{t-k}$。例如，$(1-B)^2 = 1 - 2B + B^2$，其中$B^2 X_t = X_{t-2}$，因此，$(1-B)^2 X_t = X_t - 2X_{t-1} + X_{t-2}$。

注意，当 n 为正整数时，有 $(x+y)^n=\sum_{k=0}^{n}\binom{n}{k}x^k y^{n-k}=\sum_{k=0}^{n}\binom{n}{k}x^{n-k}y^k$。对于实数 d，有二项式序列 $(1+x)^d=\sum_{k=0}^{\infty}\binom{d}{k}x^k$。

在一个分数阶模型中，幂数 d 可以为实数，形式二项级数展开为：

$$
\begin{aligned}
(1-B)^d &= \sum_{k=0}^{\infty}\binom{d}{k}(-B)^k = \sum_{k=0}^{\infty}\frac{\prod_{i=0}^{k-1}(d-i)}{k!}(-B)^k \\
&= \sum_{k=0}^{\infty}(-B)^k\prod_{i=0}^{k-1}\frac{d-i}{k-i} \\
&= 1-dB+\frac{d(d-1)}{2!}B^2-\frac{d(d-1)(d-2)}{3!}B^3+\cdots
\end{aligned}
$$

5.4.1 长期记忆

现在我们来讨论实（非整）正数 d 是如何保留记忆的。该运算序列包含一个点积：

$$
\tilde{X}_t=\sum_{k=0}^{\infty}\omega_k X_{t-k}
$$

其中，权重 ω：

$$
\omega=\left\{1,-d,\frac{d(d-1)}{2!},-\frac{d(d-1)(d-2)}{3!},\ldots,(-1)^k\prod_{i=0}^{k-1}\frac{d-i}{k!},\ldots\right\}
$$

X 值：

$$
X=\left\{X_t,X_{t-1},X_{t-2},X_{t-3},\ldots,X_{t-k},\ldots\right\}
$$

每一条线都与一个特定的 $d\in[0,1]$ 值相对应，增量为 0.1。

当 d 为正整数时，$\prod_{i=0}^{k-1}\frac{d-i}{k!}=0,\forall k>d$，且超过该点的记忆被

擦除。例如，使用 $d=1$ 对回报进行计算，其中，$\prod_{i=0}^{k-1}\frac{d-i}{k!}=0,\forall k>1$，$\omega=\{1,-1,0,0,\dots\}$。

5.4.2 迭代估计

由权重 ω 序列来看，我们可以看到，对于 $k=0,\cdots,\infty$，当 $\omega_0=1$ 时，使用迭代的方法生成权重为：

$$\omega_k=-\omega_{k-1}\frac{d-k+1}{k}$$

图5.1所示为用于计算分数阶微分序列的每一个值的权重序列。图中显示了用于生成各序列的 d 的值，x 轴为 k 值，y 轴为 ω_k 值。例如，当 $d=0$ 时，所有的权重均为0，只有 $\omega_0=1$。此时的微分序列与原始序列一致。当 $d=1$ 时，所有权重均为0，除了 $\omega_0=1,\omega_1=-1$。这是标准一阶整数微分，用于获得对数回报。在这两种情况之间的任意点，$\omega_0=1$ 后的所有权重均为负且大于 -1。

图5.2所示为 $d\in[1,2]$，增量为0.1的权重变化序列。当 $d>1$ 时，$\omega_1<-1$ 且 $\omega_k>0,\forall k\geqslant 2$。

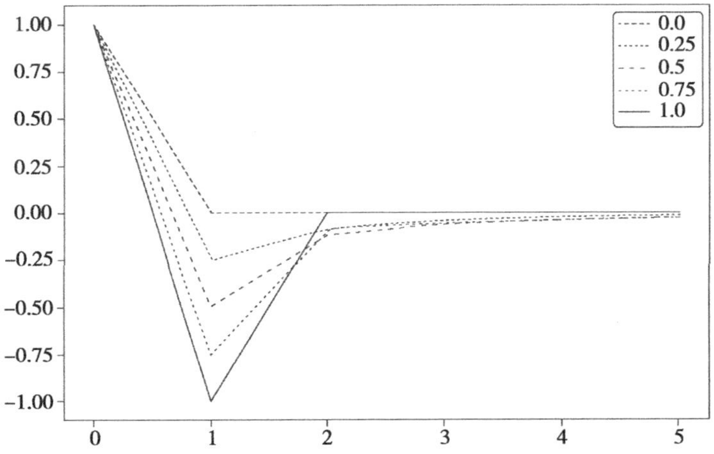

图5.1 ω_k（y 轴）随 k 的增长（x 轴）的变化

注：每一条线都与一个特定的 $d\in[0,1]$ 值相对应，增量为0.1。

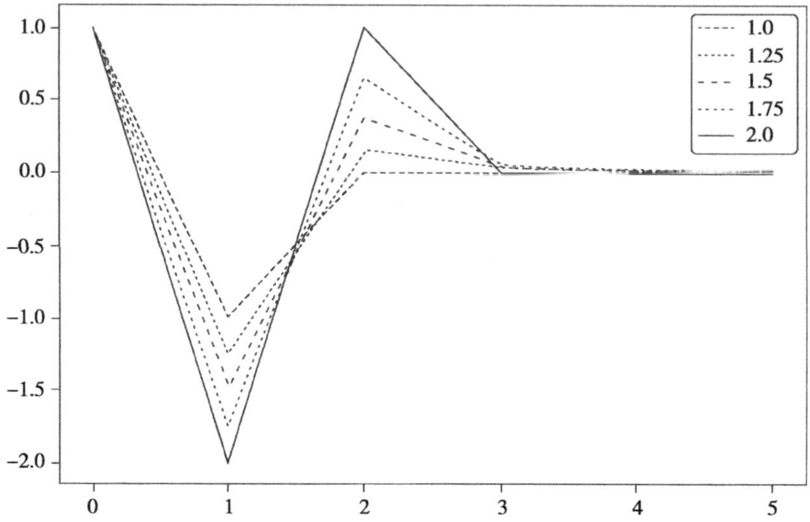

图 5.2 ω_k（y 轴）随 k 的增长（x 轴）的变化

注：每一条线都与一个特定的 $d \in [1,2]$ 值相对应，增量为 0.1。

代码片段 5.1 为生成此图所使用的代码。

代码片段 5.1 加权函数

```
def getWeights(d,size):
    # thres>0 drops insignificant weights
    w=[1.]
    for k in range(1,size):
        w_=-w[-1]/k*(d-k+1)
        w.append(w_)
    w=np.array(w[::-1]).reshape(-1,1)
    return w
#-------------------------------------------------------------------
def plotWeights(dRange,nPlots,size):
    w=pd.DataFrame()
    for d in np.linspace(dRange[0],dRange[1],nPlots):
        w_=getWeights(d,size=size)
        w_=pd.DataFrame(w_,index=range(w_.shape[0])[::-1],columns=[d])
        w=w.join(w_,how='outer')
    ax=w.plot()
    ax.legend(loc='upper left');mpl.show()
    return
#-------------------------------------------------------------------
if __name__=='__main__':
    plotWeights(dRange=[0,1],nPlots=11,size=6)
    plotWeights(dRange=[1,2],nPlots=11,size=6)
```

5.4.3 收敛

本节对权重的收敛进行讨论。由上文结果可知，如果 $k>d$ 且 $\omega_{k-1}\neq 0$，则 $\left|\frac{\omega_k}{\omega_{k-1}}\right|=\left|\frac{d-k+1}{k}\right|<1$，否则 $\omega_k=0$。因此，权重作为单位圆内因数的无穷乘积向零进行渐进性收敛。此外，如果 d 为正且 $k<d+1$，则有 $\frac{d-k+1}{k}\geqslant 0$，从而使初始权重的符号发生变化。对于非整数 d，如果 $k\geqslant d+1$，则如果 int［d］为偶数，则 ω_k 为负，否则为正。简言之，当 int［d］为偶数时，$\lim\limits_{k\to\infty} w_k=0^-$（从左侧向零收敛），当 int［$d$］为奇数时，则 $\lim\limits_{k\to\infty} w_k=0^+$（从右侧向零收敛）。在 $d\in(0,1)$ 这一特殊情况下，$-1<\omega_k<0, \forall k>0$。权重符号的变化是确保 $\{\tilde{X}_t\}_{t=1,\cdots,T}$ 稳定性的必要条件，因为记忆会逐渐消失，如果不改变符号就会出现偏离。

5.5 应用

本节将对分数阶微分的应用进行讨论：标准“拓展窗口”法和一种新的我称之为“定宽窗口分数阶微分”法（FFD）。

5.5.1 拓展窗口法

我们首先讨论如何在实际操作中对一个（有限）时间序列进行分数阶微分。假设一个时间序列中有 T 个实观察，$\{X_t\}, t=1,\cdots,T$。由于数据的限制，分数阶微分值 $\tilde{X}_T$ 无法在一个权重的无限序列上进行计算。例如，最后一个点 $\tilde{X}_T$ 使用权重 $\{\omega_k\}, k=0,\cdots,T-1$，$\tilde{X}_{T-l}$ 使用权重 $\{\omega_k\}, k=0,\cdots,T-l-1$。这意味着初始点与最终点相比所具有的记忆量是不同的。对于每一个 l 我们都可以确定相对失重 $\lambda_l=\frac{\sum_{j=T-l}^{T}|\omega_j|}{\sum_{i=0}^{T-1}|\omega_i|}$。在宽容度 $\tau\in[0,1]$ 下，我们可以判定 l^* 的值，即 $\lambda_{l^*}\leqslant\tau, \lambda_{l^*+1}>\tau$。$l^*$ 值与第一个结果 $\{\tilde{X}_t\}_{t=1,\cdots,l^*}$ 相对应，其失重超过接受阈值，即 $\lambda_t>\tau$

（如 $\tau=0.01$）。

由上文可知，λ_{l^*} 取决于 $\{\omega_k\}$ 的收敛速度，而 $\{\omega_k\}$ 则取决于 $d\in[0,1]$。如果 $d=1$，$\omega_k=0$，$\forall k>1$，且 $\lambda_l=0$，$\forall l>1$，因此满足抛弃 $\tilde{X}_1$ 的要求。随着 $d\to0^+$，l^* 逐渐增大，有大量的初始 $\{\tilde{X}_t\}_{t=1,\cdots,l^*}$ 需要抛弃，从而使失重 $\lambda_{l^*}\leq\tau$。图5.3 描述了大小为1E4 的 E－迷你标普500 指数期货交易线的向前滚动和分数阶微分结果，图（a）的参数为 $d=0.4$，$\tau=1$，图（b）的参数为 $d=0.4$，$\tau=1E-2$。

图中两个负漂移的出现是由窗口拓展过程中加入初始观察中的负权重引起的。如果不对失重进行控制，则会出现极端的负漂移，直至只剩下负漂移趋势可见。右侧的负漂移幅度在对失重进行控制后较左侧小，但其本身依旧非常大，因为 $\{\tilde{X}_t\}_{t=l^*+1,\cdots,T}$ 值都是在拓展窗口上进行计算的。该问题可以利用定宽窗口法解决，此方法的应用参见代码片段5.2。

代码片段5.2　标准分数阶微分法（拓展窗口）

```
def fracDiff(series,d,thres=.01):
    '''
    Increasing width window, with treatment of NaNs
    Note 1: For thres=1, nothing is skipped.
    Note 2: d can be any positive fractional, not necessarily bounded [0,1].
    '''
    #1) Compute weights for the longest series
    w=getWeights(d,series.shape[0])
    #2) Determine initial calcs to be skipped based on weight-loss threshold
    w_=np.cumsum(abs(w))
    w_/=w_[-1]
    skip=w_[w_>thres].shape[0]
    #3) Apply weights to values
    df={}
    for name in series.columns:
        seriesF,df_=series[[name]].fillna(method='ffill').dropna(),pd.Series()
        for iloc in range(skip,seriesF.shape[0]):
            loc=seriesF.index[iloc]
            if not np.isfinite(series.loc[loc,name]):continue # exclude NAs
            df_[loc]=np.dot(w[-(iloc+1):,:].T,seriesF.loc[:loc])[0,0]
        df[name]=df_.copy(deep=True)
    df=pd.concat(df,axis=1)
    return df
```

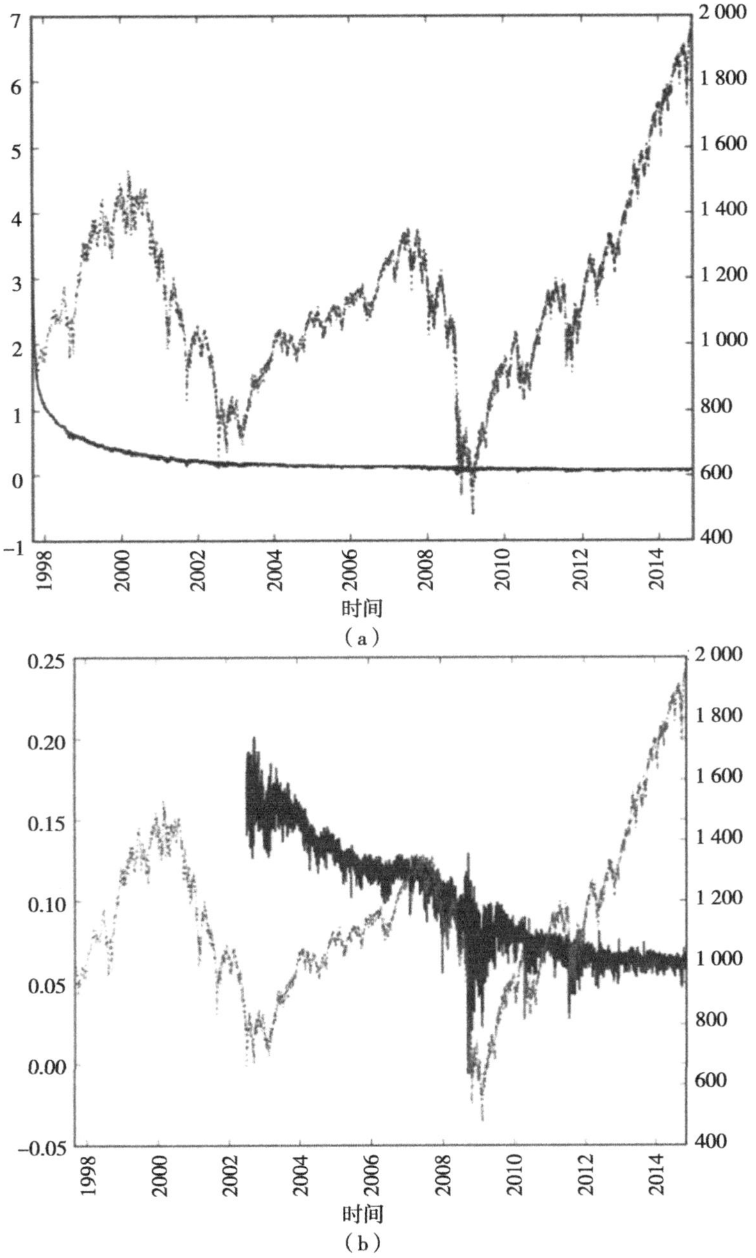

图5.3　不对失重进行控制（a）和使用拓展窗口法对失重进行控制（b）的分数阶微分结果

5.5.2 定宽窗口分数阶微分法

我们也可以使用定宽窗口法进行分数阶微分，即在其模数（$|\omega_k|$）低于指定阈值（τ）时抛弃权重。这种方法等同于找到第一个 l^* 从而使 $|\omega_{l^*}| \geqslant \tau$，$|\omega_{l^*+1}| \leqslant \tau$，并设置新变量 $\tilde{\omega}_k$ 为：

$$\tilde{\omega}_k = \begin{cases} \omega_k & \text{if } k \leqslant l^* \\ 0 & \text{if } k > l^* \end{cases}$$

其对于 $t = T - l^* + 1, \cdots, T$，有 $\tilde{X}_t = \sum_{k=0}^{l^*} \tilde{\omega}_k X_{t-k}$。图 5.4 描述了大小为 1E4 的 E－迷你标普 500 指数期货交易线的向前滚动和分数阶微分结果（$d = 0.4, \tau = 1E-5$）。

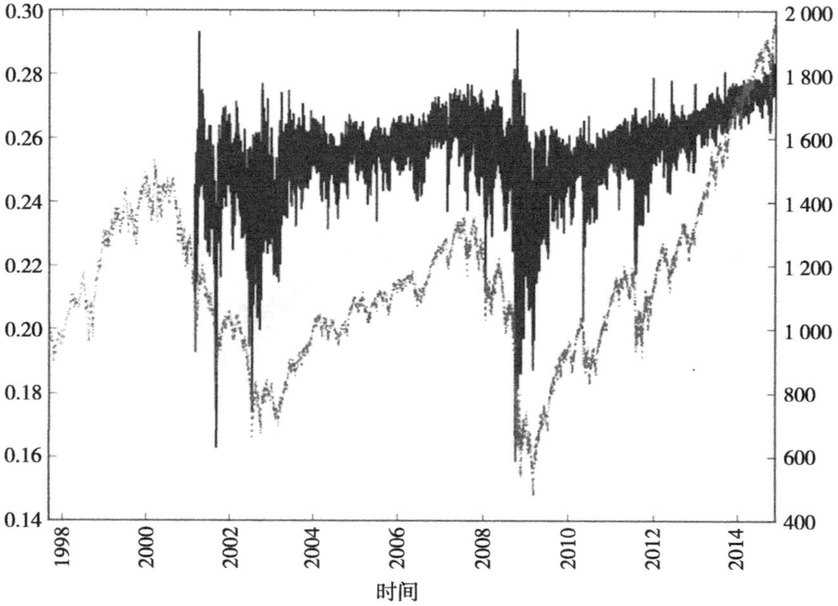

图 5.4　使用定宽窗口分数阶微分法对失重进行控制后进行分数阶微分的结果

该方法的优势在于对所有$\{\tilde{X}_t\}_{t=l^*,\dots,T}$进行的预测中使用的都是相同的权重向量，因而能够避免因拓展窗口所增加的权重引起的负漂移。结果与预期一致，是多个线条加噪声的混合体。这种情况下的结果不再是高斯分布，这是记忆所附带的偏斜度和超额峰度引起的，但结果是具有稳定性的。代码片段5.3所示为此方法的应用。

代码片段5.3 新型定宽窗口分数阶微分法

```
def fracDiff_FFD(series,d,thres=1e-5):
    '''
    Constant width window (new solution)
    Note 1: thres determines the cut-off weight for the window
    Note 2: d can be any positive fractional, not necessarily bounded [0,1].
    '''
    #1) Compute weights for the longest series
    w=getWeights_FFD(d,thres)
    width=len(w)-1
    #2) Apply weights to values
    df={}
    for name in series.columns:
        seriesF,df_=series[[name]].fillna(method='ffill').dropna(),pd.Series()
        for iloc1 in range(width,seriesF.shape[0]):
            loc0,loc1=seriesF.index[iloc1-width],seriesF.index[iloc1]
            if not np.isfinite(series.loc[loc1,name]):continue # exclude NAs
            df_[loc1]=np.dot(w.T,seriesF.loc[loc0:loc1])[0,0]
        df[name]=df_.copy(deep=True)
    df=pd.concat(df,axis=1)
    return df
```

5.6 最大记忆保留度下的平稳性

假设有一个序列$\{X_t\}_{t=1,\dots,T}$。将新型定宽窗口分数阶微分法应用到这一序列上，我们可以计算出最小系数d^*，从而使进行分数阶微分的序列$\{\tilde{X}_t\}_{t=l^*,\dots,T}$具有平稳性。系数$d^*$决定了需要移除以获得平稳性的记忆的量。如果$\{X_t\}_{t=l*,\dots,T}$已经具有平稳性，则$d^*=0$。如果$\{X_t\}_{t=l^*,\dots,T}$含有一个单位根，则$d^*<1$。如果$\{X_t\}_{t=l^*,\dots,T}$表现出爆炸式特征（向气泡一样），则$d^*>1$。较为特殊的一种情况是$0<d^*\ll 1$，此时原始序列处于一种“轻微不稳定”的状态。在这种情况下，虽然需要

进行微分，但完全的整数微分会移除过多的记忆（因而损失预测能力）。

图 5.5 为此概念示意图。右侧 y 轴表示根据 E－迷你标普 500 指数期货对数价格，使用 ETF 分时法（见第 2 章），将采样频率下调至每日一次并回到合约最初进行计算得到的 ADF 统计数值。x 轴表示用于生成 ADF 统计数值计算所需序列的 d 的值。原始序列的 ADF 统计数值为 －0.3387，回归序列的 ADF 统计数值则为 －49.9114。在 95% 的置信水平上，测试的临界值为 －2.8623。在 $d=0.35$ 附近时 ADF 统计数值越过此阈值。左侧 y 轴显示的是原始序列（$d=0$）和不同 d 值的微分后序列之间的相关性。当 $d=0.35$ 时，相关性依旧较高，为 0.995。这表明本章所介绍的方法能够在不放弃过多记忆的情况下实现良好的平稳性。与此形成对比的是，原始序列和回报序列之间的相关性仅为 0.03，表明标准整数微分几乎完全擦除了序列的全部记忆。

几乎所有的金融研究文献都尝试使用整数微分 $d=1\gg 0.35$ 的方式获得平稳性，但基本上都对序列进行了过度微分，即移除了远超必要的记忆以满足标准计量经济学假设。代码片段 5.4 所示为生成此结果的代码。

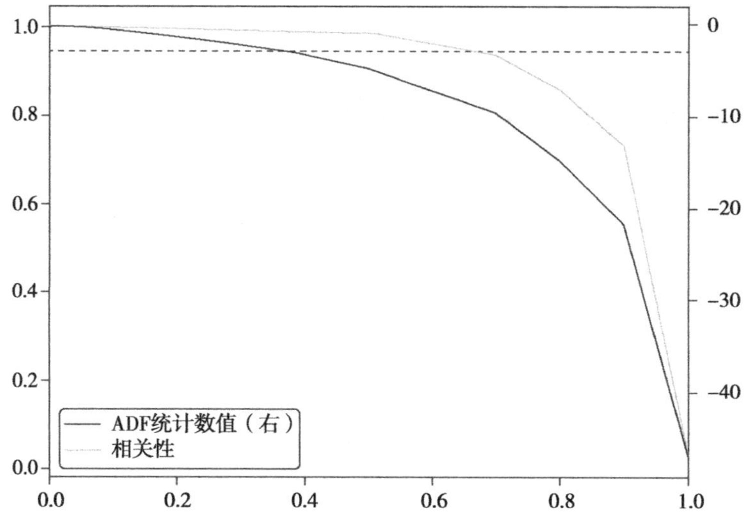

图 5.5　E－迷你标普 500 指数期货对数价格上作为 d 的函数的 ADF 统计数值

代码片段 5.4 寻找通过 ADF 测试的最大 *D* 值

```
def plotMinFFD():
    from statsmodels.tsa.stattools import adfuller
    path,instName='./','ES1_Index_Method12'
    out=pd.DataFrame(columns=['adfStat','pVal','lags','nObs','95% conf','corr'])
    df0=pd.read_csv(path+instName+'.csv',index_col=0,parse_dates=True)
    for d in np.linspace(0,1,11):
        df1=np.log(df0[['Close']]).resample('1D').last() # downcast to daily obs
        df2=fracDiff_FFD(df1,d,thres=.01)
        corr=np.corrcoef(df1.loc[df2.index,'Close'],df2['Close'])[0,1]
        df2=adfuller(df2['Close'],maxlag=1,regression='c',autolag=None)
        out.loc[d]=list(df2[:4])+[df2[4]['5%']]+[corr] # with critical value
    out.to_csv(path+instName+'_testMinFFD.csv')
    out[['adfStat','corr']].plot(secondary_y='adfStat')
    mpl.axhline(out['95% conf'].mean(),linewidth=1,color='r',linestyle='dotted')
    mpl.savefig(path+instName+'_testMinFFD.png')
    return
```

E-迷你期货也并不能例外。表5.1所示为全球87种高流动性期货使用FFD（d）法计算得到的不同d值下的ADF统计数值。在所有情况下，标准$d=1$用于计算回报，表示过度微分。事实上，所有稳定性都是在$d<0.6$的情况下计算得出的。在某些情况下，如橙汁（JO1 Comdty）或活奶牛（LC1 Comdty）等的数据无须微分。

5.7 总结

总而言之，大多数的计量经济分析服从如下两个范式之一：

1. 博克斯-詹金斯（Box-Jenkins）：对数价格具有记忆，但对数价格并不稳定。
2. 恩格尔-格兰杰（Engle-Granger）：协整是一个在非平稳序列上进行回归从而保存记忆的过程。但协整变量的数量有限，且协整向量是极其不稳定的。

与之相比，本章所述的FFD法表明，并不需要放弃所有的记忆以获得

表 5.1 全球 87 种高流动性期货合约使用 FFD（d）法计算得到的 ADF 统计数值

	0	0.1	0.2	0.3	0.4	0.5	0.6	0.7	0.8	0.9	1
AD1 Curncy	-1.7253	-1.8665	-2.2801	-2.9743	-3.9590	-5.4450	-7.7387	-10.3412	-15.7255	-22.5170	-43.8281
BO1 Comdty	-0.7039	-1.0021	-1.5848	-2.4038	-3.4284	-4.8916	-7.0604	-9.5089	-14.4065	-20.4393	-38.0683
BP1 Curncy	-1.0573	-1.4963	-2.3223	-3.4641	-4.8976	-6.9157	-9.8833	-13.1575	-19.4238	-26.6320	-43.3284
BTS1 Comdty	-1.7987	-2.1428	-2.7600	-3.7019	-4.8522	-6.2412	-7.8115	-9.4645	-11.0334	-12.4470	-13.6410
BZ1 Index	-1.6569	-1.8766	-2.3948	-3.2145	-4.2821	-5.9431	-8.3329	-10.9046	-15.7006	-20.7224	-29.9510
C 1 Comdty	-1.7870	-2.1273	-2.9539	-4.1642	-5.7307	-7.9577	-11.1798	-14.6946	-20.9925	-27.6602	-39.3576
CC1 Comdty	-2.3743	-2.9503	-4.1694	-5.8997	-8.0868	-10.9871	-14.8206	-18.6154	-24.1738	-29.0285	-34.8580
CD1 Curncy	-1.6304	-2.0557	-2.7284	-3.8380	-5.2341	-7.3172	-10.3738	-13.8263	-20.2897	-27.6242	-43.6794
CF1 Index	-1.5539	-1.9387	-2.7421	-3.9235	-5.5085	-7.7585	-11.0571	-14.6829	-21.4877	-28.9810	-44.5059
CL1 Comdty	-0.3795	-0.7164	-1.3359	-2.2018	-3.2603	-4.7499	-6.9504	-9.4531	-14.4936	-20.8392	-41.1169
CN1 Comdty	-0.8798	-0.8711	-1.1020	-1.4626	-1.9732	-2.7508	-3.9217	-5.2944	-8.4257	-12.7300	-42.1411
CO1 Comdty	-0.5124	-0.8468	-1.4247	-2.2402	-3.2566	-4.7022	-6.8601	-9.2836	-14.1511	-20.2313	-39.2207
CT1 Comdty	-1.7604	-2.0728	-2.7529	-3.7853	-5.1397	-7.1123	-10.0137	-13.1851	-19.0603	-25.4513	-37.5703
DM1 Index	-0.1929	-0.5718	-1.2414	-2.1127	-3.1765	-4.6695	-6.8852	-9.4219	-14.6726	-21.5411	-49.2663
DU1 Comdty	-0.3365	-0.4572	-0.7647	-1.1447	-1.6132	-2.2759	-3.3389	-4.5689	-7.2101	-10.9025	-42.9012
DX1 Curncy	-1.5768	-1.9458	-2.7358	-3.8423	-5.3101	-7.3507	-10.3569	-13.6451	-19.5832	-25.8907	-37.2623
EC1 Comdty	-0.2727	-0.6650	-1.3359	-2.2112	-3.3112	-4.8320	-7.0777	-9.6299	-14.8258	-21.4634	-44.6452

（续表）

	0	0.1	0.2	0.3	0.4	0.5	0.6	0.7	0.8	0.9	1
EC1 Curncy	-1.4733	-1.9344	-2.8507	-4.1588	-5.8240	-8.1834	-11.6278	-15.4095	-22.4317	-30.1482	-45.6373
ED1 Comdty	-0.4084	-0.5350	-0.7948	-1.1772	-1.6633	-2.3818	-3.4601	-4.7041	-7.4373	-11.3175	-46.4487
EE1 Curncy	-1.2100	-1.6378	-2.4216	-3.5470	-4.9821	-7.0166	-9.9962	-13.2920	-19.5047	-26.5158	-41.4672
EO1 Comdty	-0.7903	-0.8917	-1.0551	-1.3465	-1.7302	-2.3500	-3.3068	-4.5136	-7.0157	-10.6463	-45.2100
EO1 Index	-0.6561	-1.0567	-1.7409	-2.6774	-3.8543	-5.5096	-7.9133	-10.5674	-15.6442	-21.3066	-35.1397
ER1 Comdty	-0.1970	-0.3442	-0.6334	-1.0363	-1.5327	-2.2378	-3.2819	-4.4647	-7.1031	-10.7389	-40.0407
ES1 Index	-0.3387	-0.7206	-1.3324	-2.2252	-3.2733	-4.7976	-7.0436	-9.6095	-14.8624	-21.6177	-46.9114
FA1 Index	-0.5292	-0.8526	-1.4250	-2.2359	-3.2500	-4.6902	-6.8272	-9.2410	-14.1664	-20.3733	-41.9705
FC1 Comdty	-1.8846	-2.1853	-2.8808	-3.8546	-5.1483	-7.0226	-9.6889	-12.5679	-17.8160	-23.0530	-31.6503
FV1 Comdty	-0.7257	-0.8515	-1.0596	-1.4304	-1.8312	-2.5302	-3.6296	-4.9499	-7.8292	-12.0467	-49.1508
G 1 Comdty	0.2326	0.0026	-0.4686	-1.0590	-1.7453	-2.6761	-4.0336	-5.5624	-8.8575	-13.3277	-42.9177
GC1 Comdty	-2.2221	-2.3544	-2.7467	-3.4140	-4.4861	-6.0632	-8.4803	-11.2152	-16.7111	-23.1750	-39.0715
GX1 Index	-1.5418	-1.7749	-2.4666	-3.4417	-4.7321	-6.6155	-9.3667	-12.5240	-18.6291	-25.8116	-43.3610
HG1 Comdty	-1.7372	-2.1495	-2.8323	-3.9090	-5.3257	-7.3805	-10.4121	-13.7669	-19.8902	-26.5819	-39.3267
HI1 Index	-1.8289	-2.0432	-2.6203	-3.5233	-4.7514	-6.5743	-9.2733	-12.3722	-18.5308	-25.9762	-45.3396
HO1 Comdty	-1.6024	-1.9941	-2.6619	-3.7131	-5.1772	-7.2468	-10.3326	-13.6745	-19.9728	-26.9772	-40.9824
IB1 Index	-2.3912	-2.8254	-3.5813	-4.8774	-6.5884	-9.0665	-12.7381	-16.6706	-23.6752	-30.7986	-43.0687

（续表）

	0	0.1	0.2	0.3	0.4	0.5	0.6	0.7	0.8	0.9	1
IK1 Comdty	-1.7373	-2.3000	-2.7764	-3.7101	-4.8686	-6.3504	-8.2195	-9.8636	-11.7882	-13.3983	-14.8391
IR1 Comdty	-2.0622	-2.4188	-3.1736	-4.3178	-5.8119	-7.9816	-11.2102	-14.7956	-21.6158	-29.4555	-46.2683
JA1 Comdty	-2.4701	-2.7292	-3.3925	-4.4658	-5.9236	-8.0270	-11.2082	-14.7198	-21.2681	-28.4380	-42.1937
JB1 Comdty	-0.2081	-0.4319	-0.8490	-1.4289	-2.1160	-3.0932	-4.5740	-6.3061	-9.9454	-15.0151	-47.6037
JE1 Curncy	-0.9268	-1.2078	-1.7565	-2.5398	-3.5545	-5.0270	-7.2096	-9.6808	-14.6271	-20.7168	-37.6954
JG1 Comdty	-1.7468	-1.8071	-2.0654	-2.5447	-3.2237	-4.3418	-6.0690	-8.0537	-12.3908	-18.1881	-44.2884
JO1 Comdty	-3.0052	-3.3099	-4.2639	-5.7291	-7.5686	-10.1683	-13.7068	-17.3054	-22.7853	-27.7011	-33.4658
JY1 Curncy	-1.2616	-1.5891	-2.2042	-3.1407	-4.3715	-6.1600	-8.8261	-11.8449	-17.8275	-25.0700	-44.8394
KC1 Comdty	-0.7786	-1.1172	-1.7723	-2.7185	-3.8875	-5.5651	-8.0217	-10.7422	-15.9423	-21.8651	-35.3354
L 1 Comdty	-0.0805	-0.2228	-0.6144	-1.0751	-1.6335	-2.4186	-3.5676	-4.8749	-7.7528	-11.7669	-44.0349

注：在95%的置信水平上，ADF测试的临界值为-2.8623。所有的对数价格序列都在 $d<0.6$ 时获得平稳性，绝大多数在 $d<0.3$ 时就已经具有平稳性。

稳定性，同时也没有必要为机器学习预测而进行协整。FFD 法使得我们能够在不放弃记忆（或预测能力）的情况下获得良好的稳定性。

在实际操作中，我建议对如下特征进行转换从而进行实验：第一，计算时间序列的累计总和；第二，计算不同 d 值（$d \in [0,1]$）下的 FFD（d）序列；第三，判定最小 d 值，使 FFD（d）上的 ADF 统计的 p 值低于 5%；第四，将此 FFD（d）序列作为预测性特征。

练习

5.1 利用 IID 高斯随机过程生成一个时间序列。此为无记忆平稳序列：

（1）计算这一序列的 ADF 统计数值。p 值为多少？

（2）计算观察的累计总和。此为无记忆非平稳序列。

①该累计序列的整合级次是什么？

②计算此序列上的 ADF 统计数值。p 值为多少？

（3）对这一序列进行两次微分。过度微分序列的 p 值为多少？

5.2 生成一个服从正弦函数的时间序列。此为有记忆平稳序列：

（1）计算这一序列的 ADF 统计数值。p 值为多少？

（2）以相同正值对每一个观察进行移动。计算此观察的累计总和。此为有记忆非平稳序列。

①计算此序列上的 ADF 统计数值。p 值为多少？

②使用拓展窗口分数阶微分法，其中 $\tau = 1E-2$。在 d 最小值为多少时可以使 p 值低于 5%？

③使用 FFD 法，其中 $\tau = 1E-5$。在 d 最小值为多少时可以使 p 值低于 5%？

5.3 使用练习 5.2（2）中的序列：

（1）将该序列代入正弦函数，决定系数是多少？

（2）使用 FFD（$d=1$）法，将该序列代入正弦函数，决定系数是多少？

(3) d 取何值时能够使 FFD (d) 上的正弦曲线的决定系数最大？为什么？

5.4 使用 E－迷你标普 500 指数期货上的美元线序列。使用代码片段 5.3 中的代码，当 $d \in [0,2]$ 时，计算 `fracDiff_FFD (fracDiff_FFD (series, d), -d)`，得到的结果是什么？为什么？

5.5 使用 E－迷你标普 500 指数期货上的美元线序列。

(1) 构建一个新的序列作为对数价格的累计总和。

(2) 使用 FFD 法，其中 $\tau = 1E-5$。判定 d（$d \in [0,2]$）最小值为多少时新序列获得平稳性。

(3) 计算分数阶微分序列与原始（未转换的）序列的相关性。

(4) 使用恩格尔－格兰杰协整测试对原始和分数阶微分序列进行测试。它们发生协整了吗？为什么？

(5) 对分数阶微分序列进行雅克－贝拉正态检验。

5.6 使用练习 5.5 中的分数阶微分序列。

(1) 应用一个 CUSUM 过滤器（见第 2 章），其中 h 是序列标准差的两倍。

(2) 使用已过滤的时间戳对特征矩阵进行采样。将分数阶微分值作为一个特征。

(3) 使用三重屏障法构建标签，使对称水平屏障为每日标准差的两倍，垂直屏障为 5 倍。

(4) 在一个决策树上使用装袋分类器，其中：

①使用第 4 章所述序列性方法对观察到的特征进行程序引导。

②在每个引导程序样本上，样本权重都使用第 4 章所述技术进行判定。

引用文献

Alexander, C. (2001): *Market Models*, 1st edition. John Wiley & Sons.

Hamilton, J. (1994): *Time Series Analysis*, 1st ed. Princeton University Press.

Hosking, J. (1981): "Fractional differencing." *Biometrika*, Vol. 68, No. 1, pp. 165–176.

Jensen, A. and M. Nielsen (2014): "A fast fractional difference algorithm." *Journal of Time Series Analysis*, Vol. 35, No. 5, pp. 428–436.

López de Prado, M. (2015): "The Future of Empirical Finance." *Journal of Portfolio Management*, Vol. 41, No. 4, pp. 140–144. Available at https://ssrn.com/abstract=2609734.

参考文献

Cavaliere, G., M. Nielsen, and A. Taylor (2017): "Quasi-maximum likelihood estimation and bootstrap inference in fractional time series models with heteroskedasticity of unknown form." *Journal of Econometrics*, Vol. 198, No. 1, pp. 165–188.

Johansen, S. and M. Nielsen (2012): "A necessary moment condition for the fractional functional central limit theorem." *Econometric Theory*, Vol. 28, No. 3, pp. 671–679.

Johansen, S. and M. Nielsen (2012): "Likelihood inference for a fractionally cointegrated vector autoregressive model." *Econometrica*, Vol. 80, No. 6, pp. 2267–2732.

Johansen, S. and M. Nielsen (2016): "The role of initial values in conditional sum-of-squares estimation of nonstationary fractional time series models." *Econometric Theory*, Vol. 32, No. 5, pp. 1095–1139.

Jones, M., M. Nielsen and M. Popiel (2015): "A fractionally cointegrated VAR analysis of economic voting and political support." *Canadian Journal of Economics*, Vol. 47, No. 4, pp. 1078–1130.

Mackinnon, J. and M. Nielsen, M. (2014): "Numerical distribution functions of fractional unit root and cointegration tests." *Journal of Applied Econometrics*, Vol. 29, No. 1, pp. 161–171.

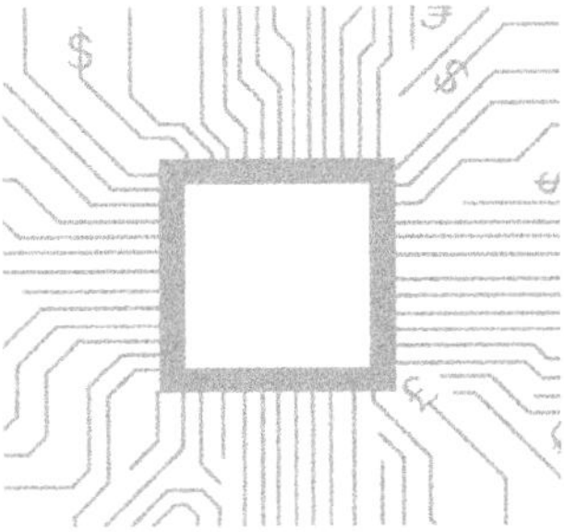

第2部分

模型

第6章

集成方法

6.1 动机

本章我们将讨论两个最主流的机器学习集成方法。[①] 在本章的引用文献和脚注中可以找到介绍这些技术的书籍和文章。与本书其他章节一样，我们假设你用过这些方法。此章的目的在于解释这些方法为什么有效，以及解释如何避免在金融领域因误用这些方法而导致的常见错误。

6.2 三项误差来源

机器学习模型通常存在3项误差：[②]

1. 偏差：此项误差是由不切实际的假设所造成的。当偏差很大时，

---

① 有关集成方法的介绍，请访问：http：//scikit-learn. org/stable/modules/ensemble. html。

② 我通常不会引用维基百科上的内容，但是在这个课题上，可能此文中的一些图表会有帮助：https：//en. wikipedia. org/wiki/Bias% E2% 80% 93variance_tradeoff。

机器学习算法无法识别特征与结果之间的重要关系。在此情况下，该算法被称为“欠拟合”。

2. 方差：此项误差是由对训练集的细微变化的敏感性所引起的。当方差很高时，算法过拟合训练集，这就是为什么即使训练集发生细微变化也会产生截然不同的预测结果。该算法并没有对训练集的一般模式进行建模，而是将噪声误判为信号。
3. 噪声：这项错误是由于观测值的方差而引起的，如不可预测的变化或测量失误。噪声属于不可约减的误差，任意一项模型都无法解释。

考虑一个观测值为 $\{x_i\}_{i=1,\cdots,n}$，实值结果为 $\{y_i\}_{i=1,\cdots,n}$ 的训练数据集。假设函数 $f[x]$ 存在，这样 $y=f[x]+\varepsilon$，其中，ε 是白噪声，满足 $E[\varepsilon_i]=0, E[\varepsilon_i^2]=\sigma_\varepsilon^2$。我们将计算 $\hat{f}[x]$ 的最佳拟合函数 $f[x]$，使得估算误差的方差 $E[(y_i-\hat{f}[x_i])^2]$ 最小化（由于噪声是 σ_ε^2，均方误差不可能为零）。均方误差可以被分解为：

$$\mathrm{E}\left[(y_i-\hat{f}[x_i])^2\right]=\Bigg(\underbrace{\mathrm{E}[\hat{f}[x_i]-f[x_i]]}_{\text{偏差}}\Bigg)^2+\underbrace{\mathrm{V}[\hat{f}[x_i]]}_{\text{方差}}+\underbrace{\sigma_\varepsilon^2}_{\text{噪声}}$$

集成方法是一种将一组弱学习器，通过同一种学习算法，组合成一个最终表现比任何单一学习器更优异的（强）学习器，可以帮助缩小偏差和（或）方差。

6.3 自举汇聚算法

自举汇聚算法（bootstrap aggregation）是减小预测方差的有效方法。

其工作原理如下：第一，通过随机有放回地抽样生成 N 个训练数据集。第二，在每个训练集上拟合 1 个估计器，共拟合 N 个估计器。这些估计器彼此独立，因此模型可以并行拟合。第三，集合预测是 N 个模型中单个预测的简单平均值。就分类变量而言，观测结果属于一个类别的概率取决于（使用多数投票法）将观测结果认定为属于该类别的估计器的比例。当基本估计器可以用预测概率进行预测时，装袋分类器可以推导出概率的平均值。

如果你通过 sklearn 中 `BaggingClassifier` 的分类方法去计算袋外准确性，你应该会意识到这个漏洞：https：//github. com/scikit-learn/scikit-learn/issues/8933。一种临时的解决途径是按整数顺序重新命名标签。

6.3.1 减少模型方差

装袋法的主要优势在于可以减少预测结果的方差，从而协助解决过拟合问题。装袋预测的方差（ $\varphi_i[c]$ ）是基于装袋估计器的数量（N）、单一估计器预测结果的平均方差（$\bar{\sigma}$），以及它们预测结果之间的平均相关系数（$\bar{\rho}$）：

$$
\begin{aligned}
\mathrm{V}\left[\frac{1}{N}\sum_{i=1}^{N}\varphi_i[c]\right] &= \frac{1}{N^2}\sum_{i=1}^{N}\left(\sum_{j=1}^{N}\sigma_{i,j}\right) = \frac{1}{N^2}\sum_{i=1}^{N}\left(\sigma_i^2+\sum_{j\neq i}^{N}\sigma_i\sigma_j\rho_{i,j}\right) \\
&= \frac{1}{N^2}\sum_{i=1}^{N}\left(\bar{\sigma}^2+\underbrace{\sum_{j\neq i}^{N}\bar{\sigma}^2\bar{\rho}}_{\substack{=(N-1)\bar{\sigma}^2\bar{\rho} \\ \text{for a fixed } i}}\right) = \frac{\bar{\sigma}^2+(N-1)\bar{\sigma}^2\bar{\rho}}{N} \\
&= \bar{\sigma}^2\left(\bar{\rho}+\frac{1-\bar{\rho}}{N}\right)
\end{aligned}
$$

其中，$\sigma_{i,j}$ 是基于估计器 i,j 预测结果的协方差；$\sum_{i=1}^{N}\bar{\sigma}^2=\sum_{i=1}^{N}\sigma_i^2 \Leftrightarrow \bar{\sigma}^2=N^{-1}\sum_{i=1}^{N}\sigma_i^2$；$\sum_{j\neq i}^{N}\bar{\sigma}^2\bar{\rho}=\sum_{j\neq i}^{N}\sigma_i\sigma_j\rho_{i,j}\Leftrightarrow\bar{\rho}=(\bar{\sigma}^2N(N-1))^{-1}\sum_{j\neq i}^{N}\sigma_i\sigma_j\rho_{i,j}$。

上述公式表明，装袋法只有在 $\bar{\rho}<1$ 的情况下有效，因为 $\bar{\rho}\to 1\Rightarrow \mathrm{V}[\frac{1}{N}\sum_{i=1}^{N}\varphi_i[c]]\to\bar{\sigma}^2$。序列自举（见第 4 章）的目标之一是尽可能生成相互独立的样本，从而减小 $\bar{\rho}$，这应该可以减小装袋分类器的方差。图 6.1 将装袋预测的标准差绘制为 $N\in[5,30]$，$\bar{\rho}\in[0,1]$ 和 $\bar{\sigma}=1$ 的函数。

6.3.2 改善准确性

考虑一个装袋分类器，它可以通过 N 种独立分类器中的多数投票，来对 k 个类别做出判断。我们可以将预测结果标记为 {0, 1}，其中，1 代表正确的预测结果。分类器的准确性是将一个预测结果标记为 1 的概率 p。平均而言，我们将得到 Np 个标签为 1 的预测结果，且方差为 $Np(1-p)$。当预测最多的类别被观测到时，多数投票做出了正确的预测。举个例子，当 $N=10$ 且 $k=3$，类别 A 被观测到且投票为 $[A,B,C]=[4,3,3]$，装袋分类器将做出正确的预测。然而，当类别 A 被观测到且投票 $[A,B,C]=[4,1,5]$ 时，装袋分类器做出不正确的预测。一个充分条件

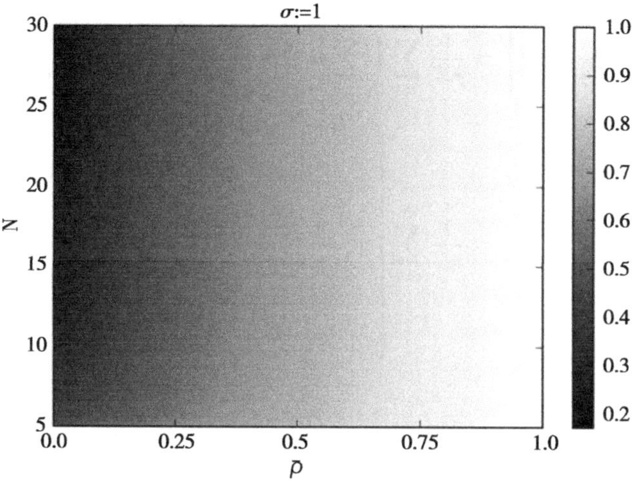

图 6.1 装袋预测的标准差

是该标签的总和是 $X > \frac{N}{2}$，一个必要（非充分）条件是 $X > \frac{N}{k}$，发生的概率是：

$$\mathrm{P}\left[X > \frac{N}{k}\right] = 1 - \mathrm{P}\left[X \leqslant \frac{N}{k}\right] = 1 - \sum_{i=0}^{\lfloor N/k \rfloor} \binom{N}{i} p^i (1-p)^{N-i}$$

这意味着对于一个足够大的 N，比如 $N > p(p - 1/k)^{-2}$，则 $p > \frac{1}{k} \Rightarrow \mathrm{P}[X > \frac{N}{k}] > p$，所以装袋分类器的准确性超过单个分类器的平均准确性。代码片段 6.1 实现了此项计算过程。

代码片段 6.1　装袋分类器的准确性

```
from scipy.misc import comb
N,p,k=100,1./3,3.
p_=0
for i in xrange(0,int(N/k)+1):
    p_+=comb(N,i)*p**i*(1-p)**(N-i)
print p,1-p_
```

在运算要求允许的情况下，这是一个支持装袋任何分类器的有力论据。然而，与提升算法不同，装袋算法并不能提高弱分类器的准确性：如果单个学习器属于弱分类器 $(p \ll \frac{1}{k})$，多数投票法仍然表现不佳（尽管方差较小），图 6.2 说明了这些事实。因为相比 $p > \frac{1}{k}$，更容易实现 $\bar{\rho} \ll 1$，所以装袋算法更有可能减少方差，而非减少偏差。

有关该主题的更多分析，读者可以参考孔多塞陪审团定理（Condorcet's Jury Theorem）。尽管该定理的推导是为了实现政治科学中的多数投票，但该定理所解决的问题与上述讨论有相似之处。

6.3.3　观测冗余

在第 4 章中，我们研究了为什么金融观测值不能被假设为 IID 的一个原因。观测冗余对装袋有两个不利影响。第一个不利影响，经有放回地抽取的样本更可能几乎是一样的，即使它们不具有相同的观测结果。这使得 $\bar{\rho} \approx 1$，并且不管 N 是多少，装袋将不会减少方差。例如，如果 t 处的每个观察值都根据 t 和 $t+100$ 之间的返回值进行标记，那么我们应对每个装袋估计器中 1% 的观测值进行采样，而不需要更多值。第 4 章中的第 4.5 节推荐了 3 种替代解决方案，其中之一是在 sklearn 的实现装袋分类器中设置 `max_samples = out ['tW'] .mean ()`。另一个（更好的）解决方案是应用序列自举方法。

观测冗余造成的第二个不利影响是袋外准确性将被夸大。发生这种情况是因为训练集样本中有放回地随机采样与袋外采样非常相似。在这种情况下，在划分之前进行适当的不打乱顺序的分层 k 折交叉验证，所展示的测试集准确性要比袋外所估算的要低得多。出于这个原因，当使用 sklearn 类别时，设置 `StratifiedKFold (n_splits = k, shuffle = False)`，对装袋分类器进行交叉验证，并忽略袋外准确性结果。低值的 k 优于高值，因为过度划分会使测试集中的样本再次与训练集中使用的样本相似。

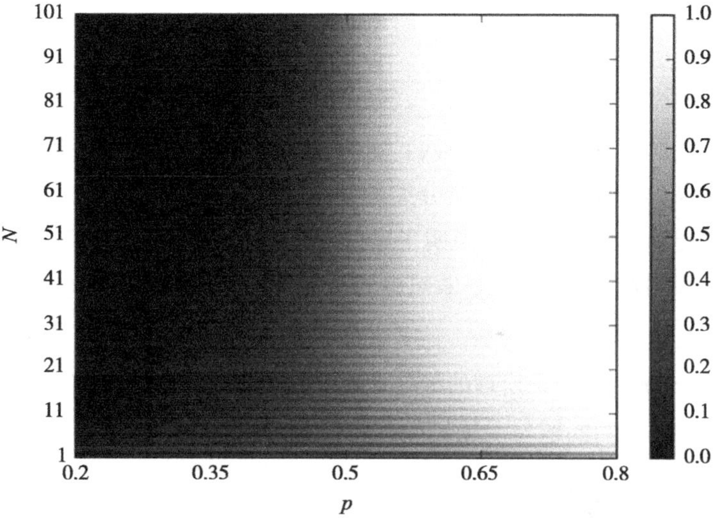

图 6.2　装袋分类器的准确性是单一估计器准确性（P）、估计器数量（N）及 $k=2$ 的函数

6.4 随机森林

众所周知，决策树容易出现过拟合问题，会导致预测结果的方差增加。[①] 为了解决该问题，随机森林方法被设计为以更低的方差产生集成预测。

随机森林与装袋法具有一定的共性，体现在从自举的数据子集中对每一个估计器进行单独训练。与装袋法最为关键的区别是，随机森林包含了第二层随机过程：在考虑每个分支节点的优化时，仅评估随机抽取（无放回）的子样本属性，其目的是进一步减少估计器之间的相关性。

与装袋法类似，随机森林在没有过拟合的情况下降低预测方差（谨记，只要 $\bar{\rho} < 1$ ）。第二个优点是随机森林可以评估特征重要性，关于这点我们将在第 8 章深入讨论。第三个优点是随机森林提供了袋外准确性的估算，但是在金融领域的应用中它们很可能会被夸大（如第 6.3.3 节所讨论的）。但是与装袋法类似，随机森林不一定会比单一决策树表现出更低的偏差。

如果大量的样本是多余的（非 IID），过拟合仍会发生：随机有放回地采样将建立一大批本质上相同的树（ $\bar{\rho} \approx 1$ ），每个决策树都过拟合（该缺陷使决策树声名狼藉）。与装袋法不同的是随机森林总是调整自举样本的大小，以匹配训练数据集的大小。让我们回顾一下在 sklearn 中可以解决这个随机森林过拟合问题的方法。为了便于说明，我将参考 sklearn 的分类方式，但是，这些解决方案可以应用于任何实现方案中：

1. 将参数 `max_features` 设置为较低值，作为决策树之间强制性差异的一种方式。

---

① 有关随机森林的直观解释，请访问以下链接：https://quantdare.com/random-forest-many-is-better-than-one/。

2. 早期停止：将正则化参数 min_weight_fraction_leaf 设置为足够大的值（例如，5%），使得袋外准确性可以收敛到样本外（k 折）准确性。
3. 在 DecisionTreeClassifier 上使用 BaggingClassifier，其中，max_samples 设置为样本之间的平均唯一值（avgU）。
   （1） clf = DecisionTreeClassifier (criterion ='entropy', max_features ='auto', class_weight ='balanced')
   （2） bc = BaggingClassifier (base_estimator = clf, n_estimators = 1000, max_samples = avgU, max_features = 1.)
4. 在 RandomForestClassifier 上使用 BaggingClassifier，其中，max_samples 设置为样本之间的平均唯一值（avgU）。
   （1） clf = RandomForestClassifier (n_estimators = 1, criterion ='entropy', bootstrap = False, class_weight ='balanced_subsample')
   （2） bc = BaggingClassifier (base_estimator = clf, n_estimators = 1000, max_samples = avgU, max_features = 1.)
5. 修改随机森林类别，将标准自举替换成序列自举。

代码片段 6.2 展示了 3 种运用不同类别设置随机森林的方法。

代码片段 6.2　设置随机森林的 3 种方法

```
clf0=RandomForestClassifier(n_estimators=1000,class_weight='balanced_subsample',
    criterion='entropy')
clf1=DecisionTreeClassifier(criterion='entropy',max_features='auto',
    class_weight='balanced')
clf1=BaggingClassifier(base_estimator=clf1,n_estimators=1000,max_samples=avgU)
clf2=RandomForestClassifier(n_estimators=1,criterion='entropy',bootstrap=False,
    class_weight='balanced_subsample')
clf2=BaggingClassifier(base_estimator=clf2,n_estimators=1000,max_samples=avgU,
    max_features=1.)
```

在拟合决策树时，特征空间沿与轴对齐的方向旋转通常会减少树需要的层数。出于这个原因，我建议你在基于 PCA 的特征上拟合随机森林，因为这可能会加快运算速度并减少一些过拟合（见第 8 章）。另外，正如第4章中的第4.8节所讨论的那样，`class_weight ='balanced_subsample'`将帮助你防止决策树错误地分类少数类别。

6.5 提升算法

Kearns & Valiant（1989）最早提出是否可以将弱估计器结合起来以实现高准确性的估计器。不久之后，Schapire（1990）通过我们现在所说的提升算法流程，证明了这个问题的答案是肯定的。一般而言，该算法的工作机制如下：第一，根据一些样本权重（初始化采用统一权重），通过随机有放回地采样生成一个训练集。第二，使用该训练集拟合一个估计器。第三，如果单个估计器的准确性超过接受阈值（例如，二元分类器的准确性为50%，那它的性能就比随机的更好），则保留该估计器，否则将其丢弃。第四，赋予错误分类的观测值更多权重，正确分类的观测值更少权重。第五，重复前面的步骤直到生成N个估计器。第六，集合预测是来自N个模型的单个预测的加权平均值，其中权重由各个估计器的准确性确定。有许多提升算法，其中自适应增强算法是最受欢迎的算法之一［Geron（2017）］。图6.3总结了实现标准适应增强算法的决策流程。

6.6 装袋算法与提升算法在金融领域的应用比较

基于以上描述，提升算法相比装袋算法在以下几方面具有明显差异：①

- 每一个分类器将按次序进行拟合。
- 表现不佳的分类器将被排除。

① 有关装袋算法和提升算法的差异的直观解释，请访问：https：//quantdare.com/what-is-the-difference-between-bagging-and-boosting/。

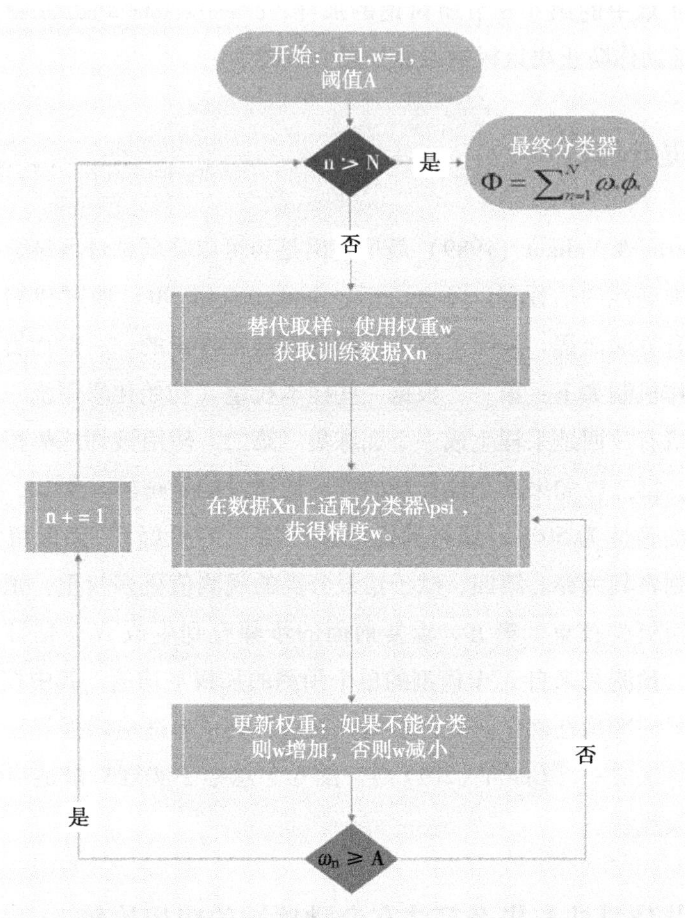

图 6.3　适应增强算法的决策流程

- 观测值在每次迭代中的权重不同。
- 集成预测结果是对单一学习器的加权平均值。

提升算法的主要优点是可以同时减少预测中的方差和偏差。但是，纠正偏差的代价是更大的过拟合风险。可以说，在金融应用中，装袋算法通常比提升算法更受欢迎。装袋算法解决了过拟合的问题，而提升算法解决了欠拟合的问题。过拟合往往比欠拟合更成问题，因为由于信噪比较低，机器学习算法过拟合到金融数据并不困难。此外，装袋算法可以并行，而提升算法通常需要连续运行。

6.7 装袋算法的可扩展性

如你所知，几种主流的机器学习算法不能根据样本的大小很好地扩展。支持向量机就是一个很好的例子。如果你尝试在一百万个观测结果上拟合向量机，则可能需要一段时间，直到算法收敛为止。即使它收敛了，也不能保证解决方案是全局最优，或者没有产生过拟合。

一种实用的方法是构建一个装袋算法，其中基估计器属于与样本的大小不能有效拓展的类别，比如支持向量机。在定义基估计器时，我们将实施一个紧急提早停止的条件。举个例子，在 sklearn 中实现支持向量机，你可以设置一个较低值的 max_iter 参数，比如 1E5 次迭代。默认值为 max_iter = -1，标志着估计器继续迭代直到误差低于容忍度为止。或者，你可以通过参数 tol 提高容忍度。其默认值 tol =1E -3。这两项参数中的任意一种都可以强制性提早暂停。你也可以用等效参数将其他算法提早停止，比如在一个随机森林中的层数（max_depth），或者叶节点最小的（所有输入样本）加权权重（min_weight_ fraction_ leaf）。

鉴于装袋算法可以并行运算，我们正在将一个大的序列任务转换为许多同时运行的小任务。当然，提早停止会增加单个基估计器输出的方差；然而，这种增加可能会被与装袋算法相关的方差减少所抵消。你可以通过添加更多独立的基估计器来控制其减少。通过使用这种方式，装袋算法会让你在极端庞大的数据集中实现快速和可靠的估计。

练习

6.1 为什么装袋算法是基于有放回地随机采样？如果没有放回地采样，装袋算法仍会减少预测值的方差吗？

6.2 假设你的训练集是基于高度重叠的标签（如第 4 章所述，具有较低的唯一性）。

（1）这是否使装袋算法易于过拟合，还是只是无效？为什么？

（2）金融应用中的袋外准确性一般可靠吗？为什么？

6.3 建立一个集成估计器，其中基估计器是一个决策树。

（1）这种集成如何与随机森林相区别？

（2）使用 sklearn，生成一个像随机森林一样运行的装袋分类器，你需要设置什么参数，又该如何设置？

6.4 考虑一个随机森林、其包含的决策树的数量以及所用的特征的数量三者之间的关系：

（1）你可以构想一下在随机森林里所需最少的决策树数量和所用的特征的数量之间的关系吗？

（2）决策树的数量对于所用的特征数量来说是否太少？

（3）决策树的数量对于可观测数量来说是否太多？

6.5 袋外准确性与分层 k 折（含数据打乱）交叉验证的准确性有何不同？

引用文献

Geron, A. (2017): *Hands-on Machine Learning with Scikit-Learn and TensorFlow: Concepts, Tools, and Techniques to Build Intelligent Systems*, 1st edition. O'Reilly Media.

Kearns, M. and L. Valiant (1989): "Cryptographic limitations on learning Boolean formulae and finite automata." In Proceedings of the 21st Annual ACM Symposium on Theory of Computing, pp. 433–444, New York. Association for Computing Machinery.

Schapire, R. (1990): "The strength of weak learnability." *Machine Learning*. Kluwer Academic Publishers. Vol. 5 No. 2, pp. 197–227.

参考文献

Gareth, J., D. Witten, T. Hastie, and R. Tibshirani (2013): ***An Introduction to Statistical Learning: With Applications in R***, 1st ed. Springer-Verlag.
Hackeling, G. (2014): ***Mastering Machine Learning with Scikit-Learn***, 1st ed. Packt Publishing.
Hastie, T., R. Tibshirani and J. Friedman (2016): ***The Elements of Statistical Learning***, 2nd ed. Springer-Verlag.
Hauck, T. (2014): ***Scikit-Learn Cookbook***, 1st ed. Packt Publishing.
Raschka, S. (2015): ***Python Machine Learning***, 1st ed. Packt Publishing.

第7章

交叉验证在金融领域的应用

7.1　动机

交叉验证的目的在于确定机器学习算法的泛化误差，以防止过拟合。然而交叉验证是标准机器学习技术应用到金融问题上失败的又一例证。过拟合将发生，且交叉验证无法检测到该情况。事实上，交叉验证会通过超参数调优来促成过拟合。我们在本章将学习为什么标准交叉验证在金融领域中的应用失败，以及对于此可以做些什么。

7.2　交叉验证的目标

机器学习的目的之一是学习数据的一般结构，以便我们可以对未来的、未见的特征做出预测。当我们基于与训练时相同的原始数据测试机器学习算法时，不出所料，我们得出了瞩目的结果。当机器学习算法以这种形式被误用，则与有损压缩算法没有区别：它们可以以极高的保真度对数据进行总结，但是不能预测。

交叉验证将 IID 过程中的观测值分为两组：训练集和测试集。在一个完整的数据集中的每一个观测结果只属于一个子集。这样做是为了防止信息从一组泄露到另一组，因为这会破坏对未见的数据进行测试的目的。有关详细信息，请参阅本章参考文献部分列出的书籍和文章。

有许多可选的交叉验证方案，其中最受欢迎的是 k 折交叉验证。图 7.1 说明了由 k 折交叉验证实现了 k 次训练/测试划分，其中 $k=5$。在该方案中：

1. 数据集被分为 k 个子集。
2. $i=1$，…，k：
   （1）机器学习算法在除去 i 的所有子集上进行训练。
   （2）经拟合的机器学习算法在 i 上进行测试。

k 折交叉验证结果是一个经交叉验证的 $k\times1$ 排列矩阵。例如，在二元分类器中，如果交叉验证的准确性超过 1/2，则该模型被认为学到了一些东西，因为 1/2 的准确性是我们可以通过随机抛硬币实现的。

在金融行业中，交叉验证通常用于两种情景：模型开发（如超

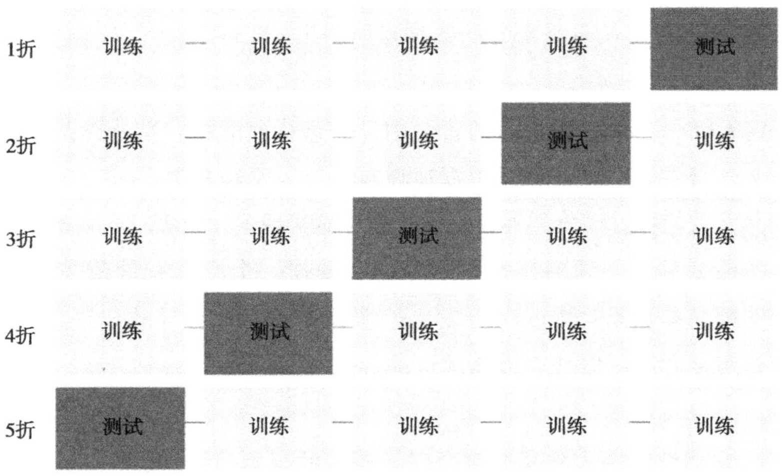

图 7.1　5 折交叉验证方案中的训练/测试划分

参数调优）及回测。回测是一个较为复杂的课题，我们将在第 10 章到第 16 章中进行讨论。本章我们将重点关注交叉验证用于模型开发的情景。

7.3　k 折交叉验证在金融领域应用失败的原因

到目前为止，你可能已经阅读了不少有关 k 折交叉验证方法的金融文献，证明机器学习算法运行良好。令人遗憾的是，这些结果几乎可以肯定是错误的。k 折交叉验证方法在金融领域应用失败的第一个理由是无法服从观测值来源于 IID 过程的假设。第二个理由是在建模过程中测试集已被多次使用，导致多重检验和选择偏差。我们将在第 11 章到第 13 章重新探讨第二个失败原因。目前，我们只关注第一个失败原因。

当训练集中包含的信息也出现在测试集中时，泄露发生；考虑特征 X 序列相关，且与源自重叠数据的标签 Y 相关联：

- 由于序列相关性，$X_t \approx X_{t+1}$ 。
- 由于标签从重叠部分的数据点所得出，$Y_t \approx Y_{t+1}$。

将 t 和 $t+1$ 放置在不同的集合中，信息将被泄露。当分类器首先在 (X_t, Y_t) 上进行训练，然后根据观测到的 X_{t+1} 预测 $E[Y_{t+1} | X_{t+1}]$ 时，即使 X 是无关特征，该分类器也还是更有可能实现 $Y_{t+1} = E[Y_{t+1} | X_{t+1}]$。

如果 X 是一个预测特征，则泄露将增强一个已具有价值策略的性能。问题是存在无关特征时所发生的泄露，因为这会导致错误的发现。至少有两种方法可以减少泄露的可能性：

1. 从训练集中去除所有符合以下条件的观测值 i，其中 Y_i 是用于确定 Y_j 的信息函数，j 属于测试集。举个例子，Y_i 和 Y_j 不应该横跨重叠时间段（见第4章关于样本唯一性的讨论）。

2. 避免分类器过拟合。这样的话，即便发生了泄露，分类器也无法从中获利。使用：

    （1）提早停止基估计器（见第6章）。

    （2）将分类器装袋，同时控制对于冗余样本的过度取样，使得单个分类器可以尽可能多样化。

        ①将 max_samples 设置为平均唯一值。

        ②应用序列自举方法（见第4章）。

考虑一个例子，X_i和X_j是在重叠信息上形成的，其中，i属于训练集，j属于测试集。这是一个信息泄露的案例吗？不一定，只要Y_i和Y_j之间相互独立（就不属于信息泄露）。若发生泄露，则必须满足$(X_i,Y_i) \approx (X_j,Y_j)$，而单独满足$X_i \approx X_j$或$Y_i \approx Y_j$是不够的。

7.4 解决方案：经数据清洗的k折交叉验证

减少泄露的一种方法是从训练集中清洗在时间上其标签与包含在测试集中的标签重叠的所有观测，我称这个过程为“清洗数据”。此外，由于金融特征通常包含显示序列相关性的系列（如ARMA过程），我们应该将测试集中观测到的结果从紧随训练集的观测中删除。我把这个过程称为“禁止”。

7.4.1 清洗训练集

假设一个测试集中的观测值，它的标签Y_j基于信息集Φ_j决定。为了防止上一节中描述的泄露，我们希望从训练集中将标签Y_i（是基于信息集Φ_i决定的任何观测结果）进行清洗，使得$\Phi_i \cap \Phi_j = \emptyset$。

特别是，当Y_i和Y_j同时发生时（见第4章第4.3节），我们将确认

两个观测值 i 和 j 之间存在信息重叠，因为两个标签都取决于至少一个共同随机抽签。例如，考虑一个标签 Y_j，它是基于封闭区间 $t \in [t_{j,0}, t_{j,1}]$，$Y_j = f[[t_{j,0}, t_{j,1}]]$ 内的观测结果的函数（有些符号被滥用）。例如，在三边界标签法（见第3章）里面，这意味着标签是指标 $t_{j,0}$ 和 $t_{j,1}$ 的价格线之间收益率的符号，即 Sgn $[r_{t_{j,0},t_{j,1}}]$。如果满足以下3个充分条件中的任何一个，则标签 $Y_i = f[[t_{i,0}, t_{i,1}]]$ 与 Y_j 重叠：

1. $t_{j,0} \leqslant t_{i,0} \leqslant t_{j,1}$。
2. $t_{j,0} \leqslant t_{i,1} \leqslant t_{j,1}$。
3. $t_{i,0} \leqslant t_{j,0} \leqslant t_{j,1} \leqslant t_{i,1}$。

代码片段7.1显示了如何从训练集中清洗观测结果。如果测试集是连续的，即第一个测试观测和最后一个测试观测之间没有发生训练观测的情况下，可以加速清洗：对象 `testTimes` 可以是包含单个项目的 pandas 序列，跨越整个测试集。

代码片段 7.1　清洗训练集中的观测值

```
def getTrainTimes(t1,testTimes):
    '''
    Given testTimes, find the times of the training observations.
    —t1.index: Time when the observation started.
    —t1.value: Time when the observation ended.
    —testTimes: Times of testing observations.
    '''
    trn=t1.copy(deep=True)
    for i,j in testTimes.iteritems():
        df0=trn[(i<=trn.index)&(trn.index<=j)].index # train starts within test
        df1=trn[(i<=trn)&(trn<=j)].index # train ends within test
        df2=trn[(trn.index<=i)&(j<=trn)].index # train envelops test
        trn=trn.drop(df0.union(df1).union(df2))
    return trn
```

当发生泄露时，仅通过增加 $k \to T$ 就能提高性能，其中 T 为条数。原因是测试分割的数量越大，训练集中重叠部分的观测结果数量就越多。在很多例子中，数据清洗足以防止泄露：因为我们允许模型更频繁地重新校准，所以性能随着 k 增加而提高。但超出某个 k^* 值，性能不会提高，这表明回测不会因为泄露而得到改善。图 7.2 描绘了 k 折交叉验证的一个分区，测试集周围是两个训练集，其中产生的两个重叠部分必须进行清洗以防止泄露。

7.4.2 禁止

对于那些清洗数据无法防止所有泄露的情况，我们可以在每次测试后对训练观测结果进行禁止。禁止不影响在测试集之前训练观察结果，因为训练标签 $Y_i = f[[t_{i,0}, t_{i,1}]]$，其中，$t_{i,1} < t_{j,0}$（训练在测试开始之前结束），包含的是自测试时间 $t_{j,0}$ 开始的信息。换句话说，我们只关心在

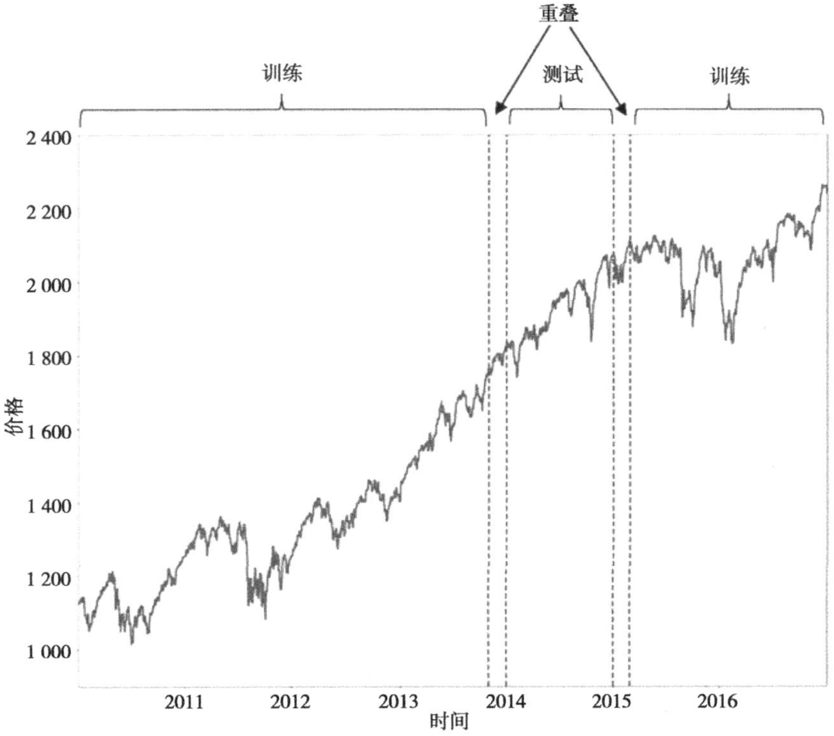

图 7.2　清洗训练集中的重叠部分

测试后随即发生的训练标签 $Y_i = f[[t_{i,0}, t_{i,1}]], t_{j,1} \leqslant t_{i,0} \leqslant t_{j,1} + h$。我们可以在清洗数据前设置这个禁止时段，使得 $Y_j = f[[t_{j,0}, t_{j,1} + h]]$。一个很小的 $h \approx 0.01T$ 值通常足以防止所有的泄露，正如可以通过测试所证实的那样，性能不会随着 $k \to T$ 增加而无限增加。图 7.3 说明了紧接测试集之后训练观测结果的禁止情况。代码片段 7.2 实现了禁止逻辑。

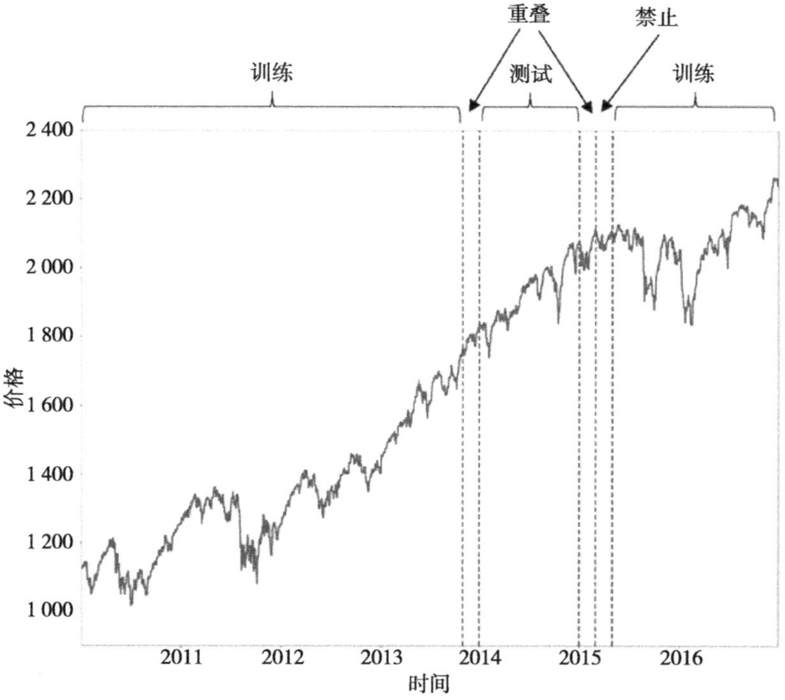

图 7.3　测试后禁止训练集观测值

代码片段 7.2　训练样本中观测结果的禁止

```
def getEmbargoTimes(times,pctEmbargo):
    # Get embargo time for each bar
    step=int(times.shape[0]*pctEmbargo)
    if step==0:
        mbrg=pd.Series(times,index=times)
```

```
        else:
            mbrg=pd.Series(times[step:],index=times[:-step])
            mbrg=mbrg.append(pd.Series(times[-1],index=times[-step:]))
        return mbrg
#———————————————————————————————————
testTimes=pd.Series(mbrg[dt1],index=[dt0]) # include embargo before purge
trainTimes=getTrainTimes(t1,testTimes)
testTimes=t1.loc[dt0:dt1].index
```

7.4.3 经数据清洗的 k 折分类

在前面的章节中，我们讨论了如何在标签重叠时进行训练/测试分割。这就引入了数据清洗和禁止的概念，特别是在模型开发的特定背景下。一般来说，无论何时，当我们生成了一个训练/测试分割，我们都需要清洗和禁止训练样本中重叠的观测值，无论是用于超参数拟合、回测，还是性能评估。代码片段 7.3 扩展了 scikit-learn 的 k 折分类，以说明测试信息泄露到训练集中的可能性。

代码片段 7.3　当观测值重叠时的交叉验证

```
class PurgedKFold(_BaseKFold):
    '''
    Extend KFold class to work with labels that span intervals
    The train is purged of observations overlapping test-label intervals
    Test set is assumed contiguous (shuffle=False), w/o training samples in between
    '''
    def __init__(self,n_splits=3,t1=None,pctEmbargo=0.):
        if not isinstance(t1,pd.Series):
            raise ValueError('Label Through Dates must be a pd.Series')
        super(PurgedKFold,self).__init__(n_splits,shuffle=False,random_state=None)
        self.t1=t1
        self.pctEmbargo=pctEmbargo
    def split(self,X,y=None,groups=None):
        if (X.index==self.t1.index).sum()!=len(self.t1):
            raise ValueError('X and ThruDateValues must have the same index')
        indices=np.arange(X.shape[0])
        mbrg=int(X.shape[0]*self.pctEmbargo)
        test_starts=[(i[0],i[-1]+1) for i in \
            np.array_split(np.arange(X.shape[0]),self.n_splits)]
        for i,j in test_starts:
            t0=self.t1.index[i] # start of test set
            test_indices=indices[i:j]
            maxT1Idx=self.t1.index.searchsorted(self.t1[test_indices].max())
            train_indices=self.t1.index.searchsorted(self.t1[self.t1<=t0].index)
            if maxT1Idx<X.shape[0]: # right train (with embargo)
                train_indices=np.concatenate((train_indices,indices[maxT1Idx+mbrg:]))
            yield train_indices,test_indices
```

7.5 Sklearn 中交叉验证的漏洞

你可能会认为像交叉验证那样重要的事情应该可以在一个最为主流的机器学习库中完美实现。令人遗憾的是，情况并非如此，这是你必须始终阅读你运行过的代码的原因之一，也是支持开源的重要原因之一。代码开源的众多好处之一就是可以验证一切，并根据自己的需要进行调整。代码片段 7.4 解决了两个已知的 sklearn 的漏洞：

1. 评估函数无法识别 classes_，原因是 sklearn 依赖于 numpy 数组而非 pandas 序列：https：//github. com/scikitlearn/scikit-learn/issues/6231。
2. 每次运行 cross_val_score 会得到不同的结果，因为权重会因拟合方法而异，但 log_loss 方法除外：https：//github. com/scikitlearn/scikit-learn/issues/9144。

代码片段 7.4 使用经数据清洗的 k 折类别

```
def cvScore(clf,X,y,sample_weight,scoring='neg_log_loss',t1=None,cv=None,cvGen=None,
          pctEmbargo=None):
    if scoring not in ['neg_log_loss','accuracy']:
        raise Exception('wrong scoring method.')
    from sklearn.metrics import log_loss,accuracy_score
    from clfSequential import PurgedKFold
    if cvGen is None:
        cvGen=PurgedKFold(n_splits=cv,t1=t1,pctEmbargo=pctEmbargo) # purged
    score=[]
    for train,test in cvGen.split(X=X):
        fit=clf.fit(X=X.iloc[train,:],y=y.iloc[train],
                    sample_weight=sample_weight.iloc[train].values)
        if scoring=='neg_log_loss':
            prob=fit.predict_proba(X.iloc[test,:])
            score_=-log_loss(y.iloc[test],prob,
                sample_weight=sample_weight.iloc[test].values,labels=clf.classes_)
        else:
            pred=fit.predict(X.iloc[test,:])
            score_=accuracy_score(y.iloc[test],pred,sample_weight= \
                sample_weight.iloc[test].values)
        score.append(score_)
    return np.array(score)
```

请理解一点，可能需要很长时间才能就这些漏洞的修复达成共识，进而实现、测试并发布。在此之前，你应该在代码片段 7.4 中使用 cvScore，且避免运行 cross_val_score 函数。

练习

7.1 为什么在金融领域，进行 k 折交叉验证前打乱数据通常是一个坏主意？打乱数据的目的是什么？为什么打乱数据会影响 k 折交叉验证对于金融领域数据集的目的？

7.2 取一对矩阵（X，y），代表观测特征和标签，可以使用第3章练习的原始数据进行操作。

(1) 在（X，y）上以随机森林做分类器，并进行含打乱数据的 10 折交叉验证推导。

(2) 在（X，y）上以随机森林做分类器，并进行不含打乱数据的 10 折交叉验证推导。

(3) 为什么两种结果如此不同？

(4) 打乱数据如何导致信息泄露？

7.3 取与练习 7.2 相同的一对矩阵（X，y）。

(1) 在（X，y）上以随机森林做分类器，进行经数据清洗的含 1% 的禁止的 10 折交叉验证推导。

(2) 为什么性能更低？

(3) 这个结果为什么更实际？

7.4 在本章中，我们将重点放在金融应用中 k 折交叉验证失败的一个原因上，即测试集中的一些信息泄露到训练集。你能想到交叉验证失败的第二个原因吗？

7.5 假设你尝试了同一投资策略的 1 000 种配置方式，并对其中的每一个配置执行交叉验证。有一些结果看起来不错，但其实纯属运气。如果你只发布这些积极的结果，而隐藏其余的结果，你的用户将无法推断出这些结果是假阳性，这是一种统计上的侥幸。这种现象被称为“选择偏差”。

（1）你可以想到一种防止该现象的程序吗？

（2）如果我们将原始数据划分为 3 类：训练集、验证集、测试集，会怎么样？验证集用于对训练的参数进行评估，测试集仅在验证阶段选择的一个配置上运行。在什么情况下，这个程序还是会失败呢？

（3）避免选择偏差的关键是什么？

参考文献

Bharat Rao, R., G. Fung, and R. Rosales (2008): "On the dangers of cross-validation: An experimental evaluation." White paper, IKM CKS Siemens Medical Solutions USA. Available at http://people.csail.mit.edu/romer/papers/CrossVal_SDM08.pdf.

Bishop, C. (1995): *Neural Networks for Pattern Recognition*, 1st ed. Oxford University Press.

Breiman, L. and P. Spector (1992): "Submodel selection and evaluation in regression: The X-random case." White paper, Department of Statistics, University of California, Berkeley. Available at http://digitalassets.lib.berkeley.edu/sdtr/ucb/text/197.pdf.

Hastie, T., R. Tibshirani, and J. Friedman (2009): *The Elements of Statistical Learning*, 1st ed. Springer.

James, G., D. Witten, T. Hastie and R. Tibshirani (2013): *An Introduction to Statistical Learning*, 1st ed. Springer.

Kohavi, R. (1995): "A study of cross-validation and bootstrap for accuracy estimation and model selection." International Joint Conference on Artificial Intelligence. Available at http://web.cs.iastate.edu/~jtian/cs573/Papers/Kohavi-IJCAI-95.pdf.

Ripley, B. (1996): *Pattern Recognition and Neural Networks*, 1st ed. Cambridge University Press.

第 8 章

特征重要性

8.1　动机

金融研究中最普遍的错误之一是获取一些数据，通过机器学习算法运行它，对预测进行回测，并重复序列，直到出现一个漂亮的回测。学术期刊充斥着这种假发现，甚至大型对冲基金也经常陷入这个陷阱。是不是一个前向样本外的回测并不重要。我们在同一数据上反复测试很可能会导致错误的发现。这种方法声名狼藉，统计学家认为这是科学欺诈，2016 年，美国统计协会在其编写的《统计实务的道德指引》（*Ethical Guidelines for Statistical Practice*）中对此提出了警告。在 5% 的标准显著性水平（假阳性率）下，通常需要大约 20 次这样的迭代来发现（错误的）投资策略。本章我们将探讨为什么这种方法是浪费时间和金钱，以及特征重要性如何提供替代方案。

8.2　特征重要性的意义

金融业一个显著的方面是，许多经验丰富的投资组合经理（包括很多具有量化背景的投资经理）都没有意识到回测多么容易过拟合。如何适当地进行回测不是本章的主题，我们将在第 11 章到第 15 章中讨论这个非常重要的主题。本章的目的是解释执行任何回测之前必须进行的分析之一。

假设给出了一对矩阵（X，y），分别包含特定金融工具的特征和标签。我们可以在（X，y）上拟合分类器，并通过经数据清洗的 k 折交叉验证方式评估泛化误差，正如第 7 章所述。假设我们取得了良好的性能，那么下一个问题就是设法了解哪些特征对该性能有贡献。也许我们可以添加一些特征来增强对分类器预测能力的信号，也许我们可以消除一些只会给系统增加噪音的特征，更重要的是，理解特征重要性打开了众所周知的黑箱。如果我们明白哪些信息源是不可或缺的，就可以对分类器所识别的模式有更为深入的了解。这就是机器学习怀疑论者夸大黑箱的咒语的原因之一。是的，算法在没有指导流程的情况下在黑箱中学习（这也是机器学习的重点），但这并不意味着我们不能（或不应该）看看算法已经发现了什么。猎人不会盲目吃下他们聪明的猎狗捕获的所有食物，不是吗？

一旦我们发现哪些特征是重要的，我们可以通过开展大量的实验来了解更多。这些特征始终是重要的，还是仅限于某些特定的环境？是什么引发重要性随时间的变化？这些机制转变可以预测吗？这些重要特征是否也与其他金融工具相关？它们与其他资产类别有关吗？所有金融工具中最相关的特征是什么？在整个投资领域中，相关性最高的特征子集是什么？这是一种比笨拙的回测循环更好的研究策略的方法。让我把下面这句格言作为我希望你从这本书中学到的最重要的课程之一：

马科斯回测第一定律——请忽略自身的危险

“回测不是一种研究工具，特征重要性才是。”

8.3 具备替代效应的特征重要性

我发现根据特征重要性方法是否受替代效应的影响来区分它们非常有用。在这种情况下，当一个特征的预估重要性因其他相关特征的存在而降低时，替代效应就产生了。机器学习中的替代效应可以类比于统计学和计量经济学文献中的“多重共线性”。解决线性替代效应的一种方法是对原始特征进行PCA，然后对正交特征进行特征重要性分析［Belsley等人（1980），Goldberger（1991），Hill等人（2001）］。

8.3.1 平均不纯度减少

平均不纯度减少（MDI）是特有的针对基于树的分类器（如随机森林）的快速、解释重要性（样本内）的方法。在每个决策树的每个节点上，被选择的特征将它接收到的子集分割，以降低不纯度。因此，我们可以为每个决策树推导出每个特征减少了多少总不纯度。考虑到我们有一片树，我们可以在所有估算量中对这些值取平均数并相应地对这些特征进行排序［Louppe等人（2013）］。在使用MDI方法时，有一些重要的注意事项必须牢记：

1. 当基于树的分类器系统性地忽略某些特征而支持其他特征时，会产生掩蔽效应。为避免此种情况，在使用sklearn的随机森林分类时设置`max_features=int (1)`。这样，每个层面只有一个随机特征被纳入考量。
   （1）每一特征都会有一次机会（在一些随机树的某些随机级别）减少不纯度。
   （2）确保重要性为0的特征不被取平均值，因为0的唯一原因是特征不是随机选择的，将这些值替换为`np.nan`。

2. 显然，程序是样本内预测，每一特征都将具备一定的重要性，即便他们没有预测能力。
3. MDI 不可能泛化至其他非基于树的分类器。
4. 通过构建，MDI 具有特征重要性加总为 1 的良好属性，其每一特征重要性都介于 0 到 1 之间。
5. 该方法不能解决存在关联特征时的替代效应。由于替代特征的互换性，MDI 稀释了替代特征的重要性：两个相同特征的重要性将减半，因为它们是以相同的概率随机选择的。
6. Strobl 等人（2007）通过实验表明 MDI 偏向某些预测变量。White & Liu（1994）认为，在单一决策树中，这种偏差是因为流行的不纯度函数对大量类别的预测因子给予了不公平的优势。

Sklearn 中的 `RandomForest` 类别将 MDI 作为默认特征重要性评分。[①]代码片段 8.1 结合了前面列出的注意事项说明 MDI 的执行过程。

代码片段 8.1　MDI 特征重要性

```
def featImpMDI(fit,featNames):
    # feat importance based on IS mean impurity reduction
    df0={i:tree.feature_importances_ for i,tree in enumerate(fit.estimators_)}
    df0=pd.DataFrame.from_dict(df0,orient='index')
    df0.columns=featNames
    df0=df0.replace(0,np.nan) # because max_features=1
    imp=pd.concat({'mean':df0.mean(),'std':df0.std()*df0.shape[0]**-.5},axis=1)
    imp/=imp['mean'].sum()
    return imp
```

8.3.2　平均精确率减少

平均精确率减少（MDA）是一个缓慢、具有预测重要性（样本外）

① http：//blog. datadive. net/selecting-good-features-part-iii-random-forests/.

的方法。第一，它拟合一个分类器；第二，它根据一些性能评分（准确性、负对数损失等）推导出性能；第三，它对特征矩阵（X）中每列打乱顺序重排列，每次一列，导出每列打乱顺序后的样本外性能。特征的重要性是由打乱顺序列引起的性能损失的函数。一些相关的考虑包括：

1. 此方法可以应用于任一分类器，不局限于基于树的分类器。
2. MDA 不单单只是将准确性作为唯一的性能评价指标。例如，在元标记应用中，我们可能更喜欢用 F1 分数而不是准确性作为评价指标对分类器进行评分（见第 14 章第 14.8 节的解释）。这就是“排列重要性”会是更好的描述性名称的原因之一。当评分函数不符合矩阵空间时，MDA 结果应该作为排名来使用。
3. 与 MDI 类似，该程序在存在相关特征的情况下也易受替代效应的影响。给出两个相等的特征，MDA 始终认为其中一个是冗余的。令人遗憾的是，MDA 会使这两个特征看起来完全不相关，即使它们很重要。
4. 与 MDI 不同，MDA 可能认为所有的特性都是不重要的，这是因为 MDA 是基于样本外性能。
5. 鉴于第 7 章所介绍的原因，交叉验证必须进行数据清洗并禁止。

代码片段 8.2 通过样本权重、经数据清洗的 k 折交叉验证、负对数损失或准确性评分来实现 MDA 特征。它衡量了 MDA 重要性是相对最大可能评分（负对数损失为 0，或精确度为 1）提升（从排列到不排列该特征）的函数。请注意，在某些情况下，提升可能是负面的，这意味着该特征实际上不利于机器学习算法的预测能力。

代码片段8.2 MDA特征重要性

```
def featImpMDA(clf,X,y,cv,sample_weight,t1,pctEmbargo,scoring='neg_log_loss'):
    # feat importance based on OOS score reduction
    if scoring not in ['neg_log_loss','accuracy']:
        raise Exception('wrong scoring method.')
    from sklearn.metrics import log_loss,accuracy_score
    cvGen=PurgedKFold(n_splits=cv,t1=t1,pctEmbargo=pctEmbargo) # purged cv
    scr0,scr1=pd.Series(),pd.DataFrame(columns=X.columns)
    for i,(train,test) in enumerate(cvGen.split(X=X)):
        X0,y0,w0=X.iloc[train,:],y.iloc[train],sample_weight.iloc[train]
        X1,y1,w1=X.iloc[test,:],y.iloc[test],sample_weight.iloc[test]
        fit=clf.fit(X=X0,y=y0,sample_weight=w0.values)
        if scoring=='neg_log_loss':
            prob=fit.predict_proba(X1)
            scr0.loc[i]=-log_loss(y1,prob,sample_weight=w1.values,
                                  labels=clf.classes_)

        else:
            pred=fit.predict(X1)
            scr0.loc[i]=accuracy_score(y1,pred,sample_weight=w1.values)
        for j in X.columns:
            X1_=X1.copy(deep=True)
            np.random.shuffle(X1_[j].values) # permutation of a single column
            if scoring=='neg_log_loss':
                prob=fit.predict_proba(X1_)
                scr1.loc[i,j]=-log_loss(y1,prob,sample_weight=w1.values,
                                        labels=clf.classes_)

            else:
                pred=fit.predict(X1_)
                scr1.loc[i,j]=accuracy_score(y1,pred,sample_weight=w1.values)
    imp=(-scr1).add(scr0,axis=0)
    if scoring=='neg_log_loss':imp=imp/-scr1
    else:imp=imp/(1.-scr1)
    imp=pd.concat({'mean':imp.mean(),'std':imp.std()*imp.shape[0]**-.5},axis=1)
    return imp,scr0.mean()
```

8.4 不具备替代效应的特征重要性

替代效应可能导致我们放弃那些碰巧冗余的重要特征。这在预测中通常不是问题，但是当我们试图理解、改进或简化模型时，它可能会引导我们得出错误的结论。出于这个原因，以下单特征重要性方法可以很好地补充MDI和MDA方法。

8.4.1 单特征重要性

单特征重要性（SFI）是一项横截面的预测重要性（样本外）方法，它独立地计算了每个特征的样本外性能评分。几个注意事项：

1. 该方法可以应用于任何分类器，而不仅仅是基于树的分类器。
2. SFI 不将准确性作为性能评分的唯一标准。
3. 与 MDI 和 MDA 不同，替代效应不会发生，因为每次只有一个特征被纳入考量。
4. 与 MDA 类似，它可以得出以下结论：所有特征都不重要，因为性能通过样本外交叉验证进行评估。

SFI 主要的局限性在于具有两个特征的分类器可以比装袋两个单一特征的分类器表现得更好。例如：（1）特征 B 仅在与特征 A 组合时才有用；（2）特征 B 对于解释与特征 A 的分割时可能有用，单独特征 B 是不准确的。换言之，联合效应和分等级的重要性在 SFI 中没有了。另一种方法是从特征的子集中计算样本外性能评分，但是随着考虑更多的特征，计算将变得很复杂。代码片段 8.3 演示了 SFI 方法的一种可能实现的方式，关于函数 cvScore 的讨论可以在第 7 章中找到。

代码片段 8.3　SFI 的实现方法

```
def auxFeatImpSFI(featNames,clf,trnsX,cont,scoring,cvGen):
    imp=pd.DataFrame(columns=['mean','std'])
    for featName in featNames:
        df0=cvScore(clf,X=trnsX[[featName]],y=cont['bin'],sample_weight=cont['w'],
                    scoring=scoring,cvGen=cvGen)
        imp.loc[featName,'mean']=df0.mean()
        imp.loc[featName,'std']=df0.std()*df0.shape[0]**-.5
    return imp
```

8.4.2 正交特征

正如第8.3节所述，替代效应稀释了以MDI度量的特征重要性，并且显著低估了以MDA测量的特征重要性。部分解决方案是在应用MDI和MDA之前正交化特征。诸如PCA的正交化程序不能阻止所有的替代效应，但至少可以减轻线性替代效应的影响。

考虑一个静态特征的矩阵 $\{X_{t,n}\}$，观测值 $t = 1,\cdots,T$，以及变量 $n = 1,\cdots,N$。第一步，我们计算标准特征矩阵 Z，使得 $Z_{t,n} = \sigma_n^{-1}(X_{t,n} - \mu_n)$，其中，$\mu_n$是 $\{X_{t,n}\}_{t=1,\cdots,T}$ 的均值，σ_n是 $\{X_{t,n}\}_{t=1,\cdots,T}$ 的标准差。第二步，我们计算特征根 Λ 和特征向量 W，使得 $Z'ZW = W\Lambda$，其中，Λ 是一个 $N \times N$ 对角矩阵，主元素按照降序排列。W 是一个 $N \times N$ 正交矩阵。第三步，我们推导出正交特征 $P = ZW$。我们可以通过 $P'P = W'Z'ZW = W'W\Lambda W'W = \Lambda$ 来验证特征的正交特性。

对角化是在 Z 而不是 X 上完成的，原因有两个：（1）将数据集中能够确保第一主成分是正确地朝着观测值的主要方向。这相当于在线性回归中加入截距；（2）重新调节数据大小，使得PCA专注于解释相关性而不是方差。如果不进行重新调节，则第一主成分将由 X 中最高方差的列支配，而且我们不会了解变量之间的结构或关系。

代码片段8.4计算最小数量的正交特征，这些正交特征至少解释了95%的 Z 方差。

代码片段8.4 正交特征的运算

```
def get_eVec(dot,varThres):
    # compute eVec from dot prod matrix, reduce dimension
    eVal,eVec=np.linalg.eigh(dot)
    idx=eVal.argsort()[::-1] # arguments for sorting eVal desc
    eVal,eVec=eVal[idx],eVec[:,idx]
    #2) only positive eVals
    eVal=pd.Series(eVal,index=['PC_'+str(i+1) for i in range(eVal.shape[0])])
    eVec=pd.DataFrame(eVec,index=dot.index,columns=eVal.index)
    eVec=eVec.loc[:,eVal.index]
    #3) reduce dimension, form PCs
    cumVar=eVal.cumsum()/eVal.sum()
```

```
    dim=cumVar.values.searchsorted(varThres)
    eVal,eVec=eVal.iloc[:dim+1],eVec.iloc[:,:dim+1]
    return eVal,eVec
#-----------------------------------------------------------------
def orthoFeats(dfX,varThres=.95):
    # Given a dataframe dfX of features, compute orthofeatures dfP
    dfZ=dfX.sub(dfX.mean(),axis=1).div(dfX.std(),axis=1) # standardize
    dot=pd.DataFrame(np.dot(dfZ.T,dfZ),index=dfX.columns,columns=dfX.columns)
    eVal,eVec=get_eVec(dot,varThres)
    dfP=np.dot(dfZ,eVec)
    return dfP
```

除了解决替代效应，使用正交特征还有另外两个好处：一是正交化也可以通过去掉特征值小的相关特征来降低特征矩阵 X 的维数，这通常会加快机器学习算法的收敛速度；二是对用于解释数据结构的特征进行分析。

我着重谈一下第二点。贯穿整本书的一个问题是过拟合的风险。机器学习算法总会找到一个模式，即使这种模式是一种统计上的侥幸。你应该始终对通过任何方法（包括 MDI、MDA 和 SFI）确定的所谓重要特征持怀疑态度。现在，假设你使用 PCA 推导出正交特征。你的 PCA 分析已经确定某些特征比其他特征更“主要”，而没有任何标签知识（无监督学习）。也就是说，PCA 对特征进行了排序，从分类的角度没有出现任何过拟合。当你的 MDI、MDA 或 SFI 分析选择最重要的特征（使用标签信息）与 PCA 选择最主要的特征（忽略标签信息）相同时，这构成了证实机器学习算法所识别的模式不完全过拟合的证据。如果这些特征完全是随机的，那么 PCA 排名与特征重要性排名没有对应关系。图 8.1 显示了与特征向量相关联的特征值（x 轴）和与特征向量相关联的 MDI 特征重要性（y 轴）的散点图。皮尔森（Pearson）相关系数为 0.8491（p 值低于 1E-150），证明 PCA 识别了多信息特征，并且在没有过拟合的情况下对它们进行正确排列。

我发现计算特征重要性和它们关联的特征值（或等效地，它们的逆 PCA 排序）之间的加权肯德尔（Kendall）τ 值是有用的。这个值越接近 1，PCA 排序和特征重要性排序之间的一致性越强。比标准肯德尔 τ 值更

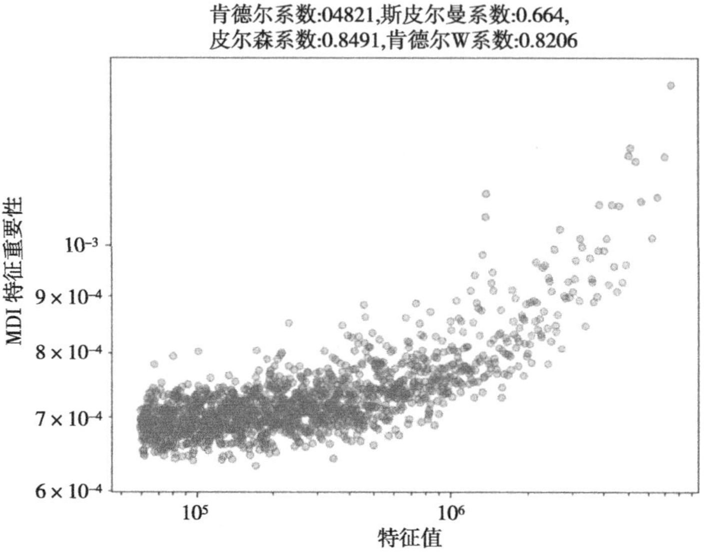

图 8.1　在对数尺度下特征值和 MDI 水平的散点图

加偏好加权肯德尔 τ 值的一个理由是，我们希望优先考虑最重要的特征之间的排序一致性。我们不关注在不相关的（可能是嘈杂的）特征之间的排序一致性。图 8.1 中样本的双曲线加权肯德尔 τ 值为 0.8206。

代码片段 8.5 显示了如何使用 Scipy 来计算这种相关性。在这个例子中，按照重要性递减的顺序将特征排序，使得 PCA 排序序列非常接近升序列表。由于 `Weightedtau` 函数赋予较高的值更高的权重，因此我们计算逆向 PCA 排序，`pcRank ** -1` 的相关性。所产生的加权肯德尔 τ 值相对较高，为 0.8133。

代码片段 8.5　运算特征重要性与逆向 PCA 排序之间的加权肯德尔 τ 值

```
>>> import numpy as np
>>> from scipy.stats import weightedtau
>>> featImp=np.array([.55,.33,.07,.05]) # feature importance
>>> pcRank=np.array([1,2,4,3]) # PCA rank
>>> weightedtau(featImp,pcRank**-1.)[0]
```

8.5 并行与叠加特征重要性的比较

特征重要性至少有两种研究方法。第一种方法，对于投资领域中的每个证券 $i=1,\cdots,I$，我们形成一个数据集（X_i,y_i），并且并行推导出特征重要性。例如，我们将 $\lambda_{i,j,k}$ 表示为根据准则 k 对工具 i 上的特征 j 的重要性。然后，我们可以聚合整个领域的所有结果，根据准则 k 推导出特征 j 的组合 $\Lambda_{j,k}$ 的重要性。在各种工具中，重要的特征更可能与潜在现象相关联，特别是当这些特征重要性在准则中表现出高级别相关性时更是如此。深入研究使这些特征具有预测性的理论机制是值得的。这种方法的主要优点是计算速度快，因为它可以并行化。缺点在于，由于替代效应，重要特征可能跨工具交换其排序，从而增加估计的 $\lambda_{i,j,k}$ 的方差。如果我们在一个足够大的投资领域的工具上取 $\lambda_{i,j,k}$ 的平均值，这个缺点就会弱化。

第二种方法我称之为“特征叠加”。它包括将所有数据集 $\{(\tilde{X}, y_i)\}_{i=1,\cdots,I}$ 叠加到单个组合数据集（X，y）中，其中 $\tilde{X}_i$是 X 的变换情况（例如，在向后滚动窗口上实现标准化）。这种转换的目的是为了确保一定的分布均匀，$\tilde{X}_i \sim X$。在这种方法下，分类器必须同时了解在所有工具中哪些特征更重要，就好像整个投资领域实际上是一个工具。特征叠加具有以下优点：(1) 与并行方法（第一种）的分类器相比，该分类器可以拟合更大的数据集；(2) 直接推导出重要性，并且不需要加权方案来综合结果；(3) 结论更普遍，受异常值或过拟合的偏差较小；(4) 因为重要性得分不是工具之间的平均值，替代效应也不会导致这些得分下降。

我通常更喜欢特征叠加，不仅因为特征重要性，还因为每一个分类器都可以拟合一组工具，包括模型预测的目的。这减少了将估计值过拟合到特定工具或小数据集的可能性。特征叠加的主要缺点是它可能会消耗大量的内存和资源，然而这正是熟练使用高性能计算（HPC）技术知识将派上用场的原因（见第 20 章到第 22 章）。

8.6 合成数据的实验

在本节中，我们将测试这些特征重要性方法如何用于合成数据。我们将生成一个由 3 种特征组成的数据集（X，y）：

1. 多信息特征：这些是用于确定标签的特征。
2. 冗余特征：这些是多信息特征的随机线性组合，它们会造成替代效应。
3. 噪声特征：这些特征与确定观测值的标签无关。

代码片段 8.6 显示了我们如何基于 10 000 个观测值生成包含 40 个特征的合成数据集，其中，10 个多信息特征，10 个冗余特征，20 个噪声特征。有关 sklearn 如何生成合成数据集的详细信息，请访问：http：//scikitlearn. org/stable/modules/generated/sklearn. datasets. make_classification. html。

代码片段 8.6 创造一组合成数据集

```
def getTestData(n_features=40,n_informative=10,n_redundant=10,n_samples=10000):
    # generate a random dataset for a classification problem
    from sklearn.datasets import make_classification
    trnsX,cont=make_classification(n_samples=n_samples,n_features=n_features,
        n_informative=n_informative,n_redundant=n_redundant,random_state=0,
        shuffle=False)
    df0=pd.DatetimeIndex(periods=n_samples,freq=pd.tseries.offsets.BDay(),
                      end=pd.datetime.today())
    trnsX,cont=pd.DataFrame(trnsX,index=df0),
                         pd.Series(cont,index=df0).to_frame('bin')
    df0=['I_'+str(i) for i in xrange(n_informative)]+
        ['R_'+str(i) for i in xrange(n_redundant)]
    df0+=['N_'+str(i) for i in xrange(n_features-len(df0))]
    trnsX.columns=df0
    cont['w']=1./cont.shape[0]
    cont['t1']=pd.Series(cont.index,index=cont.index)
    return trnsX,cont
```

假设我们明确知道每一类别中有哪些特征，我们可以评估这三种特征重要性方法是否按之前所设计的执行。现在我们需要一个可以基于同样的数据集进行每项分析的函数，使用装袋决策树作为默认分类器（见第6章），代码片段8.7完成了这一工作。

代码片段8.7 在任一方法中调用特征重要性

```
def featImportance(trnsX,cont,n_estimators=1000,cv=10,max_samples=1.,numThreads=24,
                   pctEmbargo=0,scoring='accuracy',method='SFI',minWLeaf=0.,**kargs):
    # feature importance from a random forest
    from sklearn.tree import DecisionTreeClassifier
    from sklearn.ensemble import BaggingClassifier
    from mpEngine import mpPandasObj
    n_jobs=(-1 if numThreads>1 else 1) # run 1 thread with ht_helper in dirac1
    #1) prepare classifier,cv. max_features=1, to prevent masking
    clf=DecisionTreeClassifier(criterion='entropy',max_features=1,
        class_weight='balanced',min_weight_fraction_leaf=minWLeaf)
    clf=BaggingClassifier(base_estimator=clf,n_estimators=n_estimators,
        max_features=1.,max_samples=max_samples,oob_score=True,n_jobs=n_jobs)
    fit=clf.fit(X=trnsX,y=cont['bin'],sample_weight=cont['w'].values)
    oob=fit.oob_score_
    if method=='MDI':
        imp=featImpMDI(fit,featNames=trnsX.columns)
        oos=cvScore(clf,X=trnsX,y=cont['bin'],cv=cv,sample_weight=cont['w'],
            t1=cont['t1'],pctEmbargo=pctEmbargo,scoring=scoring).mean()
    elif method=='MDA':
        imp,oos=featImpMDA(clf,X=trnsX,y=cont['bin'],cv=cv,sample_weight=cont['w'],
            t1=cont['t1'],pctEmbargo=pctEmbargo,scoring=scoring)
    elif method=='SFI':
        cvGen=PurgedKFold(n_splits=cv,t1=cont['t1'],pctEmbargo=pctEmbargo)
        oos=cvScore(clf,X=trnsX,y=cont['bin'],sample_weight=cont['w'],scoring=scoring,
            cvGen=cvGen).mean()
        clf.n_jobs=1 # paralellize auxFeatImpSFI rather than clf
        imp=mpPandasObj(auxFeatImpSFI,('featNames',trnsX.columns),numThreads,
            clf=clf,trnsX=trnsX,cont=cont,scoring=scoring,cvGen=cvGen)
    return imp,oob,oos
```

最后，我们需要一个主函数来调用所有组件，从数据生成、特征重要性分析，到输出的收集和处理。这些任务由代码片段8.8来执行。

代码片段8.8 调用所有组件

```
def testFunc(n_features=40,n_informative=10,n_redundant=10,n_estimators=1000,
         n_samples=10000,cv=10):
    # test the performance of the feat importance functions on artificial data
    # Nr noise features = n_features-n_informative-n_redundant
    trnsX,cont=getTestData(n_features,n_informative,n_redundant,n_samples)
    dict0={'minWLeaf':[0.],'scoring':['accuracy'],'method':['MDI','MDA','SFI'],
```

```
    'max_samples':[1.]}
jobs,out=(dict(izip(dict0,i)) for i in product(*dict0.values())),[]
kargs={'pathOut':'./testFunc/','n_estimators':n_estimators,
    'tag':'testFunc','cv':cv}
for job in jobs:
    job['simNum']=job['method']+'_'+job['scoring']+'_'+'%.2f'%job['minWLeaf']+ \
                '_'+str(job['max_samples'])
    print job['simNum']
    kargs.update(job)
    imp,oob,oos=featImportance(trnsX=trnsX,cont=cont,**kargs)
    plotFeatImportance(imp=imp,oob=oob,oos=oos,**kargs)
    df0=imp[['mean']]/imp['mean'].abs().sum()
    df0['type']=[i[0] for i in df0.index]
    df0=df0.groupby('type')['mean'].sum().to_dict()
    df0.update({'oob':oob,'oos':oos});df0.update(job)
    out.append(df0)
out=pd.DataFrame(out).sort_values(['method','scoring','minWLeaf','max_samples'])
out=out['method','scoring','minWLeaf','max_samples','I','R','N','oob','oos']
out.to_csv(kargs['pathOut']+'stats.csv')
return
```

为了迎合审美倾向，代码片段 8.9 将特征重要性绘制成了一个很好的布局。

代码片段 8.9　特征重要性绘图函数

```
def plotFeatImportance(pathOut,imp,oob,oos,method,tag=0,simNum=0,**kargs):
    # plot mean imp bars with std
    mpl.figure(figsize=(10,imp.shape[0]/5.))
    imp=imp.sort_values('mean',ascending=True)
    ax=imp['mean'].plot(kind='barh',color='b',alpha=.25,xerr=imp['std'],
                    error_kw={'ecolor':'r'})
    if method=='MDI':
        mpl.xlim([0,imp.sum(axis=1).max()])
        mpl.axvline(1./imp.shape[0],linewidth=1,color='r',linestyle='dotted')
    ax.get_yaxis().set_visible(False)
    for i,j in zip(ax.patches,imp.index):ax.text(i.get_width()/2,
                i.get_y()+i.get_height()/2,j,ha='center',va='center',
                color='black')
    mpl.title('tag='+tag+' | simNum='+str(simNum)+' | oob='+str(round(oob,4))+
            ' | oos='+str(round(oos,4)))
    mpl.savefig(pathOut+'featImportance_'+str(simNum)+'.png',dpi=100)
    mpl.clf();mpl.close()
    return
```

图 8.2 显示了 MDI 的结果。针对每个特征，水平条表示所有决策树的平均 MDI 值，水平线表示该平均值的标准偏差。由于 MDI 重要性加总为 1，如果所有特征同等重要，则每个重要性的值将为 1/40。垂直虚线标

示了这个1/40的阈值，将重要性超出预期的特征与无法区分的特征分开。正如你所看到的，MDI在将多信息特征和冗余特征置于虚线以上这点做得很好，除了R_5之外，它没有小幅削减。替代效应会导致一些多信息或冗余特征排序优于其他，这在意料之内。

图8.3显示MDA也表现得很好。结果与MDI的结果一致，即所有多信息特征和冗余特征排序均优于噪声特征，除了可能是由替代效应所导致的R_6之外。MDA的一个不太积极的方面是，均值的标准差稍高，虽然这可以通过经数据清洗的k折交叉验证增加分割的数量来解决，例如从10增加到100（以10倍且没有并行化的计算时间为代价）。

图8.4显示SFI也表现得很好。然而，一些重要的特征比噪声排序等级更低（I_6，I_2，I_9，I_1，I_3，R_5），这可能是由联合效应导致的。

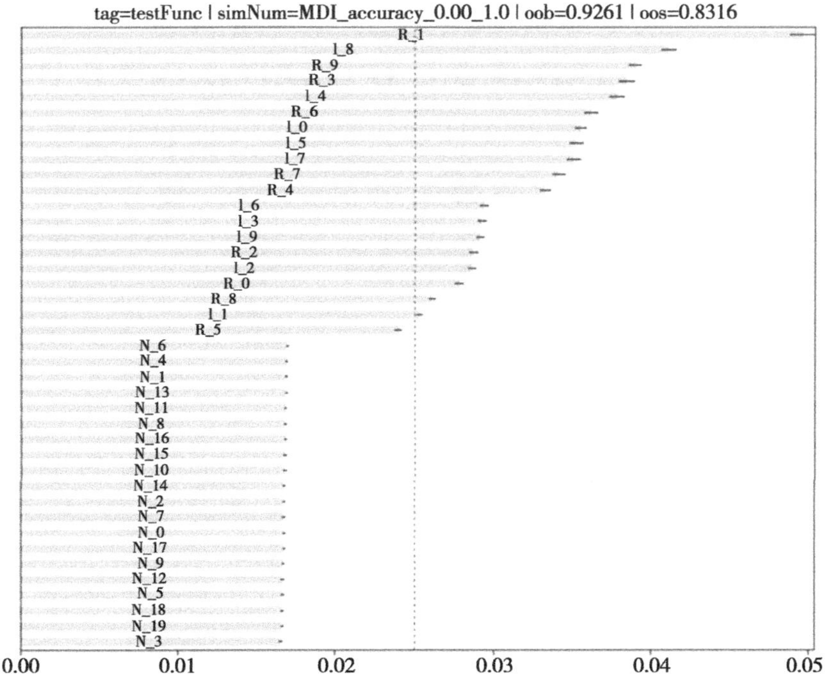

图8.2　基于合成数据集运算的MDI特征重要性

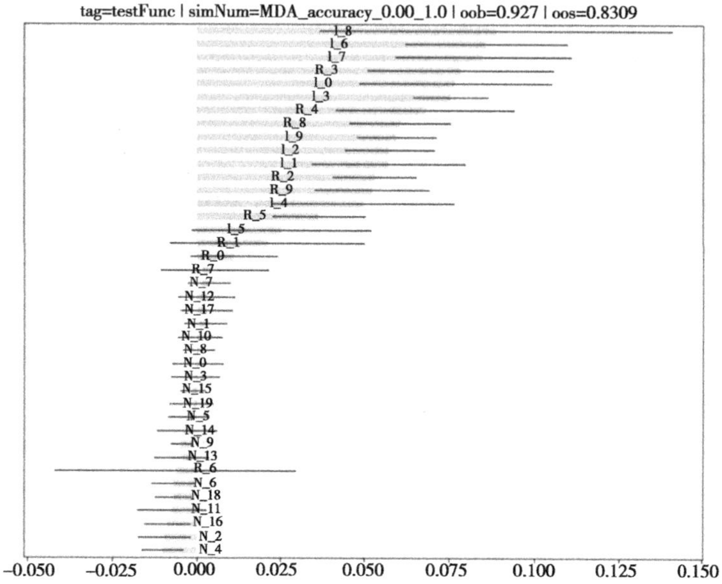

图 8.3　基于合成数据集运算的 MDA 特征重要性

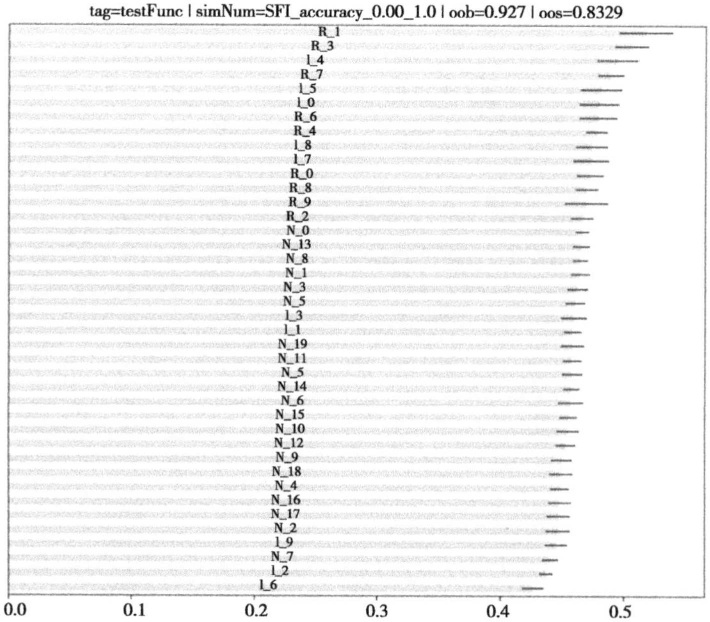

图 8.4　基于合成数据集运算的 SFI 特征重要性

标签是将特征组合起来的函数，并且试图独立地预测它们会忽略联合效应。尽管如此，SFI 作为 MDI 和 MDA 的补充还是很有用的，因为这两种分析都受到不同类型问题的影响。

练习

8.1 运用第 8.6 节的代码：

(1) 生成原始数据（X，y）。

(2) 在 X 上应用 PCA 变换，表示为 $\dot{X}$。

(3) 运算（$\dot{X},y$）的 MDI、MDA、SFI 特征重要性，其中，基估计量为随机森林。

(4) 这 3 种方法在重要的特征上是否形成统一？为什么？

8.2 从练习 8.1 中，生成一个新的原始数据（$\ddot{X},y$），其中 $\ddot{X}$ 是 X 和 $\dot{X}$ 的特征联合。

(1) 计算（$\ddot{X},y$）的 MDI、MDA、SFI 特征重要性，其中，基估计量为随机森林。

(2) 这 3 种方法在重要的特征上是否形成统一？为什么？

8.3 取练习 8.2 的结果：

(1) 根据每种方法删除最重要的特征，得到特征矩阵 $\dddot{X}$。

(2) 计算针对（$\dddot{X},y$）的 MDI、MDA 和 SFI 特征重要性，其中基估计量为随机森林。

(3) 相对于练习 8.2 的结果，你是否预估重要特征排序会有重大变化？

8.4 运用第 8.6 节的代码：

(1) 生成 1E6 个观测数据集（X,y），其中 5 个是多信息特征，5 个是冗余特征，10 个是噪声特征。

(2) 将（X,y）分解成 10 个数据集 $\{(X_i,y_i)\}_{i=1,\cdots,10}$，每个数据集有 1E5 个观测值。

（3）在10组数据集 $\{(X_i, y_i)\}_{i=1,\cdots,10}$ 中，对每组分别计算并行特征重要性（见第8.5节）。

（4）在组合数据集（X, y）中计算叠加特征重要性。

（5）导致两者之间差异的原因是什么？哪一个更可靠？

8.5 重复练习8.1到练习8.4的所有MDI计算，但这次允许隐蔽效应。这意味着在代码片段8.2中不设置 `max_features = int(1)`。这个改变导致的结果有何改变？为什么？

引用文献

American Statistical Association (2016): "Ethical guidelines for statistical practice." Committee on Professional Ethics of the American Statistical Association (April). Available at http://www.amstat.org/asa/files/pdfs/EthicalGuidelines.pdf.

Belsley, D., E. Kuh, and R. Welsch (1980): *Regression Diagnostics: Identifying Influential Data and Sources of Collinearity*, 1st ed. John Wiley & Sons.

Goldberger, A. (1991): A *Course in Econometrics*. Harvard University Press, 1st edition.

Hill, R. and L. Adkins (2001): "Collinearity." In Baltagi, Badi H. *A Companion to Theoretical Econometrics*, 1st ed. Blackwell, pp. 256–278.

Louppe, G., L. Wehenkel, A. Sutera, and P. Geurts (2013): "Understanding variable importances in forests of randomized trees." Proceedings of the 26th International Conference on Neural Information Processing Systems, pp. 431–439.

Strobl, C., A. Boulesteix, A. Zeileis, and T. Hothorn (2007): "Bias in random forest variable importance measures: Illustrations, sources and a solution." *BMC Bioinformatics*, Vol. 8, No. 25, pp. 1–11.

White, A. and W. Liu (1994): "Technical note: Bias in information-based measures in decision tree induction." *Machine Learning*, Vol. 15, No. 3, pp. 321–329.

第 9 章

利用交叉验证进行超参数调优

9.1 动机

超参数调优是拟合机器学习算法的重要步骤。如果处理不当，算法可能会过拟合，实时性能会不尽如人意。介绍机器学习的文献特别关注对于任何经调节的超参数进行交叉验证。正如我们在第 7 章中看到的那样，金融领域中的交叉验证是一个特别困难的问题，从其他领域得出的解决方案在金融领域实践中可能会失败。在本章中，我们将讨论如何使用经数据清理的 k 折交叉验证方法来优化超参数。本章引用文献部分列出的研究提出了在特定情况下可能有用的替代方法。

9.2 带交叉验证的网格搜索

带交叉验证的网格搜索根据一些用户定义的评分函数，对参数组合进行穷举搜索，以最大化交叉验证性能。当我们不太了解数据的基本结构时，这是合理的第一种方法。Scikit-learn 在 `GridSearchCV` 函数中实现了该逻辑，该函数以交叉验证生成器作为参数。由于第 7 章中所解释的原因，我们需传递 PurgedKFold 类（代码片段 7.3），以防止 GridSearchCV 过拟合机器学习估计器造成信息泄露。

代码片段 9.1 列出了函数 clfHyperFit，它实现了一个经数据清洗的 GridSearchCV。参数 fit_params 可以被用来传递 sample_weight，而 param_grid 包含将组合成网格的值。此外，这个函数还允许将经调整的估计器装袋。将估计器装袋通常是一个好主意，可参见第 6 章中所述原因，并且上述函数加入了为实现该目的的逻辑。

代码片段 9.1　利用 k 折交叉验证进行网格搜索

```
def clfHyperFit(feat,lbl,t1,pipe_clf,param_grid,cv=3,bagging=[0,None,1.],
                n_jobs=-1,pctEmbargo=0,**fit_params):
    if set(lbl.values)=={0,1}:scoring='f1' # f1 for meta-labeling
    else:scoring='neg_log_loss' # symmetric towards all cases
    #1) hyperparameter search, on train data
    inner_cv=PurgedKFold(n_splits=cv,t1=t1,pctEmbargo=pctEmbargo) # purged
    gs=GridSearchCV(estimator=pipe_clf,param_grid=param_grid,
        scoring=scoring,cv=inner_cv,n_jobs=n_jobs,iid=False)
    gs=gs.fit(feat,lbl,**fit_params).best_estimator_ # pipeline
    #2) fit validated model on the entirety of the data
    if bagging[1]>0:
        gs=BaggingClassifier(base_estimator=MyPipeline(gs.steps),
            n_estimators=int(bagging[0]),max_samples=float(bagging[1]),
            max_features=float(bagging[2]),n_jobs=n_jobs)
        gs=gs.fit(feat,lbl,sample_weight=fit_params \
            [gs.base_estimator.steps[-1][0]+'__sample_weight'])
        gs=Pipeline([('bag',gs)])
    return gs
```

我建议你在元标签应用中使用 scoring = ‘f1’，原因如下：假设一个样本有大量的负数（即标签“0”）。一个预测所有情况为负数的分类器将实现较高的 "accuracy" 或 "neg_log_loss"，即使它没有从特征中学习如何区分不同情况。事实上，这样的模型实现了零召回率和未定义的精度（见第 3 章第 3.7 节）。"f1" 分数通过对分类器的精度和召回率进行评分来修正性能膨胀（见第 14 章第 14.8 节）。

对于其他应用程序（非元标签）而言，使用 "accuracy" 或 "neg_log_loss" 都是可以的，因为我们对预测所有情况都同样感兴趣。请注意，重新标签情况对 "accuracy" 或 "neg_log_loss" 没有影响，但会对 "f1" 产生影响。

这个例子很好地介绍了 sklearn 的 `Pipelines` 的一个局限性：它们的拟合方法并不需要 `sample_weight` 参数。相反，它需要一个 `fit_params` 关键字参数。这是一个在 GitHub 网站中报告过的漏洞；然而，修复它可能需要一些时间，因为它涉及重写和测试许多泛函数。在此之前，请随时使用代码片段 9.2 中的解决方法。它创建了一个名为 `MyPipeline` 的新类，`MyPipeline` 继承了 sklearn 的 `Pipeline` 中所有的方法。它将继承的拟合方法用一个可以处理参数 `sample_weight` 的新函数来覆盖，之后再重定向到父类。

代码片段 9.2　加强版的 Pipeline 类

```
class MyPipeline(Pipeline):
    def fit(self,X,y,sample_weight=None,**fit_params):
        if sample_weight is not None:
            fit_params[self.steps[-1][0]+'__sample_weight']=sample_weight
        return super(MyPipeline,self).fit(X,y,**fit_params)
```

9.3　带交叉验证的随机搜索

对于具有大量参数的机器学习算法，网格搜索交叉验证在计算上会很复杂。在这种情况下，具有良好统计特性的替代方案是从一种分布中抽取每个参数［Begstra 等人（2011，2012）］。这有两个好处。首先，无论问题是几维的（相当于计算载荷量），我们都可以控制要搜索的组合的数量。其次，在性能方面相对不相关的参数不会显著增加我们的搜索时间，就像网格搜索交叉验证那样。

与其写一个可以和 `RandomizedSearchCV` 一起工作的新函数，不如让我们拓展代码片段 9.1，为满足该目标而添加一个选项，可能的实现方案之一是代码片段 9.3。

代码片段9.3 经数据清洗的k折交叉验证的随机搜索

```
def clfHyperFit(feat,lbl,t1,pipe_clf,param_grid,cv=3,bagging=[0,None,1.],
                rndSearchIter=0,n_jobs=-1,pctEmbargo=0,**fit_params):
    if set(lbl.values)=={0,1}:scoring='f1' # f1 for meta-labeling
    else:scoring='neg_log_loss' # symmetric towards all cases
    #1) hyperparameter search, on train data
    inner_cv=PurgedKFold(n_splits=cv,t1=t1,pctEmbargo=pctEmbargo) # purged
    if rndSearchIter==0:
        gs=GridSearchCV(estimator=pipe_clf,param_grid=param_grid,
            scoring=scoring,cv=inner_cv,n_jobs=n_jobs,iid=False)
    else:
        gs=RandomizedSearchCV(estimator=pipe_clf,param_distributions= \
            param_grid,scoring=scoring,cv=inner_cv,n_jobs=n_jobs,
            iid=False,n_iter=rndSearchIter)
    gs=gs.fit(feat,lbl,**fit_params).best_estimator_ # pipeline
    #2) fit validated model on the entirety of the data
    if bagging[1]>0:
        gs=BaggingClassifier(base_estimator=MyPipeline(gs.steps),
            n_estimators=int(bagging[0]),max_samples=float(bagging[1]),
            max_features=float(bagging[2]),n_jobs=n_jobs)
        gs=gs.fit(feat,lbl,sample_weight=fit_params \
            [gs.base_estimator.steps[-1][0]+'__sample_weight'])
        gs=Pipeline([('bag',gs)])
    return gs
```

9.3.1 对数均匀分布

一些机器学习算法通常只接受非负超参数。一些非常流行的参数就是这种情况，例如，支持向量分类器（SVC）中的c和径向基函数核（RBF kernel）中的gamma。[①] 我们可以从均匀分布中抽取随机数，范围在0到某个大值之间，比如说100。这意味着99%的值都大于1。当参数所在的函数不是线性的时候，这不一定是探索参数的可行性区域的最有效方式。例如，当c从0.01增加到1时，SVC可能做出的反应是c从1加到100。[②] 因此，从$U[0,100]$（均匀）分布中取样c将是低效的。在那些情况下，从特定的分布中取值似乎更有效，而这些取值的对数是服从均匀分布的。我称之为“对数均匀分布”，由于在文献中找不到它，

① http：//scikit-learn.org/stable/modules/metrics.html.

② http：//scikit-learn.org/stable/auto_examples/svm/plot_rbf_parameters.html.

我必须对其进行适当的定义。

随机变量服从 $a>0$ 和 $b>a$ 之间的对数均匀分布，当且仅当 $\log[x] \sim U[\log[a],\log[b]]$。这个分布有一个累积分布函数（CDF）：

$$F[x]=\begin{cases}\dfrac{\log[x]-\log[a]}{\log[b]-\log[a]} & \text{for } a \leqslant x \leqslant b \\ 0 & \text{for } x<a \\ 1 & \text{for } x>b\end{cases}$$

从这里，我们推导出概率密度函数（PDF）：

$$f[x]=\begin{cases}\dfrac{1}{x\log\left[b/a\right]} & \text{for } a \leqslant x \leqslant b \\ 0 & \text{for } x<a \\ 0 & \text{for } x>b\end{cases}$$

注意，累积分布函数不会随着对数的底数而变化，因为对于任何底数 c 来说：

$$\frac{\log\left[\frac{x}{a}\right]}{\log\left[\frac{b}{a}\right]}=\frac{\log_c\left[\frac{x}{a}\right]}{\log_c\left[\frac{b}{a}\right]}$$

所以随机变量不是 c 的函数。代码片段 9.4 在 scipy.stats 中实现（并测试）了随机变量，其中，$[a,b]=[1E-3,1E3]$，$\log[x] \sim U[\log[1E-3],\log[1E3]]$。图 9.1 说明了在对数尺度下样本的均匀性。

代码片段 9.4 logUniform_gen 类

```
import numpy as np,pandas as pd,matplotlib.pyplot as mpl
from scipy.stats import rv_continuous,kstest
#———————————————————————————————————————
class logUniform_gen(rv_continuous):
    # random numbers log-uniformly distributed between 1 and e
    def _cdf(self,x):
```

```
        return np.log(x/self.a)/np.log(self.b/self.a)
def logUniform(a=1,b=np.exp(1)):return logUniform_gen(a=a,b=b,name='logUniform')
#———————————————————————————————————
a,b,size=1E-3,1E3,10000
vals=logUniform(a=a,b=b).rvs(size=size)
print kstest(rvs=np.log(vals),cdf='uniform',args=(np.log(a),np.log(b/a)),N=size)
print pd.Series(vals).describe()
mpl.subplot(121)
pd.Series(np.log(vals)).hist()
mpl.subplot(122)
pd.Series(vals).hist()
mpl.show()
```

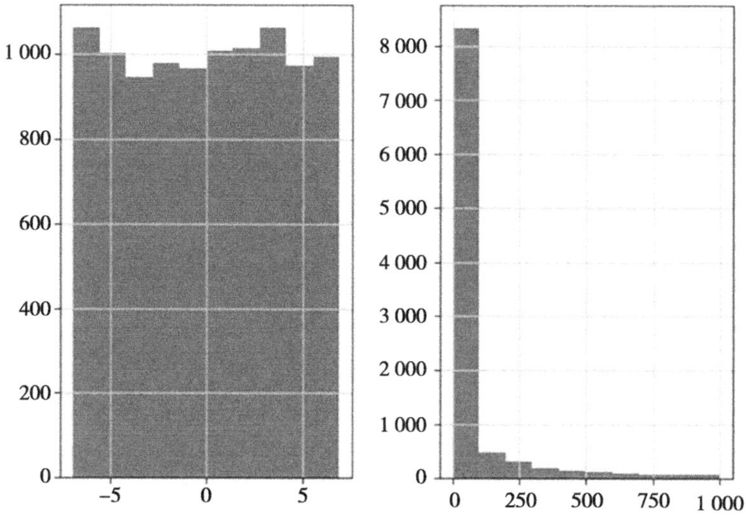

图 9.1　logUniform_gen 类别的测试结果

9.4　评分及超参数调优

代码片段 9.1 和代码片段 9.3 为元标记程序设置 scoring ="f1"。对于其他应用程序，它们设置 scoring ="neg_log_loss" 而不是标准的 scoring = "accuracy"。虽然准确性更具有直观性解释，但我建议你在调整投资策略的超参数时使用 neg_log_loss，理由如下文所述。

假设你的机器学习投资策略预测你大概率应该购买证券，你将根据对该策略的信心度来决定多头头寸的仓位大小。如果预测是错误的，并且市场下挫抛售，你将会损失很多钱。然而，准确性没有区分大概率的错误买入预测和小概率的错误买入预测。更重要的是，准确性可以用小概率事件的成功预测来抵消大概率事件的错误预测。

投资策略的利润来自对正确标签的高置信的预测。从低置信的良好预测中获得的收益，无法抵消高置信的糟糕预测带来的损失。出于这个原因，准确性不能提供分类器性能的实际评分。相反，对数损失（又称交叉熵损失，cross-entropy loss）① 计算了给定真实标签下分类器的对数似然率，其将预测的概率纳入考虑。对数损失可以估计如下：

$$L[Y,P]=-\log[\mathrm{Prob}[Y|P]]=-N^{-1}\sum_{n=0}^{N-1}\sum_{k=0}^{K-1}y_{n,k}\log\left[p_{n,k}\right]$$

其中：

- $P_{n,k}$ 是第 n 个预测值的标签为 k 的概率。
- Y 是 1 - of - K 的二元指标矩阵，当第 n 个观测被分配为 K 个标签中的 k 时，$y_{n,k}=1$，否则为 0。

假设分类器预测两个 1，而真实标签是 1 和 0。第一个预测命中，第二个预测未命中，因此准确度为 50% 。图 9.2 绘制了这些预测来自概率在［0.5，0.9］区间的交叉熵损失。人们可以观察到，在图的右侧，由于失败的概率很高，对数损失很大，即使准确性在所有情况下都是 50% 。

交叉熵损失比准确性更优还有一个原因。交叉验证通过赋予样本

① http：//scikit-learn. org/stable/modules/model_evaluation. html#log-loss.

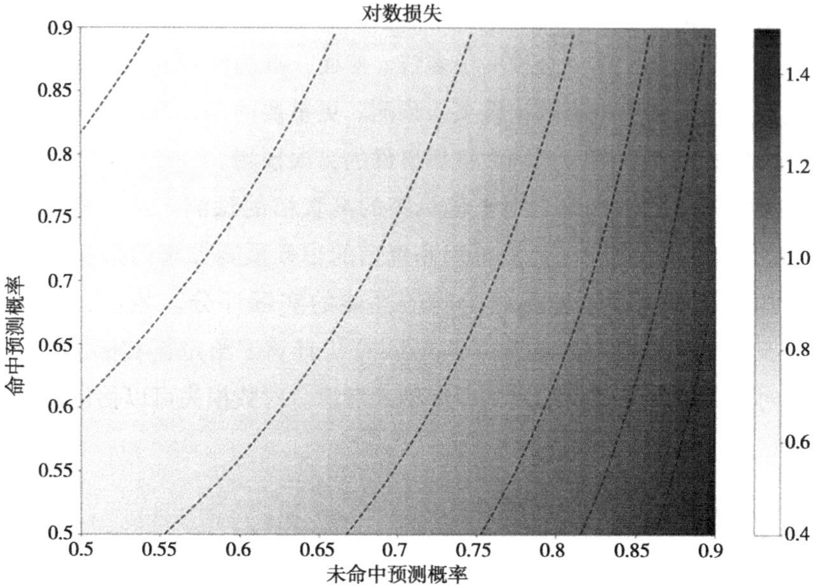

图 9.2　对数损失是命中和未命中预测概率的函数

权重对分类器进行评分（见第 7 章第 7.5 节）。你可能还记得在第 4 章中，观测值权重是由观测值的绝对回报的函数来确定的。这意味着样本加权的交叉熵损失根据计算公允价值的利润和损失时涉及的变量来估计分类器性能：它使用正确的标签确认方向、概率确认头寸大小和样本权重确认观测值的回报/结果。这是金融应用程序超参数调优的最优性能度量，而非准确性。

当我们使用对数损失作为评分统计量时，我们通常更喜欢改变它的符号，称之为“负对数损失”。这种变化的原因是非常表面的，是受直觉驱动的：高负值的对数损失值优于低负值的对数损失值，就像准确性一样。在使用 `neg_log_loss` 时请记住这个 sklearn 漏洞：https://github.com/scikit-learn/scikit-learn/issues/9144。为规避这个漏洞，你应该使用第 7 章中介绍的 `cvScore` 函数。

练习

9.1 使用第 8 章中的函数 getTestData，生成包含 10 个特征的 10 000个观测值的合成数据集，其中 5 个是多信息特征，5 个是噪声特征。

(1) 使用 10 折交叉验证上的 GridSearchCV 在径向基函数核的 SVC 上查找 C、gamma 最优超参数，其中，param_grid = {"C": [1E-2, 1E-1, 1, 10, 100], "gamma": [1E-2, 1E-1, 1, 10, 100]}，且评分函数为 neg_log_loss。

(2) 网格中有多少个节点？

(3) 找到最佳解决方案需要多少次拟合？

(4) 找到这个解决方案需要多长时间？

(5) 如何获得最佳结果？

(6) 最佳参数组合的交叉验证评分是多少？

(7) 如何将样本权重传递给 SVC？

9.2 使用练习 9.1 中的相同数据集：

(1) 使用 10 折交叉验证上的 RandomizedSearchCV 在径向基函数核的 SVC 上查找 C、gamma 最优超参数，其中，param_distributions = {"C": logUniform (a=1E-2, b=1E2), "gamma": logUniform (a=1E-2, b=1E2)}, n_iter=25，而 neg_log_loss 是评分函数。

(2) 找到这种解决方案需要多长时间？

(3) 最佳参数组合是否与练习 9.1 中的组合类似？

(4) 最佳参数组合的交叉验证评分是多少？它与练习 9.1 中的交叉验证评分相比如何？

9.3 根据练习 9.1：

(1) 计算练习 9.1 (1) 所得到的样本内预测的夏普比率（有关夏普比率的定义，见第 14 章）。

(2) 重复练习9.1 (1)，这次以准确性作为评分函数，计算超参数调优后得出的样本内预测。

(3) 哪项评分方法导致更高的（样本内）夏普比率？

9.4 根据练习9.2：

(1) 计算练习9.2 (1) 所得到的样本内预测的夏普比率。

(2) 重复练习9.2 (1)，这次以准确性作为评分函数，计算超参数调优后得出的样本内预测。

(3) 哪项评分方法导致更高的（样本内）夏普比率？

9.5 阅读对数损失的定义，$L[Y,P]$。

(1) 为什么评分函数 `neg_log_loss` 定义为负对数损失，$-L[Y,P]$？

(2) 最大化对数损失，而不是最大化负对数损失的结果是什么？

9.6 考虑这样一种投资策略，不管预测的置信度如何，投资规模都是一样的。在这种情况下，对于超参数调优，哪种评分函数更为合适，是准确性，还是交叉熵损失？

引用文献

Bergstra, J., R. Bardenet, Y. Bengio, and B. Kegl (2011): "Algorithms for hyper-parameter optimization." *Advances in Neural Information Processing Systems*, pp. 2546–2554.

Bergstra, J. and Y. Bengio (2012): "Random search for hyper-parameter optimization." *Journal of Machine Learning Research*, Vol. 13, pp. 281–305.

参考文献

Chapelle, O., V. Vapnik, O. Bousquet, and S. Mukherjee (2002): "Choosing multiple parameters for support vector machines." *Machine Learning*, Vol. 46, pp. 131–159.

Chuong, B., C. Foo, and A. Ng (2008): "Efficient multiple hyperparameter learning for log-linear models." *Advances in Neural Information Processing Systems*, Vol. 20. Available at http://ai.stanford.edu/~chuongdo/papers/learn_reg.pdf.

Gorissen, D., K. Crombecq, I. Couckuyt, P. Demeester, and T. Dhaene (2010): "A surrogate modeling and adaptive sampling toolbox for computer based design." *Journal of Machine Learning Research*, Vol. 11, pp. 2051–2055.

Hsu, C., C. Chang, and C. Lin (2010): "A practical guide to support vector classification." Technical report, National Taiwan University.

Hutter, F., H. Hoos, and K. Leyton-Brown (2011): "Sequential model-based optimization for general algorithm configuration." Proceedings of the 5th international conference on Learning and Intelligent Optimization, pp. 507–523.

Larsen, J., L. Hansen, C. Svarer, and M. Ohlsson (1996): "Design and regularization of neural networks: The optimal use of a validation set." Proceedings of the 1996 IEEE Signal Processing Society Workshop.

Maclaurin, D., D. Duvenaud, and R. Adams (2015): "Gradient-based hyperparameter optimization through reversible learning." Working paper. Available at https://arxiv.org/abs/1502.03492.

Martinez-Cantin, R. (2014): "BayesOpt: A Bayesian optimization library for nonlinear optimization, experimental design and bandits." *Journal of Machine Learning Research*, Vol. 15, pp. 3915–3919.

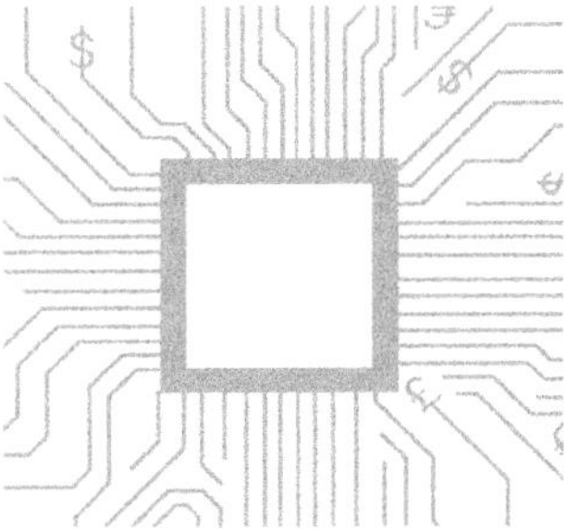

第3部分

回测

第 10 章

投注大小

10.1 动机

策略博弈和投资之间有着惊人的相似之处。我曾经合作过的一些最优秀的投资组合经理都是出色的扑克牌玩家，或者更为出色的国际象棋手。一个原因是，德州扑克提供了很好的关于投注的模拟和训练基础。你的机器学习算法可以实现高精度，但如果你没有适当地调整你的投注，你的投资策略将不可避免地造成金钱损失。在本章中，我们将回顾一些从机器学习预测中调整投注大小的方法。

10.2 独立策略的投注方法

考虑同一工具上的两种策略。设 $m_{i,t} \in [-1,1]$ 为策略 i 在时间 t 的下注大小，其中，$m_{i,t} = -1$ 表示完全空头头寸，$m_{i,t} = 1$ 表示完全多头头寸。假设一个策略产生了下注大小序列 $[m_{1,1}, m_{1,2}, m_{1,3}] = [0.5, 1, 0]$，因为市场价格遵循一个序列 $[p_1, p_2, p_3] = [1, 0.5, 1.25]$，其中，$p_t$是在 t 时刻的价格。另一个策略产生了另一个序列 $[m_{2,1}, m_{2,2}, m_{2,3}] = [1, 0.5,$

0]，因为一旦市场移动到初始的全部位置，它就被迫减少其下注规模。这两种策略产生的预测结果都是正确的（p_1 和 p_3 之间的价格上涨了 25%），然而，第一种策略盈利（0.5），第二种策略亏损（-0.125）。

我们更倾向于以这样的方式调整头寸，即我们保留一些现金，以便在交易信号减弱前出现信号增强的情况下使用。一种选择是计算序列 $c_t = c_{t,l} - c_{t,s}$，其中，$c_{t,l}$ 是在时间 t 的并发加注的数量，$c_{t,s}$ 是在时间 t 的并发减注的数量。对于每一方而言，这种下注并发性类似于我们在第 4 章中计算标签并发性的方式（回忆 t_1 对象，重叠时间跨度）。我们应用 López de Prado & Foreman（2014）中描述的方法，拟合了由两个高斯分布混合而成的序列 $\{c_t\}$。然后，下注大小被推导为：

$$m_t = \begin{cases} \dfrac{F[c_t] - F[0]}{1 - F[0]} & \text{if } c_t \geqslant 0 \\ \dfrac{F[c_t] - F[0]}{F[0]} & \text{if } c_t < 0 \end{cases}$$

其中，$F[x]$ 是当值为 x 时，拟合的两个高斯分布混合的累积分布函数。例如，当观察到更大值的信号的概率仅为 0.1 时，我们可以将赌注的大小设置为 0.9。信号越强，信号变得更强的概率就越小，因此下注越大。

第二种解决方案是遵循预算方法。我们计算并发加注的最大数量 $\max_i\{c_{i,l}\}$（或其他分位数），以及并发减注的最大数量 $\max_i\{c_{i,s}\}$。然后，推导下注大小为：

$$m_t = c_{t,l}\frac{1}{\max_i\{c_{i,l}\}} - c_{t,s}\frac{1}{\max_i\{c_{i,s}\}}$$

其中，$c_{t,l}$ 是时刻 t 的并发加注数，$c_{t,s}$ 是时刻 t 的并发减注数。目标是在触发最后一个并发信号之前未达到最大头寸。

第三种方法是应用元标记法，正如我们在第 3 章中所解释的那样。我们用一个分类器来拟合，例如 SVC 或随机森林，来确定错误分类的概率，并使用该概率推导出下注大小。这种方法有两个优点：首先，决定投注大小的机器学习算法独立于主模型，允许加入预测误报的特征（见第3章）；其次，预测概率可以直接转换为投注大小。让我们看看怎么做。

10.3 根据预测概率确定投注大小

让我们用 $p[x]$ 表示标签 x 发生的概率。对于两种可能的结果，$x \in \{-1, 1\}$，我们想对原假设 $H_0: p[x=1] = \frac{1}{2}$ 进行检验。我们计算检验统计量：

$$z = \frac{p[x=1]-\frac{1}{2}}{\sqrt{p[x=1](1-p[x=1])}} = \frac{2p[x=1]-1}{2\sqrt{p[x=1](1-p[x=1])}} \sim Z$$

其中，$z \in (-\infty, +\infty)$，Z 代表标准正态分布。我们推导下注大小为 $m = 2Z[z] - 1$，其中，$m \in [-1, 1]$，$Z[.]$ 是 Z 的累积分布函数。

对于以上两种可能的结果，我们遵循一对多的方法。令 $X = \{-1, \cdots, 0, \cdots, 1\}$ 是与投注大小相关联的各种标签，并且 $x \in X$ 是预先标记的标签。换句话说，标签由与其相关联的下注大小来标识。对于每个标签 $i = 1, \cdots, \|X\|$，我们估计概率 p_i，$\sum_{i=1}^{\|X\|} p_i = 1$。定义 $\tilde{p} = \max_i\{p_i\}$ 为 x 的概率，检验原假设 $H_0: \tilde{p} = \frac{1}{\|X\|}$。计算检验统计量 $z = \frac{\tilde{p}-\frac{1}{\|X\|}}{\sqrt{\tilde{p}(1-\tilde{p})}} \sim Z$，$z \in [0, +\infty)$，推导出下注大小为：

$$m = x\underbrace{(2Z[z] - 1)}_{\in[0,1]}$$

其中，$m \in [-1, 1]$，$Z[z]$ 调节预测 x 的大小（其中，边界由 x 表示）。图10.1将投注大小绘制为检验统计量的函数。代码片段10.1实现

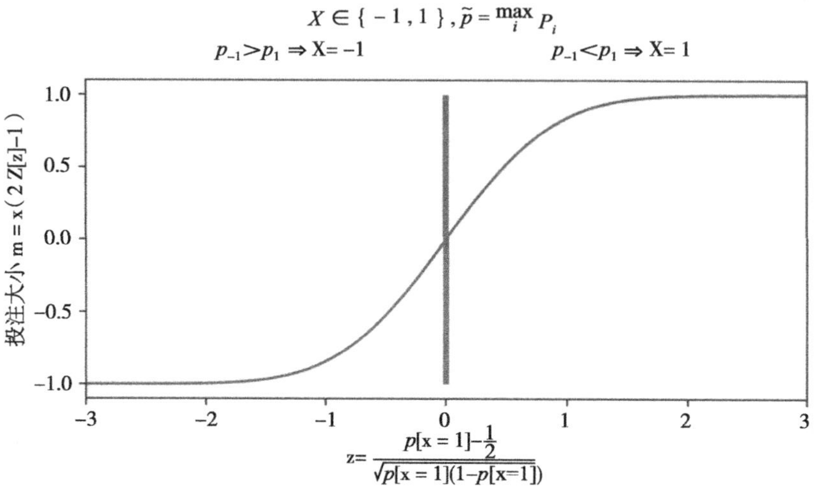

图 10.1　预测概率的投注大小

了从概率到投注大小的转换，可以处理来自元标记估计器预测以及标准标记估计器预测的概率。在步骤#2 中，它还对有效投注进行平均，并对最终值进行离散化，我们将在接下来的内容中进行解释。

代码片段 10.1　从概率到投注大小

```
def getSignal(events,stepSize,prob,pred,numClasses,numThreads,**kargs):
    # get signals from predictions
    if prob.shape[0]==0:return pd.Series()
    #1) generate signals from multinomial classification (one-vs-rest, OvR)
    signal0=(prob-1./numClasses)/(prob*(1.-prob))**.5 # t-value of OvR
    signal0=pred*(2*norm.cdf(signal0)-1) # signal=side*size
    if 'side' in events:signal0*=events.loc[signal0.index,'side'] # meta-labeling
    #2) compute average signal among those concurrently open
    df0=signal0.to_frame('signal').join(events[['t1']],how='left')
    df0=avgActiveSignals(df0,numThreads)
    signal1=discreteSignal(signal0=df0,stepSize=stepSize)
    return signal1
```

10.4　平均有效下注

每次下注都与一个持有期相关联，从起始时间到触及第一个障碍的时间 t1（见第3章）。一种可能的方法是在新赌注到来时覆盖旧赌注；然而，这可能会导致过多的交易。一种更明智的方法是在给定时间点对所有仍然有效的押注进行平均投注。代码片段10.2说明了这个想法一种可能的实现方式。

代码片段10.2　只要押注仍然有效，就可以取其平均值

```
def avgActiveSignals(signals,numThreads):
    # compute the average signal among those active
    #1) time points where signals change (either one starts or one ends)
    tPnts=set(signals['t1'].dropna().values)
    tPnts=tPnts.union(signals.index.values)
    tPnts=list(tPnts);tPnts.sort()
    out=mpPandasObj(mpAvgActiveSignals,('molecule',tPnts),numThreads,signals=signals)
    return out
#———————————————————————————————
def mpAvgActiveSignals(signals,molecule):
 '''
 At time loc, average signal among those still active.
 Signal is active if:
     a) issued before or at loc AND
     b) loc before signal's endtime, or endtime is still unknown (NaT).
 '''
 out=pd.Series()
 for loc in molecule:
     df0=(signals.index.values<=loc)&((loc<signals['t1'])|pd.isnull(signals['t1']))
     act=signals[df0].index
     if len(act)>0:out[loc]=signals.loc[act,'signal'].mean()
     else:out[loc]=0 # no signals active at this time
 return out
```

10.5　投注大小的离散化

平均投注减少了一些过多的失误，但仍然很可能每次预测都会触发小额交易。因为这种抖动会导致不必要的过度交易。我建议你将投注大小离散化为 $m^{*}=\text{round}\left[\frac{m}{d}\right]d$，d∈(0，1) 决定离散度。图10.2说明了投注大小的离散化。代码片段10.3实现了这个想法。

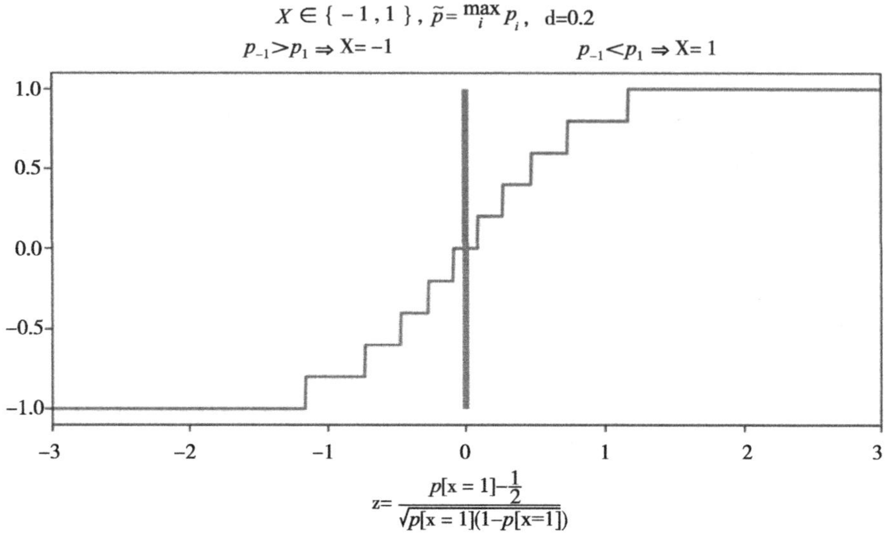

图 10.2　投注大小的离散化，d =0.2

代码片段 10.3　投注大小离散化以防止过度交易

```
def discreteSignal(signal0,stepSize):
    # discretize signal
    signal1=(signal0/stepSize).round()*stepSize # discretize
    signal1[signal1>1]=1 # cap
    signal1[signal1<-1]=-1 # floor
    return signal1
```

10.6　动态投注大小和限价

回顾一下第 3 章中介绍的三边界标记方法。i 在时间 $t_{i,0}$ 形成，此时我们预测将触及第一个边界。该预测意味着预测价格 $E_{t_{i,0}}[p_{t_{i,1}}]$，与边界的设置一致。在结果发生之前的时间段内，$t\in[t_{i,0},t_{i,1}]$，价格 p_t 波动并且可能形成额外的预测，$E_{t_{j,0}}[p_{t_{i,1}}]$，其中，$j\in[i+1,I]$ 和 $t_{j,0}\leqslant t_{i,1}$。在第 10.4 节和第 10.5 节中，我们讨论了在形成新预测时平均有效投注和投注大小离散化的方法。在本节中，我们将介绍当市场价格和预测价格波动时，一种调整投注大小的方法。在此过程中，我们将推导出订单的限价。设 q_t 为当前头寸，Q 为最大绝对头寸大小，$\hat{q}_{i,t}$ 为与预测 f_i 相关的目标头寸大小：

$$\hat{q}_{i,t} = \text{int}[m[\omega, f_i - p_t]Q]$$
$$m[\omega, x] = \frac{x}{\sqrt{\omega + x^2}}$$

其中，$m[\omega, x]$ 为投注大小，$x = f_i - p_t$ 是当前市场价格与预测之间的差异，ω 为调节 sigmoid 函数宽度的系数，Int $[x]$ 是 x 的整数值。注意，对于实值价格散度 x，$-1 < m[\omega, x] < 1$，整数值 $\hat{q}_{i,t}$ 是有界的，$-Q < \hat{q}_{i,t} < Q$。

目标头寸大小 $\hat{q}_{i,t}$ 可以随着 p_t 的变化而动态调整。特别是因为算法想要实现增益，所以当 $p_t \to f_i$，则 $\hat{q}_{i,t} \to 0$。这意味着订单规模 $\hat{q}_{i,t} - q_t$ 的盈亏平衡限价为 $\bar{p}$，以避免亏损。尤其是：

$$\bar{p} = \frac{1}{|\hat{q}_{i,t} - q_t|} \sum_{j=|q_t + \text{sgn}[\hat{q}_{i,t} - q_t]|}^{|\hat{q}_{i,t}|} L\left[f_i, \omega, \frac{j}{Q}\right]$$

其中，$L[f_i, \omega, m]$ 是 $m[\omega, f_i - p_t]$ 相对于 p_t 的反函数：

$$L[f_i, \omega, m] = f_i - m\sqrt{\frac{\omega}{1 - m^2}}$$

我们不需要担心 $m^2 = 1$，因为 $|\hat{q}_{i,t}| < 1$。由于该函数是单调的，所以算法不能实现 $p_t \to f_i$ 时的亏损。

我们校准 ω，给定一个用户定义的（x, m^*），则 $x = f_i - p_t$，$m^* = m[\omega, x]$，而 $m[\omega, x]$ 相对于 ω 的反函数是：

$$\omega = x^2(m^{*-2} - 1)$$

代码片段10.4实现了该算法，该算法计算得到动态仓位大小和限制价格作为p_t和f_i的函数。第一，我们校准 sigmoid 函数，以便它返回$m^* = 0.95$的下注大小，价格偏差为$x = 10$。第二，我们计算目标仓位$\hat{q}_{i,t}$为最大仓位$Q = 100$，$f_i = 115$和$p_t = 100$，如果你尝试$f_i = 110$，你将得到$\hat{q}_{i,t} = 95$，与校准ω一致。第三，这个大小为$\hat{q}_{i,t} - q_t = 97$的订单的限价是$p_t < 112.3657 < f_i$，它在当前价格和预测价格之间。

代码片段10.4　动态下注大小和限价

```
def betSize(w,x):
    return x*(w+x**2)**-.5
#———————————————————————————————————————
def getTPos(w,f,mP,maxPos):
    return int(betSize(w,f-mP)*maxPos)
#———————————————————————————————————————
def invPrice(f,w,m):
    return f-m*(w/(1-m**2))**.5
#———————————————————————————————————————
def limitPrice(tPos,pos,f,w,maxPos):
    sgn=(1 if tPos>=pos else -1)
    lP=0
    for j in xrange(abs(pos+sgn),abs(tPos+1)):
        lP+=invPrice(f,w,j/float(maxPos))
    lP/=tPos-pos
    return lP
#———————————————————————————————————————
def getW(x,m):
  # 0<alpha<1
    return x**2*(m**-2-1)
#———————————————————————————————————————
def main():
    pos,maxPos,mP,f,wParams=0,100,100,115,{'divergence':10,'m':.95}
    w=getW(wParams['divergence'],wParams['m']) # calibrate w
    tPos=getTPos(w,f,mP,maxPos) # get tPos
    lP=limitPrice(tPos,pos,f,w,maxPos) # limit price for order
    return
#———————————————————————————————————————
if __name__=='__main__':main()
```

作为 sigmoid 函数的替代，我们可以使用幂函数 $\tilde{m}[\omega,x]=\text{sgn}[x]|x|^{\omega}$，其中 $\omega\geqslant 0, x\in[-1,1]$，这使得 $\tilde{m}[\omega,x]\in[-1,1]$。这种替代方案具有以下优点：

- $\tilde{m}[\omega,x]=-1, \tilde{m}[\omega,x]=1$。
- 曲率可以通过 ω 直接进行操作。
- 对于 $\omega>1$，函数从凹到凸，而不是相反，因此函数在拐点附近几乎是平坦的。

我们将幂函数方程的推导留作练习，图 10.3 描绘了在 sigmoid 函数和幂函数下，赌注大小（y 轴）与价格差异 $f-p_t$（x 轴）的函数关系。

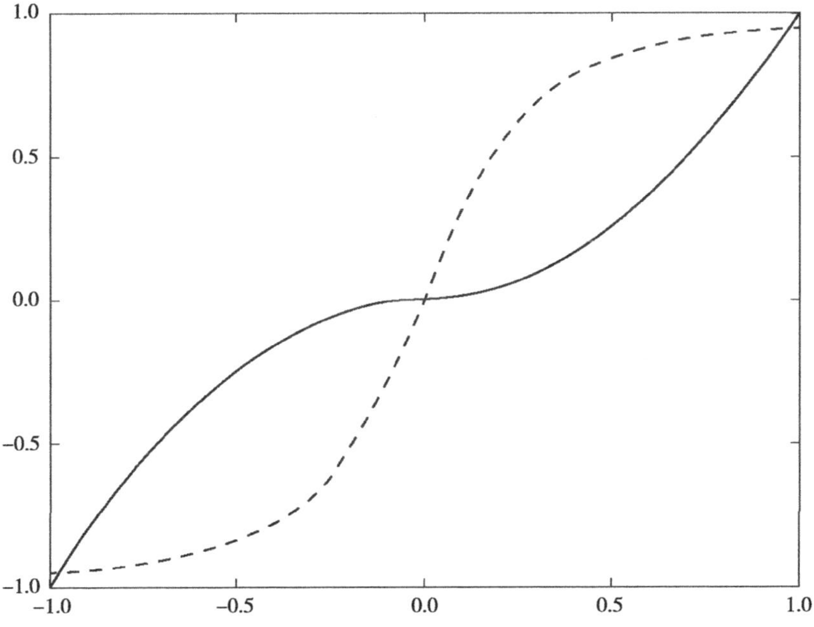

图 10.3 $f[x]=sgn[x]|x|^2$（从凹到凸）和
$f[x]=x(0.1+x^2)^{-0.5}$（从凸到凹）

练习

10.1 使用第10.3节中的公式，当 $\|X\|=2,3,\cdots,10$ 时，将下注大小（m）绘制为最大预测概率（$\tilde{p}$）的函数。

10.2 从均匀分布中抽取10 000个随机数，边界为 $U[0.5,1]$。

（1）计算 $\|X\|=2$ 的下注大小 m。

（2）为赌注大小分配10 000个连续日历日。

（3）从均匀分布中抽取10 000个随机数，边界为 $U[1,25]$。

（4）形成一个练习10.2（2）中的日期索引的大数据分析，其值等于练习10.2（3）中向前移动的天数。这是一个类似于我们在第3章中使用的 `t1` 对象。

（5）根据第10.4节，计算平均有效投注的结果。

10.3 使用练习10.2（4）中的 `t1` 对象：

（1）确定最大并发加注数量 $\bar{c}_l$。

（2）确定最大并发减注数量 $\bar{c}_s$。

（3）将下注大小推导为 $m_t=c_{t,l}\frac{1}{\bar{c}_l}-c_{t,s}\frac{1}{\bar{c}_s}$，其中，$c_{t,l}$ 是 t 时刻的并发加注的数量，而 $c_{t,s}$ 是 t 时刻并发减注的数量。

10.4 使用练习10.2（4）中的 `t1` 对象：

（1）计算 $c_t=c_{t,l}-c_{t,s}$，其中，$c_{t,l}$ 是时刻 t 的并发加注数，$c_{t,s}$ 是时刻 t 的并发减注数。

（2）使用 López de Prado & Foreman（2014）中描述的方法，在 $\{c_t\}$ 上拟合两个高斯分布混合。

（3）将投注大小推导为 $m_t=\begin{cases}\frac{F[c_t]-F[0]}{1-F[0]} & \text{if } c_t\geq 0\\ \frac{F[c_t]-F[0]}{F[0]} & \text{if } c_t<0\end{cases}$，其中，$F[x]$ 是两个高斯的拟合混合的累积分布函数，其值为 x。

（4）解释数列 $\{m_t\}$ 与练习10.3中计算的下注规模数列有何不同。

10.5 重复练习 10.1，使用 stepSize = 0.01、stepSize = 0.05 和 stepSize = 0.1 对 m 进行离散化。

10.6 重写第 10.6 节中的公式，使下注大小由幂函数确定而不是由 sigmoid 函数确定。

10.7 修改代码片段 10.4，以实现你在练习 10.6 中推导出的公式。

引用文献

López de Prado, M. and M. Foreman (2014): "A mixture of Gaussians approach to mathematical portfolio oversight: The EF3M algorithm." *Quantitative Finance*, Vol. 14, No. 5, pp. 913–930.

Wu, T., C. Lin and R. Weng (2004): "Probability estimates for multi-class classification by pairwise coupling." *Journal of Machine Learning Research*, Vol. 5, pp. 975–1005.

参考文献

Allwein, E., R. Schapire, and Y. Singer (2001): "Reducing multiclass to binary: A unifying approach for margin classifiers." *Journal of Machine Learning Research*, Vol. 1, pp. 113–141.

Hastie, T. and R. Tibshirani (1998): "Classification by pairwise coupling." *The Annals of Statistics*, Vol. 26, No. 1, pp. 451–471.

Refregier, P. and F. Vallet (1991): "Probabilistic approach for multiclass classification with neural networks." Proceedings of International Conference on Artificial Networks, pp. 1003–1007.

第 11 章

回测的风险

11.1　动机

回测是量化工具库中最重要的，但也是最不容易理解的技术之一。一个常见的误解是将回测作为一种研究工具。研究和回测的关系就像喝酒和开车的关系一样，不要在回测的影响下进行研究。由于多重检验中的选择偏差［Bailey，Borwein，López de Prado，Zhu（2014）；Harvey 等人（2016）］，在期刊上发表的大多数回测都有缺陷。若要列出人们在回测时所犯的所有不同错误，简直可以写成一本书。我可能是在回测和投资业绩指标领域发表期刊文章数量最多的学术作者，但我仍然觉得自己没有足够的能力去汇编我在过去 20 年中看到的所有不同的错误。本章不是关于回测的速成课程，而是一些即使经验丰富的专业人员也会犯下的常见错误的简要列表。

11.2　不可能的任务：完美的回测

回测的狭义定义是对策略在过去一段时间内如何运行的历史模拟。

因此，这是一个假设，绝不是一个实验。在美国劳伦斯·伯克利国家实验室这样的物理实验室中，我们可以在控制环境变量的条件下重复实验，以推断出精确的因果关系。相比之下，回测不是实验，也不能证明任何东西。回测不能保证得到任何东西，即使我们能坐着改装过的德罗宁 DMC-12 汽车回到过去［Bailey，López de Prado（2012）］，也得不到那种夏普比率。随机抽签就不一样了，过去的事不会重演。

那么，回测的意义是什么呢？它是对许多变量的完整性检查，包括投注规模、营业额、成本弹性和给定情景下的行为。良好的回测可能非常有用，却非常困难。2014 年，由德意志银行（Deutsche Bank）的尹罗（Yin Luo）领导的量化团队发表了一篇名为《量化投资七宗罪》［Luo 等人（2014）］的研究报告。这是一份非常生动易懂的报告，我建议业内人士仔细阅读。在这份报告中，这个团队提到了一些常见的观点：

1. 生存偏见：使用当前通用的投资，会忽略一些公司的破产和证券的退市。
2. 预见性偏差：使用目前尚未公开的信息进行模拟决策，确定每个数据点的时间戳，考虑发布日期、发行延迟和回调修正。
3. 讲故事：事后编写一个故事来证明某些随机模式。
4. 数据挖掘和数据窥探：在测试集上训练模型。
5. 交易成本：模拟交易成本很难，因为确定该成本的唯一方法就是与交易账户进行交互（即进行实际交易）。
6. 异常值：根据过去观察到的可能不会再发生的一些极端结果制定战略。
7. 做空：在现金产品上做空头寸需要向贷方提供贷款。贷款成本和可用金额通常是未知的，取决于关系、库存、相对需求等。

这些只是大多数论文经常犯的几个基本错误。其他常见错误，包括使用非标准方法计算性能（见第14章），忽视隐藏的风险，只关注回报而忽略其他指标，混淆因果关系，选择不具代表性的时间段，没有预料到意外，忽略存在中途退出限制或追加保证金的情况，忽视资金成本，忘记了实际情况，等等［Sarfati（2015）］。还有更多，但实际上，下一节的标题说明了列出它们没有意义。

11.3 即使你的回测完美无缺，也可能是错误的

恭喜！就每个人都可以重现你的结果而言，你的回测是完美的，你的假设是如此保守，即使你的老板也不能反对。你每笔交易支付的价格都是别人可能要求的两倍多。这些信息被全球半数人知道后，你已经执行了几个小时，而且参与率低得离谱。尽管有这些惊人的代价，你的回测还是能赚很多钱。然而，这种完美无缺的回测很可能是错误的。为什么？因为只有专家才能做出完美的回测。成为一名专家意味着你在过去的几年里做了成千上万次的测试。综上所述，这不是你做的第一次回测，因此我们需要考虑这是一个错误发现的可能性，即一个在同一数据集上运行多次测试之后，不可避免地出现的统计上的偶然事件。

回测令人抓狂之处在于，你做得越好，就越有可能出现错误的发现。初学者会犯《量化投资七宗罪》中的错误。（还有更多，但谁在数呢?）专业人士可能会产生完美的回测，但仍会因多次测试、选择偏差或回测过拟合而失败［Bailey，López de Prado（2014b）］。

11.4 回测不是研究工具

第8章讨论了替代效应、联合效应、掩蔽效应、MDI、MDA、SFI、并行特征、叠加特征等。即使某些特征非常重要，也并不意味着可以通

过投资策略将其套现。相反，即使它们基于不相关的特征，也有很多策略看起来很有用。特征重要性是一种真正的研究工具，因为它有助于我们理解机器学习算法找出的模式的本质，而不是它们的套现。重要的是，在模拟历史性能之前，事先推导出特征重要性。

相比之下，回测不是一种研究工具，它让我们对特定策略赚钱的原因知之甚少。就像一个彩票中奖者可能觉得他做了一些活该他好运的事情一样，总会有一些事后的故事（尹罗提出的第三宗罪）。研究者们声称已经发现了成百上千的“alpha”和“factor”，而且总有一些令人费解的解释。相反，他们发现的只是赢得最后一场比赛的彩票。赢家已经套现了，这些数字对于下一轮是没有用的。如果你不愿意为那些彩票支付额外的费用，那么为什么要关心那些数以百计的 alpha 呢？那些研究者从来没有告诉我们所有彩票已经售出，也就是说，为了获得这些“幸运的”alpha，他们做了数百万次的模拟。

回测的目的是剔除不良模型，而不是改进它们。根据回测结果调整模型是浪费时间，而且这是有风险的。投入时间和精力来确保所有组件正确，正如我们在本书其他章节所讨论的那样：结构化数据、标记、加权、集成、交叉验证、特征重要性、投注大小等，等你进行回测时，为时已晚。在模型完全形成之前，切勿进行回测。如果回测失败，请重新开始。如果你这样做了，那么发现错误的机会将大幅下降，但它们仍然不会为零。

11.5 几个一般性建议

在多次回测中，可以将回测过拟合定义为选择偏差。以对随机的历史模式进行套现为例，当一个策略在回测中调整、完善至表现良好时，就发生了回测的过拟合。由于这些随机模式不太可能在未来再次发生，所以开发出来的策略将会失败。由于“选择偏差”，每一种经过回测的策略都会在一定程度上被过拟合：大多数人共享的唯一回测是那些描绘出理应赢得投资策略的回测。

如何解决回测过拟合问题，可以说是量化金融中最基本的问题。为什么？因为如果对这个问题有一个简单的答案，那么投资公司就肯定可以获得高业绩，因为他们只会投资于成功的回测。期刊会评估一个策略是否为假阳性的置信水平。金融可以成为卡尔·波普和拉卡托斯意义上的真正科学［López de Prado（2017）］。回测如此难以评估，是因为在同一数据集上进行的每项新测试都会出现误报的可能性，而这些信息要么是研究人员不知道的，要么是投资者或推荐人不清楚的。虽然没有简单的方法来防止过拟合，但许多步骤可以帮助减少它的出现。

1. 为整个资产类别或投资领域开发模型，而不是只为特定证券（见第8章）。投资者分散投资，因此他们不会只在证券 Y 上犯 X 错误。如果你只在证券 Y 上发现错误 X，不管多么赚钱，这都看起来像是一个错误的发现。
2. 通过装袋法（见第6章）来防止过拟合和减少预测误差的方差。如果装袋法会降低策略的性能，则很可能会对少量观测值或异常值进行过拟合。
3. 在完成所有研究之前不要回测（见第1章到第10章）。
4. 记录对数据集进行的每次回测，以便可以根据最终选定的结果估算回测过拟合概率［Bailey，Borwein，López de Prado，Zhu（2017a）］，在进行多次试验后，夏普比率可能会适当收缩［Bailey，López de Prado（2014b）］。
5. 模拟场景而不是历史（见第12章）。标准的回测是一种历史模拟，可以很容易地出现过拟合。历史只是实现的随机路径，它可能会完全不同。你的策略应该在各种情景下都可以获利，而不仅仅在特定事件的历史路径上。要对成千上万个“如果”场景的结果进行过拟合是很难的。

6. 如果回测无法确定有利可图的策略，那就请从头开始，要抵制重复使用这些结果的诱惑。遵循回测的第二定律。

马科斯回测第二定律

“研究和回测的关系就像喝酒和开车的关系一样。不要在回测的影响下进行研究。”

11.6 选择策略

在第7章中，我们讨论了标签中的序列制约性如何使标准k折交叉验证失败，因为随机采样会将冗余观测值分散到训练集和测试集中。我们必须找到一个不同的（真正的样本外）验证程序：这个过程根据与用来训练模型的那些最不可能相关/冗余的观察结果来评估我们的模型［Arlot，Celisse（2010）］。

机器学习实施了一种向前时间折叠方法。在这种方法下，测试向前移动（在时间方向上），目的是防止泄露。这与历史回测（和交易）的完成方式一致。然而，在存在长期序列相关性的情况下，测试远离训练集的末端的一个观察可能不足以避免信息泄露，我们将在第12章第12.2节重申这一点。

“向前推演”方法的一个缺点是容易过拟合。原因是如果没有随机采样，就会有一条单一的测试路径可以重复进行，直到出现误报为止。与标准交叉验证一样，需要进行一些随机化以避免这种性能定位或回测优化，同时避免将与训练集相关的示例泄露到测试集中。接下来，我们将基于对回测过拟合（PBO）概率的估计，引入用于策略选择的交叉验证方法。我们将在第12章解释回测的交叉验证方法。

Bailey 等人（2017a）通过组合对称交叉验证（CSCV）方法估计 PBO。这个过程大致如下。

第一，我们通过从 N 次试验中收集性能数据集合来形成矩阵 M。特别是，每列 $n = 1,\cdots,N$ 表示与研究人员尝试的特定模型配置相关联的 $t = 1,\cdots,T$ 的观察的 PnL 的向量。因此，M 是有序的实数矩阵（$T \times N$）。我们施加的条件是：（1）M 是一个有效的矩阵，即每列的行数相同，其中，N 次试验中每行的观测值是同步的；（2）使用可以在每列的子样本上估计选择“最优”策略的性能评估指标。例如，如果该度量是夏普比率，我们假设 IID 正态分布假设可以适用于报告性能的各个部分。如果不同的模型配置以不同的频率，则观察结果会被汇总（向下采样）以匹配一个公共指数 $t = 1,\cdots,t$。

第二，我们将 M 划分为多行，划分为具有相等偶数 S 维度的子矩阵，这些子矩阵 M_s 中的每一个都是 $\frac{T}{S} \times N$ 阶，其中，$s = 1,\cdots,S$。

第三，我们形成 M_s 的所有组合 C_S，以 $S/2$ 为一组。给出了组合的总数：

$$\binom{S}{S/2} = \binom{S-1}{S/2-1}\frac{S}{S/2} = \ldots = \prod_{i=0}^{S/2-1}\frac{S-i}{S/2-i}$$

例如，如果 $S=16$，我们将形成 12 780 种组合。每个组合 $c \in C_S$ 由 $S/2$ 子矩阵 M_s 组成。

第四，对于每个组合 $c \in CS$，我们：

1. 通过加入构成 c 的 $S/2$ 子矩阵 M_s，形成训练集合 J。J 是一个 $\left(\frac{T}{S}\frac{S}{2} \times N\right) = \left(\frac{T}{2} \times N\right)$ 阶矩阵。
2. 形成测试集合 $\bar{J}$，作为 M 中 J 的补集。换句话说，$\bar{J}$ 是由 M 中不是 J 的那部分行形成的 $\left(\frac{T}{2} \times N\right)$ 矩阵。

3. 形成 N 阶性能统计量的向量 R，其中 R 的第 n 项报告性能与 J 的第 n 列（训练集）相关。
4. 确定元素 n^*，使得 $R_n \leqslant R_{n^*}, \forall n = 1, \cdots, N$。换句话说，$n^* = \arg max_n \{R_n\}$。
5. 形成阶数 N 的性能统计量的向量 $\bar{R}$，其中 $\bar{R}$ 的第 n 项性能报告与 $\bar{J}$ 的第 n 列（测试集）相关。
6. 确定 $\bar{R}$ 内 $\overline{R_{n^*}}$ 的相对阶数。我们将这个相对阶数表示为 $\bar{\omega}_c, \bar{\omega}_c \in (0,1)$。这是与样本内选择的试验相关的样本外性能的相对阶数。如果策略优化过程没有过拟合，我们应该观察到 $\overline{R_{n^*}}$ 优于 $\bar{R}$（样本外），就像 R_{n^*} 优于 R（样本内）一样。
7. 定义 $\lambda_c = \log\left[\frac{\bar{\omega}_c}{1-\bar{\omega}_c}\right]$，当 $\overline{R_{n^*}}$ 与 $\bar{R}$ 的中值一致时，这表示 $\lambda_c = 0$。高对数值意味着样本内和样本外性能之间的一致性，这表明回测过拟合水平较低。

第五，通过收集所有 $\lambda_c = 0$ 来计算阶数样本外的分布，其中 $c \in CS$。然后将概率分布函数 $f(\lambda)$ 估计为在所有 C_S 上发生 c 的相对频率，$\int_{-\infty}^{\infty} f(\lambda) d\lambda = 1$，最后，通过 $PBO = \int_{-\infty}^{0} f(\lambda) d\lambda$ 对 PBO 进行估算，因为这是与表现优于样本外的样本内最优策略相关的概率。

图 11.1 的 x 轴显示了所选最佳策略的样本内夏普比率，y 轴显示所选择的相同最佳策略的样本外夏普比率。可以理解的是，由于回测过拟合，导致了大幅持续的性能下降。应用上述算法，我们可以推导出与该策略选择过程相关的 PBO，如图 11.2 所示。

每个子集中的观察结果保留了原始时间序列。随机采样是在相对不相关的子集上进行的，而不是在观测值上进行的。对该方法的准确性进行的实验分析见 Bailey 等人（2017a）。

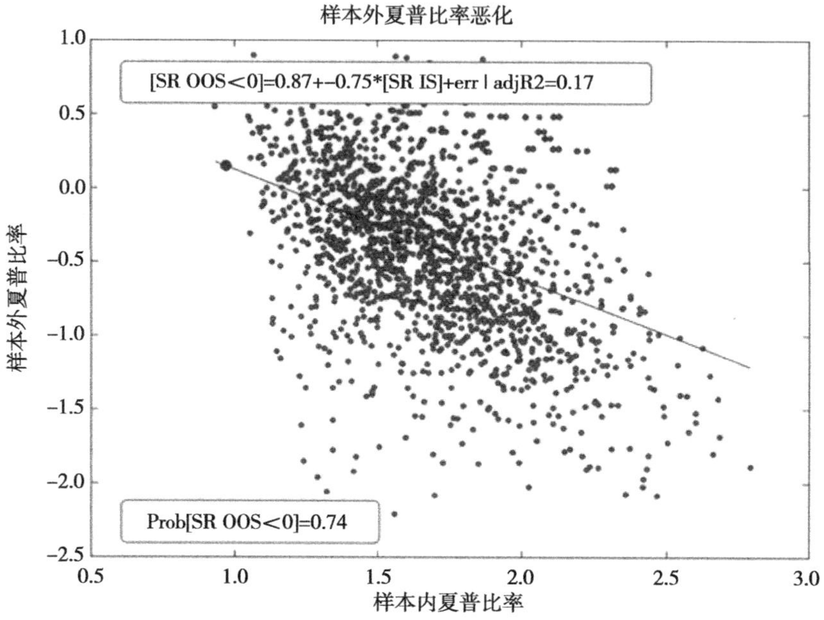

图 11.1　最佳样本内夏普比率（SR IS）与最佳样本外夏普比率（SR OOS）

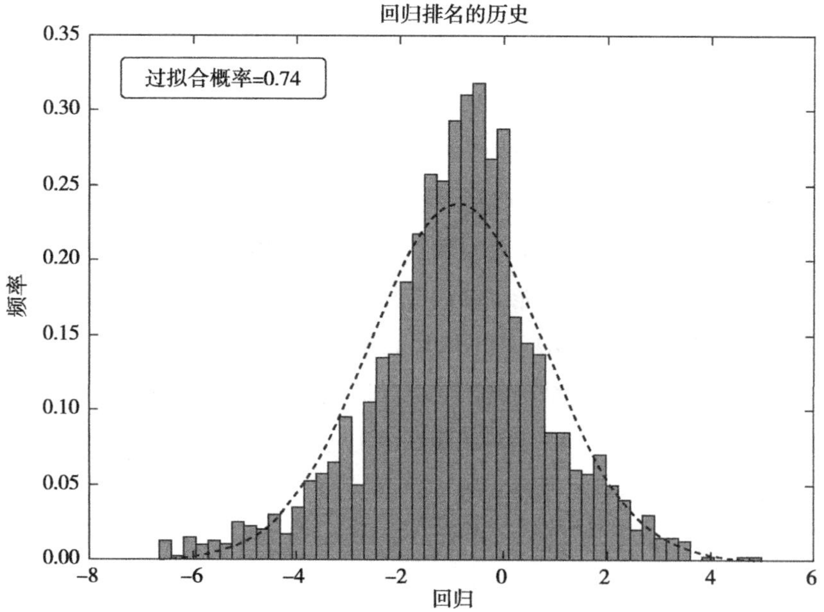

图 11.2　回归分布过拟合回测的概率

练习

11.1 分析师用随机森林分类器拟合，其中一些特征包括季节性调整的就业数据。他将 1 月份数据与经季节性调整后的 1 月份数据等校准。他犯了什么“罪”?

11.2 分析师开发了一种机器学习算法，他使用收盘价生成信号，并在收盘时执行。他犯了什么“罪”?

11.3 在美国，商场创造的总收入和颁发的计算机科学博士学位之间有 98.51% 的相关性。随着博士学位数量的增加，我们应该投资商场公司吗？如果不应该，那犯了什么“罪”?

11.4 《华尔街日报》报道，回顾过去的 20 年、50 年和 100 年，9 月是一年中唯一一个平均股票收益率为负的月份。我们应该在 8 月底卖出股票吗？如果不应该，那犯了什么“罪”?

引用文献

Arlot, S. and A. Celisse (2010): “A survey of cross-validation procedures for model selection.” *Statistics Surveys*, Vol. 4, pp. 40–79.

Bailey, D., J. Borwein, M. López de Prado, and J. Zhu (2014): “Pseudo-mathematics and financial charlatanism: The effects of backtest overfitting on out-of-sample performance.” *Notices of the American Mathematical Society*, Vol. 61, No. 5 (May), pp. 458–471. Available at https://ssrn.com/abstract=2308659.

Bailey, D., J. Borwein, M. López de Prado, and J. Zhu (2017a): “The probability of backtest overfitting.” *Journal of Computational Finance*, Vol. 20, No. 4, pp. 39–70. Available at http://ssrn.com/abstract=2326253.

Bailey, D. and M. López de Prado (2012): “The Sharpe ratio efficient frontier.” *Journal of Risk*, Vol. 15, No. 2 (Winter). Available at https://ssrn.com/abstract=1821643.

Bailey, D. and M. López de Prado (2014b): “The deflated Sharpe ratio: Correcting for selection bias, backtest overfitting and non-normality.” *Journal of Portfolio Management*, Vol. 40, No. 5, pp. 94–107. Available at https://ssrn.com/abstract=2460551.

Harvey, C., Y. Liu, and H. Zhu (2016): “. . . and the cross-section of expected returns.” *Review of Financial Studies*, Vol. 29, No. 1, pp. 5–68.

López de Prado, M. (2017): “Finance as an industrial science.” *Journal of Portfolio Management*, Vol. 43, No. 4, pp. 5–9. Available at http://www.iijournals.com/doi/pdfplus/10.3905/jpm.2017.43.4.005.

Luo, Y., M. Alvarez, S. Wang, J. Jussa, A. Wang, and G. Rohal (2014): “Seven sins of quantitative investing.” White paper, Deutsche Bank Markets Research, September 8.

Sarfati, O. (2015): "Backtesting: A practitioner's guide to assessing strategies and avoiding pitfalls." Citi Equity Derivatives. CBOE 2015 Risk Management Conference. Available at https://www.cboe.com/rmc/2015/olivier-pdf-Backtesting-Full.pdf.

参考文献

Bailey, D., J. Borwein, and M. López de Prado (2016): "Stock portfolio design and backtest overfitting." *Journal of Investment Management*, Vol. 15, No. 1, pp. 1–13. Available at https://ssrn.com/abstract=2739335.

Bailey, D., J. Borwein, M. López de Prado, A. Salehipour, and J. Zhu (2016): "Backtest overfitting in financial markets." *Automated Trader*, Vol. 39. Available at https://ssrn.com/abstract=2731886.

Bailey, D., J. Borwein, M. López de Prado, and J. Zhu (2017b): "Mathematical appendices to: 'The probability of backtest overfitting.'" *Journal of Computational Finance (Risk Journals)*, Vol. 20, No. 4. Available at https://ssrn.com/abstract=2568435.

Bailey, D., J. Borwein, A. Salehipour, and M. López de Prado (2017): "Evaluation and ranking of market forecasters." *Journal of Investment Management*, forthcoming. Available at https://ssrn.com/abstract=2944853.

Bailey, D., J. Borwein, A. Salehipour, M. López de Prado, and J. Zhu (2015): "Online tools for demonstration of backtest overfitting." Working paper. Available at https://ssrn.com/abstract=2597421.

Bailey, D., S. Ger, M. López de Prado, A. Sim and, K. Wu (2016): "Statistical overfitting and backtest performance." In *Risk-Based and Factor Investing*, Quantitative Finance Elsevier. Available at ttps://ssrn.com/abstract=2507040.

Bailey, D. and M. López de Prado (2014a): "Stop-outs under serial correlation and 'the triple penance rule.'" *Journal of Risk*, Vol. 18, No. 2, pp. 61–93. Available at https://ssrn.com/abstract=2201302.

Bailey, D. and M. López de Prado (2015): "Mathematical appendices to: 'Stop-outs under serial correlation.'" *Journal of Risk*, Vol. 18, No. 2. Available at https://ssrn.com/abstract=2511599.

Bailey, D., M. López de Prado, and E. del Pozo (2013): "The strategy approval decision: A Sharpe ratio indifference curve approach." *Algorithmic Finance*, Vol. 2, No. 1, pp. 99–109. Available at https://ssrn.com/abstract=2003638.

Carr, P. and M. López de Prado (2014): "Determining optimal trading rules without backtesting." Working paper. Available at https://ssrn.com/abstract=2658641.

López de Prado, M. (2012a): "Portfolio oversight: An evolutionary approach." Lecture at Cornell University. Available at https://ssrn.com/abstract=2172468.

López de Prado, M. (2012b): "The sharp razor: Performance evaluation with non-normal returns." Lecture at Cornell University. Available at https://ssrn.com/abstract=2150879.

López de Prado, M. (2013): "What to look for in a backtest." Lecture at Cornell University. Available at https://ssrn.com/abstract=2308682.

de Prado, M. (2014a): "Optimal trading rules without backtesting." Lecture at Cornell University. Available at https://ssrn.com/abstract=2502613.

nal of Portfolio Management, Vol. 42, No. 4, pp. 59–69. Available at https://ssrn.com/abstract=2708678.

López de Prado, M. and M. Foreman (2014): "A mixture of Gaussians approach to mathematical portfolio oversight: The EF3M algorithm." *Quantitative Finance*, Vol. 14, No. 5, pp. 913–930. Available at https://ssrn.com/abstract=1931734.

López de Prado, M. (2014b): "Deflating the Sharpe ratio." Lecture at Cornell University. Available at https://ssrn.com/abstract=2465675.

López de Prado, M. (2015a): "Quantitative meta-strategies." *Practical Applications, Institutional Investor Journals*, Vol. 2, No. 3, pp. 1–3. Available at https://ssrn.com/abstract=2547325.

López de Prado, M. (2015b): "The Future of empirical finance." *Journal of Portfolio Management*, Vol. 41, No. 4, pp. 140–144. Available at https://ssrn.com/abstract=2609734.

López de Prado, M. (2015c): "Backtesting." Lecture at Cornell University. Available at https://ssrn.com/abstract=2606462.

López de Prado, M. (2015d): "Recent trends in empirical finance." *Journal of Portfolio Management*, Vol. 41, No. 4, pp. 29–33. Available at https://ssrn.com/abstract=2638760.

López de Prado, M. (2015e): "Why most empirical discoveries in finance are likely wrong, and what can be done about it." Lecture at University of Pennsylvania. Available at https://ssrn.com/abstract=2599105.

López de Prado, M. (2015f): "Advances in quantitative meta-strategies." Lecture at Cornell University. Available at https://ssrn.com/abstract=2604812.

López de Prado, M. (2016): "Building diversified portfolios that outperform out-of-sample." *Jour-*

López de Prado, M. and A. Peijan (2004): "Measuring loss potential of hedge fund strategies." *Journal of Alternative Investments*, Vol. 7, No. 1, pp. 7–31, Summer 2004. Available at https://ssrn.com/abstract=641702.

López de Prado, M., R. Vince, and J. Zhu (2015): "Risk adjusted growth portfolio in a finite investment horizon." Lecture at Cornell University. Available at https://ssrn.com/abstract=2624329.

第12章

通过交叉验证进行回测

12.1 动机

回测使用过去的观测值来评估投资策略的样本外性能。这些过去的观测值可以通过两种方式使用：(1) 从狭义上讲，模拟投资策略的历史表现，就好像该策略在过去运行的一样；(2) 从广义上讲，模拟过去没有发生的情景。第一种（狭义）方法非常普遍，也称为“向前推演”方法，事实上，“回测”一词已经成为“历史模拟”的同义词。第二种（广义）方法鲜为人知，在本章中，我们将介绍一些新方法来实现它。每种方法都有其优点和缺点，每一种都应该仔细考虑。

12.2 “向前推演”方法

文献中最常见的回测方法是“向前推演”方法（WF）。WF是对过去策略执行情况的历史模拟。每个策略决策都基于该决定之前的观察。正如我们在第11章中看到的那样，执行一个完美的WF模拟是一项艰巨的任务，需要对数据源、市场微观结构、风险管理、性能测量标准

（如 GIPS）、多重检验方法和实验数学等方面有深入的了解。令人遗憾的是，没有通用的方法来进行回测。为了准确和有代表性，每个回测必须定制以评估特定策略的假设。

WF 有两个主要优势：（1）WF 具有明确的历史解释，它的表现可以与模拟交易相协调；（2）历史是一种过滤，因此只要进行了正确的清洗（见第 7 章第 7.4.1 节），使用尾部数据就可以确保测试集合是样本外的（无泄露）。在 WF 回测中发生泄露是常见的错误，其中 `t1.index` 属于训练集，但是 `t1.values` 属于测试集（见第 3 章）。在 WF 回测中不需要使用禁止，因为训练集总是在测试集之前。

WF 有 3 个主要缺点。第一，测试单个场景（历史路径），这很容易出现过拟合［Bailey 等人（2014）］。第二，WF 不一定代表未来的表现，因为结果可能会受到特定数据点序列的影响。WF 方法的支持者通常认为预测过去会导致过度乐观的绩效估计。然而，经常在反向观察序列上拟合一个表现优异的模型将导致 WF 回测表现不佳。事实上，向后回测就像向前回测一样容易过拟合，并且改变观察序列会产生不一致的结果也证明了这种过拟合。如果 WF 的支持者是正确的，那么我们应该观察到向后回测系统性性能优于他们的向前回测。事实并非如此，因此支持 WF 的主要论点相当薄弱。

为了更清楚地说明第二个缺点，假设从 2007 年 1 月 1 日开始，对一种标普 500 指数股票的策略进行 WF 回测。在 2009 年 3 月 15 日之前，反弹和抛售的组合将训练该策略保持市场中性，每个头寸的可信度都很低。之后，长时间的上涨将主导数据集，到 2017 年 1 月 1 日，买入预测将超过卖出预测。如果我们对从 2017 年 1 月 1 日到 2007 年 1 月 1 日（股市长期上涨后出现大幅下跌）上的信息进行反向操作，结果就会大不相同。通过利用特定的序列，WF 选择的策略可能会让我们陷入崩溃。

WF 的第三个缺点是初始决策是在总样本的较小部分上做出的。即使设置了预热期，大部分信息也仅被一小部分决策使用。考虑一个具有预热期的策略，该策略使用 t 中的 t_0 观察值。该策略将其一半的决策 $\left(\frac{T-t_0}{2}\right)$ 放在平均数据点数上：

$$\left(\frac{T-t_0}{2}\right)^{-1}\left(t_0+\frac{T+t_0}{2}\right)\frac{T-t_0}{4}=\frac{1}{4}T+\frac{3}{4}t_0$$

这只是观测值的 $\frac{3}{4}\frac{t_0}{T}+\frac{1}{4}$ 部分，尽管可以通过增加预热期来应对这个问题，但这样做也会缩短回测的长度。

12.3 交叉验证方法

投资者经常会问，如果遭遇诸如 2008 年危机、互联网泡沫、减码恐慌等不可预见的压力情景，策略将如何发挥作用。一种方法是将观测值分成两组，一组用我们希望测试的时间段（测试组），另一组是剩余的时间段（训练组）。例如，分类器将在 2009 年 1 月 1 日至 2017 年 1 月 1 日期间进行训练，然后在 2008 年 1 月 1 日至 2008 年 12 月 31 日期间进行测试。我们将在 2008 年获得的表现缺失历史准确性，因为分类器只接受了 2008 年之后的数据进行训练。但历史准确性并不是测试的目的，该测试的目的是使一个对 2008 年毫不知情的策略应对 2008 年的压力情景。

通过交叉验证进行回测的目的不是为了获得历史准确性的性能，而是从多个样本场景中推断出未来的表现。对于回测的每个时期，我们都会模拟一个知道除了那个时期的所有事物的分类器。

交叉验证方法的优点如下：

1. 测试不是特定（历史）场景的结果。实际上，交叉验证测试 k 个替代场景，其中只有一个场景与历史序列相对应。

2. 每个决定都是在相同规模的集合上做出的，这使得结果可以在用于做出这些决策的信息量方面跨期间进行比较。
3. 每个观测值都是且仅是一个测试集的一部分。没有预热子集，从而实现了尽可能长的样本。

交叉验证方法的缺点如下：

1. 与 WF 一样，仅模拟单个回测路径（尽管不是历史路径）。每次观察只生成一个且只有一个预测。
2. 交叉验证没有明确的历史解释。输出并不模拟该策略在过去的表现，而是模拟在各种压力情景下它在未来的表现（这本身就是一个有用的结果）。
3. 由于训练集不跟踪测试集，有可能出现泄露。必须非常小心，避免将测试信息泄露到训练集中。参见第 7 章有关在交叉验证中如何利用清洗和禁止防止信息泄露的讨论。

12.4 组合清洗交叉验证方法

在本节中，我将介绍一种新的方法，它解决了 WF 和交叉验证方法的主要缺点，即这些方案只测试单个路径。我称之为组合清洗交叉验证方法（CPCV）。考虑到研究人员针对的许多次测试路径，CPCV 生成这些路径所需的训练/测试集的精确数目 φ，同时清洗包含泄露信息的训练观测值。

12.4.1 组合分割

考虑将 T 个观测值划分为 N 组而不进行混洗，其中，组 $n=1,\cdots,N-1$ 的大小为 $\lfloor T/N \rfloor$，第 N 组的大小为 $T-\lfloor T/N \rfloor(N-1)$，其中，$\lfloor . \rfloor$

是向下取整或取整函数。对于大小为 k 组的测试集，可能的训练/测试分组的数量是：

$$\binom{N}{N-k}=\frac{\prod_{i=0}^{k-1}(N-i)}{k!}$$

由于每个组合涉及 k 个测试组，测试组的总数为 $k\binom{N}{N-k}$，由于我们已经计算了所有可能的组合，这些测试组在所有 N 中均匀分布（每组都是相同数量的训练和测试集）。其含义是，从 N 组的 k 大小测试集中，我们可以对总路径 $\varphi[N,k]$ 进行回测：

$$\varphi[N,k]=\frac{k}{N}\binom{N}{N-k}=\frac{\prod_{i=1}^{k-1}(N-i)}{(k-1)!}$$

图 12.1 说明了 $N=6$ 和 $k=2$ 的训练/测试分割的组成，有 $\binom{6}{4}=15$ 个分割，索引为 $S1,\cdots,S15$。对于每个分割，用"×"标记测试集中包括的组，不标记形成训练集的组。每个组构成 $\varphi[6,2]=5$ 个测试集的一部分，因此该训练/测试分割方案允许我们进行 5 个回测路径的计算。

图 12.2 显示了每个测试组分配到一个回测路径。例如，路径 1 是组合来自（G1，S1）、（G2，S1）、（G3，S2）、（G4，S3）、（G5，S4）和（G6，S5）的预测的结果。路径 2 是组合来自（G1，S2）、（G2，S6）、（G3，S6）、（G4，S7）、（G5，S8）和（G6，S9）等的预测的结果。

	S1	S2	S3	S4	S5	S6	S7	S8	S9	S10	S11	S12	S13	S14	S15	路径
G1	×	×	×	×	×											5
G2	×					×	×	×	×							5
G3		×				×				×	×	×				5
G4			×				×			×			×	×		5
G5				×				×			×		×		×	5
G6					×				×			×		×	×	5

图 12.1　$\varphi[6,2]=5$ 生成的路径

	S1	S2	S3	S4	S5	S6	S7	S8	S9	S10	S11	S12	S13	S14	S15	路径
G1	1	2	3	4	5											5
G2	1					2	3	4	5							5
G3		1				2				3	4	5				5
G4			1				2			3			4	5		5
G5				1				2			3		4		5	5
G6					1				2			3		4	5	5

图 12.2　将测试组分配给 5 个路径中每个路径

通过在每个组合的数据的第 $\theta = 1 - k/N$ 部分上训练分类器来生成这些路径。虽然理论上可以训练 $\theta < 1/2$ 的部分，但实际上我们假设 $k \leqslant N/2$。训练集 θ 中的数据部分随着 $N \to T$ 而增加，但是随着 $k \to N/2$ 而减小。路径数 $\varphi[N,k]$ 随 $N \to T$ 和 $k \to N/2$ 增加。在限制中，通过设置 $N = T$ 和 $k = N/2 = T/2$ 来实现最大数量的路径，代价是仅对每个组合的一半数据（$\theta = 1/2$）训练分类器。

12.4.2　组合清洗交叉验证回测算法

在第 7 章中，我们介绍了在交叉验证背景下清洗和禁止的概念。我们现在将使用这些概念通过交叉验证进行回测。CPCV 回测算法如下：

1. 将观测值 T 分为 N 组，不混洗，其中组 $n = 1,\cdots,N-1$ 的大小为 $[T/N]$，第 N 组的大小为 $T - [T/N](N-1)$。
2. 计算所有可能的训练/测试分割，其中每个分割的 $N-k$ 组构成训练集，k 组构成测试集。
3. 对于任意一对标签（y_i，y_j），其中，y_i 属于训练集且 y_j 属于测试集，如果 y_i 处在用于确定标签 y_j 的时间段，则应用 `PurgedKFold` 类来清洗 y_i。如果一些测试样本早于一些训练样本，该类样本也将被禁止。
4. 在 $\binom{N}{N-k}$ 训练集上拟合分类器，并在各自的 $\binom{N}{N-k}$ 测试集上生成预测。

5. 计算 $\varphi[N,k]$ 回测路径。你可以利用每条路径计算一个夏普比率，并从中得出策略的夏普比率的经验分布（而不是单个夏普比率，如 WF 或交叉验证）。

12.4.3 例子

对于 $k=1$，我们将获得 $\varphi[N,1]=1$ 路径，在这种情况下，CPCV 减小到交叉验证。因此，CPCV 可以理解为 $k>1$ 的交叉验证的推广。

对于 $k=2$，我们将获得 $\varphi[N,2]=N-1$ 个路径。这是一个特别有趣的案例，因为在对大部分数据 $\theta=1-2/N$ 训练分类时，我们可以生成几乎与组数 $N-1$ 一样多的回测路径。一个简单的经验法则是将数据划分为 $N=\varphi+1$ 组，其中，φ 是目标路径数，然后形成 $\binom{N}{N-2}$ 组合。在极限情况下，我们可以为每个观测分配一个组，$N=T$，并生成 $\varphi[T,2]=T-1$ 个路径，同时在每个组合的数据的部分 $\theta=1-2/T$ 上训练分类器。

如果需要更多路径，我们可以增加 $k\rightarrow N/2$，但如前所述，这将以使用较小部分数据集进行训练为代价。在实际中，通过设置 $N=\varphi+1\leqslant T$，$k=2$ 通常足以生成所需的 φ 个路径。

12.5 组合清洗交叉验证如何处理回测的过拟合

给定 IID 随机变量的样本，$x_i \sim Z, i=1,\cdots,I$，其中，Z 是标准正态分布，该样本的预期最大值可近似为：

$$\mathrm{E}[\max\{x_i\}_{i=1,\ldots,I}]\approx(1-\gamma)Z^{-1}\left[1-\frac{1}{I}\right]+\gamma Z^{-1}\left[1-\frac{1}{I}e^{-1}\right]\leq\sqrt{2\log[I]}$$

其中，$Z^{-1}[.]$ 是 Z 的累积分布函数的倒数，$\gamma\approx0.5772156649\cdots\cdots$ 是欧拉－马歇罗尼常数（Euler-Mascheroni Constant），而 $I\gg1$［Bailey

等人（2014）]。现在假设一个研究人员在一个具有夏普比率 $\{y_i\}_{i=1,\ldots,I}$，$\mathrm{E}[y_i]=0, \sigma^2[y_i]>0$ 的装置上测试我的策略，其中，$\frac{y_i}{\sigma[y_i]} \sim Z$。即使真正的夏普比率为零，我们也希望得到一个具有夏普比率的策略：

$$\mathrm{E}[\max\{y_i\}_{i=1,\ldots,I}] = \mathrm{E}[\max\{x_i\}_{i=1,\ldots,I}]\sigma[y_i]$$

WF 回测表现出很大的差异，$\sigma[y_i] \gg 0$，至少有一个原因：大部分决策都是基于一小部分数据集做出的。一些观测值将对夏普比率产生很大影响。利用预热时间将缩短回测长度，这可能使方差更大。WF 的大方差导致错误的发现，因为即使真正的夏普比率为零，研究人员也会选择具有最大估计夏普比率的回测。这就是必须在 WF 回测中控制试验次数（I）的原因。如果没有此信息，则无法确定系列错误率（FWER）、错误发现率（FDR）、回测过拟合率（PBO，见第 11 章），或类似的模型评估统计信息。

交叉验证回测（见第 12.3 节）通过在相等和较大部分的数据集上训练每个分类器来解决该方差的来源。尽管交叉验证导致的错误发现少于 WF，但两种方法仍然从策略 i，y_i 的单一路径估计夏普比率，并且该估计可能是非常不稳定的。相比之下，CPCV 从大量路径中得出夏普比率的分布，$j=1,\cdots,\varphi$，并且平均值 $\mathrm{E}[\{y_{i,j}\}_{j=1,\ldots,\varphi}]=\mu_i$，方差 $\sigma^2[\{y_{i,j}\}_{j=1,\ldots,\varphi}]=\sigma_i^2$。CPCV 路径的样本均值的方差是：

$$\sigma^2[\mu_i] = \varphi^{-2}\left(\varphi\sigma_i^2 + \varphi(\varphi-1)\sigma_i^2\bar{\rho}_i\right) = \varphi^{-1}\sigma_i^2\left(1+(\varphi-1)\bar{\rho}_i\right)$$

其中，σ_i^2 是策略 i 的路径的夏普比率的方差，$\bar{\rho}_i$ 是 $\{y_{i,j}\}_{j=1,\cdots\varphi}$ 之间的平均非对角线相关性，CPCV 将造成交叉验证和 WF 发现更少的错误，因为 $\bar{\rho}_i<1$ 说明样本均值的方差低于样本的方差：

$$\varphi^{-1}\sigma_i^2 \leqslant \sigma^2\left[\mu_i\right] < \sigma_i^2$$

路径越不相关，$\bar{\rho} \ll 1$，CPCV 的方差越小，在极限情况下，CPCV 将得出真实的夏普比率 $\mathrm{E}[y_i]$，方差为零，$\lim_{\varphi \to \infty} \sigma^2[\mu_i] = 0$。不存在选择偏差，因为从 $i = 1, \cdots I$ 中选择的策略将是具有最真实夏普比率的策略。

当然，我们知道零方差是无法实现的，因为 φ 具有上限，$\varphi \leqslant \varphi\left[T, \frac{T}{2}\right]$。尽管如此，对于足够多的路径 φ，CPCV 可以使回测的变化非常小，以致错误发现的概率可以忽略不计。

在第 11 章中，我们讨论过拟合可能是数学金融中最重要的开放问题。让我们看看 CPCV 如何在实践中帮助解决这个问题。假设研究人员向期刊提交策略，并通过从大量未公开实验中选择的过拟合 WF 回测来支持。期刊可以要求研究人员使用 CPCV 对给定的 N 和 k 重复其实验。由于研究人员事先并不知道要回测的路径的数量和特征，他的过拟合将很容易被发现，因此该文章将被拒绝或撤回审议。希望 CPCV 可用于减少在期刊和其他地方发表的错误发现的数量。

练习

12.1 假设你在期货合约上制定动量策略，其中预测基于 AR（1）过程。你使用 WF 方法回测此策略，夏普比率为 1.5。然后，你在反转系列上重复回测，并获得 -1.5 的夏普比率。对于第二个结果，如果有的话，数学依据是什么？

12.2 你制定了期货合约的均值回归策略。你的 WF 回测的夏普比率为 1.5。你增加预热期的长度，夏普比率降至 0.7。你继续只提出具有更高夏普比率的结果，认为更短的预热策略更为现实。这是选择偏见吗？

12.3 你的策略在 WF 回测中的夏普比率为 1.5，但在交叉验证回测中夏普比率为 0.7。你继续只提出具有更高夏普比率的结果，认为 WF 回测在历史上是准确的，而交叉验证回测是情景模拟或推理练习。这是选择偏见吗？

12.4 你的策略会随着时间推移生成 100 000 个预测，你希望通过生成1 000个路径来获得夏普比率的 CPCV 分布。有哪些可能的参数组合（N,k）可以实现这一目标？

12.5 你发现了在 WF 回测中获得夏普比率为 1.5 的策略。你写了一篇论文，解释了证明这种结果的理论，并将其提交给学术期刊。编辑回复说，一名审稿专家要求你使用 $N = 100$ 且 $k = 2$ 的 CPCV 方法重复你的回测，包括你的代码和完整数据。你按照这些说明操作，平均夏普比率为 -1，标准偏差为 0.5。你有些愤怒，不做回复，撤回你的提交，并在其他影响因子更高的期刊上重新提交。6 个月后，你的论文被接受。你自我安慰，如果发现是错误的，那就是因为没有按要求进行 CPCV 测试，这都是期刊的错。你认为，“这不可能是不道德的，因为它是被允许的，而且每个人都这样做”。有什么理由能从科学上或道德上为你的行为辩护？

引用文献

Bailey, D. and M. López de Prado (2012): “The Sharpe ratio efficient frontier.” *Journal of Risk*, Vol. 15, No. 2 (Winter). Available at https://ssrn.com/abstract=1821643.

Bailey, D. and M. López de Prado (2014): “The deflated Sharpe ratio: Correcting for selection bias, backtest overfitting and non-normality.” *Journal of Portfolio Management*, Vol. 40, No. 5, pp. 94–107. Available at https://ssrn.com/abstract=2460551.

Bailey, D., J. Borwein, M. López de Prado, and J. Zhu (2014): “Pseudo-mathematics and financial charlatanism: The effects of backtest overfitting on out-of-sample performance.” *Notices of the American Mathematical Society*, Vol. 61, No. 5, pp. 458–471. Available at http://ssrn.com/abstract=2308659.

Bailey, D., J. Borwein, M. López de Prado, and J. Zhu (2017): “The probability of backtest overfitting.” *Journal of Computational Finance*, Vol. 20, No. 4, pp. 39–70. Available at https://ssrn.com/abstract=2326253.

第 13 章

合成数据的回测

13.1 动机

在本章中，我们将研究一种可选的回测方法，该方法利用历史数据生成一个综合数据集，并从观测到的数据中估计出其统计特性。这将允许我们对大量不可见的、合成的测试集进行回测，从而降低该策略适合于特定数据池的可能性。这是一个非常广泛的主题，为了深入研究，我们将把重点放在对交易规则的回测上。

13.2 交易规则

投资策略可以被视为假定存在市场效率低下的算法。有些策略依赖计量经济学模型来预测价格，使用宏观经济变量，如 GDP 或通胀；其他策略则利用基本信息和会计信息对证券进行定价，或在衍生产品定价中寻找类似套利的机会等。例如，假设金融中介机构倾向于在美国国债拍卖前两天卖出已发行债券，以筹集购买新“债券”所需的资金。人们可以在拍卖前 3 天卖出未发行债券，以此获利。但怎么做呢？每种投资策略都需要一种实施策略，通常被称为“交易规则”。

对冲基金有几十种风格，每种都有几十种独特的投资策略。虽然策略在本质上参差不一，但是实施策略相对一致。交易规则提供了必须遵循的算法来进入和退出一个位置。例如，当策略的信号达到一定值时，将进入一个位置。离开某一位置的条件通常是通过阈值进行止盈和止损。这些进入和退出规则依赖于通常通过历史模拟校准的参数。由于这些参数针对样本内的特定观测，从而导致了回测过拟合的问题，以致投资策略过于依赖过去，不适合未来。

需要重点澄清的是，我们对能实现业绩最大化的退出条件感兴趣。换言之，已经持有头寸，问题是如何以最佳方式退出。这是执行交易员经常面临的两难境地，不应将其与确定投资于证券的进入和退出阈值混为一谈。对于另一个问题的研究，请参见 Bertram（2009）。

Bailey 等人（2014，2017）讨论了回测过拟合问题，并提供了确定由于过拟合导致的模拟性能膨胀程度的方法。尽管评估回测的可能性是抛弃过度投资策略的有用工具，但最好是避免过度投资的风险，至少在调整交易规则的情况下是这样。理论上，这可以通过直接从生成数据的随机过程中推导出交易规则的最优参数来实现，而不是进行历史模拟。这就是我们在这一章中采用的方法。利用整个历史样本，我们将描述产生观察到的回报流的随机过程，并推导出交易规则参数的最优值，而不需要进行历史模拟。

13.3 问题

假设投资策略 S 投资于机会 $i=1, \cdots, I$。对于每个机会 i，S 取证

券 X 的 m_i 单位的头寸，其中 $m_i \in (-\infty, \infty)$。利用该机会的交易则按 $m_i P_{i,0}$ 来定价，其中 $P_{i,0}$ 是每个单位证券交易的平均价格。随着其他市场参与者交易证券 X，我们可以在 t 个观察到的交易后以盯市方式将机会 i 的价值标记为 $m_i P_{i,t}$。这代表了机会 i 的价值，前提能够以 t 个交易后以该价格清算。因此，我们可以将 t 个交易后的机会 i 的盯市损益计算为 $\pi_{i,t} = m_i (P_{i,t} - P_{i,0})$。

标准交易规则提供了在 $t = T_i$ 时退出机会 i 的逻辑。只要满足以下两种情况中的一种，该机会则会退出：

- $\pi_{i,T_i} \geqslant \bar{\pi}$，其中，$\bar{\pi} > 0$ 是止盈阈值。
- $\pi_{i,T_i} \leqslant \underline{\pi}$，其中，$\underline{\pi} < 0$ 是止损阈值。

这些阈值与我们在元标签（见第 3 章）中讨论的水平障碍相当。因为 $\underline{\pi} < \bar{\pi}$，两个退出条件中只有一个可以触发机会 i 的退出。假设可以在 T_i 处退出机会 i，最终的利润/损失是 π_{i,T_i}，在每一个机会开始时，目标都是实现预期目标 $\mathrm{E}_0[\pi_{i,T_i}] = m_i(\mathrm{E}_0[P_{i,T_i}] - P_{i,0})$，$\mathrm{E}_0[P_{i,T_i}]$ 是预测价格，$P_{i,0}$ 是机会 i 的入门等级。

定义 1：交易规则：

策略 S 的交易规则由一组参数决定：$R := \{\underline{\pi}, \bar{\pi}\}$。

（通过蛮力）校准交易规则的一种方式是：

1. 定义一组替代值 R，$\Omega := \{R\}$。
2. 模拟 S 在 $R \in \Omega$ 替代值下的历史回测表现。
3. 选择最优 R^*。

更正式地：

$$R^* = \arg\max_{R\in\Omega}\{SR_R\}$$
$$SR_R = \frac{\mathrm{E}[\pi_{i,T_i}|R]}{\sigma[\pi_{i,T_i}|R]} \tag{13.1}$$

在 R 交易规则下，$i = 1,\cdots I$，E[.] 和 σ[.] 分别是 π_{i,T_i} 的期望值和标准差，换句话说，式（13.1）在替代交易规则 R 的空间中最大化了 S 的夏普比率［Bailey，López de Prado（2012）］。因为在一个 I 大小的样本上我们用两个变量来计算最大化 SR_R，这样容易过拟合 R 值，当一对（$\underline{\pi},\bar{\pi}$）目标是一些离群值时，会发生一个小的过拟合。Bailey 等人（2017）提供了一个严格的回测过拟合的定义，可以应用于我们对交易规则的研究中。

定义 2：过拟合交易规则

如果 $\mathrm{E}\left[\frac{E\left[\pi_{j,T_j}|R^*\right]}{\sigma\left[\pi_{j,T_j}|R^*\right]}\right] < \mathrm{Me}_\Omega\left[\mathrm{E}\left[\frac{E\left[\pi_{j,T_j}|R\right]}{\sigma\left[\pi_{j,T_j}|R\right]}\right]\right]$，$R^*$ 是过拟合，其中，$j = I+1,\dots J$，Me_Ω［.］是中值。

直观地说，当预期表现优于其他交易规则在样本外（$j\in[I+1, J]$）的中值时，最佳样本内（$i\in[1,I]$）交易规则 R^* 是过拟合的。这和我们在第 11 章推导 PBO 时所用的技巧是一样的。Bailey 等人（2014）认为，回测很难不出现过拟合，特别是当有自由变量能够反映特定观察样本内时，或 Ω 的元素数量很大时。交易规则引入了这样的自由变量，因为 R^* 可以独立于 S。其结果是，从随机噪声样本内中产生的回测利润，使 R^* 不适合样本外的机会。当 $\Delta\pi_{i,t}$ 表现出系列依赖时，Bailey 等人（2014）也指出过拟合会导致样本外负性能。虽然 PBO 提供了一种有用的方法来评估一个回测在多大程度上被过拟合了，但是最好首先避免这个问题。为了达到这个目的，我们将致力于以下部分。

13.4 框架

到目前为止，我们还没有描述产生观察值 $\pi_{i,t}$ 的随机过程，我们感兴趣的是针对那些可能最具破坏性的过拟合情景制定一个最优交易规则（OTR），例如当 $\pi_{i,t}$ 显示出序列相关性。特别是，假设一个离散的奥恩斯坦 - 乌伦贝克（Ornstein-Uhlenbeck，简写为 O-U）过程的价格：

$$P_{i,t} = (1-\varphi)\,\mathrm{E}_0[P_{i,T_i}] + \varphi P_{i,t-1} + \sigma\varepsilon_{i,t} \tag{13.2}$$

使得随机冲击是 IID 分布 $\varepsilon_{i,t} \sim N$（0，1）。这个过程的种子值是 $P_{i,0}$，机会 i 的目标水平是 $\mathrm{E}_0[P_{i,T_i}]$，φ 决定了 $P_{i,0}$ 收敛到 $\mathrm{E}_0[P_{i,T_i}]$ 时的速度，因为公式 $\pi_{i,t} = m_i(P_{i,t} - P_{i,0})$ 暗示机会 i 的表现以过程为特征：

$$\frac{1}{m_i}\pi_{i,t} = (1-\varphi)\mathrm{E}_0[P_{i,T_i}] - P_{i,0} + \varphi P_{i,t-1} + \sigma\varepsilon_{i,t} \tag{13.3}$$

根据 Bailey & López de Prado（2013），可以看出式（13.2）中所示过程的分布是带参数的高斯分布：

$$\pi_{i,t} \sim N\left[m_i\left((1-\varphi)\,\mathrm{E}_0[P_{i,T_i}]\sum_{j=0}^{t-1}\varphi^j - P_{i,0}\right), m_i^2\sigma^2\sum_{j=0}^{t-1}\varphi^{2j}\right] \tag{13.4}$$

其平稳性的一个必要而充分的条件是 $\varphi \in (-1,1)$，给定一组输入参数 $\{\sigma,\varphi\}$ 和一个与机会 i 有关的初始条件，会有 OTR $R^* := (\underline{\pi},\bar{\pi})$ 吗？同样，策略 S 也可以预测利润目标 $\bar{\pi}$，给定一个输出值 $\{\sigma,\varphi\}$，我们能计算出最优止损 $\underline{\pi}$ 吗？如果这些问题的答案是肯定的，那么就不需要进行反向测试来确定 R^*，从而避免了过拟合交易规则的问题。在下一节中，我们将展示如何通过实验来回答这些问题。

13.5 最优交易规则的数值确定

在前一节中，我们使用 O-U 过程来描述产生策略 S 回报的随机过程。在这一节中，我们将给出一个用数值方法推导任意性规范的 OTR，特别是 O-U 过程。

13.5.1 算法

该算法由 5 个连续步骤组成。

步骤 1：通过线性化式（13.2），我们估计输入参数 $\{\sigma,\varphi\}$：

$$P_{i,t} = \mathrm{E}_0[P_{i,T_i}] + \varphi(P_{i,t-1} - \mathrm{E}_0[P_{i,T_i}]) + \xi_t \tag{13.5}$$

然后，我们可以通过排序机会来形成向量 X 和 Y：

$$X = \begin{bmatrix} P_{0,0} - \mathrm{E}_0[P_{0,T_0}] \\ P_{0,1} - \mathrm{E}_0[P_{0,T_0}] \\ \cdots \\ P_{0,T-1} - \mathrm{E}_0[P_{0,T_0}] \\ \cdots \\ P_{I,0} - \mathrm{E}_0[P_{I,T_I}] \\ \cdots \\ P_{I,T-1} - \mathrm{E}_0[P_{I,T_I}] \end{bmatrix};\ Y = \begin{bmatrix} P_{0,1} \\ P_{0,2} \\ \cdots \\ P_{0,T} \\ \cdots \\ P_{I,1} \\ \cdots \\ P_{I,T} \end{bmatrix};\ Z = \begin{bmatrix} \mathrm{E}_0[P_{0,T_0}] \\ \mathrm{E}_0[P_{0,T_0}] \\ \cdots \\ \mathrm{E}_0[P_{0,T_0}] \\ \cdots \\ \mathrm{E}_0[P_{I,T_I}] \\ \cdots \\ \mathrm{E}_0[P_{I,T_I}] \end{bmatrix} \tag{13.6}$$

在式（13.5）上应用最小二乘法，我们可以估计最初的 O-U 参数：

$$\begin{aligned} \hat{\varphi} &= \frac{\mathrm{cov}[Y,X]}{\mathrm{cov}[X,X]} \\ \hat{\xi}_t &= Y - Z - \hat{\varphi}X \\ \hat{\sigma} &= \sqrt{\mathrm{cov}[\hat{\xi}_t,\hat{\xi}_t]} \end{aligned} \tag{13.7}$$

其中，cov［·,·］是协方差算子。

步骤2：我们构建了一个止损和止盈配对的网格$(\underline{\pi},\overline{\pi})$，例如，笛卡儿积$\underline{\pi}=\{-\frac{1}{2}\sigma,-\sigma,\ldots,-10\sigma\}$和$\overline{\pi}=\{\frac{1}{2}\sigma,\sigma,\ldots,10\sigma\}$，给了我们20×20节点，每个构成一个替代交易规则$R\in\Omega$。

步骤3：我们生成大量路径（例如，100 000）$\pi_{i,t}$来应用我们估计的$\{\hat{\sigma},\hat{\varphi}\}$。作为种子值，我们使用观察到的与机会$i$有关的初始条件$\{P_{i,0},\mathrm{E}_0[P_{i,T_i}]\}$，因为一个位置不能无限长时间保持，所以我们可以设置一个最大保持时间（例如，100个观察值），在这个时间点，这个位置将被退出，即使$\underline{\pi}\leqslant\pi_{i,100}\leqslant\overline{\pi}$。这种最大持有时间相当于三道屏障法的垂直杆（见第3章）。

步骤4：我们将步骤3产生的100 000路径应用到在步骤2中生成的20×20网格$(\underline{\pi},\overline{\pi})$的每个节点上，对于每个节点，我们应用了止损和止盈逻辑，给出了100 000个π_{i,T_i}值。同样，对于每个节点，我们计算与该交易规则相关的夏普比率，如式（13.1）所述。参见Bailey & López de Prado（2012）研究夏普比率估计值的置信区间。这个结果可以用三种不同的方式来使用：步骤5a、步骤5b和步骤5c。

步骤5a：我们决定这对$(\underline{\pi},\overline{\pi})$，在最优的交易规则的网格内，给定输入参数$\{\hat{\sigma},\hat{\varphi}\}$和观察到初始条件$\{P_{i,0},\mathrm{E}_0[P_{i,T_i}]\}$。

步骤5b：如果战略S为特殊机会i提供了一个目标$\overline{\pi_i}$，我们可以结合步骤4中的结果使用这些信息来确定最佳的止损$\underline{\pi_i}$。

步骤5c：如果交易者有最大的止损$\underline{\pi_i}$由基金的管理层提供机会i，我们可以结合步骤4的结果使用这些信息来确定最优的止盈$\overline{\pi_i}$，在止损范围$[0,\underline{\pi_i}]$内。

Bailey & López de Prado（2013）证明式（13.2）中过程的半衰期为$\tau=-\frac{\log[2]}{\log[\varphi]}$，在$\varphi\in(0,1)$的要求下，根据那个结果，我们可以用半衰期$\varphi=2^{-1/\tau}$决定$\varphi$的值。

13.5.2 实现

代码片段13.1提供了本章实验的Python实现。函数main产生参数（$E_0[P_{i,T_i}],\tau$）的一个笛卡儿乘积，由式（13.5）描述随机过程的特征。在我们所使用的所有模拟$\sigma = 1$中，没有失去通用性。然后，对于每对参数（$E_0[P_{i,T_i}],\tau$），函数批处理计算与各种交易规则相关的夏普比率。

代码片段13.1 PYTHON代码，用于确定最优交易规则

```
import numpy as np
from random import gauss
from itertools import product
#————————————————————————————————————————
def main():
    rPT=rSLm=np.linspace(0,10,21)
    count=0
    for prod_ in product([10,5,0,-5,-10],[5,10,25,50,100]):
        count+=1
        coeffs={'forecast':prod_[0],'hl':prod_[1],'sigma':1}
        output=batch(coeffs,nIter=1e5,maxHP=100,rPT=rPT,rSLm=rSLm)
    return output
```

代码片段13.2计算一个20×20的夏普比率，一个用于每个交易规则（$\underline{\pi},\overline{\pi}$），给出一对参数$E_0[P_{i,T_i}],\tau$，有一个垂直的屏障，因为最大保持时间设置为100（maxHP =100）。我们有固定的$P_{i,0} = 0$，因为是式（13.5）的距离（$P_{i,t-1} - E_0[P_{i,T_i}]$）驱动了收敛，而不是特定的绝对价格水平。一旦触及3个障碍中的第一个，退出价格就会被存储，下一个迭代就开始了。在所有迭代完成后（1E5），夏普比率可以计算为（$\underline{\pi},\overline{\pi}$），算法移动到下一对。当所有的交易规则对都被处理后，结果被报告给main。该算法可以并行化，类似于我们在第3章中使用的三重屏障方法。我们把这个任务留作练习。

代码片段 13.2 PYTHON 代码，用于确定最优交易规则

```
def batch(coeffs,nIter=1e5,maxHP=100,rPT=np.linspace(.5,10,20),
    rSLm=np.linspace(.5,10,20),seed=0):
    phi,output1=2**(-1./coeffs['hl']),[]
    for comb_ in product(rPT,rSLm):
        output2=[]
        for iter_ in range(int(nIter)):
            p,hp,count=seed,0,0
            while True:
                p=(1-phi)*coeffs['forecast']+phi*p+coeffs['sigma']*gauss(0,1)
                cP=p-seed;hp+=1
                if cP>comb_[0] or cP<-comb_[1] or hp>maxHP:
                    output2.append(cP)
                    break
        mean,std=np.mean(output2),np.std(output2)
        print comb_[0],comb_[1],mean,std,mean/std
        output1.append((comb_[0],comb_[1],mean,std,mean/std))
    return output1
```

13.6 实验结果

表 13.1 列出了本研究分析的组合。虽然这些输入参数的不同值会产生不同的数值结果，但是应用的组合允许我们分析最一般的情况。“预测”列是指$E_0[P_{i,T_i}]$，“半衰期”列是指 τ，“西格玛”列指的是 σ，“maxHP”列表示最大持有期。

在下面的数据中，我们绘制了非年度夏普比率，这是由不同的止盈和止损退出条件组合所产生的。为了简单起见，我们省略了 y 轴上的负号（止损）。夏普比率以一种称为热图的格式，用灰度表示（浅灰表示性能更好；深灰指较差的性能）。性能（π_{i,T_i}）是以每个单位（$mi=1$）计算的，因为 mi 的其他值只会重新调整性能，对夏普比率没有影响。交易成本可以很容易地增加，但出于教育目的，在绘制结果时最好排除成本，以便能够欣赏函数的对称性。

表 13.1　在模拟中使用的输入参数组合

数字	预测	半衰期	西格玛	maxHP
16.1	0	5	1	100
16.2	0	10	1	100
16.3	0	25	1	100
16.4	0	50	1	100
16.5	0	100	1	100
16.6	5	5	1	100
16.7	5	10	1	100
16.8	5	25	1	100
16.9	5	50	1	100
16.10	5	100	1	100
16.11	10	5	1	100
16.12	10	10	1	100
16.13	10	25	1	100
16.14	10	50	1	100
16.15	10	100	1	100
16.16	-5	5	1	100
16.17	-5	10	1	100
16.18	-5	25	1	100
16.19	-5	50	1	100
16.20	-5	100	1	100
16.21	-10	5	1	100
16.22	-10	10	1	100
16.23	-10	25	1	100
16.24	-10	50	1	100
16.25	-10	100	1	100

13.6.1　长期均衡为零的情况

长期均衡为零的情况与做市商的业务是一致的，做市商在假定价格偏离当前水平会随时间自行修正的前提下提供流动性。τ越小，自回归系数 $\varphi = 2^{-1/\tau}$ 也越小。一个小的自回归系数与零预期利润的结合，产生了大多数对$\underline{\pi_i}, \overline{\pi_i}$的零性能的影响。

图13.1 显示了参数组合 $\{E_0[P_{i,T_i}], \tau, \sigma\} = \{0,5,1\}$ 的热图，半衰

期如此之短，以致业绩在小的止盈与大的止损这样一个小范围的组合中最大化。换句话说，最优的交易规则是持有足够长的库存，直到出现一个小的利润上升，即使是以损失 5 倍或 7 倍的未实现损失为代价。夏普比率很高，达到 3.2 左右。这实际上是许多做市商在实践中所做的，与 Easley 等人（2011）所描述的“不对称回报困境”是一致的。在这种情况下，可能出现的最糟糕的交易规则是将短期止损与大规模的止盈阈值结合起来，这是做市商在实践中避免的情况。在网格的对角线上，性能最接近中性，在这里止盈和止损是对称的。当使用三重屏障法标记观测时，你应该记住这个结果（见第 3 章）。

图 13.2 显示，如果将 τ 从 5 增加到 10，那么性能最高和最低的区域会分布在（$\underline{\pi},\overline{\pi}$）的网格上，而夏普比率则会下降。这是因为随着半衰期的增加，自回归系数的大小也会增加（回想一下 $\varphi = 2^{-1/\tau}$），从而使过程更接近于随机游走。

在图 13.3 中，$\tau=25$，它在降低夏普比率的同时，又将最高和最低性能的区域分开。图 13.4（$\tau=50$）和图 13.5（$\tau=100$）继续这个过程。最终，作为 $\varphi\to1$，没有可识别的领域可以使性能最大化。

通过历史模拟在随机漫步中校准交易规则将导致回测过拟合，因为会选择一个随机组合，即最大化夏普比率的止盈和止损。这就是为什么对合成数据进行回测是如此重要：避免选择一种策略，因为过去发生了一些统计上的侥幸（单个随机路径）。我们的过程通过认识到表现没有一致的模式，表明没有最优的交易规则来防止过拟合。

13.6.2 长期均衡为正的情况

长期均衡为正的案例与对冲基金经理或资产管理经理的业务是一致的。图 13.6 显示了参数组合 $\{E_0[P_{i,T_i}],\tau,\sigma\}=\{5,5,1\}$ 的结果，由于头寸往往是赚钱的，最优的止盈比之前的情况要高，集中在 6 左右，止损范围在 4 到 10 之间。OTR 的区域呈典型的矩形，这是由于将较宽的止损范围与较窄的止盈范围相结合的结果，在所有实验中的表现最高，夏普比率在12左右。

在图13.7中，我们将半衰期从 $\tau=5$ 增加到 $\tau=10$。现在，最佳的性能是止盈集中在5，止损范围在7到10之间。最佳止盈范围较宽，最佳止损范围较窄，使原矩形区域更接近正方形。同样，更大的半衰期使过程更接近于随机游走，因此性能现在相对较低，夏普比率大约为9。

在图13.8中，我们令 $\tau=25$。最佳的止盈现在集中在3，而最佳的止损区间在9到10之间。先前的最佳表现的平方区域已经被一个小圈所取代，这个半圆的圈包含了较大的止损阈值。我们再次看到表现变差，夏普比率为2.7。

在图13.9中，半衰期提高到 $\tau=50$。其结果是最佳表现区域扩大了，而夏普比率继续下降至0.8。这与我们在零长期均衡（见第13.6.1节）中观察到的结果相同，不同之处在于，因为现在 $E_0[P_{i,T_i}]>0$，没有最差表现的对称区域。

在图13.10中，我们理解 $\tau=100$ 导致了上述趋势的自然结论。这个过程现在非常接近于随机游走，所以最大夏普比率仅为0.32。

我们可以在图13.11到图13.15中观察到类似的模式，其中，$E_0[P_{i,T_i}]=10$ 和 τ 分别从5增加到10、25、50和100。

13.6.3　长期均衡为负的情况

理性的市场参与者不会在假设损失是预期结果的前提下开始做空。然而，如果一个交易者认识到损失是一个既存头寸的预期结果，那么他仍然需要一个策略来阻止这个头寸，同时最小化这种损失。

如果我们将图13.16与图13.6进行比较，似乎其中一个是另一个的旋转互补，这是应用参数 $\{E_0[P_{i,T_i}],\tau,\sigma\}=\{-5,5,1\}$ 的结果。图13.6类似于图13.16的旋转底片。原因是图13.6的利润转化为图13.16的损失，图13.6的损失转化为图13.16的利润。一种情况与另一种情况相反，就像赌徒的损失就是房子的收益一样。

正如预期的那样，夏普比率为负，最糟糕的表现区域为 6 个止损点，以及在 4 到 10 之间的止盈阈值。现在矩形不对应于一个最佳性能区域，而是夏普比率在 -12 左右的表现最差的区域。

在图 13.17 中，$\tau=10$，现在接近随机游走对我们有利。表现最差的区域向外扩散，矩形区域变成正方形。性能变得不那么消极，夏普比率约为 -9。

这种熟悉的进展可以在图 13.18、图 13.19 和图 13.20 中得到体现，因为 τ 被提高到 25、50 和 100。同样，当过程接近随机游走时，表现变得平缓，优化交易规则就变成了一种过拟合的回测。

图 13.21 到图 13.25 对 $E_0[P_{i,T_i}]=-10$ 和 τ 重复同样的过程，从 5 逐渐增加到 10、25、50 和 100。同样的模式，与正长期均衡的情况相辅相成。

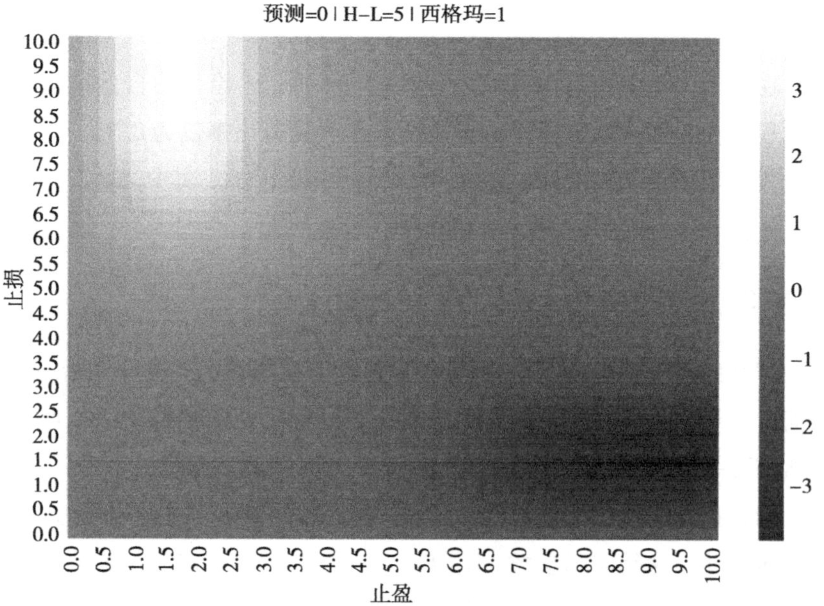

图 13.1 $\{E_0[P_{i,T_i}],\tau,\sigma\}=\{0,5,1\}$ 的热图

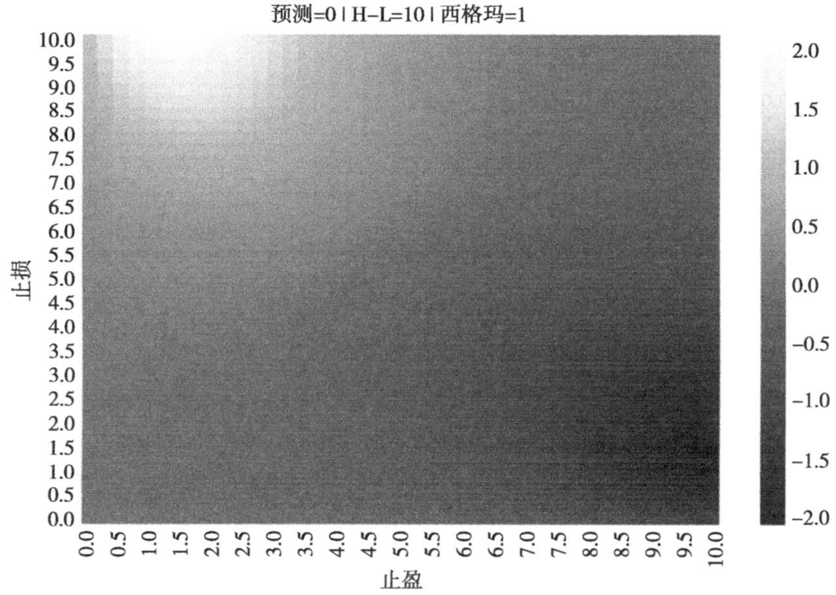

图 13.2 $\{E_0[P_{i,T_i}],\tau,\sigma\}=\{0,10,1\}$的热图

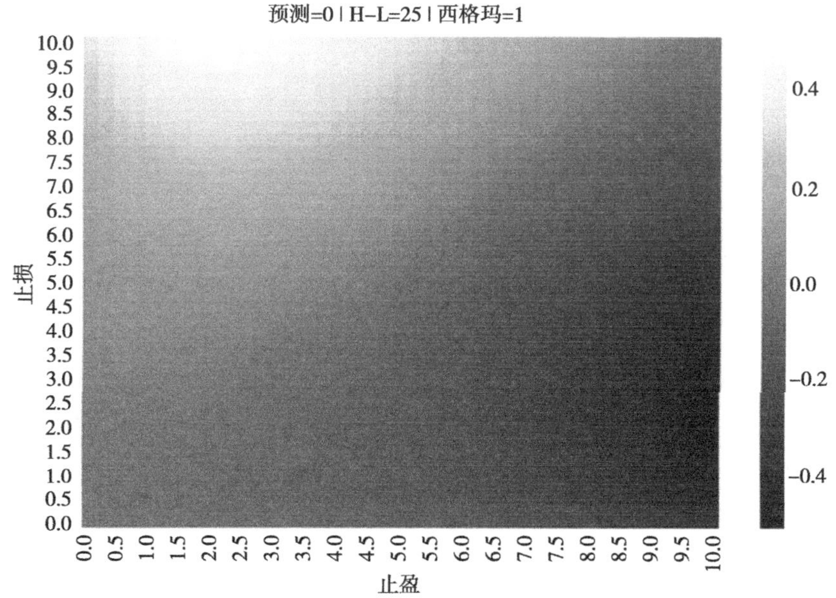

图 13.3 $\{E_0[P_{i,T_i}],\tau,\sigma\}=\{0,25,1\}$ 的热图

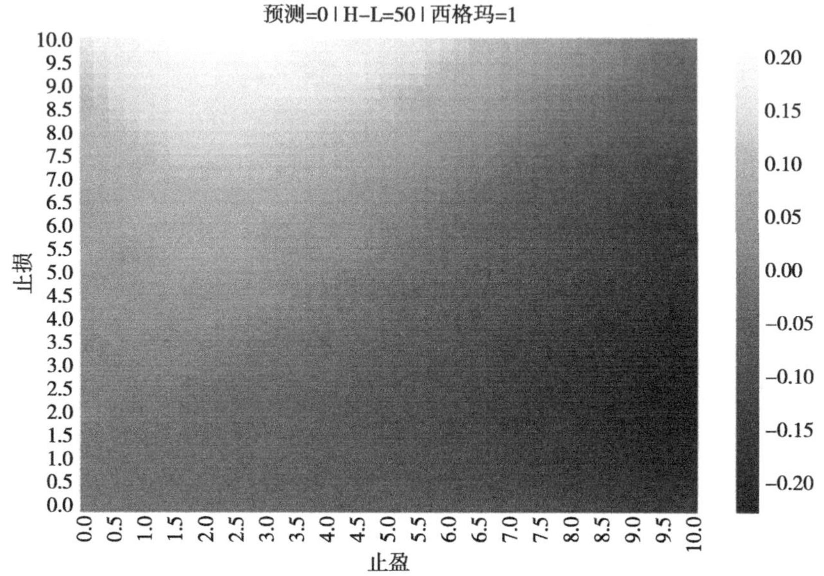

图 13.4 $\{E_0[P_{i,T_i}],\tau,\sigma\}=\{0,50,1\}$ 的热图

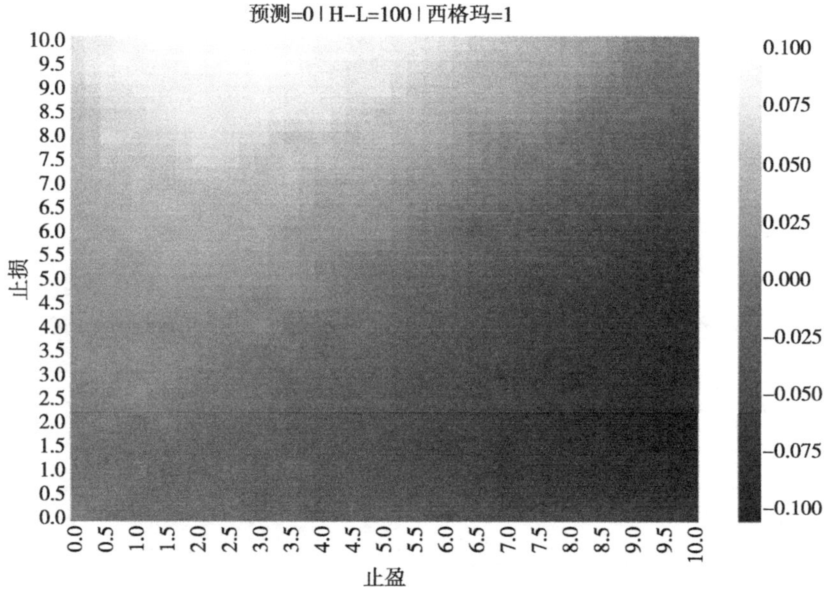

图 13.5 $\{E_0[P_{i,T_i}],\tau,\sigma\}=\{0,100,1\}$ 的热图

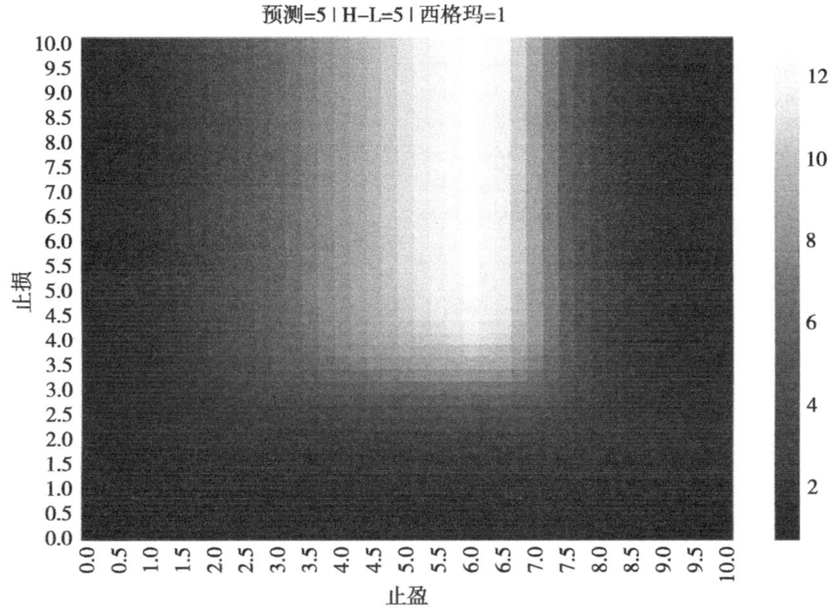

图 13.6　$\{E_0[P_{i,T_i}],\tau,\sigma\}=\{5,5,1\}$ 的热图

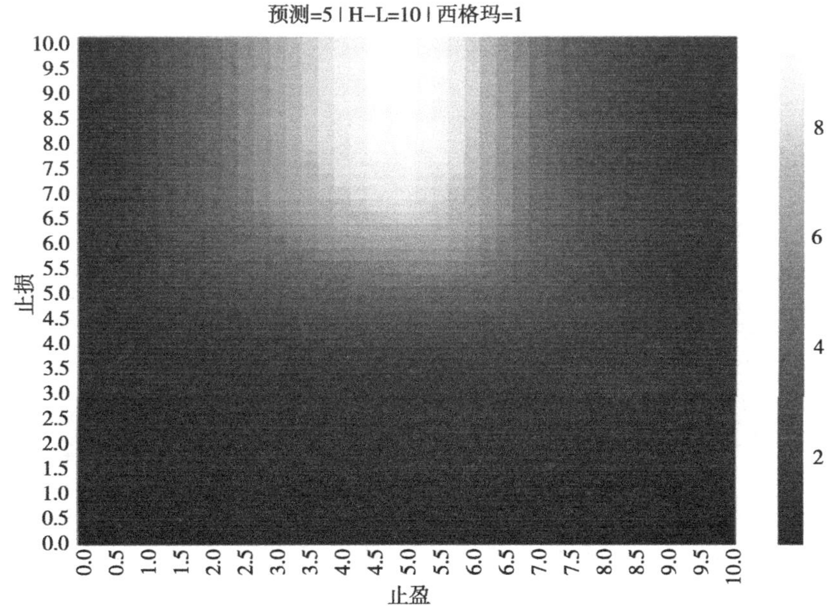

图 13.7　$\{E_0[P_{i,T_i}],\tau,\sigma\}=\{5,10,1\}$ 的热图

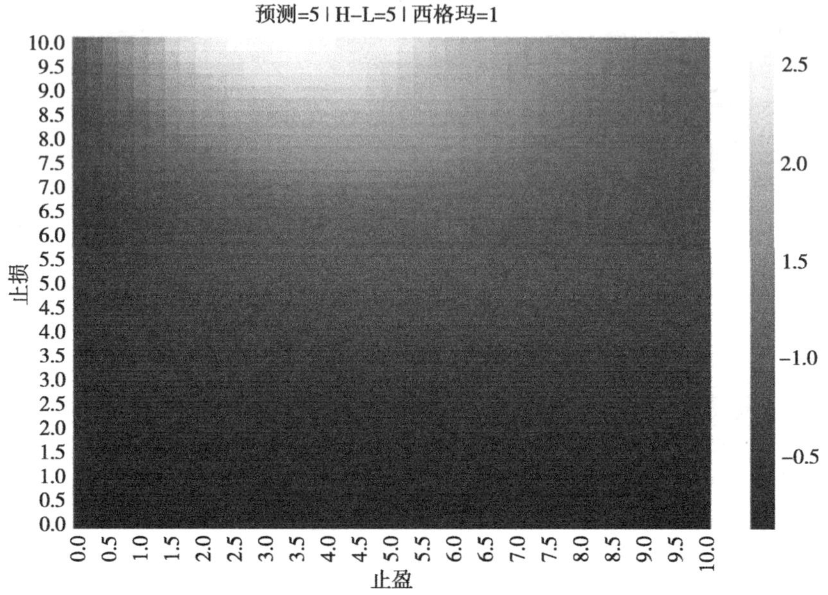

图 13.8　$\{E_0[P_{i,T_i}],\tau,\sigma\} = \{5,25,1\}$ 的热图

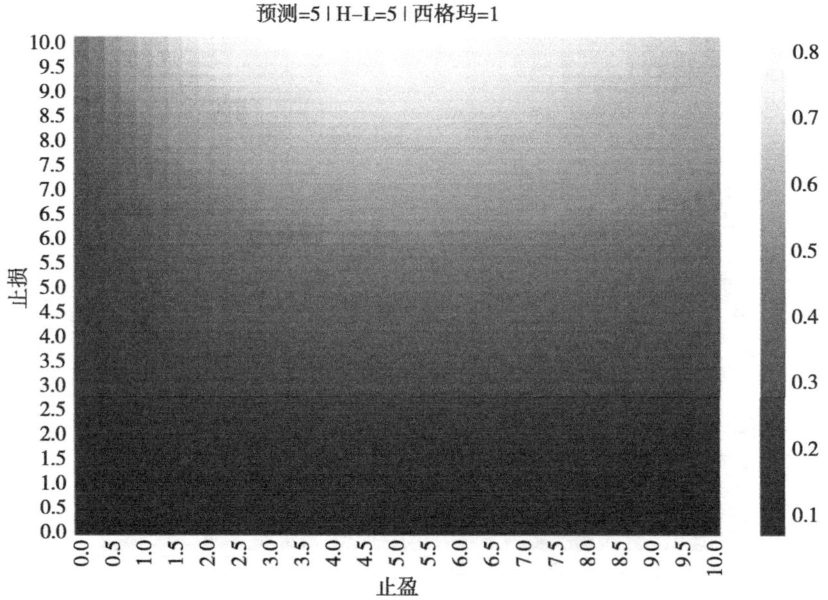

图 13.9　$\{E_0[P_{i,T_i}],\tau,\sigma\} = \{5,50,1\}$ 的热图

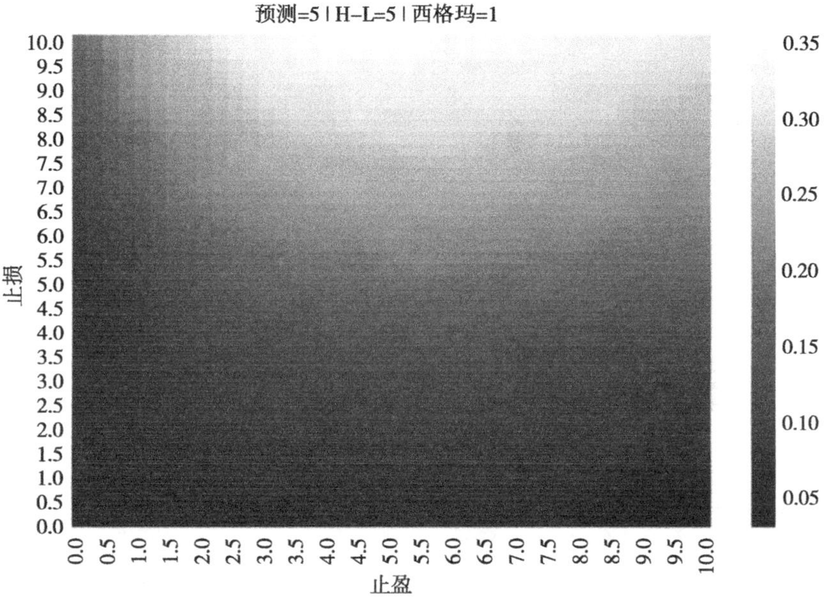

图 13.10 $\{E_0[P_{i,T_i}], \tau, \sigma\} = \{5, 100, 1\}$ 的热图

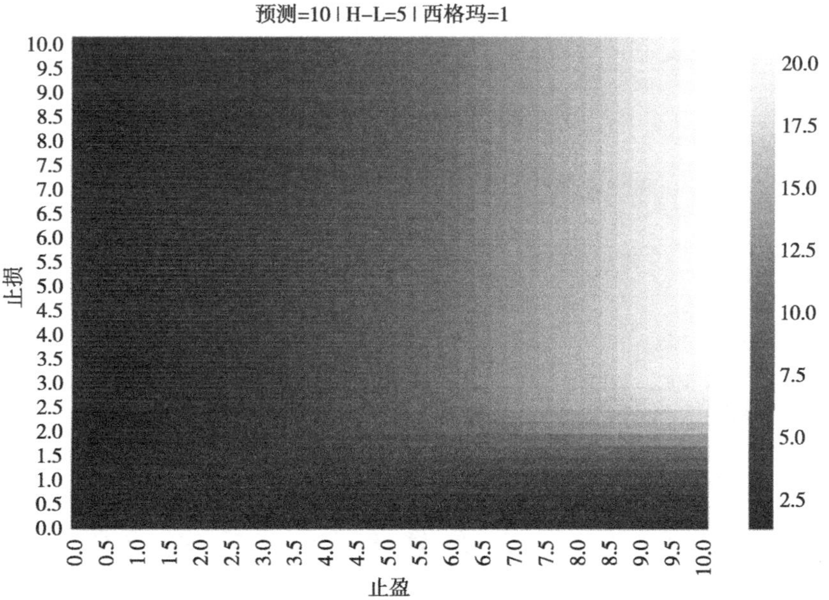

图 13.11 $\{E_0[P_{i,T_i}], \tau, \sigma\} = \{10, 5, 1\}$ 的热图

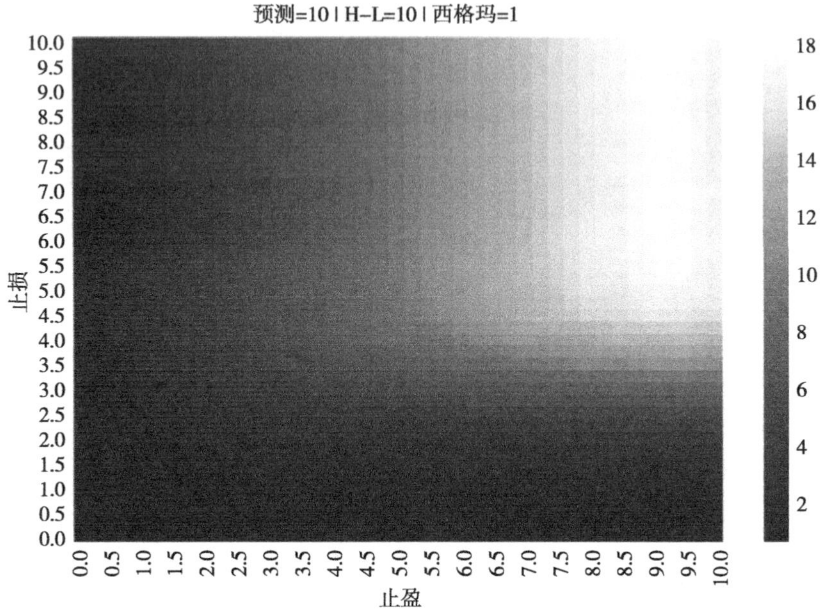

图 13.12 $\{E_0[P_{i,T_i}], \tau, \sigma\} = \{10, 10, 1\}$ 的热图

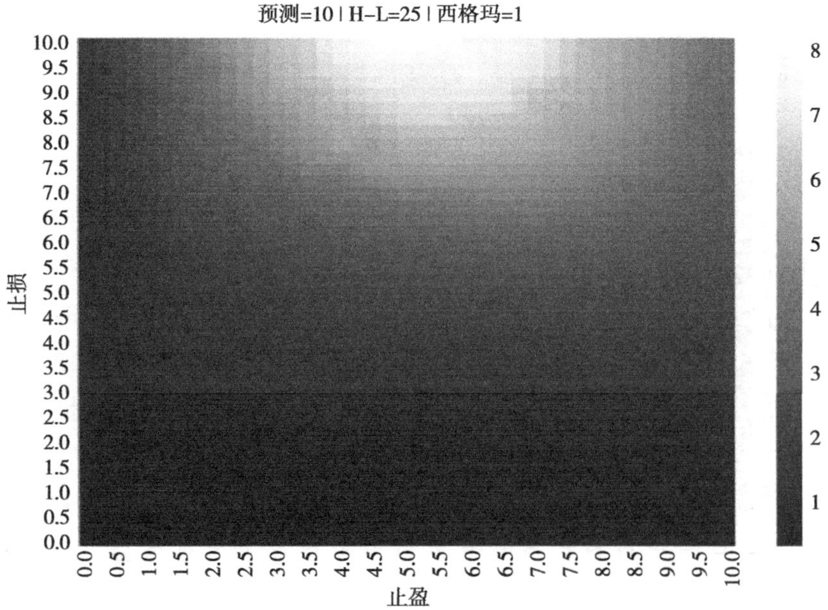

图 13.13 $\{E_0[P_{i,T_i}], \tau, \sigma\} = \{10, 25, 1\}$ 的热图

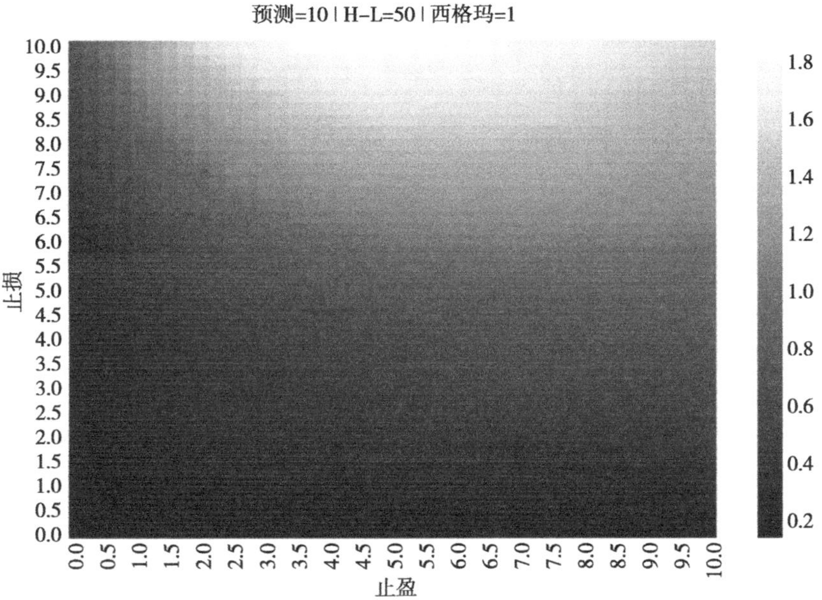

图 13.14　$\{E_0[P_{i,T_i}], \tau, \sigma\} = \{10, 50, 1\}$ 的热图

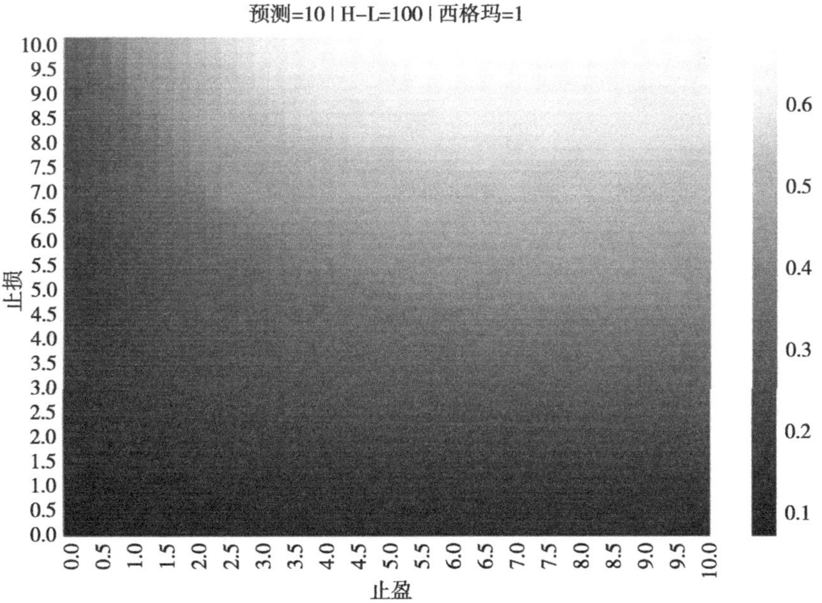

图 13.15　$\{E_0[P_{i,T_i}], \tau, \sigma\} = \{10, 100, 1\}$ 的热图

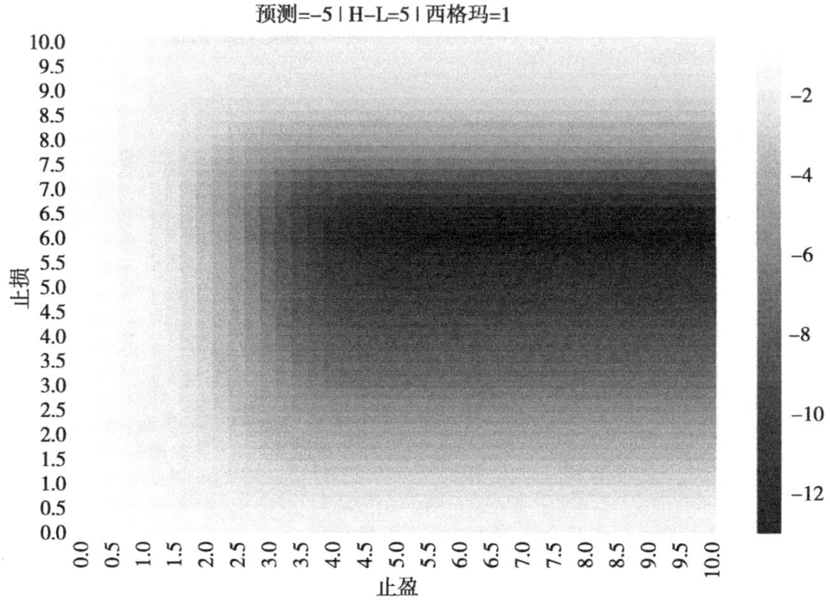

图 13.16　$\{E_0[P_{i,T_i}], \tau, \sigma\} = \{-5, 5, 1\}$ 的热图

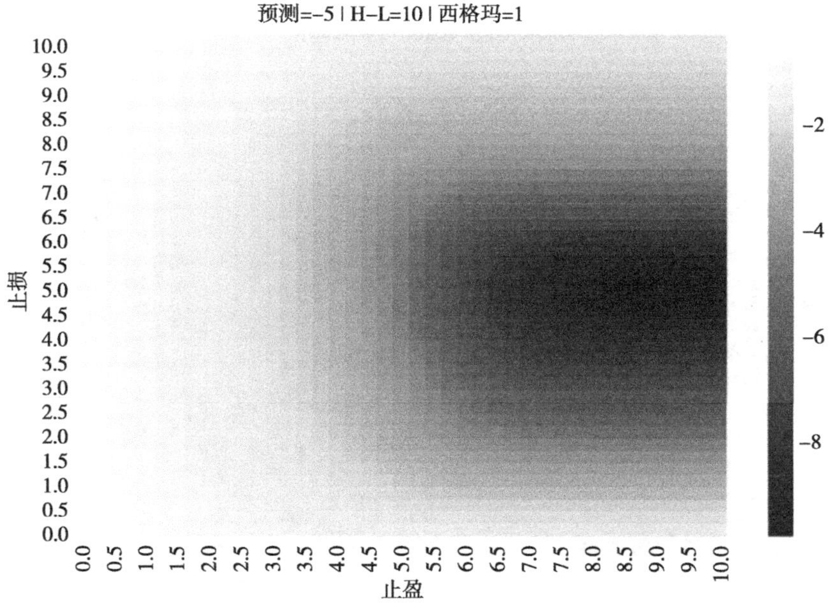

图 13.17　$\{E_0[P_{i,T_i}], \tau, \sigma\} = \{-5, 10, 1\}$ 的热图

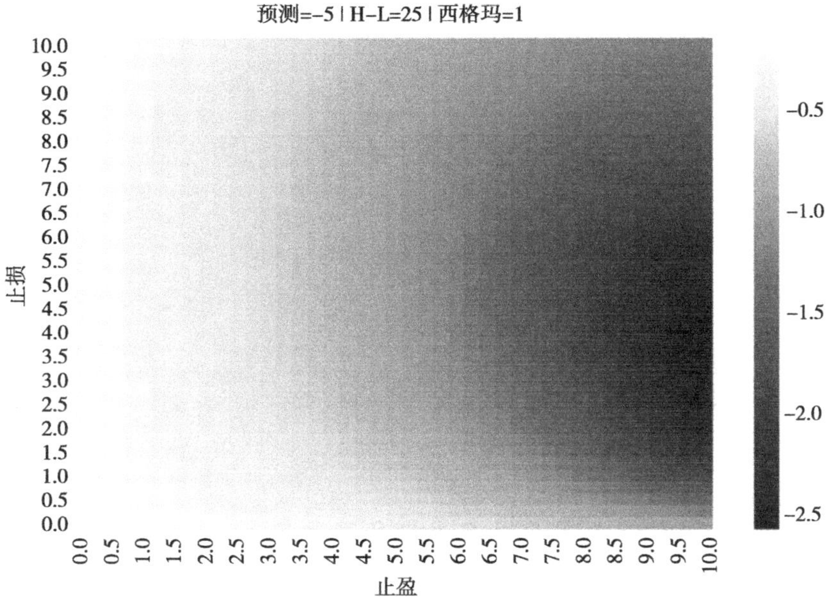

图 13.18　$\{E_0[P_{i,T_i}],\tau,\sigma\} = \{-5,25,1\}$ 的热图

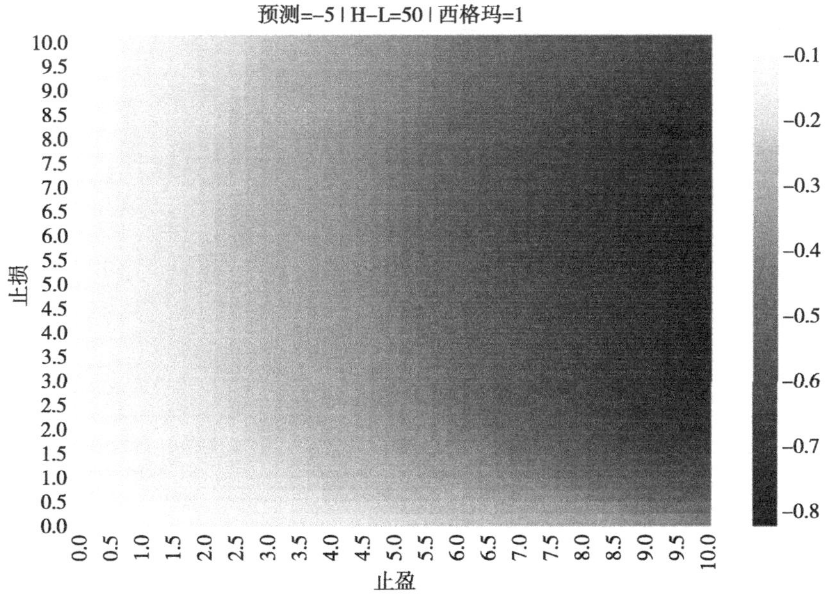

图 13.19　$\{E_0[P_{i,T_i}],\tau,\sigma\} = \{-5,50,1\}$ 的热图

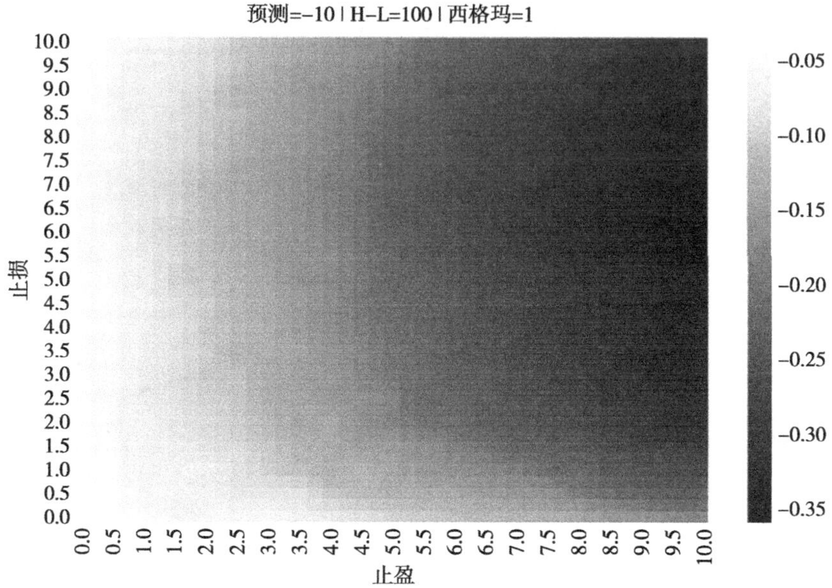

图 13.20 $\{E_0[P_{i,T_i}],\tau,\sigma\}=\{-5,100,1\}$ 的热图

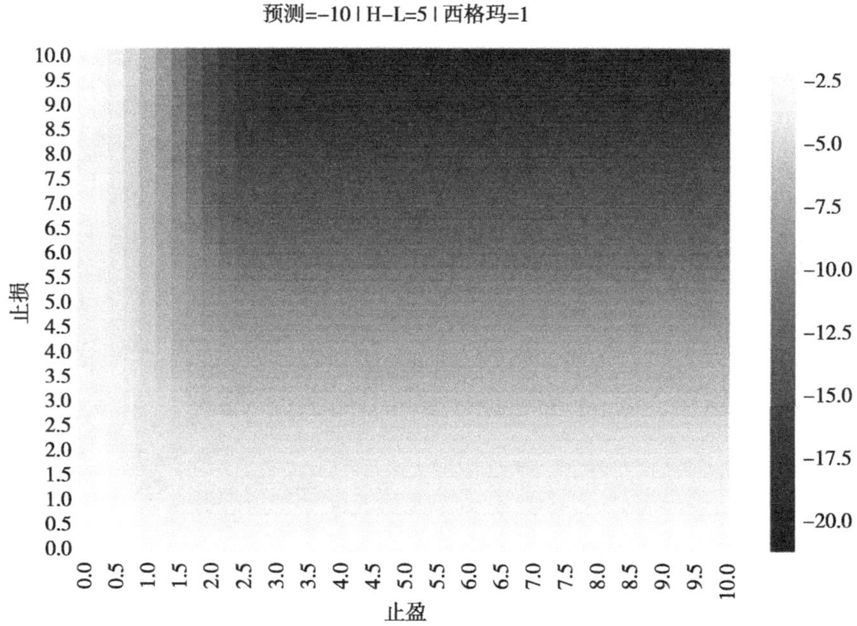

图 13.21 $\{E_0[P_{i,T_i}],\tau,\sigma\}=\{-10,5,1\}$ 的热图

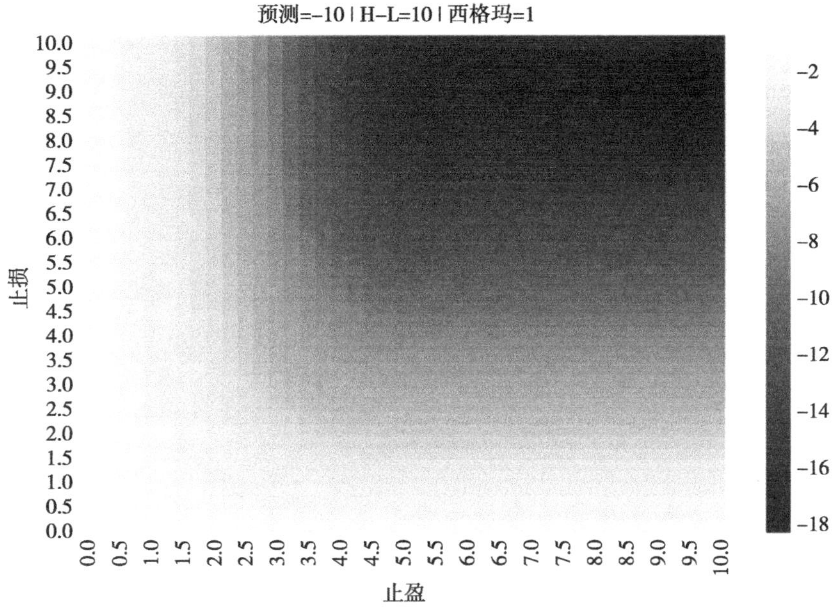

图 13.22 $\{E_0[P_{i,T_i}], \tau, \sigma\} = \{-10, 10, 1\}$ 的热图

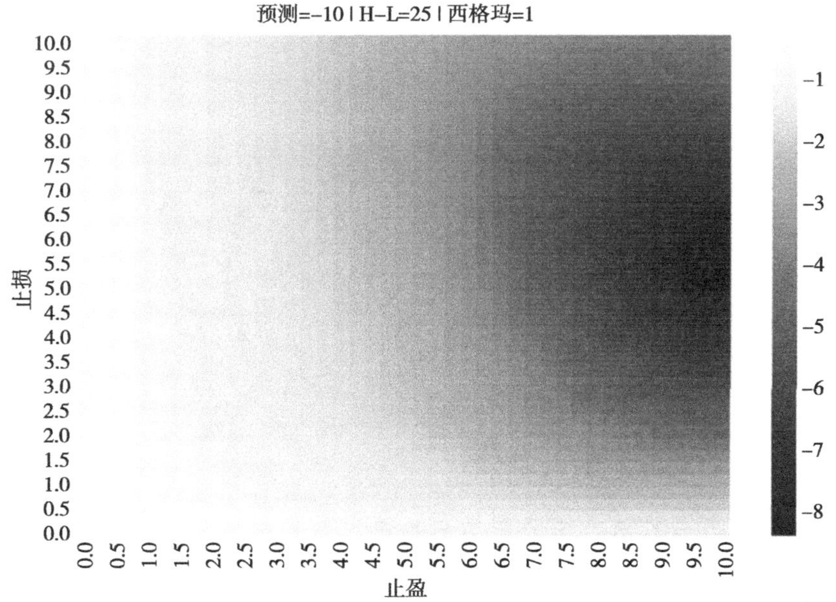

图 13.23 $\{E_0[P_{i,T_i}], \tau, \sigma\} = \{-10, 25, 1\}$ 的热图

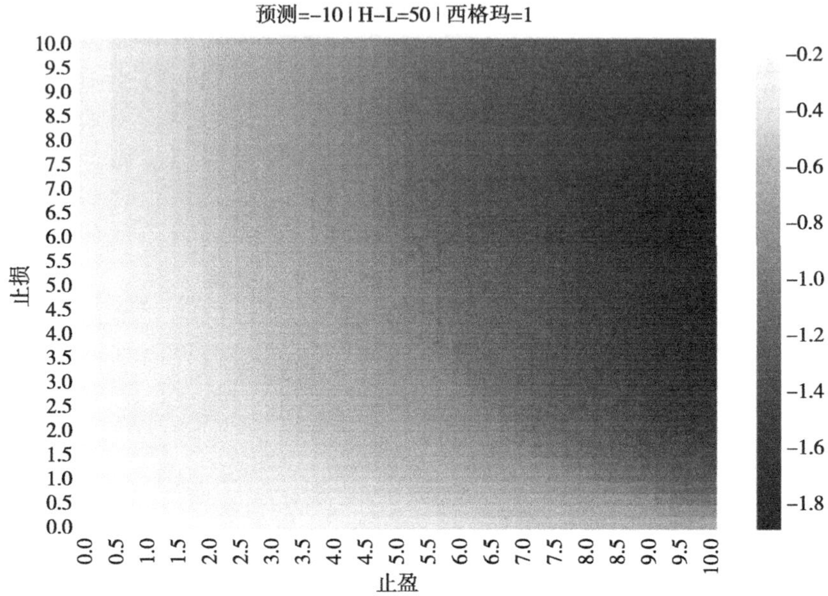

图 13.24　$\{E_0[P_{i,T_i}],\tau,\sigma\}=\{-10,50,1\}$ 的热图

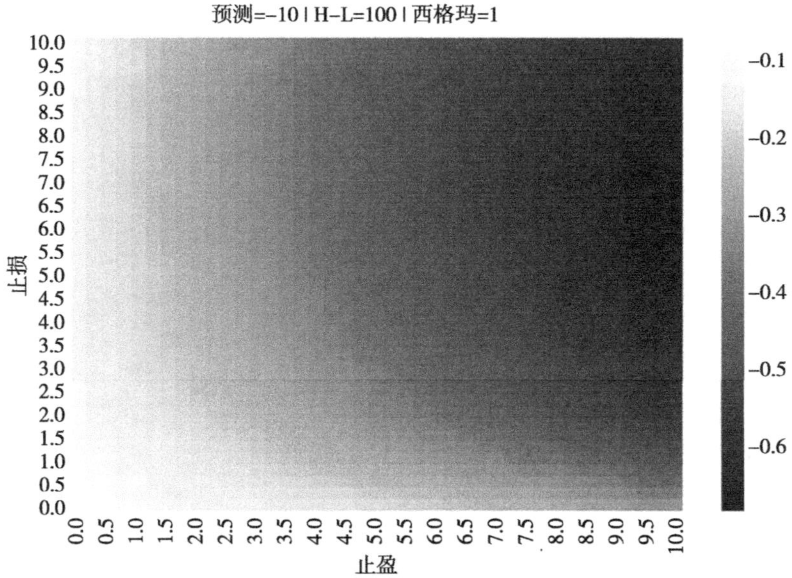

图 13.25　$\{E_0[P_{i,T_i}],\tau,\sigma\}=\{-10,100,1\}$ 的热图

13.7 总结

在这一章中，我们展示了如何在离散的 O-U 过程中实验性地确定与价格相关的 OTR。由于这种交易策略的推导不是历史模拟的结果，我们的过程避免了在单一路径回测过拟合的风险。相反，OTR 来自驱动价格的潜在随机过程的特征。同样的方法可以应用于除 O-U 以外的过程，我们因考虑教育目的而关注这个特定的过程。

虽然我们在本章中没有推导出 OTR 的封闭式解，但我们的实验结果似乎支持以下 OTR 猜想：

> 猜想：给定一种以离散 O-U 过程为特征的金融工具的价格，有一种独特的 OTR，它结合了止盈和止损，对规则的夏普比率进行最大化。

考虑到这些 OTR 可以在数秒内以数字形式得到，所以没有什么实际的动机去获得一个封闭的解决方案。随着数学研究越来越普遍，对猜想的实验分析可以帮助我们在没有证据的情况下达到目的。要证明上述猜想，可能需要数年甚至数十年的时间，但迄今进行的所有实验都是基于经验的。这么说吧，这个猜想是假的概率与你无视这个猜想而超越交易规则的概率是可以忽略的。因此，合理的做法是假设猜想是正确的，并通过合成数据确定 OTR。在最坏的情况下，交易规则将是次优的，但它几乎肯定会优于超优交易规则。

练习

13.1 假设你是一名执行交易员。一位客户打电话要求你对她之前以 100 元的价格买入的空头进行补仓。他给你两个退出条件：在 90 元止盈，在 105 元止损。

（1）假设客户相信价格遵循 O－U 过程，这些价格水平是否合理？对于哪些参数合理？

（2）你能否想到一个替代的随机过程，使得这些价格水平是有意义的？

13.2 将 E－迷你标普 500 指数期货的美元线时间序列应用到 O-U 过程中。考虑这些参数：

（1）为不同的止盈和止损水平绘制夏普比率的热图。

（2）OTR 是什么？

13.3 重复练习 13.2，这次是按时间序列的美元线：

（1）10 年期美国国债期货。

（2）WTI 原油期货。

（3）结果有明显的不同吗？这是否证明有专门的执行交易员。

13.4 将时间序列分成两部分后，重复练习 13.2：

（1）首个时间序列于 2009 年 3 月 15 日结束。

（2）第二次时间序列于 2009 年 3 月 16 日开始。

（3）OTR 有明显的不同吗？

13.5 你估计在全球 100 个流动性最强的期货合约中推出 OTR 需要多长时间？考虑到练习 13.4 的结果，你认为你需要多久重新校准 OTR？预先计算这些数据有意义吗？

13.6 使用第 20 章描述的 `mpEngine` 模块并行执行代码片段 13.1 和 13.2。

引用文献

Bailey, D. and M. López de Prado (2012): "The Sharpe ratio efficient frontier." *Journal of Risk*, Vol. 15, No. 2, pp. 3–44. Available at http://ssrn.com/abstract=1821643.

Bailey, D. and M. López de Prado (2013): "Drawdown-based stop-outs and the triple penance rule." *Journal of Risk*, Vol. 18, No. 2, pp. 61–93. Available at http://ssrn.com/abstract=2201302.

Bailey, D., J. Borwein, M. López de Prado, and J. Zhu (2014): "Pseudo-mathematics and financial charlatanism: The effects of backtest overfitting on out-of-sample performance." *Notices of the American Mathematical Society*, 61(5), pp. 458–471. Available at http://ssrn.com/abstract=2308659.

Bailey, D., J. Borwein, M. López de Prado, and J. Zhu (2017): "The probability of backtest overfitting." *Journal of Computational Finance*, Vol. 20, No. 4, pp. 39–70. Available at http://ssrn.com/abstract=2326253.

Bertram, W. (2009): "Analytic solutions for optimal statistical arbitrage trading." Working paper. Available at http://ssrn.com/abstract=1505073.

Easley, D., M. Lopez de Prado, and M. O'Hara (2011): "The exchange of flow-toxicity." *Journal of Trading*, Vol. 6, No. 2, pp. 8–13. Available at http://ssrn.com/abstract=1748633.

第 14 章

回测统计量

14.1 动机

在前几章中，我们学习了 3 种回测范式：第一，历史模拟（向前推演方法，见第 11 章和第 12 章）；第二，情景模拟（交叉验证和 CPCV 方法，见第 12 章）；第三，合成数据的模拟（见第 13 章）。无论选择哪种回测范式，都需要报告一系列统计数据结果，以供投资者用来将你的策略与竞争者进行比较和评价。本章将会讨论几种最常见的策略表现评估统计量。其中包括全球投资表现标准（Global Investment Performance Standards，简写为 GIPS）①，然而投资表现的综合性分析仍然需要仔细审查针对机器学习策略的专门指标。

14.2 回测统计量的种类

回测统计量由投资者用来衡量和比较各种策略的一系列度量指标构

① 更多详细内容请参见 https：//www. gipstandards. org。

成。它们应当能够揭示策略潜在的各种问题，例如实质性的不对称风险或低资本容限。整体上，它们可以被归纳为普遍性特征、表现、运行/回撤、执行落差、风险/收益率、分类评分和归因。

14.3 普遍性特征

以下统计量给出了关于回测的普遍性特征：

- 时间跨度：时间跨度明确了起始和终止时间。用于检验策略的时长必须足够长以包含足够数目的规则特征。
- 平均资产管理规模：这是受管理资产的平均美元价值。在计算该值的过程中，空头头寸和多头头寸均应以正实数计入。
- 资本容量：一个策略的资本容量以能提供目标风险调整绩效的最高资产管理规模来衡量。同时需要设定最低的资产管理规模以确保合适的投资规模和风险分散。超出最低资产管理规模，由于较高的交易成本和更低的换手率，投资绩效将随着资产管理规模增加而下降。
- 杠杆：杠杆水平度量的是为达到披露表现水平而需要借入的金额。如果有杠杆产生，则借贷成本必须计入。一种计量杠杆水平的方法是计算平均美元头寸与平均资产管理规模的比率。
- 最大美元头寸规模：最大美元头寸规模可以告诉我们某个策略在某一时刻头寸规模是否远远超出了平均资产管理规模。一般情况下，我们会偏向于选择最大美元头寸规模接近平均资产管理规模的策略，也就是说，我们并不依赖于极端事件（可能的异常值）的发生概率。
- 多头比例：多头比例表征的是投资总量中多头头寸所占的比例。在多空策略、市场中性策略中，该值理想情况下应接近0.5。否则，该策略会存在头寸偏移，或者回测时段过短而对未来市场条件没有足够的代表性。

- 投资频率：投资频率是回测中的每年投资次数。一系列同方向的仓位变动计为一次投资的一部分。当仓位被平或转为相反方向时，计为一次投资的结束。投资次数总是小于交易次数。交易次数会数倍于策略发现的独立投资机会数目。
- 平均持仓周期：平均持仓周期是每次投资被持有的平均天数。高频策略可能会持仓几分之一秒，而低频策略可能持仓数月或数年。短的持仓周期可能会限制策略的资本容量。持仓周期与投资频率有关但不同于投资频率。例如，一个策略可能会基于非农工资数据每月产生一个投资，但每一笔仅持仓数分钟。
- 年周转率：年化周转率是每年平均美元交易金额与平均年化资产管理规模的比值。在投资次数较少的情况下，如果策略需要仓位的不断调整，仍然会有高的年化周转率。在交易次数较少的情况下，如果每次交易都需要仓位在空头和多头的最大值之间反转，也会有较高的年化周转率。
- 基础相关性：这是策略回报与相应投资领域回报之间的相关关系。如果呈显著正相关或负相关，该策略实际上是在持有该投资领域的多头或空头，而并未增加太多价值。

代码片段 14.1 列出了从 pandas 数列目标仓位（tPOS）中得到平仓和仓位转换交易时间戳的算法。这同时给出了发生过的投资数量。

代码片段 14.1　从目标仓位序列得到交易时间

```
# A bet takes place between flat positions or position flips
df0=tPos[tPos==0].index
df1=tPos.shift(1);df1=df1[df1!=0].index
bets=df0.intersection(df1) # flattening
df0=tPos.iloc[1:]*tPos.iloc[:-1].values
bets=bets.union(df0[df0<0].index).sort_values() # tPos flips
if tPos.index[-1] not in bets:bets=bets.append(tPos.index[-1:]) # last bet
```

代码片段 14.2 展示了如何在给定的 pandas 数列目标仓位（tPOS）的条件下，实现估算策略平均持仓时间的算法。

代码片段 14.2　持仓周期估计的实现

```
def getHoldingPeriod(tPos):
    # Derive avg holding period (in days) using avg entry time pairing algo
    hp,tEntry=pd.DataFrame(columns=['dT','w']),0.
    pDiff,tDiff=tPos.diff(),(tPos.index-tPos.index[0])/np.timedelta64(1,'D')
    for i in xrange(1,tPos.shape[0]):
        if pDiff.iloc[i]*tPos.iloc[i-1]>=0: # increased or unchanged
            if tPos.iloc[i]!=0:
                tEntry=(tEntry*tPos.iloc[i-1]+tDiff[i]*pDiff.iloc[i])/tPos.iloc[i]
        else: # decreased
            if tPos.iloc[i]*tPos.iloc[i-1]<0: # flip
                hp.loc[tPos.index[i],['dT','w']]=(tDiff[i]-tEntry,abs(tPos.iloc[i-1]))
                tEntry=tDiff[i] # reset entry time
            else:
                hp.loc[tPos.index[i],['dT','w']]=(tDiff[i]-tEntry,abs(pDiff.iloc[i]))
    if hp['w'].sum()>0:hp=(hp['dT']*hp['w']).sum()/hp['w'].sum()
    else:hp=np.nan
    return hp
```

14.4　表现

策略表现统计量是一系列未经过风险调整的美元和回报数字。一些有用的表现测量包括下列指标：

- PnL：一篮子投资产生的美元总额（或等价货币面值），包括从终值角度计算的流动性成本。
- 多头 PnL ：完全由多头产生的 PnL 美元总额。该值是评估多空偏差、市场中性策略的一个有趣指标。
- 年化收益率：按时间权重计算的平均年化收益率，包括股利、息票、成本等。
- 命中率：产生正值 PnL 的投资占比。
- 命中投资平均收益：盈利投资的平均收益。
- 失败投资的平均收益：亏损投资的平均收益。

总收益是从实现和未实现的收益和亏损中计算得到的收益率，包括应计利息、已付票息，以及计息期间内的股利。GIPS 规则计算了时间加权收益率（TWRR），并根据外部现金流量①进行了调整［CFA 协会(2010)］。周期和次周期收益是以几何方式连接的。对于 2005 年 1 月 1 日以后开始的计算周期，GIPS 规则要求计算投资组合收益需根据每日加权外部现金流量进行调整。

我们可以通过确定每个外部现金流量产生时点的投资组合价值来计算时间加权收益率：

$$r_{i,t} = \frac{\pi_{i,t}}{K_{i,t}}$$

$$\pi_{i,t} = \sum_{j=1}^{J}[(\Delta P_{j,t} + A_{j,t})\theta_{i,j,t-1} + \Delta\theta_{i,j,t}(P_{j,t} - \overline{P}_{j,t-1})]$$

$$K_{i,t} = \sum_{j=1}^{J}\tilde{P}_{j,t-1}\theta_{i,j,t-1} + \max\left\{0, \sum_{j=1}^{J}\overline{\tilde{P}}_{j,t}\Delta\theta_{i,j,t}\right\}$$

其中：

- $\pi_{i,t}$ 是组合 i 在时间 t 的盯市获益或损失。
- $K_{i,t}$ 是组合 i 在时间 t 的资产的市场价值。加入 max {.} 的目的是计入额外购买。
- $A_{j,t}$ 是证券 j 在时间 t 的应计利息或已付股利。
- $P_{j,t}$ 是证券 j 在时间 t 的净价。
- $\theta_{i,j,t}$ 是资产组合 i 在时间 t 对证券 j 的持仓水平。
- $\tilde{p}_{j,t}$ 是证券 j 在时间 t 的全价。

① 外部现金流量（现金或投资）是进入或流出投资组合的资产。例如股利或利息收入付款不计为外部现金流量。

- $\bar{p}_{j,t}$ 是投资组合 i 中证券 j 在时间 t 的平均交易净价。
- $\bar{\bar{p}}_{j,t}$ 是投资组合 i 中证券 j 在时间 t 的平均交易总价。

现金流入假设在一个交易日的开始时点，现金流出假设在一个交易日的结束时点。这些次时间区间的收益以几何方式连接在一起：

$$\varphi_{i,T}=\prod_{t=1}^{T}(1+r_{i,t})$$

变量 $\varphi_{i,T}$ 可以理解为组合 i 中每一美元在整个投资周期内的表现。最终，组合 i 的年化收益率是：

$$R_i=(\varphi_{i,T})^{-y_i}-1$$

其中，y_i 是从 $r_{i,1}$ 到 $r_{i,T}$ 的年份跨度。

14.5 运行

投资策略很少会产生符合 IID 过程的收益分布。在这种特性缺乏的情况下，策略的收益序列展示出频繁交易的特点。交易在这种情况下是针对同一个信号的一系列不可中断的回报。结果，交易提升了损失端风险，这种风险需要用合适的矩阵加以衡量。

14.5.1 回报集中度

给定投资回报的时间序列 $\{r_t\}_{t=1,\cdots T}$ ，我们可以计算两个权重序列 w^- 和 w^+ ：

$$r^{+}=\{r_t|r_t\geqslant 0\}_{t=1,\ldots,T}$$

$$r^{-}=\{r_t|r_t<0\}_{t=1,\ldots,T}$$

$$w^{+}=\left\{r_t^{+}\left(\sum_t r_t^{+}\right)^{-1}\right\}_{t=1,\ldots,T}$$

$$w^{-}=\left\{r_t^{-}\left(\sum_t r_t^{-}\right)^{-1}\right\}_{t=1,\ldots,T}$$

受郝芬达尔－赫希曼指数（Herfindahl-Hirschman Index，简写为HHI）的启发，对于 $\|w^{+}\|>1$，其中 $\|.\|$ 是向量的大小，我们定义正回报的集中度为：

$$h^{+}\equiv\frac{\sum_t\left(w_t^{+}\right)^2-||w^{+}||^{-1}}{1-||w^{+}||^{-1}}=\left(\frac{\mathrm{E}\left[\left(r_t^{+}\right)^2\right]}{\mathrm{E}\left[r_t^{+}\right]^2}-1\right)\left(||r^{+}||-1\right)^{-1}$$

同样地，对于 $\|w^{-}\|>1$，负回报的集中度为：

$$h^{-}\equiv\frac{\sum_t\left(w_t^{-}\right)^2-||w^{-}||^{-1}}{1-||w^{-}||^{-1}}=\left(\frac{\mathrm{E}\left[\left(r_t^{-}\right)^2\right]}{\mathrm{E}\left[r_t^{-}\right]^2}-1\right)(||r^{-}||-1)^{-1}$$

根据詹森不等式，我们得知 $\mathrm{E}[r_t^{+}]^2\leqslant\mathrm{E}[(r_t^{+})^2]$。同时，因为 $\frac{\mathrm{E}[(r_t^{+})^2]}{\mathrm{E}[r_t^{+}]^2}\leqslant||r^{+}||$，我们可以得出 $\mathrm{E}[r_t^{+}]^2\leqslant\mathrm{E}[(r_t^{+})^2]\leqslant\mathrm{E}[r_t^{+}]^2||r^{+}||$，对于负向投资也存在相应边界。这些定义具有一些有趣的性质：

1. $0 \leqslant h^+ \leqslant 1$。
2. $h^+ = 0 \Leftrightarrow w_t^+ = ||w^+||^{-1}, \forall t$（一致连续返回值）。
3. $h^+ = 1 \Leftrightarrow \exists i | w_i^+ = \sum_t w_t^+$（只有一个非零返回值）。

由此很容易得到跨月度投资集中度的相似表达，$h[t]$。代码片段14.3解释了这些概念。在理想情况下，我们感兴趣的策略中投资回报具有以下特征：

- 高夏普比率。
- 高的年度投资数目，$||r^+|| + ||r^-|| = T$。
- 高的胜出率（相对较低的 $||r^-||$）。
- 低的 h^+（没有右端厚尾）。
- 低的 h^-（没有左端厚尾）。
- 低的 $h[t]$（投资在时间上不集中）。

代码片段14.3　HHI计算算法

```
rHHIPos=getHHI(ret[ret>=0]) # concentration of positive returns per bet
rHHINeg=getHHI(ret[ret<0]) # concentration of negative returns per bet
tHHI=getHHI(ret.groupby(pd.TimeGrouper(freq='M')).count()) # concentr. bets/month

#————————————————————————————————————

def getHHI(betRet):
    if betRet.shape[0]<=2:return np.nan
    wght=betRet/betRet.sum()
    hhi=(wght**2).sum()
    hhi=(hhi-betRet.shape[0]**-1)/(1.-betRet.shape[0]**-1)
    return hhi
```

14.5.2　下行和贬值区间

直观上来说，下行（drawdown，简写为DD）是一项投资在两个连续的高水位线（high-water mark，简写为HWM）期间可能遭受的最大损失。贬值区间（time under water，简写为TuW）是一个HWM和PnL超过前一个最大PnL时刻之间的持续时间。阅读代码片段14.4，可以很好地理解这些概念。这段代码可以在两种前提下计算 DD 和 TuW：(1) 回报序列 (dollars=False)；(2) 以美元计的表现序列 (dollar=True)。图 14.1 给出了 DD 和 TuW 的示例。

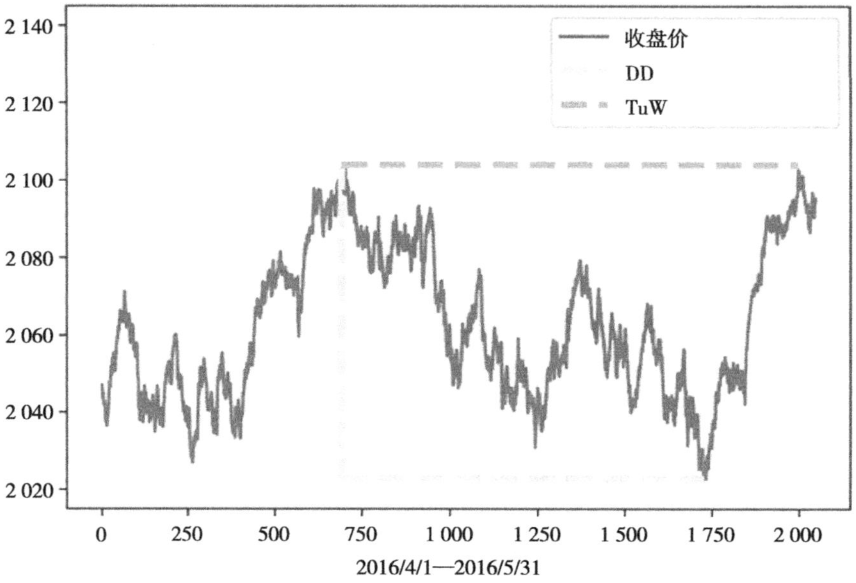

图 14.1　DD 和 TuW 的示例

代码片段 14.4　生成 DD 和 TuW 序列

```
def computeDD_TuW(series,dollars=False):
    # compute series of drawdowns and the time under water associated with them
    df0=series.to_frame('pnl')
    df0['hwm']=series.expanding().max()
    df1=df0.groupby('hwm').min().reset_index()
    df1.columns=['hwm','min']
    df1.index=df0['hwm'].drop_duplicates(keep='first').index # time of hwm
    df1=df1[df1['hwm']>df1['min']] # hwm followed by a drawdown
    if dollars:dd=df1['hwm']-df1['min']
    else:dd=1-df1['min']/df1['hwm']
    tuw=((df1.index[1:]-df1.index[:-1])/np.timedelta64(1,'Y')).values# in years
    tuw=pd.Series(tuw,index=df1.index[:-1])
    return dd,tuw
```

14.5.3 评估投资表现的统计量

一些有用的衡量运行的统计量：

- 正回报端 HHI 指数：见代码片段 14.3 中 `getHHI (ret [ret > =0])`。
- 负回报端 HHI 指数：见代码片段 14.3 中 `getHHI (ret [ret <0])`。
- 投资间隙 HHI 指数：见代码片段 14.3 中 `getHHI (ret.groupby (pd.TimeGrouper (freq ='M')) .count ())`。
- 95% 分位点 DD：代码片段 14.4 中计算得出的 DD 序列 95% 分位点。
- 95% 分位点 TuW：代码片段 14.4 中计算得出的 TuW 序列 95% 分位点。

14.6 执行差额

投资策略失败的原因经常是关于操作成本的错误假设。一些重要的相关衡量包括：

- 每次周转的经纪费用：这些是用来付给经纪人周转投资组合的费用，包括交易费用。
- 每次周转的平均滑点：这些是一次组合周转中除经纪费用之外的另一种操作成本。例如，它包括由于执行价高于下单时发给经纪人的中间价所产生的损失。
- 每次周转的美元表现：这是美元表现（包括经纪费用和滑点费用）与组合整体周转量之间的比值。它强调了策略在打破平衡之前的昂贵程度。
- 操作成本回报：这是美元表现（包括经纪费用和滑点费用）与

总操作费用之间的比值。它应该被放大，以确保策略可以对抗比预期更坏的操作。

14.7 效率

以上所有表现统计量考虑了收益、损失以及成本。在本节中，我们将计入为达到这些投资目标而引入的风险。

14.7.1 夏普比率

假设一个策略的超额回报（高于无风险利率的部分），$\{r_t\}_{t=1,\cdots,T}$，符合均值为μ，均方差为σ^2的 IID 高斯分布。则夏普比率（SR）定义为：

$$SR = \frac{\mu}{\sigma}$$

SR 的目的是为了衡量一个特定投资者或策略的技术水平。由于μ和σ通常未知，真正的 SR 值不能被确定。一个不可避免的结果就是，SR 实际上是统计误差估计的结果。

14.7.2 概率化夏普比率

通过剔除一小段偏离或厚尾的回报序列，概率化夏普比率（Probabilistic Sharpe Ratio，简写为 PSR）提供了一个经过调整的 SR 估值。给定一个用户定义的基准夏普比率（SR^*）和观测得到的夏普比率（$\widehat{SR}$），PSR 估计了$\widehat{SR}$大于假定SR^*的概率。根据 Bailey & López de Prado (2012)，PSR 的估计方法为：

$$\widehat{PSR}[SR^*] = Z\left[\frac{\left(\widehat{SR} - SR^*\right)\sqrt{T-1}}{\sqrt{1 - \hat{\gamma}_3\widehat{SR} + \frac{\hat{\gamma}_4 - 1}{4}\widehat{SR}^2}}\right]$$

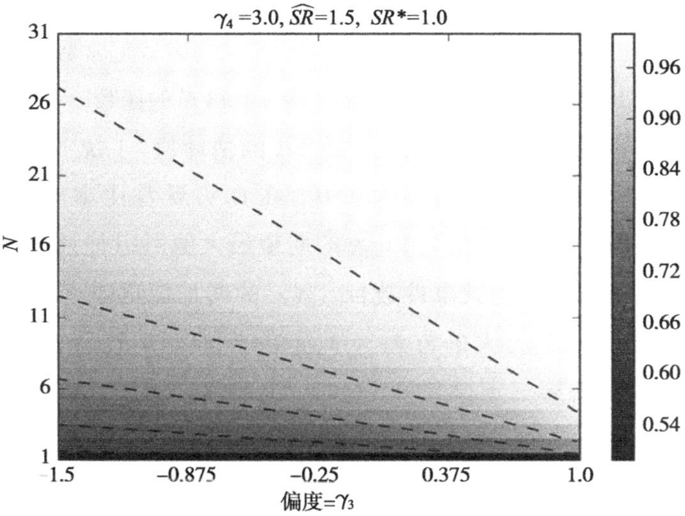

图 14.2 $\widehat{PSR}$ 关于偏度和样本长度的函数

其中，$Z[.]$ 是标准正态分布的累积分布函数，T 是观测的回报数量，$\hat{\gamma}_3$ 是回报的偏度，$\hat{\gamma}_4$ 是回报的峰度（高斯分布峰度为3）。对于给定的 SR^*，$\widehat{PSR}$ 随着 $\widehat{SR}$ 增长而增长（按照原始采样频率，例如，非年化的），或者更长的跟踪记录（T），或者正向偏离的回报（$\hat{\gamma}_3$），但是会随着厚尾的增加而减少（$\hat{\gamma}_4$）。图 14.2 显示了当 $\hat{\gamma}_4 = 3$，$\widehat{SR} = 1.5$，$SR^* = 1.0$ 时，$\widehat{PSR}$ 关于 $\hat{\gamma}_3$ 和 T 的函数关系。

14.7.3 压缩的夏普比率

压缩的夏普比率（Deflated Sharpe Ratio，简写为 DSR）是将拒绝阈值调整到反映样本复杂度时的 PSR。根据 Bailey & López de Prado (2014)，DSR 可以估计为 $\widehat{PSR}[SR^*]$，其中，SR^* 不再是用户定义。SR^* 根据以下公式估计：

$$SR^* = \sqrt{V\left[\left\{\widehat{SR}_n\right\}\right]}\left((1-\gamma)Z^{-1}\left[1-\frac{1}{N}\right]+\gamma Z^{-1}\left[1-\frac{1}{N}e^{-1}\right]\right)$$

其中，$V[\{\widehat{SR}_n\}]$ 是样本间估计所得 SR 的方差，N 是独立样本量，$Z[.]$ 是标准正态分布的累积函数，γ 是欧拉 - 马歇罗尼常数，并且 $n = 1,\cdots,N$。图 14.3 展示了 SR^* 关于 $V[\{\widehat{SR}_n\}]$ 和 N 的函数。

DSR 背后的逻辑如下：给定一组 SR 的估计值，$\{\widehat{SR}_n\}$，即使真实 SR 值为零，其期望最大值仍大于 0。在真实夏普比率为零的情况下，即 H_0:SR = 0，我们可知 $\widehat{SR}$ 的期望最大值可以估计为 SR^*。实际上，SR^* 随着独立尝试事件数目（N）的增加而迅速增长，或者说这些事件涉及一个更大的方差（$V[\{\widehat{SR}_n\}]$）。从这些信息中我们可以得出回测的第三定律。

马科斯回测第三定律

每个回测结果必须和由它产生的所有事件一起报告。如果缺乏这些信息，就不可能评估回测产生错误发现的概率。

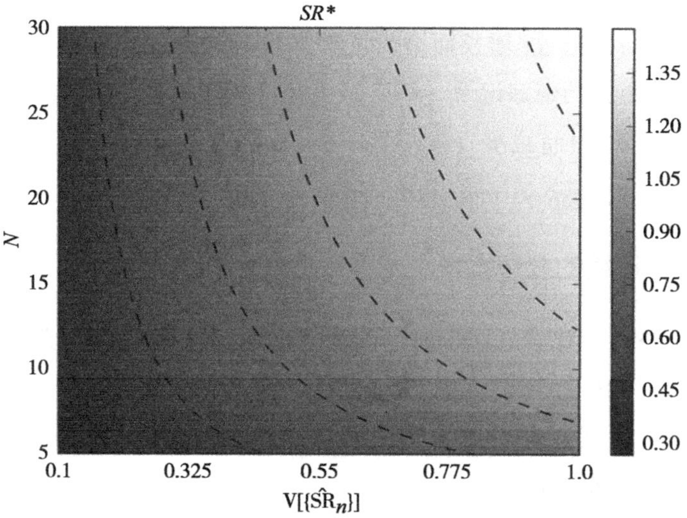

图 14.3　SR^* 关于 $V[\{\widehat{SR}_n\}]$ 和 N 的函数

14.7.4 效率统计量

有用的效率统计量包括：

- 年化夏普比率：这是夏普比率被因子 $\sqrt{a}$ 年化后的结果。其中，a 是每年观测到的平均回报数目。这种常用的年化方法基于回报服从 IID 的假设。
- 信息比率：这是一个组合的 SR 等价值，它测量了组合相对于基准的表现水平。它是平均超额回报与跟踪误差之间的年化比率。超额回报是组合回报中超出基准水平的部分。跟踪误差是超额回报的标准差。
- PSR：PSR 纠正了 SR 中由于非正常回报或追踪时间长度带来的膨胀效应。在标准显著水平为5%时，该值需大于0.95。它可以根据绝对回报或相对回报进行计算。
- DSR：DSR 纠正了 SR 中由于非正常回报、追踪记录长度，以及多种测试/采样偏差带来的膨胀效应。同样地，在标准显著水平为5%时，该值需大于0.95。它可以根据绝对回报或相对回报进行计算。

14.8 分类评分

在元标签策略的背景下（见第 3 章第 3.6 节），理解机器学习覆盖层算法的单独表现是有用的。基础层算法确定机会，第二层（覆盖层）算法决定是否追寻这些机会。一些有用的统计量包括：

- 准确度（accuracy）：准确度是被覆盖层算法正确标注的事件占比。

$$准确度 = \frac{TP}{TP+FP}$$

其中，TP 是正确的正向预测数目，TN 是正确的负向预测数目，FP 是错误的正向预测数目，FN 是错误的负向预测数目。

- 精确度（precision）：精确度是正确的正向回报预测在所有正向回报预测中的数目占比。

$$精确度 = \frac{TP}{TP+FP}$$

- 响应率（recall）：响应率是正确的正向回报预测在所有真实发生的正向回报事件中的数目占比。

$$响应率 = \frac{TP}{TP+FP}$$

- F1：对于多目标应用问题来说，准确度可能不是一个合适的分类评分指标。假设应用多目标算法之后，负面事件（标记为‘0’）的数目远大于正面事件（标记为‘1’）。在这种情况下，一个将每一个事件都预测为负面事件的分类器将得到很高的准确度评分，虽然响应率为零并且精确度无法得到。F1 评分通过计算分类器精确度和响应率的调和平均数（统一权重）纠正了这一问题。

$$F_1 = 2\frac{精确度 \cdot 响应率}{精确度 + 响应率}$$

另外，考虑另一种不常见的情形，即正向事件数目远远多于负向事件。一个将所有事件预测为正向事件的分类器会得到 TN = 0 以及 FN = 0，因此准确度 = 精确度，且响应率 = 1。准确度会很高，并且 F1 不会小于准确度，即使分类器不能鉴别观测到的样本。一种解决的方案是调换正向和负向事件定义，确保负向事件占大多数，然后再评定 F1 分数。

- 负对数损失：在超参数调优的背景下，第 9 章第 9.4 节介绍了负对数损失。相关细节请参考该节内容。准确度和负对数损失之间的关键概念性区别在于，负对数损失不仅考虑了预测是否正确，而且考虑了预测的概率。

在第 3 章第 3.7 节中可以看到精确度、响应率以及准确度的可视化展示。表 14.1 表述了二值分类器在 4 种极限情况下的特点。可以看到，在其中两种情况下，F1 无法定义。由于这个原因，当 Scikit-learn 被要求计算没有观测到 1s 的样本的 F1 时，会输出警告（`UndefinedMetricWarning`），并且将 F1 的值设置为 0。

表 14.1　二叉分类器的四种极限情况

条件	整合	准确度	精确度	响应率	F1
所有观测为 1	TN = FP = 0	= 响应率	1	[0, 1]	[0, 1]
所有观测为 0	TP = FN = 0	[0, 1]	0	NaN	NaN
所有预测为 1	TN = FN = 0	= 精确度	[0, 1]	1	[0, 1]
所有预测为 0	TP = FP = 0	[0, 1]	NaN	0	NaN

当所有观测结果为正（标记为‘1’）时，不存在正确预测的负面事件或错误的正向预测，因此精确度为 1，响应率介于 0 到 1 之间的正实数（包括 0 和 1），并且准确度等于响应率。然后有，$F_1 = 2\frac{\text{响应率}}{1+\text{响应率}} \geqslant \text{响应率}$。

当所有预测结果为正（标记为‘1’）时，不存在正确预测的负面事件或错误的负面事件预测，因此精确度是一个介于 0 到 1 之间的正实数（包括 0 和 1），响应率为 1，并且准确度等于精确度。相应的有，$F_1 = 2\frac{\text{精确度}}{1+\text{精确度}} \geqslant \text{精确度}$。

14.9 归因分析

表现归因分析的目的是剖析各类风险下的 PnL。例如，一个公司债券组合的投资经理会想知道，各有多少回报应该归因于以下种类的风险暴露：久期，信用，流动性，经济部门，货币，主权，发行主体，等等。他的久期交易是否盈利？他所在的信用分类是什么？或者他是否应该着重关注发行主体选择技术？

这些风险并不是正交不相关的，所以它们之间总是会有交叠。例如，高流动性债券倾向于拥有短期期限和较高信用水平，并且通常是由拥有大量美元应收账款的大型机构发行。结果，各项分散的 PnL 加总并不等于总的 PnL，但是至少我们能够计算各风险分类下的夏普比率（或者信息比率）。可能这种方法最受欢迎的例子是巴朗多因子方法［Barra（1998，2013），Zhang & Rachev（2004）］。

同样重要的是，将 PnL 在各个风险类别之下再进行分类。例如，期限类型可以分为短期（少于 5 年）、中等期（5 到 10 年之间），以及长期（长于 10 年）。这种 PnL 分配可以按照以下方法实现。第一，为避免前文中提到的重叠，我们需要确保投资范围内的每一个成员在每个特定时间点只属于每个风险分类下的一个子类别。换句话说，对于每一个风险类别，我们将投资范围划分为不相连的部分。第二，对于每一个风险类别，我们为每一个子类别建立一个指标。例如，我们会计算短期指标下、中期指标下，以及长期指标下的债券表现。各个指标的权重是我们投资组合的重新标记后的权重，所以各个指标的权重之和为 1。第三，重复第二步，但是这一次我们计算各子类别指标时采用的权重参照整个投资范围（例如，Markit iBoxx Investment Grade），再一次重新标记，从而使各指标权重之和为 1。第四，我们根据前文讨论的关于这些子分类份额回报和超额回报的内容，计算表现矩阵。为明确起见，这里所说的短期指数超额回报是指运用组合权重计算得到的回报（第二步）减去运用整体权重计算得到的回报（第三步）。

练习

14.1 一个策略展现出高的周转率、高杠杆以及高的交易次数，但是持仓时间短、操作成本回报低，以及 SR 较高。它可能具有大额资金吗？你认为它是哪一种策略。

14.2 根据 E－迷你标普 500 指数期货的美元线数据，计算以下指标：

（1）正向回报的 HHI 指数。

（2）负向回报的 HHI 指数。

（3）期间内的 HHI 指数。

（4）DD 的 95% 分位点。

（5）TuW 的 95% 分位点。

（6）年化平均回报。

（7）击中事件的平均回报（正向回报）。

（8）错失事件的平均回报（负向回报）。

（9）年化 SR。

（10）信息比率，其中基准为无风险利率。

（11）PSR。

（12）DSR，其中我们假设有 100 个样本，样本 SR 的方差是 0.5。

14.3 考虑一个策略，在偶数年是多头期货合约，在奇数年是空头期货合约。

（1）重复练习 14.2 中的计算。

（2）底层资产的相关系数是多少？

14.4 一个两年组合的月收入平均是 3.6%，标准差是 0.079%。

（1）SR 是多少？

（2）年化 SR 是多少？

14.5 根据练习 14.1：

（1）收入的偏度为 0，峰度为 3。PSR 是多少？

（2）收入的偏度为 -2.448，峰度为 10.164。PSR 是多少？

14.6 在练习 14.2（2）中，如果组合的期限是 3 年，PSR 是多少？

14.7 一个 5 年期的组合年化 SR 为 2.5，计算每日回报。其偏度为 -3，峰度为 10。

（1）PSR 是多少？

（2）为了得到最佳答案，进行了 100 次实验。SR 的方差为 0.5，DSR 是多少？

引用文献

Bailey, D. and M. López de Prado (2012): "The Sharpe ratio efficient frontier." *Journal of Risk*, Vol. 15, No. 2, pp. 3–44.

Bailey, D. and M. López de Prado (2014): "The deflated Sharpe ratio: Correcting for selection bias, backtest overfitting and non-normality." *Journal of Portfolio Management*, Vol. 40, No. 5. Available at https://ssrn.com/abstract=2460551.

Barra (1998): *Risk Model Handbook: U.S. Equities*, 1st ed. Barra. Available at http://www.alacra.com/alacra/help/barra_handbook_US.pdf.

Barra (2013): *MSCI BARRA Factor Indexes Methodology*, 1st ed. MSCI Barra. Available at https://www.msci.com/eqb/methodology/meth_docs/MSCI_Barra_Factor%20Indices_Methodology_Nov13.pdf.

CFA Institute (2010): "Global investment performance standards." CFA Institute, Vol. 2010, No. 4, February. Available at https://www.gipsstandards.org/.

Zhang, Y. and S. Rachev (2004): "Risk attribution and portfolio performance measurement—An overview." Working paper, University of California, Santa Barbara. Available at http://citeseerx.ist.psu.edu/viewdoc/summary?doi=10.1.1.318.7169.

参考文献

American Statistical Society (1999): "Ethical guidelines for statistical practice." Available at http://www.amstat.org/committees/ethics/index.html.

Bailey, D., J. Borwein, M. López de Prado, and J. Zhu (2014): "Pseudo-mathematics and financial charlatanism: The effects of backtest overfitting on out-of-sample performance." *Notices of the American Mathematical Society*, Vol. 61, No. 5. Available at http://ssrn.com/abstract=2308659.

Bailey, D., J. Borwein, M. López de Prado, and J. Zhu (2017): "The probability of backtest overfitting." *Journal of Computational Finance*, Vol. 20, No. 4, pp. 39–70. Available at http://ssrn.com/abstract=2326253.

Bailey, D. and M. López de Prado (2012): "Balanced baskets: A new approach to trading and hedging risks." *Journal of Investment Strategies (Risk Journals)*, Vol. 1, No. 4, pp. 21–62.

Beddall, M. and K. Land (2013): "The hypothetical performance of CTAs." Working paper, Winton Capital Management.

Benjamini, Y. and Y. Hochberg (1995): "Controlling the false discovery rate: A practical and powerful approach to multiple testing." *Journal of the Royal Statistical Society, Series B (Methodological)*, Vol. 57, No. 1, pp. 289–300.

Bennet, C., A. Baird, M. Miller, and G. Wolford (2010): "Neural correlates of interspecies perspective taking in the post-mortem Atlantic salmon: An argument for proper multiple comparisons correction." *Journal of Serendipitous and Unexpected Results*, Vol. 1, No. 1, pp. 1–5.

Bruss, F. (1984): "A unified approach to a class of best choice problems with an unknown number of options." *Annals of Probability*, Vol. 12, No. 3, pp. 882–891.

Dmitrienko, A., A.C. Tamhane, and F. Bretz (2010): *Multiple Testing Problems in Pharmaceutical Statistics*, 1st ed. CRC Press.

Dudoit, S. and M.J. van der Laan (2008): *Multiple Testing Procedures with Applications to Genomics*, 1st ed. Springer.

Fisher, R.A. (1915): "Frequency distribution of the values of the correlation coefficient in samples of an indefinitely large population." *Biometrika (Biometrika Trust)*, Vol. 10, No. 4, pp. 507–521.

Hand, D. J. (2014): *The Improbability Principle*, 1st ed. Scientific American/Farrar, Straus and Giroux.

Harvey, C., Y. Liu, and H. Zhu (2013): ". . . And the cross-section of expected returns." Working paper, Duke University. Available at http://ssrn.com/abstract=2249314.

Harvey, C. and Y. Liu (2014): "Backtesting." Working paper, Duke University. Available at http://ssrn.com/abstract=2345489.

Hochberg Y. and A. Tamhane (1987): *Multiple Comparison Procedures*, 1st ed. John Wiley and Sons.

Holm, S. (1979): "A simple sequentially rejective multiple test procedure." *Scandinavian Journal of Statistics*, Vol. 6, pp. 65–70.

Ioannidis, J.P.A. (2005): "Why most published research findings are false." *PloS Medicine*, Vol. 2, No. 8, pp. 696–701.

Ingersoll, J., M. Spiegel, W. Goetzmann, and I. Welch (2007): "Portfolio performance manipulation and manipulation-proof performance measures." *Review of Financial Studies*, Vol. 20, No. 5, pp. 1504–1546.

Lo, A. (2002): "The statistics of Sharpe ratios." *Financial Analysts Journal*, Vol. 58, No. 4 (July/August), pp. 36–52.

López de Prado M., and A. Peijan (2004): "Measuring loss potential of hedge fund strategies." *Journal of Alternative Investments*, Vol. 7, No. 1 (Summer), pp. 7–31. Available at http://ssrn.com/abstract=641702.

Mertens, E. (2002): "Variance of the IID estimator in Lo (2002)." Working paper, University of Basel.

Roulston, M. and D. Hand (2013): "Blinded by optimism." Working paper, Winton Capital Management.

Schorfheide, F. and K. Wolpin (2012): "On the use of holdout samples for model selection." *American Economic Review*, Vol. 102, No. 3, pp. 477–481.

Sharpe, W. (1966): "Mutual fund performance." *Journal of Business*, Vol. 39, No. 1, pp. 119–138.

Sharpe, W. (1975): "Adjusting for risk in portfolio performance measurement." *Journal of Portfolio Management*, Vol. 1, No. 2 (Winter), pp. 29–34.

Sharpe, W. (1994): "The Sharpe ratio." *Journal of Portfolio Management*, Vol. 21, No. 1 (Fall), pp. 49–58.

Studený M. and Vejnarová J. (1999): "The multiinformation function as a tool for measuring stochastic dependence," in M. I. Jordan, ed., *Learning in Graphical Models*. MIT Press, pp. 261–296.

Wasserstein R., and Lazar N. (2016) "The ASA's statement on p-values: Context, process, and purpose." *American Statistician*, Vol. 70, No. 2, pp. 129–133. DOI: 10.1080/00031305.2016.1154108.

Watanabe S. (1960): "Information theoretical analysis of multivariate correlation." *IBM Journal of Research and Development*, Vol. 4, pp. 66–82.

第 15 章

理解策略风险

15.1 动机

正如我们在第 3 章和第 13 章中看到的，投资策略经常施行持仓，直到满足以下两个条件中的一个：（1）一个可以获益离场的条件（止盈）；（2）一个损失离场的条件（止损）。即使一个策略没有明确提出止损，但是仍然会有一个隐性的止损限制，该限制意味着投资者将不能为他的持仓融资（追加保证金）或者承受更多未实现损失带来的痛苦。因为大多数策略都有（隐性的或明确的）这两个离场条件，因此通过二项分布过程对回报分布建模是合理的。这可以帮助我们理解何种交易频率、优势率以及回报的组合是不经济的。本章的目的就是帮助你评估何时一个策略是可能被任何一个上述变量的微小变化而打败的。

15.2 对称性回报

考虑一个策略，每年产生 n 次呈 IID 分布的交易，其中，交易 $i \in [1, n]$ 的回报 X_i 是盈利 $\pi > 0$ 的分布概率 $P[X_i = \pi] = p$，损失 $-\pi$ 的分布概

率 $p[X_i=-\pi]=1-p$。你可以将 p 认为是一个二项分类器的精确度，其中正数意味着交易命中了一次机会，负数意味着错失了一次机会；准确的正向预测将得到奖励，错误的正向预测将得到惩罚，负向预测（无论正确与否）将不会产生任何后果。由于交易回报 $\{X_i\}_{i=1,\cdots n}$ 是独立分布的，我们将对每一次交易计算矩。一次交易的期望盈利是 $\mathrm{E}[X_i]=\pi p+(-\pi)(1-p)=\pi(2p-1)$。方差是 $\mathrm{V}[X_i]=\mathrm{E}[X_i^2]-\mathrm{E}[X_i]^2$，其中，$\mathrm{E}[X_i^2]=\pi^2 p+(-\pi)^2(1-p)=\pi^2$，因此 $V[X_i]=\pi^2-\pi^2(2p-1)^2=\pi^2[1-(2p-1)]=4\pi^2 p(1-p)$。对于 IID 的年度交易 n 来说，年化夏普比率（θ）为：

$$\theta[p,n]=\frac{n\mathrm{E}[X_i]}{\sqrt{n\mathrm{V}[X_i]}}=\underbrace{\frac{2p-1}{2\sqrt{p(1-p)}}}_{\mathrm{H}_0:p=\frac{1}{2},\,p\text{的}t\text{值}}\sqrt{n}$$

如果注意到 π 在上述公式中是如何抵消的，那是因为回报呈对称分布。正如高斯分布的例子，$\theta[p,n]$ 可以被理解为 t 值的重新标度。这证明了一个观点，即使对于一个较低的值 $p>1/2$，夏普比率在 n 足够大的情况下依然会很高。这就是高频交易的经济学基础，虽然 p 鲜少大于 0.5，但是成功的关键在于增大 n。夏普比率是精确度而不是准确度的方程，因为错过一次交易机会（负面的）并不会被直接奖励或者惩罚（虽然过多的负面预测会造成 n 很小，从而将夏普比率向 0 端压缩）。

例如，当 $p=0.55$, $\frac{2p-1}{2\sqrt{p(1-p)}}=0.1005$，要实现年化夏普比率为 2，要求每年交易 396 次。代码片段 15.1 从实验角度验证了这一结果。图 15.1 描绘了不同交易频率下，夏普比率与精确度之间的函数关系。

代码片段 15.1　通过关于交易数量的方程确定夏普比率

```
out,p=[],.55
for i in xrange(1000000):
    rnd=np.random.binomial(n=1,p=p)
    x=(1 if rnd==1 else -1)
    out.append(x)
print np.mean(out),np.std(out),np.mean(out)/np.std(out)
```

当 $0 \leqslant p \leqslant 1$，我们得到 $-4p^2+4p-\frac{n}{\theta^2+n}=0$ 的解为：

$$p=\frac{1}{2}\left(1+\sqrt{1-\frac{n}{\theta^2+n}}\right)$$

该方程明确了在给定夏普比率（θ）的情况下，精确度（p）和交易频率（n）之间的取舍关系。例如，一个每周交易的策略（$n=52$）将需要相当高的精确度 $p=0.6336$ 来达到值为 2 的年化夏普比率。

15.3　非对称性回报

考虑一个策略，每年产生 n 次呈 IID 分布的交易，其中交易 $i \in [1,n]$ 的回报 X_i 是 π_+ 的分布概率为 $\mathrm{P}[X_i=\pi_+]=p$，回报是 π_- 且 $\pi_-<\pi_+$ 的分布

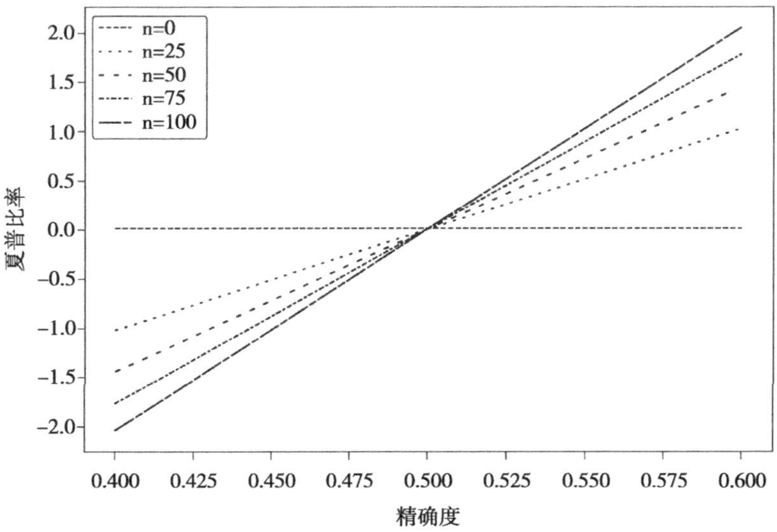

图 15.1　不同交易频率（n）下精确度与夏普比率之间的关系

概率是 $\mathrm{P}[X_i=\pi_-]=1-p$。一次交易的期望盈利是 $\mathrm{E}[X_i]=p\pi_++(1-p)\pi_-=(\pi_+-\pi_-)p+\pi_-$。方差是 $\mathrm{V}[X_i]=\mathrm{E}[X_i^2]-\mathrm{E}[X_i]^2$，其中，$\mathrm{E}[X_i^2]=p\pi_+^2+(1-p)\pi_-^2=(\pi_+^2-\pi_-^2)p+\pi_-^2$，因此 $\mathrm{V}[X_i]=(\pi_+-\pi_-)^2p(1-p)$。对于 IID 的年度交易来说，年化夏普比率（$\theta$）为：

$$\theta[p,n,\pi_-,\pi_+]=\frac{n\mathrm{E}[X_i]}{\sqrt{n\mathrm{V}[X_i]}}=\frac{(\pi_+-\pi_-)p+\pi_-}{(\pi_+-\pi_-)\sqrt{p(1-p)}}\sqrt{n}$$

对于 $\pi_-=\pi_+$ 来说，我们可以看到该方程又回到了对称情形：

$$\theta[p,n,-\pi_+,\pi_+]=\frac{2\pi_+p+\pi_+}{2\pi_+\sqrt{p(1-p)}}\sqrt{n}=\frac{2p-1}{2\sqrt{p(1-p)}}\sqrt{n}=\theta[p,n]$$

例如，当 $n=260$，$\pi_-=-0.01$，$\pi_+=0.005$，$p=0.7$，我们得到 $\theta=1.173$。

最终，我们可以对前面提到的方程在 $0\leqslant p\leqslant 1$ 范围内求解，得到：

$$p=\frac{-b+\sqrt{b^2-4ac}}{2a}$$

其中：

- $a=(n+\theta^2)(\pi_+-\pi_-)^2$。
- $b=[2n\pi_--\theta^2(\pi_+-\pi_-)]\left(\pi_+-\pi_-\right)$。
- $c=n\pi_-^2$。

代码片段 15.2 用 SymPy Live 验证了这种符号计算过程：http：//live. sympy. org/。

代码片段15.2 利用 SymPy LIBRARY 进行符号计算

```
>>> from sympy import *
>>> init_printing(use_unicode=False,wrap_line=False,no_global=True)
>>> p,u,d=symbols('p u d')
>>> m2=p*u**2+(1-p)*d**2
>>> m1=p*u+(1-p)*d
>>> v=m2-m1**2
>>> factor(v)
```

以上方程解答了下列问题：给定一个用参数 $\{\pi_-,\pi_+,n\}$ 定义的交易规则，达到夏普比率 θ^* 需要的精确度 p 为多少？例如，当 $n=260$，$\pi_-=-0.01$，$\pi_+=0.005$，为使 $\theta=2$，我们需要 $p=0.72$。得益于大量的交易数目，只需将 p 改变一个很小的值（从 $p=0.7$ 调整到 $p=0.72$），就能将夏普比率从 $\theta=1.713$ 推进到 $\theta=2$。这也告诉我们，对 p 值进行一个小的改变也可能会影响策略的效果。代码片段15.3演示了隐含 p 的计算方法。图15.2描述了在 $\pi_+=0.1$，$\theta^*=1.5$ 条件下，隐含精确度与 n 和 π_- 的函数关系。对于给定的 n，随着 π_- 越往负端移动，需要更高的 p 来实现给定 π_+ 的 θ^*；同样，π_- 不变，随着 n 越小，需要更高的 p 来实现 θ^*。

代码片段15.3 隐含精确度的计算

```
def binHR(sl,pt,freq,tSR):
    '''
    Given a trading rule characterized by the parameters {sl,pt,freq},
    what's the min precision p required to achieve a Sharpe ratio tSR?
    1) Inputs
    sl: stop loss threshold
    pt: profit taking threshold
    freq: number of bets per year
    tSR: target annual Sharpe ratio
    2) Output
    p: the min precision rate p required to achieve tSR
    '''
    a=(freq+tSR**2)*(pt-sl)**2
    b=(2*freq*sl-tSR**2*(pt-sl))*(pt-sl)
    c=freq*sl**2
    p=(-b+(b**2-4*a*c)**.5)/(2.*a)
    return p
```

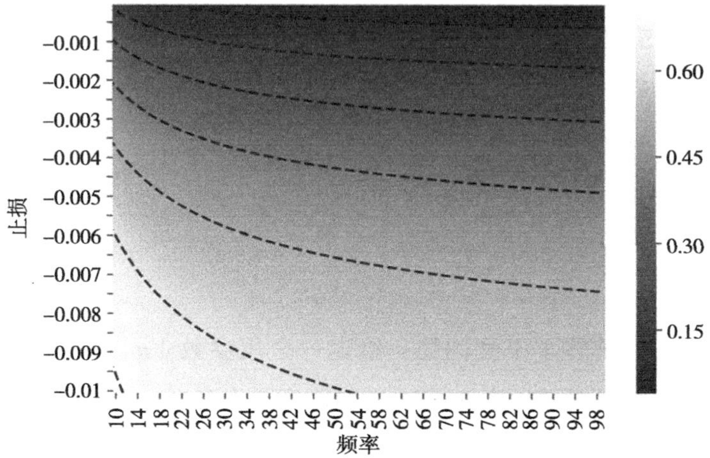

图 15.2　隐含精确度关于 n 和 π_- 的方程（$\pi_+ = 0.1$，$\theta^* = 1.5$）

代码片段 15.4 解出了满足 $\theta[p,n,\pi_-,\pi_+]$ 的隐含交易频率 n。图 15.3 画出了隐含交易频率关于 p 和 π_- 的方程，其中 $\pi_+ = 0.1$，$\theta^* = 1.5$。给定 p 时，π_- 越往负端移动，需要越大的 n 来达到给定 π_+ 时的 θ^*。当 π_- 给定时，p 越小，需要越大的 n 来达到给定 π_+ 时的 θ^*。

代码片段 15.4　计算隐含交易频率

```
def binFreq(sl,pt,p,tSR):
    '''
    Given a trading rule characterized by the parameters {sl,pt,freq},
    what's the number of bets/year needed to achieve a Sharpe ratio
    tSR with precision rate p?
    Note: Equation with radicals, check for extraneous solution.
    1) Inputs
    sl: stop loss threshold
    pt: profit taking threshold
    p: precision rate p
    tSR: target annual Sharpe ratio
    2) Output
    freq: number of bets per year needed
    '''
    freq=(tSR*(pt-sl))**2*p*(1-p)/((pt-sl)*p+sl)**2 # possible extraneous
    if not np.isclose(binSR(sl,pt,freq,p),tSR):return
    return freq
```

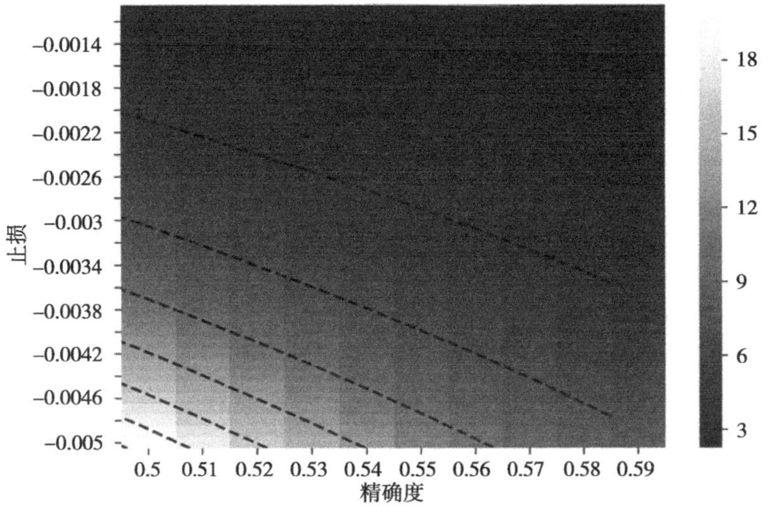

图 15.3 隐含交易频率关于 p 和 π_- 的方程（$\pi_+ = 0.1$，$\theta^* = 1.5$）

15.4 策略失败的概率

在上述的例子中，参数 $\pi_- = -0.01$，$\pi_+ = 0.005$ 是由投资组合经理设定的，并且通过交易指令传递给了交易者。参数 $n = 260$ 也是由投资组合经理根据一个交易机会值得何种程度的连续性来设定的。不受投资组合经理控制的两个参数是 p（由市场决定）和 θ^*（该目标由投资者设定）。因为 p 未知，我们可以将它模型化为一个随机变量，其期望值为 $E[p]$。让我们定义 p_{θ^*} 为策略不能达到目标夏普比率 θ^* 时的 p 值，也即 $p_{\theta^*} = \max\{p \mid \theta \leqslant \theta^*\}$。我们可以由上述公式（或者 `binHR` 函数）得出 $p_{\theta^*=0} = \frac{2}{3}$，$p < p_{\theta^*=0} \Rightarrow \theta \leqslant 0$。这强调了该策略的风险，因为 p 值相对较小的一个下降（从 $p = 0.7$ 到 $p = 0.67$）将会抹去所有的盈利。策略本质上是有风险的，即使持仓本身没有。这是我们在本章中力图阐明的一个关键区别：策略风险不能与组合风险混淆。

大多数公司和投资者都在计算、监控并且报告组合风险，却并未意识到这不能为我们提供有关策略本身风险的任何信息。策略风险不是由首席风险官计算的，它是潜在于组合中的风险。策略风险是投资策略在时间跨度上不能成功的风险，是一个对首席投资官来说更为重大的问题。“该策略失败的概率是多少?”这个问题的答案等同于计算 $P[p < p_{\theta^*}]$。下面的算法将会帮助我们计算策略风险。

15.4.1 算法

在本节中，我们会讨论计算 $P[p < p_{\theta^*}]$ 的过程。给定一个交易回报的时间序列 $\{\pi_t\}_{t=1,\cdots,T}$，第一，我们估计 $\pi_- = E[\{\pi_t | \pi_t \leqslant 0\}_{t=1,\cdots,T}]$，并且 $\pi_+ = \mathrm{E}[\{\pi_t | \pi_t > 0\}_{t=1,\cdots,T}]$。或者，$\{\pi_-, \pi_+\}$ 可以通过拟合两个高斯分布的混合，利用 EF3M 算法［López de Prado & Foreman（2014）］来得到。第二，给定年频率为 $n = \frac{T}{y}$，其中，y 为时间 $t=1$ 和 $t=T$ 之间的年份数。第三，我们通过有放回地采样得到 p 的分布如下：

1. 对于区间 $i = 1,\cdots I$：
   (1) 从 $\{\pi_t\}_{t=1,T}$ 中有放回地抽取 $\lfloor nk \rfloor$ 个样本，其中，k 是投资者用来评估一个策略的年份数（例如，2 年）。我们记这一系列抽取的样本为 $\{\pi_j^{(i)}\}_{j=1,\cdots,\lfloor nk \rfloor}$。
   (2) 从区间 i 观察得到精确度 p_i 为 $\frac{1}{\lfloor nk \rfloor}\|\{\pi_j^{(i)}|\pi_j^{(i)} > 0\}_{j=1,\ldots,\lfloor nk \rfloor}\|$。
2. 通过在 $\{p_i\}_{i=1,\cdots,I}$ 上应用核密度估计器（Kernal Density Estimator，简写为 KDE），拟合 p 的概率密度分布函数 PDF，记为 $f[p]$。

对于一个足够大的 k，我们可以将第三步近似为 $f[p] \sim N[\bar{p}, \bar{p}(1-\bar{p})]$，其中，$\bar{p} = \mathrm{E}[p] = \frac{1}{T}\|\{\pi_t^{(i)}|\pi_t^{(i)} > 0\}_{t=1,\ldots,T}\|$。第四，给定阈值 θ^*（区分成功和失败的夏普比率），得到 p_{θ^*}（见第 15.4 节）。第五，策略风险计量为 $\mathrm{P}[p < p_{\theta^*}] = \int_{-\infty}^{p_{\theta^*}} f[p]dp$。

15.4.2 实施

代码片段 15.5 列出了该算法的一种可能实现方法。我们一般会认为 $P[p < p_{\theta^*}] > 0.05$ 的策略风险过大而拒绝它，即使它们投资于低波动率的行业。原因是，虽然它们不会损失很多资金，但是它们无法成功达到目标的概率过高。为使策略有效，策略开发人员必须找到一种降低 p_{θ^*} 的方法。

这种方法与 PSR［Bailey & López de Prado（2012，2014）］具有一定的相似性。PSR 给出了真实夏普比率在非高斯回报情况下超过给定阈值的概率。同样，本章介绍的方法给出了基于非对称二项回报的策略失败的概率。关键区别在于，PSR 不区分参数是否受控于投资组合经理，而这里讨论的方法使得投资组合经理能够研究他可以控制的策略参数 $\{\pi_-, \pi_+, n\}$ 的可行性。这对于评估一个交易策略的可行性是有用的。

代码片段 15.5　计算实际中的策略风险

```
import numpy as np,scipy.stats as ss
#———————————————————————————————————————
def mixGaussians(mu1,mu2,sigma1,sigma2,prob1,nObs):
    # Random draws from a mixture of gaussians
    ret1=np.random.normal(mu1,sigma1,size=int(nObs*prob1))
    ret2=np.random.normal(mu2,sigma2,size=int(nObs)-ret1.shape[0])
    ret=np.append(ret1,ret2,axis=0)
    np.random.shuffle(ret)
    return ret
#———————————————————————————————————————
def probFailure(ret,freq,tSR):
    # Derive probability that strategy may fail
    rPos,rNeg=ret[ret>0].mean(),ret[ret<=0].mean()
    p=ret[ret>0].shape[0]/float(ret.shape[0])
    thresP=binHR(rNeg,rPos,freq,tSR)
    risk=ss.norm.cdf(thresP,p,p*(1-p)) # approximation to bootstrap
    return risk
#———————————————————————————————————————
def main():
    #1) Parameters
    mu1,mu2,sigma1,sigma2,prob1,nObs=.05,-.1,.05,.1,.75,2600
    tSR,freq=2.,260
```

```
    #2) Generate sample from mixture
    ret=mixGaussians(mu1,mu2,sigma1,sigma2,prob1,nObs)
    #3) Compute prob failure
    probF=probFailure(ret,freq,tSR)
    print 'Prob strategy will fail',probF
    return
#——————————————————————————————
if __name__=='__main__':main()
```

练习

15.1 一个投资组合经理准备上线一个目标是年化夏普比率为 2 的策略。以每周频率计，交易的精确度为 60% 。离场条件为 2% 止盈，-2% 止损。

(1) 这个策略是可行的吗?

(2) 在其他条件都不变的情况下，能够使策略盈利的精确度是多少?

(3) 能达到目标的交易频率是多少?

(4) 能达到目标的止盈阈值是多少?

(5) 其他可替换的止损是多少?

15.2 继续思考练习 15.1 中的策略:

(1) 对于各参数 1% 的变动，夏普比率的敏感度是多少?

(2) 在给定敏感度的条件下，并且假设每个参数都难以改进，哪个参数更容易保证目标实现?

(3) 在练习 15.1 中，任意一个参数的变化会影响其他参数吗? 例如，改变交易频率是否会引起精确度的变化，等等。

15.3 假设一个策略在两年之中每月产生交易，回报符合两个高斯分布混合形成的分布。第一个分布均值为 -0.1，标准差为 0.12。第二个分布均值为 0.06，标准差为 0.03。一个采样来自第一个分布的概率为 0.15。

(1) 根据本章引用文献 López de Prado & Peijan (2004) 以

及 López de Prado & Foreman（2014），计算混合回报的前四阶矩。

（2）年化夏普比率是多少？

（3）利用这些矩，计算 PSR［1］（见第 14 章）。在 95% 置信水平下，你会放弃该策略吗？

15.4 利用代码片段 15.5 计算练习 15.3 中策略的 $P[p < p_{\theta^*=1}]$。在显著性水平 0.05 的情况下，你会放弃该策略吗？该结果与 $PSR[\theta^*]$ 是否一致？

15.5 一般情况下，你会期望哪个结果更精确，$P[p < p_{\theta^*=1}]$ 还是 $PSR[\theta^*]$？这两种方法是如何互补的？

15.6 重新检查第 13 章中的结果，带着从中受到的启发回答下列问题。

（1）在 OTR 中，止盈和止损的非对称性是否合理？

（2）对于日交易频率来说，图 13.1 限制的 p 值范围是什么？

（3）对于月交易频率来说，图 13.5 限制的 p 值范围是什么？

引用文献

Bailey, D. and M. López de Prado (2014): "The deflated Sharpe ratio: Correcting for selection bias, backtest overfitting and non-normality." *Journal of Portfolio Management*, Vol. 40, No. 5. Available at https://ssrn.com/abstract=2460551.

Bailey, D. and M. López de Prado (2012): "The Sharpe ratio efficient frontier." *Journal of Risk*, Vol. 15, No. 2, pp. 3–44. Available at https://ssrn.com/abstract=1821643.

López de Prado, M. and M. Foreman (2014): "A mixture of Gaussians approach to mathematical portfolio oversight: The EF3M algorithm." *Quantitative Finance*, Vol. 14, No. 5, pp. 913–930. Available at https://ssrn.com/abstract=1931734.

López de Prado, M. and A. Peijan (2004): "Measuring loss potential of hedge fund strategies." *Journal of Alternative Investments*, Vol. 7, No. 1 (Summer), pp. 7–31. Available at http://ssrn.com/abstract=641702.

第16章

基于机器学习的资产配置方法

16.1 动机

本章主要介绍层次风险平价（Hierarchical Risk Parity，简写为HRP）方法。HRP组合解决了普通二次优化，尤其是马科维茨临界线算法的3个主要问题：不稳定，集中，不良表现。HRP应用于现代数学中（图论与机器学习技术），可以基于协方差矩阵中的信息构建多元化投资组合。然而，不同于二次优化，HPR不要求协方差矩阵可逆。实际上，HRP甚至可以基于病态或者奇异相关矩阵计算组合，这对二次优化来说是一个不可战胜的优势。蒙特卡洛实验也表明，HRP方法的样本外方差小于CLA，虽然最小方差是CLA的优化目标。与传统的风险平价方法相比，HRP在样本外可以产生风险较低的组合。历史数据分析也表明，HRP的表现优于传统方法［Kolanovic等人（2017），Raffinot（2017）］。HRP的一个实际应用是在多个机器学习策略中进行选择。

16.2 凸优化组合问题

组合构建可能是最经常反复出现的金融问题。在日常工作中，投资经理必须构建一个可以融合他们的观点以及对未来风险收益预测的组合。这也是马科维茨在60多年前试图回答的根本问题。他的不朽观点就是认识到了不同优化组合具有不同程度的风险水平，也就是风险调整后的收益，并由此提出了“有效边界”的概念［Markowitz（1952）］。这其中暗含的一个意义是，很少有优化结果能够使所有资产都分配到具有最高期望收益的投资中去。相反，我们应该考虑不同投资之间的相关关系，以建立分散性组合。

马科维茨在1954年获得博士学位之前，离开学术界为美国兰德公司（RAND Corporation）工作。也正是在这里，他开发了临界线算法（Critical Line Algorithm，简写为CLA）。CLA是一种专门为不等式约束组合优化问题设计的二次优化过程。这种方法值得注意，因为它能够确保在已知数目的迭代之后可以得到精确解，并且巧妙地避开了卡罗需-库恩-塔克（Karush-Kuhn-Tucker，简写为KKT）条件［Kuhn & Tucker（1951）］。关于这种算法的描述和实现可以在本章引用文献Bailey & López de Prado（2013）中找到。奇怪的是，大多数金融从业者好像尚未注意到CLA，因为他们经常依靠一般用途的二次优化片段方法，该方法对精确解或者停止时间没有保证。

尽管马科维茨的理论非常高明，但仍有一些问题使CLA解存在一定程度的不可靠性。一个需要特别注意的问题是，在预测收益中的微小偏差将会引起CLA产生的组合存在巨大不同［Michaud（1998）］。由于收益很少能够被足够精确地预测，很多相关文献的作者都选择了放弃，并转而将重点放在协方差矩阵之上。这一做法引出了一系列基于风险的资产配置方法，风险平价是其中一个突出的例子［Jurczenko（2015）］。放弃预测收益的方法改进了不稳定的问题，但是不能防止该类问题。原因在于二阶片段方法要求正定协方差矩阵可逆（所有特征值为正）。当协方差矩阵为病态，也就是说，当其条件数较大时，求逆容易引起较大误差［Bailey & López de Prado（2012）］。

16.3 马科维茨的诅咒

一个协方差相关（或者说一个正规，可对角化的）矩阵的条件数是其最大和最小特征值之间的比值的绝对值（求模数）。图 16.1 绘制了一系列相关矩阵排列后的特征值，其中，条件数就是每行中第一个和最后一个数值的比值。该值对对角相关矩阵来说最小，其值为本身的倒数。

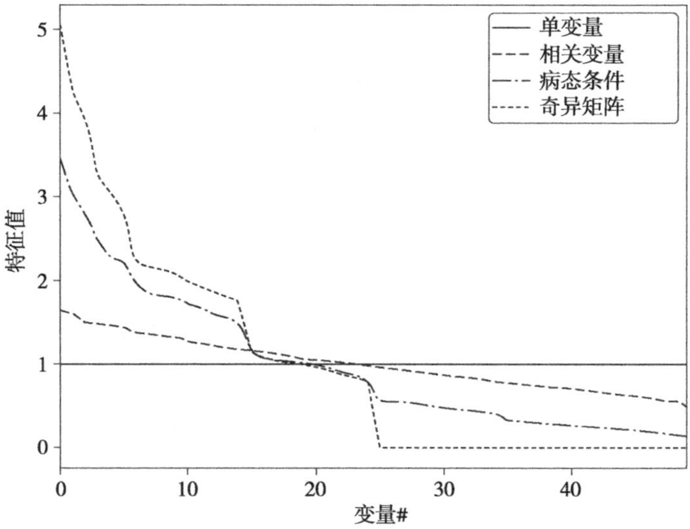

图 16.1 马科维茨的诅咒的可视化

注：一个对角协相关矩阵具有最低的条件数。当我们加入相关的投资时，最大的特征值变大，最小的特征值变小。条件数增长很快，导致逆相关矩阵的不稳定性。在某种程度上，分散性的益处多于估计误差带来的问题。

当我们增加存在相关关系（多重共线性）的投资时，条件数增长。在某些临界点上，由于条件数过高导致数值误差使逆矩阵极其不稳定：一个输入的极小改变将引起一个极其不同的逆矩阵。这就是马科维茨的诅咒：投资相关程度越高，需要的分散性程度越高，并且越容易得到一个不稳定的解。分散性带来的益处通常被估计误差所抵销。

提高协方差矩阵的维度只会引起更糟糕的结果，因为每个协方差相关系数被估计时可用的自由度更少。一般我们需要至少 $\frac{1}{2}N(N+1)$ IID 的观测来估计 N 维非奇异协方差矩阵。例如，估计一个 50 维的可逆协方差矩阵至少需要 5 年的日 IID 数据。就像大多数投资者知道的那样，在任何合理的置信水平下，相关结构在如此长的时间段内并不能保持不变。这种挑战的严重性集中体现在即使是一个朴素（平均权重化）投资组合，也会打败均值－方差和基于风险的优化模型在样本外的表现［De Miguel 等人（2009）］。

16.4 从几何到层次关系

近年来，这种不稳定性引起了广泛关注［Kolm 等人（2014）］。一些替代性尝试试图通过增加额外的约束来获得稳健性［Clarke 等人（2002）］，比如引入贝叶斯先验分布［Black & Litterman（1992）］，或者提高协方差矩阵求逆的数值稳定性［Ledoit & Wolf（2003）］。

截至目前，所有这些讨论过的方法虽然都发表于最近几年，但都来源于（非常）传统的数学领域：几何，线性代数，微积分。一个相关矩阵是线性代数问题，用来测量收益序列形成的向量空间中任意两个向量之间角度的余弦［Calkin & López de Prado（2014a，2015b）］。造成二阶优化器不稳定的一个原因是，向量空间被模型化为一个完全（完全连接）图，其中每个节点都可以是另外一个节点的替代。在算法术语中，矩阵求逆意味通过完全图测量偏相关性。图 16.2（a）展示了一个 50×50 协方差矩阵代表的相关关系，其中有 50 个节点和 1 225 条边。这种复杂结构放大了估计误差，导致了不正确的解。直觉告诉我们，应该减少不必要的边。

让我们考虑一种该拓扑结构的实际应用情况。假设一个投资者希望构建一个证券多元投资组合，包括几百种股票、债券、对冲基金、房地产、私募等。有些投资是另外一些的相似替代，有些则是另外一些的补充。例如，股票可以根据流动性、规模、行业和地区进行分类，并且一个给定分类中的股票在资产配置时相互竞争。在决定一个美国大型上市交易金融股的资产配置时，例如摩根大通，我们会考虑是否增加或减少另一个美国大型上市交易银行股的配置，例如高盛，而不是某一个瑞典小型银行，或者一个位于加勒比的房地产控股公司。然而，对于一个协相关矩阵来说，所有投资都可以是另外一个的潜在替代。换一种说法就是，协相关矩阵缺乏层次的特征。这种层次结构的缺乏允许权重以一种不可预期的方式自由变化，也从而构成了 CLA 不稳定的根源。图 16.2（b）展示了一种常见的树形层次结构。一个树形结构具有两种我们期望的特征：（1）它只有 $N-1$ 条边去连接 N 个节点，在不同的层次之间权重只重新改变同级节点之间的平衡关系；（2）权重是自上而下分布的，与投资经理构建组合所用的资产规模保持一致（例如，从资产类型到行业到单个证券）。由于这些原因，层次结构的设计不仅可以赋予模型稳定性，也会带来更为直观的结果。

在本章我们会学习一种新型的组合构建方法，该种方法运用现代数学解决了 CLA 的缺陷问题：图论和机器学习。这种层次风险平价方法只运用协方差矩阵中所包含的信息，而不需要其可逆或正定。HRP 甚至可以基于一个奇异协方差矩阵计算投资组合。在算法层面上，这种方法分三步操作：树聚类，准对角化，递归二分法。

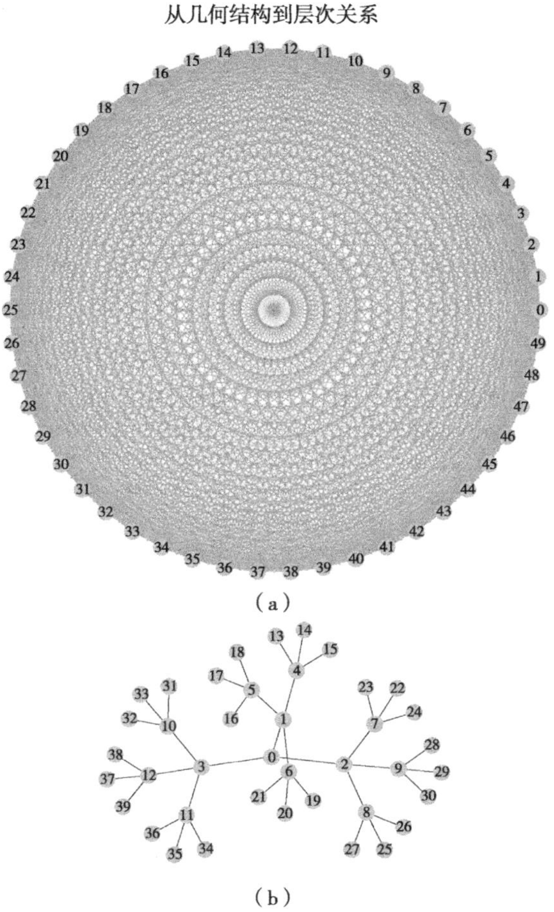

图 16.2　完全图结构（a）和树图结构（b）

注：协方差矩阵可以诠释为完全图，其中缺少层次标志，每一个投资都可以由另外一个替代。相反，树形结构支持层次结构。

16.4.1　树聚类

考虑一个观测 X 的 $T\times N$ 矩阵，例如 T 个时间窗口中，关于 N 个变量的收益序列。我们将这 N 个列向量整合为一个层次聚类结构，从而沿着树图下行形成资产配置。

第一步，我们计算 $N\times N$ 阶协方差矩阵，其元素为 $\rho=\{\rho_{i,j}\}_{i,j=1,\ldots,N}$，

其中，$\rho_{i,j}=\rho[X_i,X_j]$。我们定义距离的度量为$d:(X_i,X_j)\subset B\rightarrow\mathbb{R}\in[0,1]$，$d_{i,j}=d[X_i,X_j]=\sqrt{\frac{1}{2}(1-\rho_{i,j})}$，其中，$B$ 是 $\{1,\cdots i,\cdots,N\}$ 上的笛卡儿乘积。这就允许我们计算一个 $N\times N$ 阶距离矩阵 $D=\{d_{i,j}\}_{i,j=1,\cdots,N}$。矩阵 D 是一个常态空间（证明见附录16. A. 1），注意，$d[x,y]\geqslant 0$（非负），$d[x,y]=0\Leftrightarrow X=Y$（重合），$d[x,y]=d[Y,X]$（对称），以及$d[X,Z]\leqslant d[x,y]+d[Y,Z]$（次可加性）。详见例16. 1。

$$\{\rho_{i,j}\}=\begin{bmatrix}1&0.7&0.2\\0.7&1&-0.2\\0.2&-0.2&1\end{bmatrix}\rightarrow\{d_{i,j}\}=\begin{bmatrix}0&0.3873&0.6325\\0.3873&0&0.7746\\0.6325&0.7746&0\end{bmatrix}$$

例 16. 1　将协方差矩阵$\boldsymbol{\rho}$ 编码为距离矩阵$\boldsymbol{D}$

第二步，计算矩阵 D 中任意两列向量之间的欧几里得距离，$\tilde{d}:(D_i,D_j)\subset B\rightarrow\mathbb{R}\in[0,\sqrt{N}],\tilde{d}_{i,j}=\tilde{d}[D_i,D_j]=\sqrt{\sum_{n=1}^{N}(d_{n,i}-d_{n,j})^2}$。注意 $d_{i,j}$ 和 $\tilde{d}_{i,j}$ 之间的区别。$d_{i,j}$ 定义在列向量 X 上，$\tilde{d}_{i,j}$ 定义在 D 矩阵（一个距离的距离）的列向量上。因此，$\tilde{d}$ 是一个定义在整个矩阵空间 D 上的距离，因为这些 $\tilde{d}_{i,j}$ 是整个协方差矩阵的函数（而不是某一个交叉相关对）。详见例16. 2。

$$\{d_{i,j}\}=\begin{bmatrix}0&0.3873&0.6325\\0.3873&0&0.7746\\0.6325&0.7746&0\end{bmatrix}\rightarrow\{\tilde{d}_{i,j}\}_{i,j=\{1,2,3\}}=\begin{bmatrix}0&0.5659&0.9747\\0.5659&0&1.1225\\0.9747&1.1225&0\end{bmatrix}$$

例 16. 2　相关距离的欧几里得距离

第三步，我们将列向量（i^*,j^*）组对，从而$(i^*,j^*)=\text{argmin}(i,j)_{i\neq j}\{\tilde{d}_{i,j}\}$，并且将该簇记为$u[1]$，详见例16. 3。

$$\{\tilde{d}_{i,j}\}_{i,j=\{1,2,3\}}=\begin{bmatrix}0 & 0.5659 & 0.9747\\ 0.5659 & 0 & 1.1225\\ 0.9747 & 1.1225 & 0\end{bmatrix}\rightarrow u[1]=(1,2)$$

例 16.3　簇元素

第四步，我们需要定义一个新形成簇与单一（未形成簇）元素之间的距离，因此 $\{\tilde{d}_{i,j}\}$ 可能需要更新。在层次聚类分析中，这就是所谓的链接标准。例如，我们可以定义 $\tilde{d}$ 中的元素 i 与新簇 $u[1]$ 之间的距离为 $\dot{d}_{i,u[1]}=\min[\{\tilde{d}_{i,j}\}_{j\in u[1]}]$（最近邻点算法）。详见例 16.4。

$$u[1]=(1,2)\rightarrow\{\dot{d}_{i,u[1]}\}=\begin{bmatrix}\min[0,0.5659]\\ \min[0.5659,0]\\ \min[0.9747,1.1225]\end{bmatrix}=\begin{bmatrix}0\\ 0\\ 0.9747\end{bmatrix}$$

例 16.4　利用新簇 u 更新矩阵 $\{\tilde{d}_{i,j}\}$

第五步，矩阵 $\{\tilde{d}_{i,j}\}$ 的更新是通过附加 $\dot{d}_{i,u[1]}$ 和去掉聚类的列和行 $j\in u[1]$ 来完成的。详见例 16.5。

$$\{\tilde{d}_{i,j}\}_{i,j=\{1,2,3,4\}}=\begin{bmatrix}0 & 0.5659 & 0.9747 & 0\\ 0.5659 & 0 & 1.1225 & 0\\ 0.9747 & 1.1225 & 0 & 0.9747\\ 0 & 0 & 0.9747 & 0\end{bmatrix}$$

$$\{\tilde{d}_{i,j}\}_{i,j=\{3,4\}}=\begin{bmatrix}0 & 0.9747\\ 0.9747 & 0\end{bmatrix}$$

例 16.5　利用新簇 u 更新矩阵 $\{\tilde{d}_{i,j}\}$

第六步，实施递归，第三、四、五步允许我们附加 $N-1$ 个这样的簇到矩阵 D，当最终的簇可以包含所有起始元素，聚类算法停止。详见例 16.6。

$$\{\tilde{d}_{i,j}\}_{i,j=\{3,4\}} = \begin{bmatrix} 0 & 0.9747 \\ 0.9747 & 0 \end{bmatrix} \rightarrow u[2] = (3,4) \rightarrow \text{停止}$$

例 16.6　递归搜寻剩余簇

图 16.3 展示了该例子中每步迭代所形成的簇，以及触发生成每个簇的距离 $\tilde{d}_{i^*j^*}$（第三步）。该过程可以应用在距离矩阵 $d_{i,j}$，$\tilde{d}_{i,j}$ 和 $\dot{d}_{i,u}$ 所形成的宽阵中，而不只是本章中说明的那些。具体可参见 Rokach & Maimon（2005）中关于代替矩阵的描述，Brualdi（2010）中关于费德勒向量和斯特瓦特谱聚类方法的讨论，以及 scipy library 中的算法。代

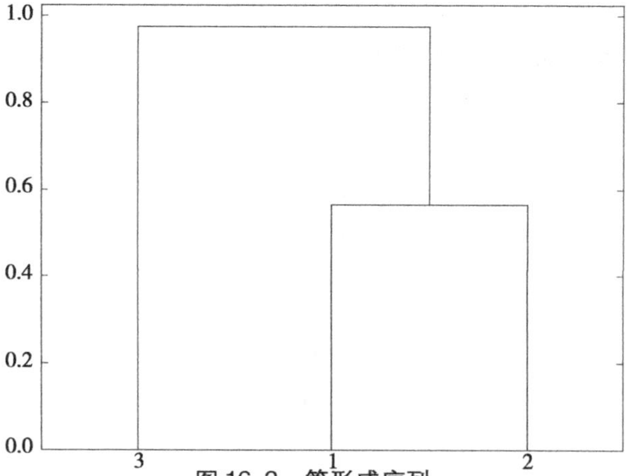

图 16.3　簇形成序列

注：示例数据生成的一个树结构，这里输出的是一个树形图。Y 轴测量的是两个合并叶之间的距离。

码片段 16.1 提供了利用 scipy 功能实现树聚类的例子。

代码片段 16.1　利用 scipy 功能实现树聚类

```
import scipy.cluster.hierarchy as sch
import numpy as np
import pandas as pd
cov,corr=x.cov(),x.corr()
dist=((1-corr)/2.)**.5 # distance matrix
link=sch.linkage(dist,'single') # linkage matrix
```

这一步允许我们定义一个 $(N-1)\times 4$ 阶链接矩阵，其结构为 $Y=\{(y_{m,1},y_{m,2},y_{m,3},y_{m,4})\}_{m=1,\cdots,N-1}$（例如，每个簇有一个 4 元组）。元素 $(y_{m,1},y_{m,2})$ 表明了组成结构。元素 $y_{m,3}$ 是 $y_{m,1}$ 和 $y_{m,2}$ 之间的距离，即 $y_{m,3}=\tilde{d}_{y_{m,1},y_{m,2}}$。元素 $y_{m,4}\leqslant N$ 表明了簇 m 中所包含的原始元素的个数。

16.4.2　准对角化

该步骤重新对协方差矩阵的行和列进行了调整，以使最大值位于对角线上。这种对协方差矩阵的准对角化（不要求本质上的变化）提供了一种有用的性质：相似的投资会被放在一起，不相似的投资会被放置在距离较远的位置上（示例参见图 16.5 和图 16.6）。算法按照如下原理工作：我们知道链接矩阵的每一行将两个分支合并为一个。我们将 $(y_{N-1,1},y_{N-1,2})$ 与它们的组成成分递归替换，直到没有剩余簇。这种换置保持了聚类的顺序。输出为原始（未聚类）元素的有序列表。这种逻辑在代码片段 16.2 中实现。

代码片段 16.2　准对角化

```
def getQuasiDiag(link):
    # Sort clustered items by distance
    link=link.astype(int)
    sortIx=pd.Series([link[-1,0],link[-1,1]])
    numItems=link[-1,3] # number of original items
    while sortIx.max()>=numItems:
        sortIx.index=range(0,sortIx.shape[0]*2,2) # make space
```

```
        df0=sortIx[sortIx>=numItems] # find clusters
        i=df0.index;j=df0.values-numItems
        sortIx[i]=link[j,0] # item 1
        df0=pd.Series(link[j,1],index=i+1)
        sortIx=sortIx.append(df0) # item 2
        sortIx=sortIx.sort_index() # re-sort
        sortIx.index=range(sortIx.shape[0]) # re-index
    return sortIx.tolist()
```

16.4.3 递归二分

第二阶段我们生成了一个准对角化的矩阵。方差倒数分配方法对对角协方差矩阵来说是最优的（见附录16.A.2的证明）。这些事实可以让我们从两方面获益：（1）由下而上，确定邻近子集的方差作为方差倒数分配中的方差；（2）将相邻的子集方差按照其占总方差的比例成反比例分割。以下算法形成了该观点：

1. 算法初始化：
   （1）设置元素列表：$L=\{L_0\}$，其中，$L_0=\{n\}_{n=1,\cdots,N}$。
   （2）为所有元素配置参数：$w_n=1, \forall n=1,\cdots,N$。
2. 如果 $|L_i|=1, \forall L_i\in L$，那么停止。
3. 对于每一个 $L_i\in L$，有 $|L_i|>1$：
   （1）将 L_i 分成两个子集，$L_i^{(1)}\cup L_i^{(2)}=L_i$，其中，$|L_i^{(1)}|=\text{int}\left[\frac{1}{2}|L_i|\right]$，并且顺序被保持。
   （2）定义 $L_i^{(j)}, j=1,2$ 的方差为二阶形式 $\tilde{V}_i^j\equiv\tilde{w}_i^{(j)\prime}V_i^{(j)}\tilde{w}_i^{(j)}$，其中，$V_i^{(j)}$ 是 $L_i^{(j)}$ 二分成分和 $\tilde{w}_i^{(j)}=\text{diag}[V_i^{(j)}]^{-1}\frac{1}{\text{tr}[\text{diag}[V_i^{(j)}]^{-1}]}$ 之间的协方差矩阵。其中，diag [.] 和 tr [.] 是对角和迹算符。
   （3）计算分割系数：$\alpha_i=1-\frac{\tilde{V}_i^{(1)}}{\tilde{V}_i^{(1)}+V_i^{(2)}}$，使 $0\leqslant\alpha_i\leqslant 1$。
   （4）通过系数 $\alpha_i, \forall n\in L_i^{(1)}$，重新调整配置 w_n。

(5) 通过系数 $1-\alpha_i, \forall n \in L_i^{(2)}$，重新调整配置 w_n。

4. 循环步骤2。

步骤3(2)利用了准对角化自下而上的优势，因为它运用方差倒数权重 $\tilde{w}_i^{(j)}$ 定义了 $L_i^{(j)}$ 部分的方差。步骤3(3)则利用了准对角化自上而下的优势，因为它将权重按照簇方差的倒数比进行了分割。该算法保证了 $0 \leqslant w_i \leqslant 1, \forall i = 1, \cdots, N$，以及 $\sum_{i=1}^{N} w_i = 1$，因为在每一次迭代的过程中我们将从上一层得到的权重进行了分割。通过根据使用者的偏好替换步骤3(3)、3(4)和3(5)中的方程，该阶段很容易引入约束。阶段3在代码片段16.3中进行了代码实现。

代码片段16.3　递归二分

```
def getRecBipart(cov,sortIx):
    # Compute HRP alloc
    w=pd.Series(1,index=sortIx)
    cItems=[sortIx] # initialize all items in one cluster
    while len(cItems)>0:
        cItems=[i[j:k] for i in cItems for j,k in ((0,len(i)/2),\
            (len(i)/2,len(i))) if len(i)>1] # bi-section
        for i in xrange(0,len(cItems),2): # parse in pairs
            cItems0=cItems[i] # cluster 1
            cItems1=cItems[i+1] # cluster 2
            cVar0=getClusterVar(cov,cItems0)
            cVar1=getClusterVar(cov,cItems1)
            alpha=1-cVar0/(cVar0+cVar1)
            w[cItems0]*=alpha # weight 1
            w[cItems1]*=1-alpha # weight 2
    return w
```

这是对HRP算法的第一次描述，该算法解决了最佳情况下确定性对数时间 $T(n) = \mathcal{O}(\log_2[n])$，以及最坏情况下确定性线性时间 $T(n) = \mathcal{O}(n)$ 的配置问题。接下来，我们将学到的知识运用于实际，并评估样本外的准确度。

16.5 一个数据示例

我们从模拟一个 10 000 × 10 阶的观测矩阵 X 开始。相关矩阵在图 16.4 中以热图的形式进行了展示。图 16.5 展示了结果簇的树形图（阶段 1）。图 16.6 展示了同一个相关矩阵，只是根据归一化的簇（阶段 2）重新排列在了方格图中。附录 16. A. 3 提供了生成该数据示例的代码。

在该随机数据中，我们计算了 HRP 的配置（阶段 3），并且将它们与两种竞争性方法生成的配置进行了比较：（1）二阶优化，代表性的方法有 CLA 最小方差组合（唯一的一种不依赖于收益均值的有效边际组合）；（2）传统的风险平价方法，以逆方差投资组合（Inverse-Variance Portfolio，简写为 IVP）为例。有关 CLA 的综合实施参见 Bailey & López de Prado（2013），有关 IVP 的推导见附录 16. A. 2。我们运用了标准化约束 $0 \leqslant w_i \leqslant 1$(非负)，$\forall i = 1, \cdots, N$，以及 $\sum_{i=1}^{N} w_i = 1$（全额投资）。作为一个偶然情况，该例子中的协方差矩阵条件数为 150.9324，并不是非常高，因此并非不合适于 CLA。

从表 16.1 的资产配置中，我们可以发现一些特点：第一，CLA 将 92.66% 的配置集中在前五名的股票中，而 HRP 只将 62.57% 的配置集中在前五名的股票中。第二，CLA 为 3 个投资分配了 0 权重（如果没有 $0 \leqslant w_i$ 的限制，配置权重会为负数）。第三，HRP 似乎在 CLA 的集中策略和传统风险平价方法 IVP 配置之间寻找到了一个平衡。你可以利用附录 16. A. 3 中的代码来验证这些发现普遍适用于交替随机协方差矩阵。

引起 CLA 极度集中的原因在于其最小化组合风险的目标。并且两种组合具有非常接近的标准差（$\sigma_{HRP} = 0.4640, \sigma_{CLA} = 0.4486$）。因此 CLA 为了追求小的风险抑制放弃了一半的备选资产。实际上，CLA 组合的分散性是假性的，因为任何一个影响前五名资产配置的不良情况都会对 CLA 产生与 HRP 相比大得多的负面影响。

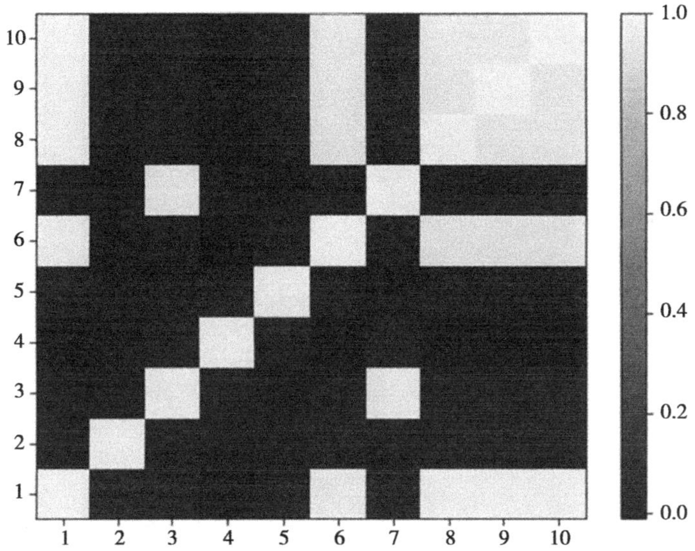

图 16.4 原始协方差矩阵的热图

注：该协方差矩阵运用代码片段 16.4（见附录 16.A.3）中的函数 generateData 计算得到。后 5 列与前 5 列部分相关。

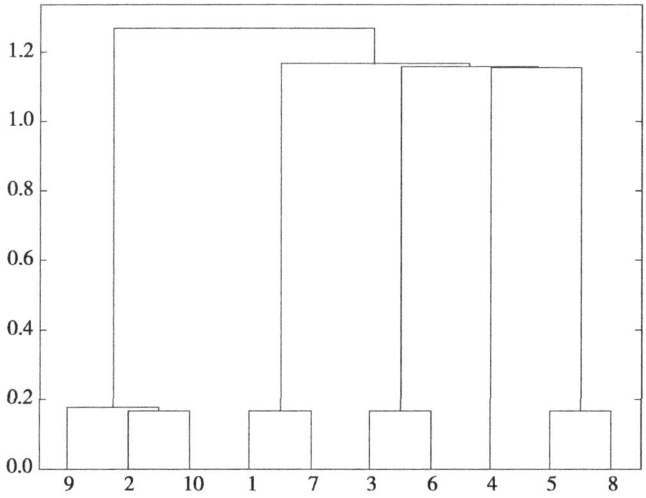

图 16.5 簇型结构的树形图

注：聚类过程正确地识别到序列 9 和 10 是序列 2 的干扰，因此（9，2，10）形成一个簇。类似地，7 是 1 的干扰，6 是 3 的干扰，8 是 5 的干扰。唯一没有干扰的是 4，也是聚类算法没有找到近似的一项。

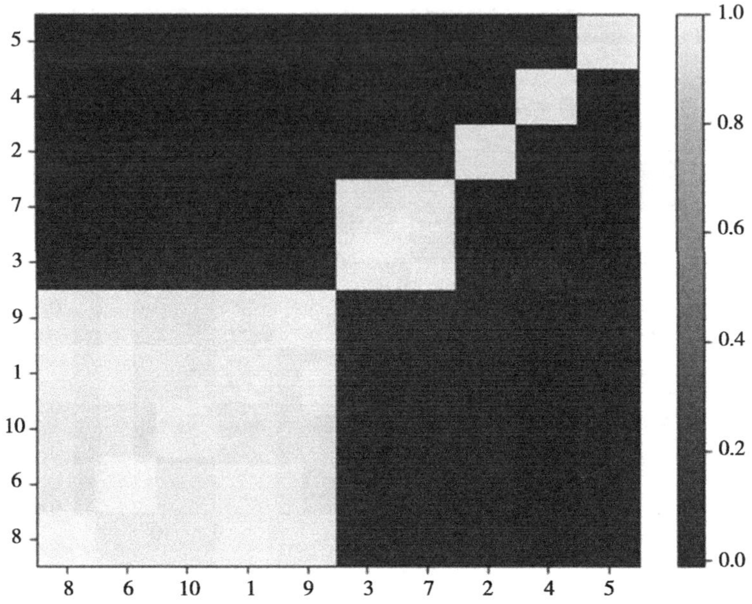

图 16.6　聚类协方差矩阵

注：第二步对相关矩阵进行了准对角化，即将最大值排列在对角线上。然而，不同于 PCA 或者类似的过程，HRP 不要求基矢量变化。HRP 基于原始投资解决配置问题时具有稳健性。

表 16.1　三种配置的对比

权重	CLA	HRP	IVP
1	14.44%	7.00%	10.36%
2	19.93%	7.59%	10.28%
3	19.73%	10.84%	10.36%
4	19.87%	19.03%	10.25%
5	18.68%	9.72%	10.31%
6	0.00%	10.19%	9.74%
7	5.86%	6.62%	9.80%
8	1.49%	9.10%	9.65%
9	0.00%	7.12%	9.64%
10	0.00%	12.79%	9.61%

注：CLA 将权重集中在少数几个资产之间，因此会难以避免极端值；IVP 将权重相对平均地分摊到每一个资产上，而忽视了相关结构，这使其难以避免系统波动的冲击；HRP 在权重分配给所有资产还是某一簇之间找到了折中的方法，使其在抵御这两种冲击时更具弹性。

16.6 样本外蒙特卡洛模拟

在我们的数值示例中，在样本内，CLA 组合与 HRP 相比具有较低风险。然而，具有样本内最小方差的组合不一定在样本外中仍然具有最小方差。对我们来说，很容易就能够找到一个历史数据样本使 HRP 的表现优于 CLA 和 IVP［参见 Bailey & López de Prado（2014），并回顾我们在第 11 章中关于选择偏差的讨论］。在本节中，我们采用了第 13 章中解释的回测方法，以及蒙特卡洛方法评估 HRP 的样本外表现，并与 CLA 的最小方差和 IVP 配置进行对比。这也会帮助我们理解何种特征会使一种方法优于其他方法，而不受反常事例的影响。

第一，我们随机生成了 10 组高斯分布的收益（520 条观测，相当于两年的日交易历史），其中均值为 0，随机设定的标准偏差为 10% 。由于真实的价格经常会有跳跃［Merton（1970）］，并且收益不是相互独立的，我们必须在生成的数据中加上随机震动和随机相关结构。第二，我们通过回看 260 条观测（一年的日交易历史）计算 HRP、CLA 和 IVP 组合。并利用每 22 条观测（相当于月频数据）对这些组合进行了重新估计和调整。第三，我们计算了这 3 种组合的样本外的收益。重复这一过程 10 000 次。

所有组合的样本外平均收益都为 0，与期望值一致。关键的差异来自样本外组合收益的方差：$\sigma^2_{CLA} = 0.1157$，$\sigma^2_{IVP} = 0.0928$，$\sigma^2_{HRP} = 0.0671$。虽然 CLA 的目的是生成最小方差（这是它最优化片段的目标），它却恰恰具有最高的样本外方差，比 HRP 的方差高出了 72.47% 。这一实验发现与 De Miguel 等人（2009）中的历史证据一致。也就是说，HRP 会将 CLA 策略样本外的夏普比率提高大约 31.3% 。这是一个相当显著的提升。假设协方差矩阵是对角化会带给 IVP 一些稳定性，然而，它的方差依然比 HRP 高出大约 38.24% 。这种样本外的方差抑制对偏好风险平价策略的投资者来说至关重要，因为他们使用了大量杠杆。关于样本内和样本外表现的更多讨论参见 Bailey 等人（2014）。

关于 HRP 优于马科维茨的 CLA 算法和传统风险平价方法 IVP 的数学证明超出了本章的讨论范围。在直觉上，我们可以将上述实证结果理解为：影响特定投资的震荡会惩罚 CLA 的集中性。影响若干相关投资的震荡会因 IVP 忽略相关结构而惩罚其表现。通过在整体分散性和位于多分层等级的簇间分散性之间寻求平衡，HRP 能更好防范普遍和异质性震荡。图 16.7 绘制了前 10 000 次运行产生的配置的时间序列。

附录 16. A. 4 提供了实现上述研究的 Python 代码。你可以利用不同的参数设定来得到相似的结果。特别是，HRP 的组外样本表现在备选资产范围较大，或者较多的股票被加入，或者在考虑一个较强的相关结构，或者计入调整成本时，会更好。每一个 CLA 调整引起的交易成本都会随时间积累成为不可负担的损失。

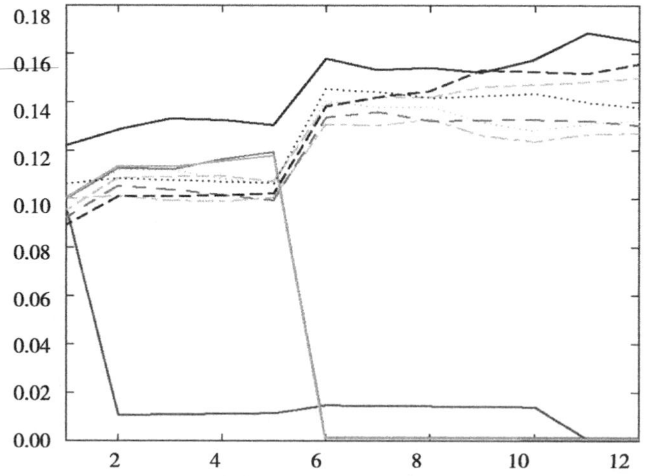

（a）IVP配置的时间序列

注：在第 1 次和第 2 次再平衡之间，一个资产受到了异质化震荡，从而使其方差增大。IVP 对此的反应是降低该资产的配置，并将这种影响分散到所有其他资产上。在第 5 次和第 6 次再平衡之间，两个资产受到了普遍性震荡的影响。IVP 的反应是相同的。结果，7 个没有受到影响的资产之间，它们的配置随着时间增长，无论它们之间的相关性如何。

图 16. 7　前 10 000 次运行产生的配置的时间序列

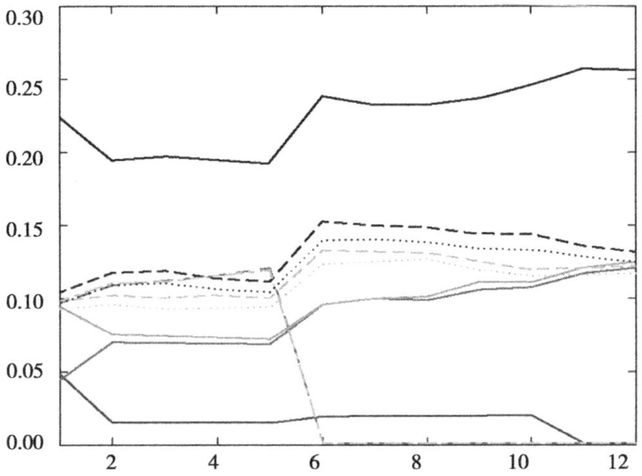

（b）HRP配置的时间序列

注：HRP 对异质化震荡的反应是降低受影响资产的配置，并且运用削减的这部分值来增加未受影响的相关资产的配置。对于普遍性震荡，HRP 降低了受影响的资产配置，并且提高了不相关资产的配置（具有更低的方差）。

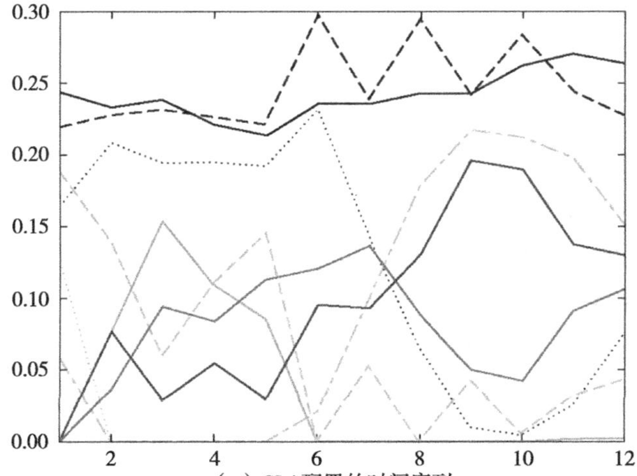

（c）CLA配置的时间序列

注：CLA 配置对异质化和普遍性震荡的响应都不规律。如果我们考虑到组合重组成本，CLA 的表现是非常负面的。

图 16.7（续）　前 10 000 次运行产生的配置的时间序列

16.7 进一步研究

本章介绍的方法是灵活的，可扩展的，可以接受基于相同理念的多种变化调整。利用我们提供的代码，你可以研究并评价何种 HRP 设置能够更好地解决问题。例如，在阶段 1，你可以使用替代性的 $d_{i,j}$，$\tilde{d}_{i,j}$，$\dot{d}_{i,u}$ 定义，或者不同的聚类算法，例如双聚类；在阶段 3，你可以利用不同的 $\tilde{w}_m$ 和 α 方程，或者替代性的配置约束条件。在阶段 3 中也可以利用阶段 1 中得到的簇对资产配置进行自上而下地分割，而不是施行递归二分法。

将预测收益、莱多特 - 沃尔夫（Ledoit-Wolf）收缩和布莱克 - 李特曼（Black-Litterman）模型与这种层次方法合并起来是相对简单的。实际上，好奇的读者可能已经意识到，HRP 实质上是一个可以规避矩阵求逆的稳健性方法，并且 HRP 背后的观点也可以用来代替许多计量经济学上的回归方法，这些方法因为其不稳定的输出而饱受诟病（例如 VAR 或者 VECM）。图 16.8 展示了一个固定收入证券的高维相关矩阵在聚类之前（a）和之后（b）的情况，该矩阵具有 210 万个元素。传统的优化或者计量经济学方法无法识别金融大数据的层次结构，其中数据的不稳定性击败了分析带来的收益，导致了不可靠并且有害的结果。

Kolanovic 等人（2017）对 HRP 进行深入研究后总结道："HRP 能够生成优良的风险调整收益。虽然 HRP 和均值方差组合都能够产生高回报，但 HRP 组合在波动性目标情境下的表现比均值方差组合要优异得多。为确定这些研究结果的稳健性，我们也进行了模拟研究。其中，HRP 的表现持续优于均值方差以及其他基于风险的策略。HRP 组合是真正分散的，包括更多的不相关风险敞口，并且权重值和风险分配极端化程度较低。

Raffinot（2017）总结道："实证结果表明，基于层次聚类的组合是稳健的，真正分散的，并且与普通组合优化技术相比风险调整具有更好的统计性表现。"

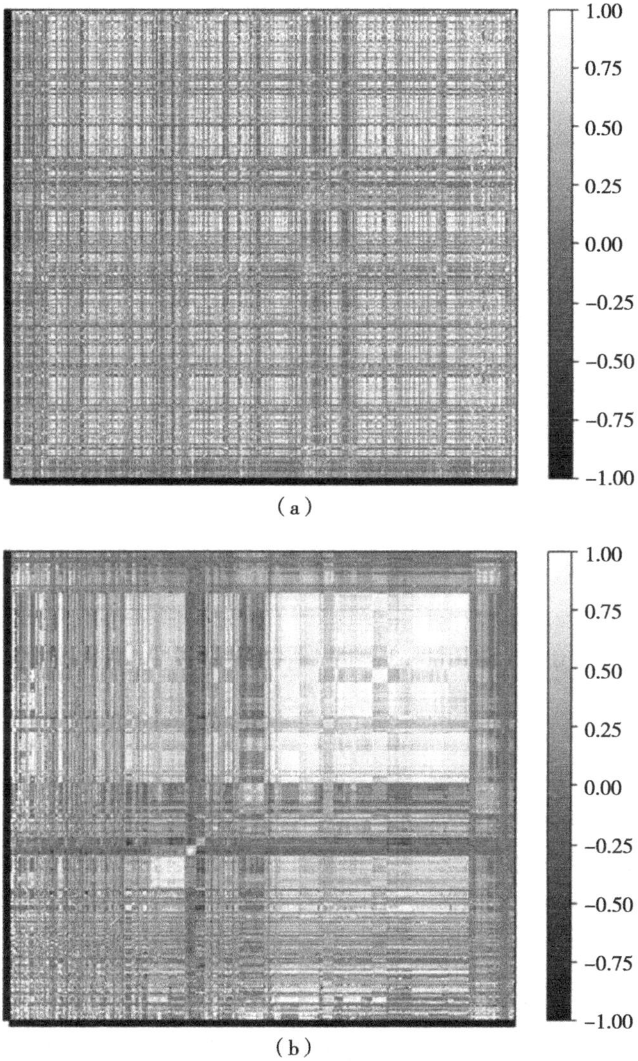

图16.8　聚类之前（a）和之后（b）的相关矩阵

注：本章介绍的方法论也可以应用到除最优化之外的问题。例如，一个大型固定收益备选资产池的PCA分析也会遇到我们所描述的CLA的缺陷。几十年甚至几世纪之前发展起来的适应于小数据量的技术（因子模型，回归分析，计量经济）无法识别金融大数据之中的层级特性。

16.8 总结

精确解析解的表现远远差于近似的机器学习解。众所周知，广义上的二阶优化器，以马科维茨的 CLA 为例，虽然在数学上准确，但是通常会由于不稳定、集中度高、表现不佳而产生不可靠的解。这个问题的根本原因是二阶优化器需要对协方差矩阵求逆。马科维茨的诅咒意味着投资相关度越高，对组合的分散度要求越高，同时组合估计的误差越大。

在本章中，我们揭示了二阶优化器不稳定性的一个主要来源：N 阶矩阵对应于一个具有 $\frac{1}{2}N(N-1)$ 条边的完全图。在拥有如此多连接节点的边时，权重被允许以完全的自由度进行重新平衡。这种层次结构的缺失意味着很小的估计误差将会导致完全不同的解。HRP 以树形结构代替了协方差结构，达到了 3 个目的：（1）不同于传统的风险平价方法，这种方法充分利用了包含在协方差矩阵中的信息；（2）权重的稳定性被恢复；（3）解的构造是直观的。该算法在对数时间（最好情况）或者线性时间（最坏情况）内收敛。

HRP 是稳定的，可视化的，以及灵活的，允许用户引入约束条件或操纵树结构，而不会影响算法的搜索。这些特性来自 HRP 不要求协方差矩阵可逆的事实。实际上，HRP 可以基于一个病态甚至奇异协方差矩阵计算组合。

本章主要关注投资组合构建的应用，不过，你可以找到在不确定情况下制定决策的其他应用，特别是当存在一个近似于奇异的协方差矩阵时：向投资经理分配资本，在不同算法策略间分配资产，机器学习信号的装袋算法和提升算法，随机森林预测，不稳定经济模型（VAR，VECM）的替代方法，等等。

当然，类似 CLA 的二阶优化器能够产生样本内的最小方差组合（这是它的目标函数）。蒙特卡洛实验表明，HRP 与 CLA 或者传统的风险平价方法（IVP）相比，能够使样本外方差下降到更低的水平。自从桥水基金在20世纪90年代开创风险平价方法，一些资产经理就开始按照该方法来运行基金，资产总额已经超过了5 000亿美元。考虑到他们对杠杆的广泛使用，采用更稳定的风险平价方法将会使这些基金受益颇多，从而获得超额的风险调整后收益和更低的组合重组成本。

附录

16. A. 1　基于相关关系的矩阵

考虑两个T维实向量X，Y，和一个相关系数变量$\rho[x,y]$，唯一需要满足的条件是$\sigma[x,y]=\rho[x,y]\sigma[X]\sigma[Y]$，其中，$\sigma[x,y]$是两个向量之间的协方差，$\sigma[.]$是标准差。请注意，皮尔森相关系数不是唯一一个可以满足该条件的相关系数。

下面让我们来证明$d[x,y]=\sqrt{\frac{1}{2}(1-\rho[x,y])}$是一个实矩阵。第一，两个向量间的欧几里得距离是$d[x,y]=\sqrt{\sum_{t=1}^{T}(X_t-Y_t)^2}$。第二，我们将这些向量Z-标准化为$x=\frac{X-\bar{X}}{\sigma[X]}$，$y=\frac{Y-\bar{Y}}{\sigma[Y]}$。相应地，$0\leqslant\rho[x,y]=\rho[x,y]$。第三，我们得到欧几里得距离$d[x,y]$如下：

$$d[x,y]=\sqrt{\sum_{t=1}^{T}(x_t-y_t)^2}=\sqrt{\sum_{t=1}^{T}x_t^2+\sum_{t=1}^{T}y_t^2-2\sum_{t=1}^{T}x_ty_t}$$

$$=\sqrt{T+T-2T\sigma[x,y]}=\sqrt{2T\left(1-\underbrace{\rho[x,y]}_{=\rho[x,y]}\right)}=\sqrt{4T}d[x,y]$$

也就是说，距离 $d[x,y]$ 是向量 $\{X, Y\}$ 之间经过 Z-标准化的欧几里得距离的线性倍数，因此它继承了欧几里得距离实矩阵的特性。

相似地，我们可以证明 $d[x,y]=\sqrt{1-|\rho[x,y]|}$ 在商 $\mathbb{Z}/2\mathbb{Z}$ 处递减为一个实矩阵。为了证明该结论，我们定义 $y=\frac{Y-\bar{Y}}{\sigma[Y]}\operatorname{sgn}[\rho[x,y]]$，其中，$\operatorname{sgn}[.]$ 是符号算子，因此 $0\leqslant\rho[x,y]=|\rho[x,y]|$。从而有：

$$d[x,y]=\sqrt{2T\left(1-\underbrace{\rho[x,y]}_{=|\rho[x,y]|}\right)}=\sqrt{2T}d[x,y]$$

16. A. 2　方差倒数分配

阶段 3（见第 16. 4. 3 节）将权重按照构成部分方差的反比进行了分割。现在我们来证明当协方差矩阵对角化时这种分配是最优的。考虑一个 N 维标准二阶优化问题：

$$\min_{\omega}\omega' V\omega$$
$$\text{s.t.}:\ \omega' a=1_I$$

解为 $\omega=\frac{V^{-1}a}{a'V^{-1}a}$。当特征向量 $a=1_N$ 时，解是最小方差组合。如果 V 是对角化的，$\omega_n=\frac{V_{n,n}^{-1}}{\sum_{i=1}^{N}V_{i,i}^{-1}}$。特别是，当 $N=2$ 时，$\omega_1=\frac{\frac{1}{V_{1,1}}}{\frac{1}{V_{1,1}}+\frac{1}{V_{2,2}}}=1-\frac{V_{1,1}}{V_{1,1}+V_{2,2}}$，这就是阶段 3 中在子集的两部分之间分割权重的方法。

16.A.3 数据实例的再生成

代码片段16.4可以用来重新生成我们的结果以及模拟更多的数据实例。函数 generateData 产生了一个时间序列矩阵，其中，size0 个向量之间不相关，size1 个向量之间相关。你可以改变 generateData 中的 np.random.seed 来运行其他数据实例，从而得到关于HRP如何运作的直观理解。Scipy 的函数 linkage 可以用来执行阶段1（见第16.4.1节），函数 getQuasiDiag 执行阶段2（见第16.4.2节），函数 getRecBipart 执行阶段3（见第16.4.3节）。

代码片段16.4 HRP算法的完整实现

```
import matplotlib.pyplot as mpl
import scipy.cluster.hierarchy as sch,random,numpy as np,pandas as pd
#———————————————————————————————————————
def getIVP(cov,**kargs):
    # Compute the inverse-variance portfolio
    ivp=1./np.diag(cov)
    ivp/=ivp.sum()
    return ivp
#———————————————————————————————————————
def getClusterVar(cov,cItems):
    # Compute variance per cluster
    cov_=cov.loc[cItems,cItems] # matrix slice
    w_=getIVP(cov_).reshape(-1,1)
    cVar=np.dot(np.dot(w_.T,cov_),w_)[0,0]
    return cVar
#———————————————————————————————————————
def getQuasiDiag(link):
    # Sort clustered items by distance
    link=link.astype(int)
    sortIx=pd.Series([link[-1,0],link[-1,1]])
    numItems=link[-1,3] # number of original items
    while sortIx.max()>=numItems:
        sortIx.index=range(0,sortIx.shape[0]*2,2) # make space
        df0=sortIx[sortIx>=numItems] # find clusters
        i=df0.index;j=df0.values-numItems
        sortIx[i]=link[j,0] # item 1
        df0=pd.Series(link[j,1],index=i+1)
        sortIx=sortIx.append(df0) # item 2
        sortIx=sortIx.sort_index() # re-sort
```

```
        sortIx.index=range(sortIx.shape[0]) # re-index
    return sortIx.tolist()
#------------------------------------------------------------------
def getRecBipart(cov,sortIx):
    # Compute HRP alloc
    w=pd.Series(1,index=sortIx)
    cItems=[sortIx] # initialize all items in one cluster
    while len(cItems)>0:
        cItems=[i[j:k] for i in cItems for j,k in ((0,len(i)/2), \
            (len(i)/2,len(i))) if len(i)>1] # bi-section
        for i in xrange(0,len(cItems),2): # parse in pairs
            cItems0=cItems[i] # cluster 1
            cItems1=cItems[i+1] # cluster 2
            cVar0=getClusterVar(cov,cItems0)
            cVar1=getClusterVar(cov,cItems1)
            alpha=1-cVar0/(cVar0+cVar1)
            w[cItems0]*=alpha # weight 1
            w[cItems1]*=1-alpha # weight 2
    return w
#------------------------------------------------------------------
def correlDist(corr):
    # A distance matrix based on correlation, where 0<=d[i,j]<=1
    # This is a proper distance metric
    dist=((1-corr)/2.)**.5 # distance matrix
    return dist
#------------------------------------------------------------------
def plotCorrMatrix(path,corr,labels=None):
    # Heatmap of the correlation matrix
    if labels is None:labels=[]
    mpl.pcolor(corr)
    mpl.colorbar()
    mpl.yticks(np.arange(.5,corr.shape[0]+.5),labels)
    mpl.xticks(np.arange(.5,corr.shape[0]+.5),labels)
    mpl.savefig(path)
    mpl.clf();mpl.close() # reset pylab
    return
#------------------------------------------------------------------
def generateData(nObs,size0,size1,sigma1):
    # Time series of correlated variables
    #1) generating some uncorrelated data
    np.random.seed(seed=12345);random.seed(12345)
    x=np.random.normal(0,1,size=(nObs,size0)) # each row is a variable
    #2) creating correlation between the variables
    cols=[random.randint(0,size0-1) for i in xrange(size1)]
    y=x[:,cols]+np.random.normal(0,sigma1,size=(nObs,len(cols)))
    x=np.append(x,y,axis=1)
    x=pd.DataFrame(x,columns=range(1,x.shape[1]+1))
    return x,cols
#------------------------------------------------------------------
```

```
def main():
    #1) Generate correlated data
    nObs,size0,size1,sigma1=10000,5,5,.25
    x,cols=generateData(nObs,size0,size1,sigma1)
    print [(j+1,size0+i) for i,j in enumerate(cols,1)]
    cov,corr=x.cov(),x.corr()
    #2) compute and plot correl matrix
    plotCorrMatrix('HRP3_corr0.png',corr,labels=corr.columns)
    #3) cluster
    dist=correlDist(corr)
    link=sch.linkage(dist,'single')
    sortIx=getQuasiDiag(link)
    sortIx=corr.index[sortIx].tolist() # recover labels
    df0=corr.loc[sortIx,sortIx] # reorder
    plotCorrMatrix('HRP3_corr1.png',df0,labels=df0.columns)
    #4) Capital allocation
    hrp=getRecBipart(cov,sortIx)
    print hrp
    return
#————————————————————————————
if __name__=='__main__':main()
```

16.A.4 蒙特卡洛实验的再实现

代码片段 16.5 在 3 种分配方法上实施了蒙特卡洛实验：HRP、CLA 和 IVP。除了附录 16.A.3 提供的 HRP，以及在 Bailey & López de Prado (2013) 中可以找到相关参考的 CLA 以外，所有的函数库都是标准化的。子程序 generateData 使用两种类型的随机冲击来模拟相关数据：一种随机冲击对各种投资都有影响，一种特别用于单个投资。每种类型冲击又可分为两种：一种是正面的，一种是负面的。实验变量设置为 hrpMC 的参数。它们是被随机设定的，使用者可以利用其他参数组合来进行实验。

代码片段 16.5 HRP 样本外表现的蒙特卡洛实验

```
import scipy.cluster.hierarchy as sch,random,numpy as np,pandas as pd,CLA
from HRP import correlDist,getIVP,getQuasiDiag,getRecBipart
#————————————————————————————
def generateData(nObs,sLength,size0,size1,mu0,sigma0,sigma1F):
    # Time series of correlated variables
    #1) generate random uncorrelated data
```

```
    x=np.random.normal(mu0,sigma0,size=(nObs,size0))
    #2) create correlation between the variables
    cols=[random.randint(0,size0-1) for i in xrange(size1)]
    y=x[:,cols]+np.random.normal(0,sigma0*sigma1F,size=(nObs,len(cols)))
    x=np.append(x,y,axis=1)
    #3) add common random shock
    point=np.random.randint(sLength,nObs-1,size=2)
    x[np.ix_(point,[cols[0],size0])]=np.array([[-.5,-.5],[2,2]])
    #4) add specific random shock
    point=np.random.randint(sLength,nObs-1,size=2)
    x[point,cols[-1]]=np.array([-.5,2])
    return x,cols
    #———————————————————————————————————————
def getHRP(cov,corr):
    # Construct a hierarchical portfolio
    corr,cov=pd.DataFrame(corr),pd.DataFrame(cov)
    dist=correlDist(corr)
    link=sch.linkage(dist,'single')
    sortIx=getQuasiDiag(link)
    sortIx=corr.index[sortIx].tolist() # recover labels
    hrp=getRecBipart(cov,sortIx)
    return hrp.sort_index()
    #———————————————————————————————————————
def getCLA(cov,**kargs):
    # Compute CLA's minimum variance portfolio
    mean=np.arange(cov.shape[0]).reshape(-1,1) # Not used by C portf
    lB=np.zeros(mean.shape)
    uB=np.ones(mean.shape)
    cla=CLA.CLA(mean,cov,lB,uB)
    cla.solve()
    return cla.w[-1].flatten()
#———————————————————————————————————————
def hrpMC(numIters=1e4,nObs=520,size0=5,size1=5,mu0=0,sigma0=1e-2, \
    sigma1F=.25,sLength=260,rebal=22):
    # Monte Carlo experiment on HRP
    methods=[getIVP,getHRP,getCLA]
    stats,numIter={i.__name__:pd.Series() for i in methods},0
    pointers=range(sLength,nObs,rebal)
    while numIter<numIters:
        print numIter
        #1) Prepare data for one experiment
        x,cols=generateData(nObs,sLength,size0,size1,mu0,sigma0,sigma1F)
        r={i.__name__:pd.Series() for i in methods}
        #2) Compute portfolios in-sample
        for pointer in pointers:
            x_=x[pointer-sLength:pointer]
            cov_,corr_=np.cov(x_,rowvar=0),np.corrcoef(x_,rowvar=0)
            #3) Compute performance out-of-sample
            x_=x[pointer:pointer+rebal]
        for func in methods:
            w_=func(cov=cov_,corr=corr_) # callback
            r_=pd.Series(np.dot(x_,w_))
```

```
                r[func.__name__]=r[func.__name__].append(r_)
        #4) Evaluate and store results
        for func in methods:
            r_=r[func.__name__].reset_index(drop=True)
            p_=(1+r_).cumprod()
            stats[func.__name__].loc[numIter]=p_.iloc[-1]-1
        numIter+=1
    #5) Report results
    stats=pd.DataFrame.from_dict(stats,orient='columns')
    stats.to_csv('stats.csv')
    df0,df1=stats.std(),stats.var()
    print pd.concat([df0,df1,df1/df1['getHRP']-1],axis=1)
    return
#———————————————————————————————————————————
if __name__=='__main__':hrpMC()
```

练习

16.1 给定 N 个投资策略的 PnL 序列：

（1）按照平均交易频率将它们排序（例如，每周观察每周的交易策略）。提示：这种数据排列有时被称为“下采样”。

（2）计算回报的协方差矩阵 V。

（3）确定 N 个策略的层次聚类。

（4）绘制 N 个策略的聚类相关矩阵图形。

16.2 利用练习 16.1 中得到的聚类协方差矩阵 V：

（1）计算 HRP 配置。

（2）计算 CLA 配置。

（3）计算 IVP 配置。

16.3 利用练习 16.1 中得到的协方差矩阵 V：

（1）展示特征分解：$VW = W\Lambda$。

（2）按照 $U[0,1]$ 分布抽取 N 个随机数，形成阵列 ε。

（3）构造一个 $N \times N$ 矩阵 $\tilde{\Lambda}$，满足 $\tilde{\Lambda}_{n,n} = N\varepsilon_n \Lambda_{n,n} \left(\sum_{n=1}^{N} \varepsilon_n\right)^{-1}$，$n = 1,\cdots,N$。

（4）计算 $\tilde{V} = W \tilde{\Lambda} W^{-1}$。

（5）重复练习 16.2，这次用 $\tilde{V}$ 作为协方差矩阵。何种配置受到特征值尺度缩放的影响最大？

16.4 如何调整 HRP 算法，使其在资本合计为 0 的情况下进行配置，其中，$|w_n| \leq 1, \forall n = 1, \cdots, N$？

16.5 思考一种简单的方法，将预期收益纳入 HRP 配置中。

引用文献

Bailey, D. and M. López de Prado (2012): "Balanced baskets: A new approach to trading and hedging risks." *Journal of Investment Strategies*, Vol. 1, No. 4, pp. 21–62. Available at http://ssrn.com/abstract=2066170.

Bailey, D. and M. López de Prado (2013): "An open-source implementation of the critical-line algorithm for portfolio optimization." *Algorithms*, Vol. 6, No. 1, pp. 169–196. Available at http://ssrn.com/abstract=2197616.

Bailey, D., J. Borwein, M. López de Prado, and J. Zhu (2014) "Pseudo-mathematics and financial charlatanism: The effects of backtest overfitting on out-of-sample performance." *Notices of the American Mathematical Society*, Vol. 61, No. 5, pp. 458–471. Available at http://ssrn.com/abstract=2308659.

Bailey, D. and M. López de Prado (2014): "The deflated Sharpe ratio: Correcting for selection bias, backtest overfitting and non-normality." *Journal of Portfolio Management*, Vol. 40, No. 5, pp. 94–107.

Black, F. and R. Litterman (1992): "Global portfolio optimization." *Financial Analysts Journal*, Vol. 48, pp. 28–43.

Brualdi, R. (2010): "The mutually beneficial relationship of graphs and matrices." Conference Board of the Mathematical Sciences, Regional Conference Series in Mathematics, Nr. 115.

Calkin, N. and M. López de Prado (2014): "Stochastic flow diagrams." *Algorithmic Finance*, Vol. 3, No. 1, pp. 21–42. Availble at http://ssrn.com/abstract=2379314.

Calkin, N. and M. López de Prado (2014): "The topology of macro financial flows: An application of stochastic flow diagrams." *Algorithmic Finance*, Vol. 3, No. 1, pp. 43–85. Available at http://ssrn.com/abstract=2379319.

Clarke, R., H. De Silva, and S. Thorley (2002): "Portfolio constraints and the fundamental law of active management." *Financial Analysts Journal*, Vol. 58, pp. 48–66.

De Miguel, V., L. Garlappi, and R. Uppal (2009): "Optimal versus naive diversification: How inefficient is the 1/N portfolio strategy?" *Review of Financial Studies*, Vol. 22, pp. 1915–1953.

Jurczenko, E. (2015): *Risk-Based and Factor Investing*, 1st ed. Elsevier Science.

Kolanovic, M., A. Lau, T. Lee, and R. Krishnamachari (2017): "Cross asset portfolios of tradable risk premia indices. Hierarchical risk parity: Enhancing returns at target volatility." White paper, Global Quantitative & Derivatives Strategy. J.P. Morgan, April 26.

Kolm, P., R. Tutuncu and F. Fabozzi (2014): "60 years of portfolio optimization." *European Journal of Operational Research*, Vol. 234, No. 2, pp. 356–371.

Kuhn, H. W. and A. W. Tucker (1951): "Nonlinear programming." Proceedings of 2nd Berkeley Symposium. Berkeley, University of California Press, pp. 481–492.

Markowitz, H. (1952): "Portfolio selection." *Journal of Finance*, Vol. 7, pp. 77–91.

Merton, R. (1976): "Option pricing when underlying stock returns are discontinuous." *Journal of Financial Economics*, Vol. 3, pp. 125–144.

Michaud, R. (1998): *Efficient Asset Allocation: A Practical Guide to Stock Portfolio Optimization and Asset Allocation*, 1st ed. Harvard Business School Press.

Ledoit, O. and M. Wolf (2003): "Improved estimation of the covariance matrix of stock returns with an application to portfolio selection." *Journal of Empirical Finance*, Vol. 10, No. 5, pp. 603–621.

Raffinot, T. (2017): "Hierarchical clustering based asset allocation." *Journal of Portfolio Management*, forthcoming.

Rokach, L. and O. Maimon (2005): "Clustering methods," in Rokach, L. and O. Maimon, eds., *Data Mining and Knowledge Discovery Handbook*. Springer, pp. 321–352.

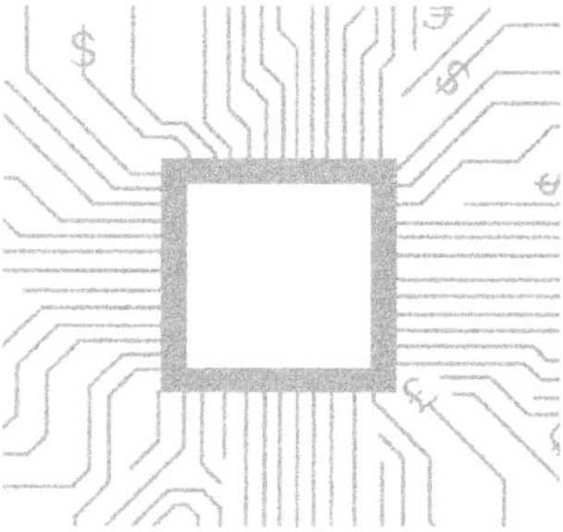

第4部分

有用的金融特征

第17章

结构突变

17.1 动机

在制定基于机器学习的投资策略时，我们通常希望押注于多因子的结合，这些因子的预测结果能够带来可观的风险调整后的收益率。结构突变，如从一种市场体制过渡到另一种市场体制，是这种结合的一个特别有趣的例子。例如，均值回归模式被动量模式取代。当这种转变发生的时候，大多数市场参与者会猝不及防，并且容易犯下严重的错误。这种类型的错误是很多盈利性策略的基础，因为失败方的参与者在意识到他们的错误时一般为时过晚。在他们接受损失之前，他们将表现得十分不理性，试着保持头寸，并且希冀出现逆转。有时他们甚至会在绝望中给自己增加一个容易导致失败的头寸。最终他们将被迫止损或者离场。结构突变能够提供一些最好的风险/回报。在本章中，我们将回顾测量结构突变似然度的一些方法，以此为基础建立多信息特征。

17.2 结构突变检验的类型

我们可以将结构突变检验分为两大类：

- CUSUM 检验：该检验判断累积预测误差是否显著偏离白噪声。
- 爆炸性检验：除了偏离白噪声，该检验可判断过程是否显示出指数性增长或者指数性衰退，因为结构突变与随机游走过程或者平稳过程是不一致的，并且从长远来看是不可持续的。
  - 右尾单位根检验：该检验在对指数性增长或者指数性衰退的存在性进行评估，假设自回归模型。
  - 下/上鞅检验：该检验对各种函数形式下的指数性增长或者指数性衰退的存在进行评估。

17.3 CUSUM 检验

我们在第 2 章介绍了 CUSUM 过滤器，将其应用于事件驱动的线采样。这种思想是只要某些变量（例如累积预测误差）超过了预先设定的阈值，就进行线采样。这种概念能进一步拓展到结构突变检验上。

17.3.1 使用布朗 - 德宾 - 埃文斯 CUSUM 检验迭代残差

这种方法最先由布朗（Brown）、德宾（Durbin）和埃文斯（Evans）在 1975 年提出。假设在每一个观测时期 $t=1,2,\cdots,T$，我们记下能预测值 y_t 的一组特征值 x_t。矩阵 X_t 由这些特征值的时间序列组成，$t \leqslant T$，$\{x_i\}_{i=1,\cdots,t}$。布朗、德宾和埃文斯提出计算 β 的递归最小二乘（RLS）估计量，基于以下模型：

$$y_t = \beta_t' x_t + \varepsilon_t$$

在子样本 $([1, k+1], [1, k+2], \ldots, [1, T])$ 中进行拟合，得出 $T-k$ 个最小方差估计量 $(\hat{\beta}_{k+1}, \ldots, \hat{\beta}_T)$。我们可以计算标准的1步向前的迭代残差：

$$\hat{\omega}_t = \frac{y_t - \hat{\beta}_{t-1}' x_t}{\sqrt{f_t}}$$

$$f_t = \hat{\sigma}_\varepsilon^2 \left[1 + x_t' \left(X_t' X_t\right)^{-1} x_t\right]$$

CUSUM 统计量被定义为：

$$S_t = \sum_{j=k+1}^{t} \frac{\hat{\omega}_j}{\hat{\sigma}_\omega}$$

$$\hat{\sigma}_\omega^2 = \frac{1}{T-k} \sum_{t=k}^{T} (\hat{\omega}_t - \mathrm{E}[\hat{\omega}_t])^2$$

在 β 是恒定值的原假设下，$H_0: \beta_t = \beta$，则 $S_t \sim N[0, t-k-1]$。该过程值得注意的一点是，由于起始点是随机选取的，结果很有可能因此变得不一致。

17.3.2 使用朱家祥－斯廷奇库姆－怀特 CUSUM 检验水平值

该检验方法参考了 Homm & Breitung（2012）的研究。它对前种方法进行了简化，去除掉 $\{x_t\}_{t=1,\cdots,T}$，并且假设 $H_0: \beta_t = 0$，即我们预测没有改变（$\mathrm{E}_{t-1}[\Delta y_t] = 0$）。这允许我们直接用值 y_t 操作，从而减少计算量。我们计算对数价格 y_t 与对数价格 y_n（$t > n$）之间的标准偏离程度如下：

$$S_{n,t} = (y_t - y_n)\left(\hat{\sigma}_t \sqrt{t-n}\right)^{-1}$$

$$\hat{\sigma}_t^2 = (t-1)^{-1} \sum_{i=2}^{t} (\Delta y_i)^2$$

在原假设 $H_0 : \beta_t = 0$ 下，$S_{n,t} \sim N[0,1]$。单边检验的时间相关临界值为：

$$c_\alpha[n,t] = \sqrt{b_\alpha + \log[t-n]}$$

朱家祥（Chu）- 斯廷奇库姆（Stinchcomse）- 怀特（White）通过蒙特卡洛方法得出 $b_{0.05}=4.6$。这种方法的一个缺陷是参考值 y_n 在某种程度上是随机设定的。为了解决这个问题，我们可以通过后移窗口 $n \in [1, t]$ 的序列来估计 $S_{n,t}$，并且选取 $S_t = \sup_{n\in[1,t]} \{S_{n,t}\}$。

17.4 爆炸性检验

爆炸性检验一般可以分为两类，一类用来检验单个泡沫，一类用来检验多个泡沫。在这个背景下，泡沫不仅限于价格上涨，还包括股票抛售。多泡沫检验更加稳健，从某种意义上来说，这是因为泡沫产生到破裂再到下一个泡沫产生的循环将使得多泡沫检验序列比单泡沫检验更加平稳。Maddala & Kim（1998）以及 Breitung（2014）提供了很好的文献概述。

17.4.1 邹氏迪基 - 福勒检验

爆炸性检验的方法主要来源于邹至庄的研究成果，始于 1960 年。考虑一阶自回归过程：

$$y_t = \rho y_{t-1} + \varepsilon_t$$

其中，ε_t 是白噪声。原假设为 y_t 服从随机游走过程，$H_0: \rho = 1$。备择假设为 y_t 一开始是一个随机游走过程，但是在 $\tau^* T$ 时刻，其中 $\tau^* \in (0,1)$，变成了爆炸性过程：

$$H_1 : y_t = \begin{cases} y_{t-1} + \varepsilon_t \text{ for } t = 1, \ldots, \tau^* T \\ \rho y_{t-1} + \varepsilon_t \text{ for } t = \tau^* T + 1, \ldots, T, \text{ with } \rho > 1 \end{cases}$$

在 T 时刻，我们可以检验转换（随机游走过程变成爆炸过程）是否在 $\tau^* T$ 时刻发生（突变时刻）。为了检验这个假设，我们对以下模型进行拟合：

$$\Delta y_t = \delta y_{t-1} D_t[\tau^*] + \varepsilon_t$$

其中，$D_t\ [\tau^*]$ 是一个哑变量，在 $t < \tau^* T$ 的情况下取0，在 $t \geqslant \tau^* T$ 时取1。因此，原假设为 $H_0: \delta = 0$，（单边）备择假设为 $H_1: \delta > 1$：

$$DFC_{\tau^*} = \frac{\hat{\delta}}{\hat{\sigma}_\delta}$$

这种方法的主要缺陷在于 τ^* 是未知的。为了解决这个问题，Andrews（1993）提出一种新的检验方法，在某个固定区间 $\tau^* \in [\tau_0, 1 - \tau_0]$ 内，尝试所有可能的 τ^* 值。像 Breitung（2014）解释的那样，我们应该在样本起始和终点排除一些可能的 τ^* 值，确保每一种机制都能有足够的观测值进行拟合（$D_t\ [\tau^*]$ 里面必须有足够的0和1）。未知的 τ^* 的检验统计量是所有 $T(1 - 2\tau_0)$ 个 DFC_{τ^*} 值中的最大值。

$$SDFC = \sup_{\tau^* \in [\tau_0, 1-\tau_0]} \{DFC_{\tau^*}\}$$

邹氏方法的另一个缺陷是它假设只存在一个突变时刻 $\tau^* T$，并且泡沫迅速成长至样本末期（没有转换回随机游走过程）。假设有三个或更多转换机制的情形（随机游走→泡沫→随机游走……）存在，我们需要讨论上确界扩张迪基－福勒（Supremum Augmented Dickey-Fuller，简写为 SADF）检验。

17.4.2 SADF 检验

Phillips，Wu，Yu（2011）：“标准单位根和协整检验并不是一种适当的检测泡沫行为的工具，因为它们不能有效地区分平稳过程与周期性泡沫破灭的模型。周期性泡沫破灭的模型在数据上看起来更像是单位根或者平稳自回归过程形成的数据，而不是由潜在的爆炸性过程所形成的。”为了解决这个缺陷，该文献提议对以下回归模型进行拟合：

$$\Delta y_t = \alpha + \beta y_{t-1} + \sum_{l=1}^{L} \gamma_l \Delta y_{t-l} + \varepsilon_t$$

其中，我们的假设是 $H_0: \beta \leqslant 0, H_1: \beta > 0$。受到 Andrews（1993）的启发，Phillips & Yu（2011）以及 Phillips，Wu，Yu（2011）同时提出了 SADF 检验。SADF 在每一个结束时期 t 拟合上述回归，并向后延伸至起始时间，然后计算：

$$SADF_t = \sup_{t_0 \in [1, t-\tau]} \{ADF_{t_0,t}\} = \sup_{t_0 \in [1, t-\tau]} \left\{ \frac{\hat{\beta}_{t_0,t}}{\hat{\sigma}_{\beta_{t_0,t}}} \right\}$$

其中，$\hat{\beta}_{t_0,t}$基于起始时期 t_0 至结束时期 t 的样本来估计，τ 是用于分析的最小样本长度，t_0 是通过后移扩大窗口的左界，且 $t=\tau, \cdots, T$。对于 $SADF_t$ 估计，窗口的右界固定在时间 t。标准的 ADF 检验是 $SADF_t$ 检验在满足 $\tau = t-1$ 时的一个特例。

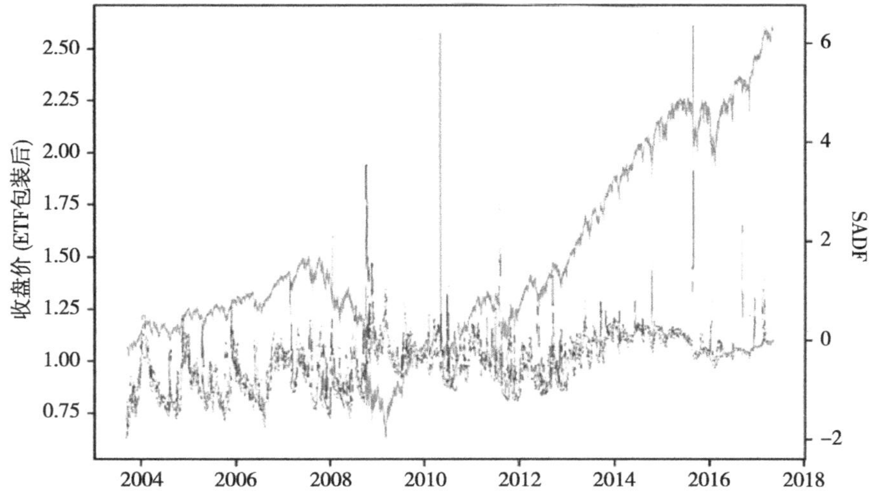

图 17.1　价格和 SADF 的时间趋势图

$SADF_t$和 SDFC 有两个主要差别：首先，$SADF_t$在 $t \in [\tau, T]$ 的每一个时间点都进行了计算，而 SDFC 只在时间 T 处进行了计算；其次，SADF 没有引入一个哑变量，而是递归扩展样本的起始时间（$t_0 \in [1, t-\tau]$）。通过尝试在（t_0，t）时期内嵌套双循环的所有组合，SADF 不假定任何一个机制转换的已知数或突变日期。图 17.1 显示了在应用 ETF 方法（见第 2 章第 2.4.1 节）之后的 E－迷你标普 500 指数期货价格序列，以及从价格序列推导得出的 SADF。当价格显示出类似于泡沫的行为时，SADF 曲线大幅上升，而在泡沫破灭之后恢复到原先的低水平。接下来，我们将讨论对 Phillips & Yu（2011）提出的 SADF 检验进行增强的方法。

17.4.2.1　原始价格与对数价格

在文献研究中普遍将原始价格用于结构突变检验。在这一节中我们将解释为什么对数价格需要被优先考虑，尤其当我们研究包含泡沫产生和破灭的长期时间序列时。

对于原始价格 $\{y_t\}$，如果 ADF 检验的原假设被拒绝，则说明价格是平稳的，且方差有限。这意味着收益率 $\frac{y_t}{y_{t-1}}-1$ 在时间上并不是恒定的，因为为了保持价格方差恒定，收益率的波动必随价格上升而减小，以及随价格下降而增大。当我们对原始价格进行 ADF 检验时，我们假设收益率方差相对价格水平并不是恒定不变的。如果收益率方差相对价格水平是恒定不变的，则模型将会出现结构性的异方差性。

相反，如果我们采用对数价格，ADF 模型将表明：

$$\Delta\log[y_t] \propto \log[y_{t-1}]$$

现在，我们调整变量，$x_t = ky_t$。此时，$\log[x_t] = \log[k] + \log[y_t]$，并且 ADF 模型将表明：

$$\Delta\log[x_t] \propto \log[x_{t-1}] \propto \log[y_{t-1}]$$

在基于对数价格的替代设定下，股票价格取决于收益率的均值，而不是收益率的波动率。这种差别可能并不会对小样本（当 $k \approx 1$ 时）产生影响。但是 SADF 基于过去数十年的数据运行回归，泡沫产生的大小在不同机制之间有显著差异（$k \neq 1$）。

17.4.2.2 计算复杂度

算法运行时间 $\mathcal{O}(n^2)$，这是因为基于总样本长度 T，SADF 所要求的 ADF 检验的次数为：

$$\sum_{t=\tau}^{T} t-\tau+1 = \frac{1}{2}(T-\tau+2)(T-\tau+1) = \binom{T-\tau+2}{2}$$

考虑 ADF 检验的矩阵表达式，其中，$X \in \mathbb{R}^{T \times N}$ 且 $y \in \mathbb{R}^{T \times 1}$。基于表 17.1 所列的浮点运算数（FLOP）对单个 ADF 回归求解。

可以得出对每一个 ADF 估算需要 $f(N,T) = N^3 + N^2(2T+3) +$

$N(4T-1)+2T+2$ 次 FLOP。每一次 SADF 更新需要 $g(N,T,\tau)=\sum_{t=\tau}^{T}f(N,t)+T-\tau$ 次 FLOP（即 $T-\tau$ 次运算来寻找最大的 ADF 统计量），而一个完整的 SADF 序列估算需要 $\sum_{t=\tau}^{T}g(N,T,\tau)$。

考虑 E-迷你标普 500 指数期货的美元线序列。对于 $(T,N)=(356\ 631,3)$，单次 ADF 估计需要 11 412 245 次 FLOP，而一次 SADF 更新需要 2 034 979 648 799 次运算（大约 2.035 TFLOP）。而一个完整的 SADF 时间序列运算需要 241 910 974 617 448 672 次运算（大约 242 PFLOP）。当时间 T 持续增加时，这个数字还会更快地增长。而且这种估计排除了一些众所周知的烦琐的运算，例如数据的排列、预处理、I/O 操作等。很显然，这种算法的双循环需要大量的运算。可能需要能够高效并行运算的高性能计算机集群在合理的时间量内来估计 SADF 序列。第 20 章将介绍一些在这种情况下有用的并行运算策略。

表 17.1　单次 ADF 估计所需 FLOP

矩阵计算	FLOP
$o_1=X'y$	$(2T-1)N$
$o_2=X'X$	$(2T-1)N^2$
$o_3=o_2^{-1}$	N^3+N^2+N
$o_4=o_3o_1$	$2N^2-N$
$o_5=y-Xo_4$	$T+(2N-1)T$
$o_6=o_5'o_5$	$2T-1$
$o_7=o_3o_6\frac{1}{T-N}$	$2+N^2$
$o_8=\frac{o_4[0,0]}{\sqrt{o_7[0,0]}}$	1

17.4.2.3 指数行为的条件

考虑一个对数价格的零滞后函数，$\Delta\log[y_t] = \alpha + \beta\log[y_{t-1}] + \varepsilon_t$。这也可以写成 $\log[\tilde{y}_t] = (1+\beta)\log[\tilde{y}_{t-1}] + \varepsilon_t$，其中 $\log[\tilde{y}_t] = \log[y_t] + \frac{\alpha}{\beta}$。向后滚动独立的 t 阶，得到 $\mathrm{E}[\log[\tilde{y}_t]] = (1+\beta)^t\log[\tilde{y}_0]$，或者 $\mathrm{E}[\log[y_t]] = -\frac{\alpha}{\beta} + (1+\beta)^t(\log[y_0] + \frac{\alpha}{\beta})$。指标 t 能够在任何给定的时间进行重置，用以表达在接下来 t 阶之后 $y_0 \to y_t$ 的未来运动轨迹。这反映了动态系统在 3 种状态下的条件：

- 稳态：$\beta < 0 \Rightarrow \lim_{t\to\infty}\mathrm{E}[\log[y_t]] = -\frac{\alpha}{\beta}$。
  - 非均衡状态是 $\log[y_t] - (-\frac{\alpha}{\beta}) = \log[\tilde{y}_t]$。
  - 在 $t = -\frac{\log[2]}{\log[1+\beta]}$（半个周期）时，$\frac{\mathrm{E}[\log[\tilde{y}_t]]}{\log[\tilde{y}_0]} = (1+\beta)^t = \frac{1}{2}$。
- 单位根：$\beta = 0$，此时系统是非平稳的，并且表现为鞅过程。
- 爆炸：$\beta > 0$，此时 $\lim_{t\to\infty}\mathrm{E}[\log[y_t]] = \begin{cases} -\infty, \text{ if } \log[y_0] < \frac{\alpha}{\beta} \\ +\infty, \text{ if } \log[y_0] > \frac{\alpha}{\beta} \end{cases}$。

17.4.2.4 分位数 ADF 检验（QADF）

SADF 设置为 t 值序列内的上界，即 $SADF_t = \sup_{t_0\in[1,t-\tau]}\{ADF_{t_0,t}\}$。选择极值可能会产生一些稳健性问题，此时 SADF 估计值可能会因样本频率和特定的时间戳发生显著性的变化。一个更加稳健的 ADF 极值的估计量如下：第一，令 $s_t = \{ADF_{t_0,t}\}_{t_0\in[0,t_1-\tau]}$。第二，将 $Q_{t,q} = Q[s_t, q]$ 定义为 S_t 的第 q 个分位点，用于衡量 ADF 高值的集中度，且 $q \in [0,1]$。第三，定义 $\dot{Q}_{t,q,v} = Q_{t,q+v} - Q_{t,q-v}$，其中，$0 < v \leqslant \min\{q, 1-q\}$，用于衡量 ADF 高值的离散度。比如，我们可以设置 $q = 0.95$，以及 $v = 0.025$。注意，SADF 仅仅是 QADF 的一个特例，其中，$SADF_t = Q_{t,1}$，且因 $q = 1$，$\dot{Q}_{t,q,v}$ 并没有被定义。

17.4.2.5 条件 ADF 检验（CADF）

此外，我们可以通过计算条件矩来解决 SADF 的稳健性问题。令 $f[x]$ 为 $s_t=\{ADF_{t_0,t}\}_{t_0\in[1,t_1-\tau]}$ 的概率分布函数，其中，$x\in s_t$。接下来，我们将 $C_{t,q}=K^{-1}\int_{Q_{t,q}}^{\infty}xf[x]dx$ 定义为衡量 ADF 高值的集中度，将 $\dot{C}_{t,q}=\sqrt{K^{-1}\int_{Q_{t,q}}^{\infty}(x-C_{t,q})^2f[x]dx}$ 定义为衡量 ADF 高值的离散度。其中，正则化常数为 $K=\int_{Q_{t,q}}^{\infty}f[x]dx$。例如，我们可以选取 $q=0.95$。

根据构建，$C_{t,q}\leqslant SADF_t$。$SADF_t$ 相对于 $C_{t,q}$ 的散点图显示出下界，近似一条以单位梯度上升的直线（见图 17.2）。当 SADF 增长超过 -1.5 时，我们会发现一些水平的轨迹，这与 s_t 分布的右尾突然增宽是一致的。换句话说，即使 $C_{t,q}$ 相对较小，$(SADF_t-C_{t,q})/\dot{C}_{t,q}$ 也会达到一个显著的较大的值，因为 $SADF_t$ 对极端值是很敏感的。

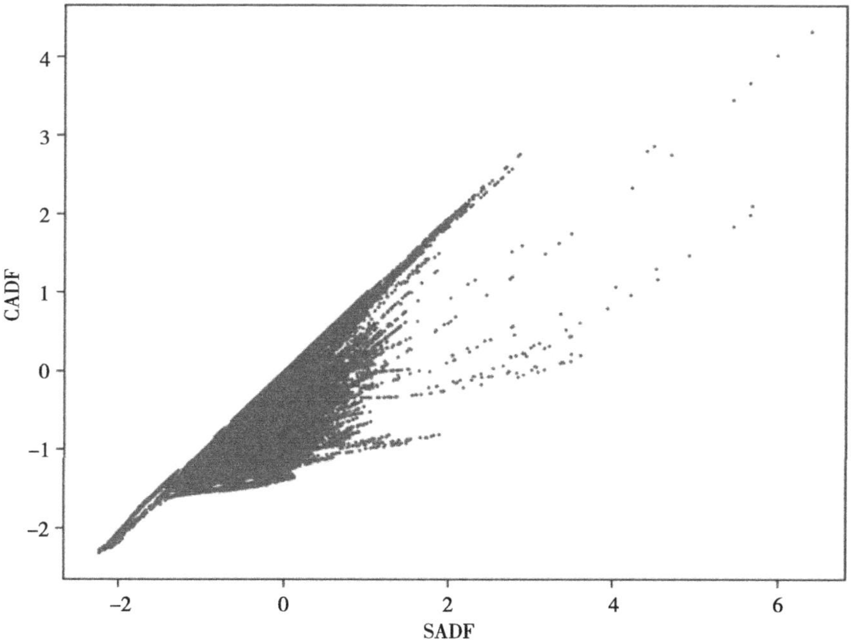

图 17.2　SADF 与 CADF

图 17.3（a）显示的是 $(SADF_t - C_{t,q})/\dot{C}_{t,q}$ 相对于 E－迷你标普 500 指数期货价格的时间序列图。图 17.3（b）则显示的是 $(SADF_t - C_{t,q})/\dot{C}_{t,q}$ 相对于 $SADF_t$ 的散点图，采用 E－迷你标普 500 指数期货价格进行计算。它给我们提供了关于 s_t 中的极端值能使 $SADF_t$ 向上偏离的证据。

17.4.2.6 SADF 检验的实现

这一节介绍 SADF 算法的具体实施。代码的目的不是为了快速地估计出 SADF，而是明确其估计所需的步骤。代码片段 17.1 列出了 SADF 的内部循环。这也是用于估计 $SADF_t = \sup_{t_0 \in [1, t-\tau]} \{\frac{\hat{\beta}_{t_0,t}}{\hat{\sigma}_{\beta_{t_0,t}}}\}$ 的部分，是算法中回溯部分。外部循环（这里未展示）基于超前的时间 t 重复以上运算 $\{SADF_t\}_{t=1,\cdots,T}$。参数设置如下：

- logP：包含对数价格的 pandas 序列。
- minSL：样本长度（τ）的最小值，用于最终的回归计算。
- constant：回归的时间趋势部分。
  - 'nc'：无时间趋势，仅为一个常数。
  - 'ct'：常数加上一个线性时间趋势。
  - 'ctt'：常数加上一个二次多项式时间趋势。
- lags：ADF 模型中用到的滞后次数。

代码片段 17.1 SADF 的内部循环

```
def get_bsadf(logP,minSL,constant,lags):
    y,x=getYX(logP,constant=constant,lags=lags)
    startPoints,bsadf,allADF=range(0,y.shape[0]+lags-minSL+1),None,[]
    for start in startPoints:
        y_,x_=y[start:],x[start:]
        bMean_,bStd_=getBetas(y_,x_)
        bMean_,bStd_=bMean_[0,0],bStd_[0,0]**.5
        allADF.append(bMean_/bStd_)
        if allADF[-1]>bsadf:bsadf=allADF[-1]
    out={'Time':logP.index[-1],'gsadf':bsadf}
    return out
```

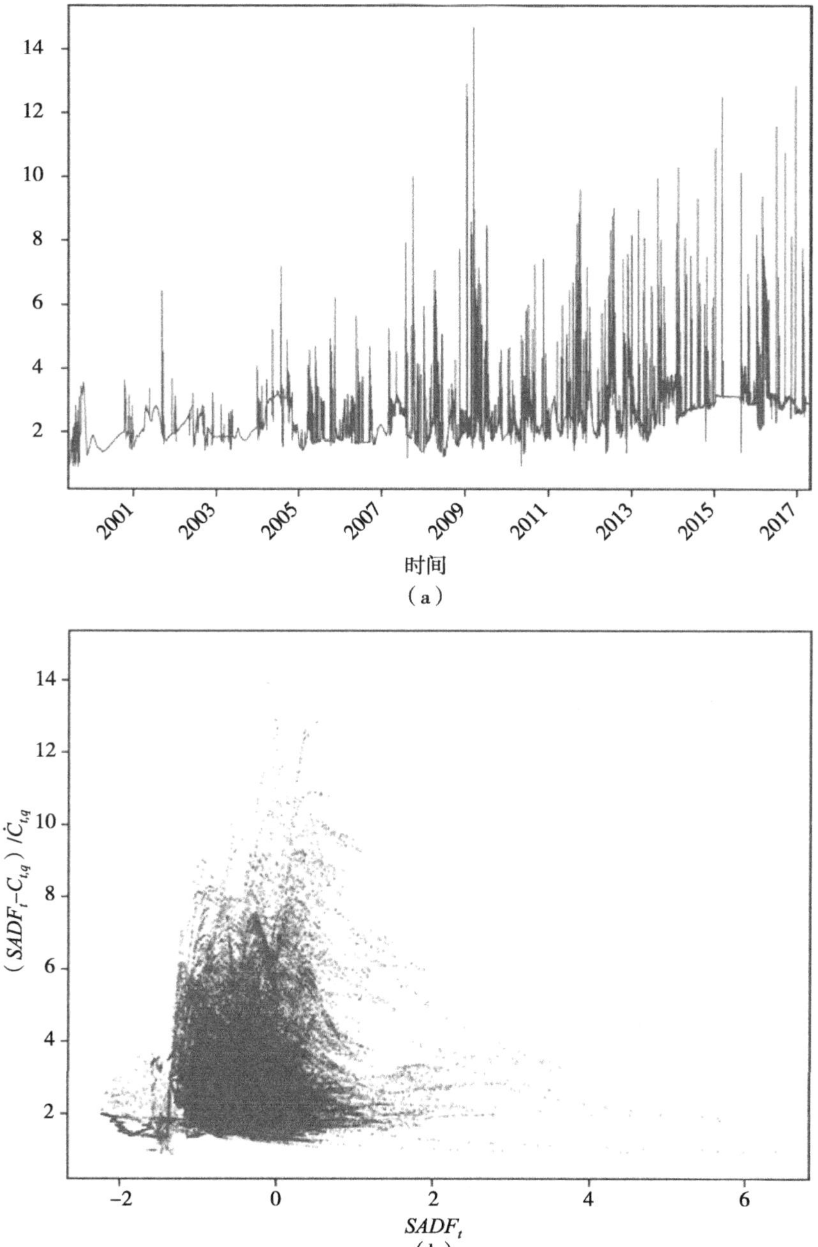

图 17.3 （a）$(SADF_t - C_{t,q})/\dot{C}_{t,q}$ 的时间序列，
（b）$(SADF_t - C_{t,q})/\dot{C}_{t,q}$ 是 $SADF_t$ 的函数

代码片段 17.2 列出了函数 getXY，用于准备开展迭代测试所需的数组对象。

代码片段 17.2 数据集预处理

```
def getYX(series,constant,lags):
    series_=series.diff().dropna()
    x=lagDF(series ,lags).dropna()
    x.iloc[:,0]=series.values[-x.shape[0]-1:-1,0] # lagged level
    y=series_.iloc[-x.shape[0]:].values
    if constant!='nc':
        x=np.append(x,np.ones((x.shape[0],1)),axis=1)
        if constant[:2]=='ct':
            trend=np.arange(x.shape[0]).reshape(-1,1)
            x=np.append(x,trend,axis=1)
        if constant=='ctt':
            x=np.append(x,trend**2,axis=1)
    return y,x
```

代码片段 17.3 列出了函数 lagDF，将参数 lags 指定的滞后项应用于数据帧中。

代码片段 17.3 将滞后项应用于数据帧中

```
def lagDF(df0,lags):
    df1=pd.DataFrame()
    if isinstance(lags,int):lags=range(lags+1)
    else:lags=[int(lag) for lag in lags]
    for lag in lags:
        df_=df0.shift(lag).copy(deep=True)
        df_.columns=[str(i)+'_'+str(lag) for i in df_.columns]
        df1=df1.join(df_,how='outer')
    return df1
```

最后，代码片段 17.4 列出了函数 getBetas，用于完成实际的回归过程。

代码片段 17.4 拟合 ADF 模型

```
def getBetas(y,x):
    xy=np.dot(x.T,y)
    xx=np.dot(x.T,x)
    xxinv=np.linalg.inv(xx)
    bMean=np.dot(xxinv,xy)
    err=y-np.dot(x,bMean)
    bVar=np.dot(err.T,err)/(x.shape[0]-x.shape[1])*xxinv
    return bMean,bVar
```

17.4.3 上鞅和下鞅检验

这一节我们将介绍不依赖于标准 ADF 形式的爆炸性检验。考虑一个上鞅或下鞅过程。给定观测值 $\{y_t\}$，我们想要检验是否存在爆炸性时间趋势，$H_0: \beta = 0, H_1: \beta \neq 0$，基于以下几种可替代的形式：

- 多项式趋势（SM-Poly1）：

$$y_t = \alpha + \gamma t + \beta t^2 + \varepsilon_t$$

- 多项式趋势（SM-Poly2）：

$$\log[y_t] = \alpha + \gamma t + \beta t^2 + \varepsilon_t$$

- 指数趋势（SM-Exp）：

$$y_t = \alpha e^{\beta t} + \varepsilon_t \Rightarrow \log[y_t] = \log[\alpha] + \beta t + \xi_t$$

- 幂指数趋势（SM-Power）：

$$y_t = \alpha t^{\beta} + \varepsilon_t \Rightarrow \log[y_t] = \log[\alpha] + \beta \log[t] + \xi_t$$

与 SADF 类似，我们对上述每一种形式均在每一个时间终点 $t = \tau, \cdots, T$ 进行拟合，并向后扩充起始点，然后计算出：

$$SMT_t = \sup_{t_0 \in [1, t-\tau]} \left\{ \frac{|\hat{\beta}_{t_0,t}|}{\hat{\sigma}_{\beta_{t_0,t}}} \right\}$$

采用绝对值的原因是我们对指数增长和衰退同样感兴趣。在简单回归的例子中［Greene（2008）］，β 的方差为 $\hat{\sigma}_{\beta}^{2}=\frac{\hat{\sigma}_{\varepsilon}^{2}}{\hat{\sigma}_{xx}^{2}(t-t_0)}$，因此 $\lim_{t\to\infty}\hat{\sigma}_{\beta_{t_0,t}}=0$。该结果也能推广到多元线性回归模型中去［Greene（2008）］。微弱的长期泡沫的 $\hat{\sigma}_{\beta}^{2}$ 可能比极强的短期泡沫的 $\hat{\sigma}_{\beta}^{2}$ 要小，因此该模型在长期泡沫方面会产生偏差。为了纠正这种偏差，我们对大样本的长度进行惩罚，通过采用参数 $\varphi\in[0,1]$ 来获得最具有爆炸性的信号。

$$SMT_t=\sup_{t_0\in[1,t-\tau]}\left\{\frac{|\hat{\beta}_{t_0,t}|}{\hat{\sigma}_{\beta_{t_0,t}}(t-t_0)^{\varphi}}\right\}$$

比如，当 $\varphi=0.5$ 时，我们在简单的回归模型中对涉及较长样本长度的低 $\hat{\sigma}_{\beta_{t_0,t}}$ 进行补偿。当 $\varphi\to0$ 时，SMT_t 将表现出更长期的趋势，因为补偿的作用将会减弱，而长期的泡沫将会掩盖短期的泡沫。当 $\varphi\to1$ 时，SMT_t 变得更加噪声化，因为更多短期泡沫被选中而非长期泡沫。结果，这成了一种调整爆炸性信号的很自然的方式，因此它在一个特定的持有时期中可以过滤出好的信号。机器学习算法使用的特征将包括从一系列 φ 值中估计得出 SMT_t。

练习

17.1 在一个 E－迷你标普 500 指数期货的美元线序列上：

(1) 应用布朗－德宾－埃文斯方法。它能识别互联网泡沫吗？

(2) 应用朱家祥－斯廷奇库姆－怀特方法。它能识别 2007—2008 年的泡沫吗？

17.2 在一个 E－迷你标普 500 指数期货的美元线序列上：

（1）计算 SDFC（邹氏）爆炸性检验。此方法挑选出了哪一个突变日期，这是你所期望的吗?

（2）计算和画出该序列的 SADF 值。在互联网泡沫时期和大萧条前期，你能观测到极端的尖峰吗? 泡沫破裂也会产生这种尖峰吗?

17.3 根据练习 17.2：

（1）确定当序列表现出以下情形时的时期：

①稳态条件。

②单位根条件。

③爆炸性条件。

（2）计算 QADF。

（3）计算 CADF。

17.4 在一个 E－迷你标普 500 指数期货的美元线序列上：

（1）当 $\varphi=1$ 时，计算 SM-Poly1 和 SM-Poly2 两种情况下的 SMT，求它们之间的相关性?

（2）当 $\varphi=1$ 以及 $\varphi=0.5$ 时，计算 SM-Exp 情况下的 SMT，求它们之间的相关性?

（3）当 $\varphi=1$ 以及 $\varphi=0.5$ 时，计算 SM-Power 情况下的 SMT，求它们之间的相关性?

17.5 如果你计算价格的倒数，序列 $\{y_t^{-1}\}$ 会将泡沫期变成破裂期，将破裂期变成泡沫期。

（1）是否需要用这种转换来识别破裂期?

（2）在不采用这种转换的前提下，本章中是否有别的方法来识别破裂期?

引用文献

Andrews, D. (1993): "Tests for parameter instability and structural change with unknown change point." *Econometrics*, Vol. 61, No. 4 (July), pp. 821–856.

Breitung, J. and R. Kruse (2013): "When Bubbles Burst: Econometric Tests Based on Structural Breaks." *Statistical Papers*, Vol. 54, pp. 911–930.

Breitung, J. (2014): "Econometric tests for speculative bubbles." *Bonn Journal of Economics*, Vol. 3, No. 1, pp. 113–127.

Brown, R.L., J. Durbin, and J.M. Evans (1975): "Techniques for Testing the Constancy of Regression Relationships over Time." *Journal of the Royal Statistical Society, Series B*, Vol. 35, pp. 149–192.

Chow, G. (1960). "Tests of equality between sets of coefficients in two linear regressions." *Econometrica*, Vol. 28, No. 3, pp. 591–605.

Greene, W. (2008): *Econometric Analysis*, 6th ed. Pearson Prentice Hall.

Homm, U. and J. Breitung (2012): "Testing for speculative bubbles in stock markets: A comparison of alternative methods." *Journal of Financial Econometrics*, Vol. 10, No. 1, 198–231.

Maddala, G. and I. Kim (1998): *Unit Roots, Cointegration and Structural Change*, 1st ed. Cambridge University Press.

Phillips, P., Y. Wu, and J. Yu (2011): "Explosive behavior in the 1990s Nasdaq: When did exuberance escalate asset values?" *International Economic Review*, Vol. 52, pp. 201–226.

Phillips, P. and J. Yu (2011): "Dating the timeline of financial bubbles during the subprime crisis." *Quantitative Economics*, Vol. 2, pp. 455–491.

Phillips, P., S. Shi, and J. Yu (2013): "Testing for multiple bubbles 1: Historical episodes of exuberance and collapse in the S&P 500." Working paper 8–2013, Singapore Management University.

第 18 章

熵特征

18.1 动机

价格序列包含了关于供给和需求的信息。在完全信息市场中，价格是不可预测的，因为每一个观测值都传递了关于产品或服务的所有信息。当市场信息不完全时，价格只反映部分信息，并且当一些市场参与者比另一些市场参与者知道更多信息时，他们能利用这种信息不对称来获利。因此估计价格序列的信息含量将十分有用，并且通过机器学习算法能够捕捉更多有用的特征。比如说，机器学习算法可能会发现，当价格包含的信息量很少时，动量策略更赚钱，而价格包含的信息量很多时，均值回复策略更赚钱。本章我们将探索一些方法来挖掘价格序列中包含的信息量。

18.2 香农熵理论

这一节我们将回顾信息理论中的一些基本概念，这对理解本章其余内容都颇有益处。你可以从 MacKay（2003）中找到更多相关内容。信息理论之父克劳德·香农（Claude Shannon）将熵定义为（在一个长信息中）

稳定的数据源产生的平均信息量。它是在唯一可译码的方式下发送消息时一个字符所需的最小比特数。从数学的角度来说，香农在 1948 年定义了离散随机变量 X 在取值集合为 $x \in A$ 时的熵为如下表达式：

$$H[X] \equiv -\sum_{x \in A} p[x] \log_2 p[x]$$

其中，$0 \leqslant H[X] \leqslant \log_2[\|A\|]$，$p[x]$ 是 x 的概率；$H[X]=0 \Leftrightarrow \exists x \mid p[x]=1$；$H[X]=\log_2[\|A\|] \Leftrightarrow p[x]=\frac{1}{\|A\|}$ 对所有的 x 均成立；$\|A\|$ 是集合 A 的大小。熵可以解释为 X 的信息量的概率加权平均值，信息的比特数可以表示为 $\log_2 \frac{1}{p[x]}$。以 $\log_2 \frac{1}{p[x]}$ 来测量信息的理论基础来源于这样一种观察，即低概率事件能比高概率事件揭示更多的信息。换句话说，当不可预期的事情发生时，我们会获得更多的信息。类似地，信息冗余被定义为：

$$R[X] \equiv 1 - \frac{H[X]}{\log_2[\|A\|]}$$

其中，$0 \leqslant R[X] \leqslant 1$。柯尔莫哥洛夫（Kolmogorov，1965）正式阐述了马尔科夫信源的冗余度与复杂性的联系。两个变量之间的互信息（MI）被定义为联合概率密度函数与边际密度函数乘积之间的库尔贝克－莱布勒（Kullback-Leibler，简写为 KL）散度。

$$MI[X,Y] = \mathrm{E}_{f[x,y]}\left[\log \frac{f[x,y]}{f[x]f[y]}\right] = H[X] + H[Y] - H[X,Y]$$

互信息始终是非负的，对称的，并且当且仅当 X 和 Y 相互独立时才等于零。对于正态分布的随机变量，公共信息与皮尔森相关系数 ρ 密切相关。

$$MI[X,Y] = -\frac{1}{2}\log[1-\rho^2]$$

因此，互信息是天然衡量变量之间联系的一种方式，不管这些变量是线性的还是非线性的［Hausser & Strimmer（2009）］。规范化的信息变化量可以通过互信息来度量。一些熵的估计，见以下网站：

- R：http：//cran. r－project. org/web/packages/entropy/entropy. pdf
- Python：https：//code. google. com/archive/p/pyentropy/

18.3 嵌入式（或极大似然）估计

这一节我们将探讨熵的极大似然估计［Gao 等人（2008）］。这种命名方式乍看之下很奇怪，但是一旦你熟悉了之后将会发现十分便捷。给定一个数据序列 x_1^n，包含从位置 1 开始到位置 n 结束的字符串，我们可以形成一个类似于包含所有单词的字典 A^w，单词的长度 w 满足 $w<n$。考虑其中任意一个长度为 w 的单词 $y_1^w \in A^w$。记 $\hat{p}_w[y_1^W]$ 为 y_1^w 出现在单词 x_1^n 中的经验概率，这表示 $\hat{p}_w[y_1^W]$ 是单词 y_1^w 在 x_1^n 中出现的频率。假设数据产生于一个平稳且遍历性的过程，大数定律保证，对于给定的 w 和很大的 n，经验分布 $\hat{p}_w$ 将接近于真实分布 p_w。在这样的情况下，对熵的比率（例如，每一比特平均熵）的自然估计为：

$$\hat{H}_{n,w} = -\frac{1}{w} \sum_{y_1^w \in A^w} \hat{p}_w \left[y_1^w\right] \log_2 \hat{p}_w \left[y_1^w\right]$$

因为经验分布也是真实分布的极大似然估计，它也经常被称为熵的极大似然估计。W 的值需要足够大，以确保 $\hat{H}_{n,w}$ 非常接近于真实的熵 H。n 的值需要远大于 w 的值，这样阶数 w 的经验分布将十分接近于真实分布。代码片段 18.1 是应用极大似然估计的例子。

代码片段 18.1 熵的嵌入式估计量

```
import time,numpy as np
#———————————————————————————————————————
def plugIn(msg,w):
    # Compute plug-in (ML) entropy rate
    pmf=pmf1(msg,w)
    out=-sum([pmf[i]*np.log2(pmf[i]) for i in pmf])/w
    return out,pmf
#———————————————————————————————————————
def pmf1(msg,w):
    # Compute the prob mass function for a one-dim discrete rv
    # len(msg)-w occurrences
    lib={}
    if not isinstance(msg,str):msg=''.join(map(str,msg))
    for i in xrange(w,len(msg)):
        msg_=msg[i-w:i]
        if msg_ not in lib:lib[msg_]=[i-w]
        else:lib[msg_]=lib[msg_]+[i-w]
    pmf=float(len(msg)-w)
    pmf={i:len(lib[i])/pmf for i in lib}
    return pmf
```

18.4 伦佩尔 - 齐夫估计

熵可以被解释为一种衡量计算复杂性的方式。复杂的序列比常规（可预测）序列包含更多信息。伦佩尔 - 齐夫（Lempel-Ziv，简写为 LZ）算法能够有效地将消息分解成非冗余的子串［Ziv & Lempel（1978）］。我们可以根据 LZ 字典中与消息长度相关的项的数量的函数来估计消息的压缩率。直觉是复杂消息拥有更高的熵，相对于需要传递的子串长度来说，它需要更厚的字典。代码片段 18.2 是应用 LZ 压缩算法的一个例子。

代码片段 18.2 LZ 压缩算法构建的库

```
def lempelZiv_lib(msg):
    i,lib=1,[msg[0]]
    while i<len(msg):
        for j in xrange(i,len(msg)):
            msg_=msg[i:j+1]
            if msg_ not in lib:
                lib.append(msg_)
                break
        i=j+1
    return lib
```

Kontoyiannis（1998）尝试更有效地去利用消息中的可用信息。以下是对 Gao 等人（2008）中内容的简要总结。我们重现文献中的步骤，并通过程序来实现对这些想法的补充。定义 L_i^n 为 1 加上 i 之前的 n 比特数内发现的最长匹配的长度：

$$L_i^n = 1 + \max\left\{l \middle| x_i^{i+l} = x_j^{j+l} \text{ for some } i-n \leqslant j \leqslant i-1, l \in [0,n]\right\}$$

代码片段 18.3 执行算法来寻找最长匹配长度。下面几点值得注意：

- 对于滑动窗口来说，n 的值是固定的常数，对于扩充窗口来说，$n=i$。
- 计算 L_i^n 需要数据 x_{i-n}^{i+n-1}。换句话说，指标 i 必须是窗口的中心点。这对于保证两边的字符串拥有相同长度有重要意义。如果两者长度不一致，则 l 的范围将受到限制，且它的最大值将被低估。
- 两个子串有部分重叠是可以接受的，尽管两者很明显都不能从 i 处开始。

代码片段 18.3　运算最长匹配长度的函数

```
def matchLength(msg,i,n):
    # Maximum matched length+1, with overlap.
    # i>=n & len(msg)>=i+n
    subS=''
    for l in xrange(n):
        msg1=msg[i:i+l+1]
        for j in xrange(i-n,i):
            msg0=msg[j:j+l+1]
            if msg1==msg0:
                subS=msg1
                break # search for higher l.
    return len(subS)+1,subS # matched length + 1
```

Ornstein & Weiss（1993）正式证明：

$$\lim_{n\to\infty}\frac{L_i^n}{\log_2[n]}=\frac{1}{H}$$

Kontoyiannis 用这个公式来估计香农熵比率。他估计出 $\frac{L_i^n}{\log_2[n]}$ 的平均值，并且用这个平均值的倒数来估计 H。一般的直觉是，当我们增加可获得的历史信息时，我们期望拥有更高熵的信息能够产生相对更短的非冗余子串。相反，当我们分析信息时，熵值较低的信息将产生相对较长的非冗余子串。给定一个数据的观测序列 $x_{-\infty}^{\infty}$，窗口长度 $n\geqslant 1$，以及匹配次数 $k\geqslant 1$，则滑动窗口的 LZ 估计量 $\hat{H}_{n,k}=\hat{H}_{n,k}[x_{-n+1}^{n+k-1}]$ 定义为：

$$\hat{H}_{n,k}=\left[\frac{1}{k}\sum_{i=1}^{k}\frac{L_i^n}{\log_2[n]}\right]^{-1}$$

类似地，扩展窗口 LZ 估计量 $\hat{H}_n=\hat{H}_n\left[x_0^{2n-1}\right]$ 定义为：

$$\hat{H}_n=\left[\frac{1}{n}\sum_{i=2}^{n}\frac{L_i^i}{\log_2[i]}\right]^{-1}$$

在计算 $\hat{H}_{n,k}$ 时，窗口大小 n 是常数，因此 L_i^n 也是常数。然而，在计算 $\hat{H}_n$ 时，窗口大小随着 i 增加，因此 L_i^i 也跟着增加，且 $n=\frac{N}{2}$。在扩展窗口的例子中，信息 N 的长度必须是偶数，以确保每一比特信息都能被读取（回顾一下，x_i 在中心，因此对于奇数长度的信息，最后一比特将无法被读取）。

上述公式是在以下假设下推导而出的：平稳性，遍历性，整个过程取有限多的值，且过程满足多布林（Doeblin）条件。直觉上来说，上述条件要求，在 r 次有限步骤之后，不管之前发生过什么，之后任何事情将会以正的概率出现。结果是，如果我们考虑上述估计量改进后的版本，可以避免多布林条件：

$$\tilde{H}_{n,k}=\frac{1}{k}\sum_{i=1}^{k}\frac{\log_2[n]}{L_i^n}$$

$$\tilde{H}_n=\frac{1}{n}\sum_{i=2}^{n}\frac{\log_2[i]}{L_i^i}$$

在估计 $\tilde{H}_{n,k}$ 时，一个实际的问题是如何选取窗口的大小 n。Gao 等人（2008）认为信息的长度应该近似等于 $k+n=N$。考虑到 L_i^n 偏差的阶数为 $\mathcal{O}[1/\log_2[n]]$，L_i^n 方差的阶数为 $\mathcal{O}[1/k]$，因此偏差/方差的权衡在 $k\approx\mathcal{O}[(\log_2[n])^2]$ 附近取得平衡，即选择 n 可以基于 $N\approx n+(\log_2[n])^2$。比如当 $N=2^8$ 时，均衡状态下的窗口大小应该是 $n\approx198$，此时 $k\approx58$。

Kontoyiannis（1998）证明当 n 趋于无穷大时，$\hat{H}[X]$ 以 1 的概率收敛于香农熵率。代码片段 18.4 实现了 Gao 等人（2008）所讨论的想法，通过寻找两个相同大小子串的最大冗余度对 Kontoyiannis（1997）进行了改进。

代码片段 18.4　Gao 等人（2008）所讨论算法的实现

```
def konto(msg,window=None):
    '''
    * Kontoyiannis' LZ entropy estimate, 2013 version (centered window).
    * Inverse of the avg length of the shortest non-redundant substring.
    * If non-redundant substrings are short, the text is highly entropic.
    * window==None for expanding window, in which case len(msg)%2==0
    * If the end of msg is more relevant, try konto(msg[::-1])
    '''
    out={'num':0,'sum':0,'subS':[]}
    if not isinstance(msg,str):msg=''.join(map(str,msg))
    if window is None:
        points=xrange(1,len(msg)/2+1)
        else:
            window=min(window,len(msg)/2)
            points=xrange(window,len(msg)-window+1)
        for i in points:
            if window is None:
                l,msg_=matchLength(msg,i,i)
```

```
            out['sum']+=np.log2(i+1)/l # to avoid Doeblin condition
        else:
            l,msg_=matchLength(msg,i,window)
            out['sum']+=np.log2(window+1)/l # to avoid Doeblin condition
        out['subS'].append(msg_)
        out['num']+=1
    out['h']=out['sum']/out['num']
    out['r']=1-out['h']/np.log2(len(msg)) # redundancy, 0<=r<=1
    return out
#----------------------------------------------------------
if __name__=='__main__':
    msg='101010'
    print konto(msg*2)
    print konto(msg+msg[::-1])
```

这种算法的第一个缺陷是熵率是在极限中定义的。用 Kontoyiannis 的话来说，“我们把一个很大的整数 N 固定为数据集的规模”。Kontoyiannis 文献中的理论证明了渐近收敛性；然而，论文没有一处表明了单调性这一性质。当一个消息很短时，一种解决方案可能是将相同的消息重复很多次。

第二个缺陷是由于用于匹配的窗口必须是对称的，这使得只有当消息的长度是一个偶数时，最后一比特才会被考虑用于匹配。一种可能的解决方式是将奇数长度信息的第一比特信息删除掉。

第三个缺陷是如果前面出现一些无规律的序列时，最后几比特信息可能会被去掉。这同时也是对称的匹配窗口会出现的结果。比如，“10000111”的熵率与“10000110”的熵率相等，这表明第六位和第七位的“11”没能被匹配，导致最后一比特信息变得无关紧要了。当消息的最后部分非常重要时，一种好的解决方式是分析消息颠倒之后的熵。这不仅能确保最后几比特信息（比如，颠倒之后的最初几比特信息）能够得到使用，并且它们实际上将被用于每一比特信息的潜在匹配。采用上述例子，则“11100001”熵率为 0.96，“01100001”为 0.84。

18.5 编码方式

估计熵的大小需要对信息编码。我们在这一节将回顾一些在文献中使用过的编码方式，它们主要是对收益率编码。尽管接下来没有讨论，但是推荐对分数（而非整数）微分序列中的信息进行编码（见第4章），因为这些序列仍然包含部分记忆性。

18.5.1 二进制编码

熵率的估计需要对连续变量进行离散化处理，这样每一个值都能够从有限的编码体系中赋予一个代码。比如，收益率 r_t 可以根据正负号来进行编码，$r_t>0$ 时，编码为1，$r_t<0$ 时，编码为0，$r_t=0$ 的情况则舍弃。二进制编码很自然地出现在价格线采样的收益率序列中（该价格线包含以初始价格为中心的两个对称水平屏障之间的波动），因为 $|r_t|$ 十分接近于常数。

当 $|r_t|$ 可接受大范围的结果时，二进制编码可能会舍弃一些有用的信息。这种情况在日内时间线中尤为如此，因为其将受到分时数据的非均匀特性而导致的异方差性的影响。解决这种异方差性的方式之一是根据从属随机过程对价格进行取样。这种方式的例子是交易线和交易量线，它们包含了固定数量的交易或固定交易量的交易（见第2章）。在处理这种非时序的、市场驱动的数据时，我们在高度活跃时期采样频率更高，在相对不活跃的时期采样频率更低，这样可以使得 $|r_t|$ 的分布更加规则，也能因此降低对大的编码表的需求。

18.5.2 分位数编码

除非使用价格线，否则至少需要两个以上的编码数。一种可行的方式是根据每一 r_t 所属的分位数对 r_t 进行编码。分位数的边界通过样本内时期（训练集）来确定。在样本内每一个代码将对应相同数量的观测值，并与样本外每个代码对应的观测值数量相近。在使用这种编码方式时，某些代码比另外一些代码在 r_t 范围内占有更大的比例。这种均匀的（样本内）和接近均匀的（样本外）代码分布倾向于增加平均的熵值。

18.5.3 σ 编码

作为一种可行的方法，比起固定编码的数量，我们可以让价格序列来决定实际的编码表字典。假设我们固定一种离散化的步骤 σ。然后，我们对 $r_t \in [\min\{r\}, \min\{r\}+\sigma)$ 区间的观测值赋予代码 0，对于 $r_t \in [\min\{r\}+\sigma, \min\{r\}+2\sigma)$ 区间的观测值赋予代码 1，直到所有的观测值都被编码，且代码上限为 $\text{ceil}\left[\frac{\max\{r\}-\min\{r\}}{\sigma}\right]$，其中，ceil［.］是一个上限函数。比起分位数编码，现在每一个代码都包含相同比例的 r_t 范围。由于代码并不是均匀分布的，熵的值比起分位数编码平均来说要更小一些，但是，“罕见”代码的出现将会使得熵的值出现激增。

18.6 高斯过程的熵

一个 IID 正态随机过程的熵可以推导为：

$$H = \frac{1}{2}\log[2\pi e\sigma^2]$$

对于标准正态分布来说，$H \approx 1.42$。该结果至少在两处会使用到。首先，它可以作为衡量熵的估计量表现的基准。我们可以对一个标准正态分布过程取样，来寻找最优的估计量、消息长度以及编码方式的组合，从而使熵的估计值 $\hat{H}$ 充分接近于理论推导值 H。比如，图 18.1 绘制出用 Kontoyiannis 方法在信息长度为 100，字母编码为 10、7、5 和 2 的

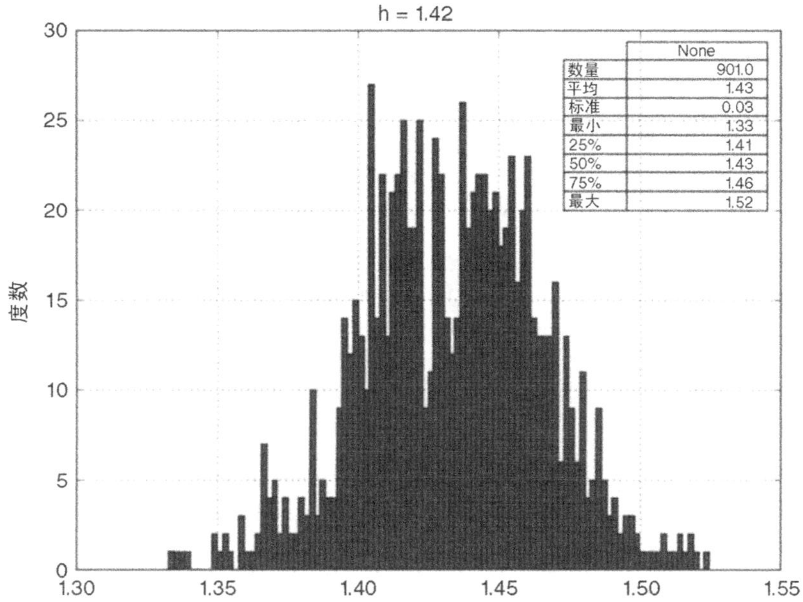

（a）在字母编码为10、信息长度为100时的熵估计值的分布

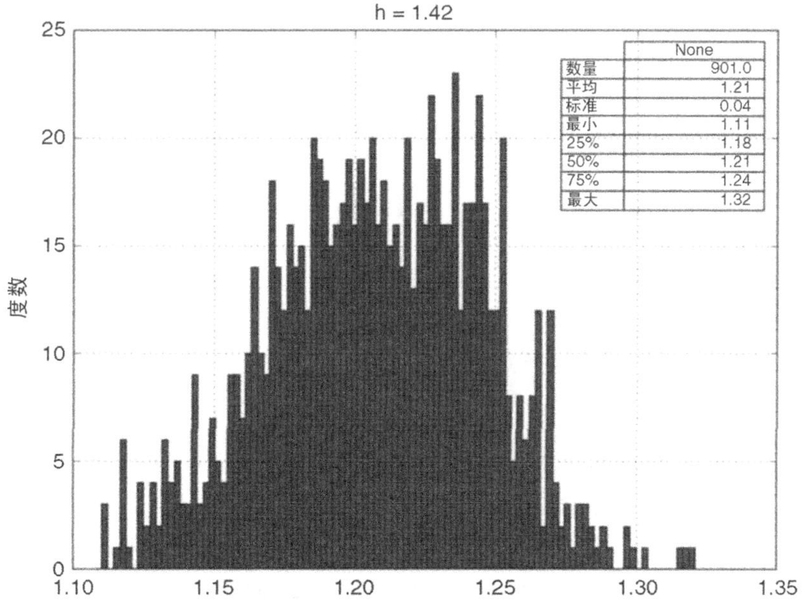

（b）在字母编码为7、信息长度为100时的熵估计值的分布

图 18.1　熵估计值的分布

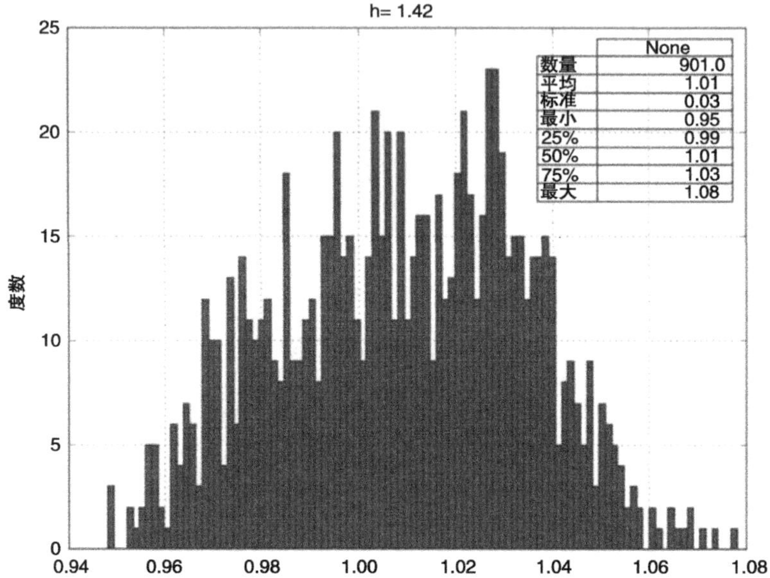

（c）在字母编码为5、信息长度为100时的熵估计值的分布

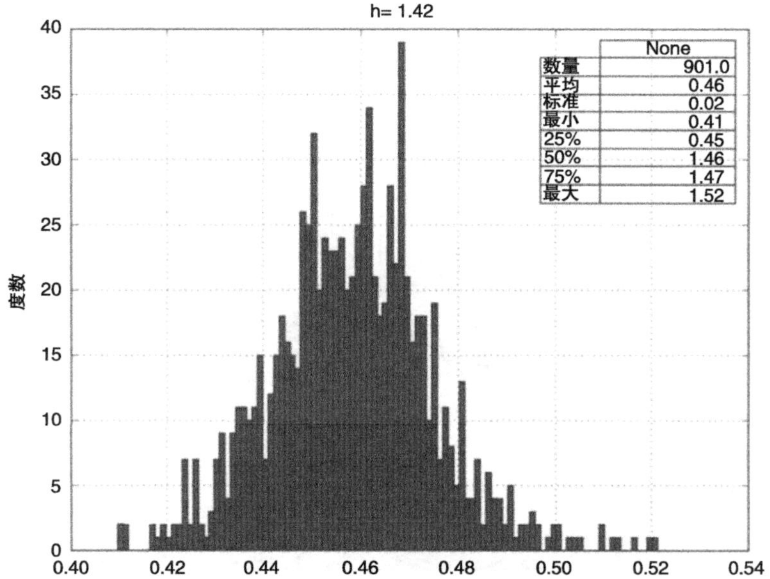

（d）在字母编码为2、信息长度为100时的熵估计值的分布

图 18.1（续） 熵估计值的分布

情况下熵估计值的自举分布。对于拥有 10 个字母以上的字母表，代码片段 18.4 中的算法给出了正确的答案。当字母数太少时，信息被舍弃，熵值被低估。

其次，我们可以用上述方程将熵和波动率联系在一起，注意 $\sigma_H = \frac{e^{H-1/2}}{\sqrt{2\pi}}$ 。这给了我们一个基于熵的波动率估计，前提是收益率来自正态分布。

18.7 熵和广义平均值

这里有一种很有趣的理解熵的方式。考虑一个实数集合 $x = \{x_i\}_{i=1,\ldots,n}$ 和权重 $p = \{p_i\}_{i=1,\ldots,n}$ ，其中， $0 \leqslant p_i \leqslant 1, \forall i$ ，以及 $\sum_{i=1}^n p_i = 1$ 。在权重为 p、幂值为 $q \neq 0$ 的情况下，x 的广义加权平均值定义为：

$$M_q[x,p] = \left(\sum_{i=1}^n p_i x_i^q\right)^{1/q}$$

对于 $q < 0$，我们必须要求 $x_i > 0, \forall i$ 。之所以称其为广义均值，是因为其他均值可作为其特殊情况而获得：

- 最小值：$\lim_{q\to-\infty} M_q[x,p] = \min_i\{x_i\}$。
- 调和平均数：$M_{-1}[x,p] = \left(\sum_{i=1}^n p_i x_i^{-1}\right)^{-1}$。
- 几何平均数：$\lim_{q\to 0} M_q[x,p] = e^{\sum_{i=1}^n p_i \log[x_i]} = \prod_{i=1}^n x_i^{p_i}$。
- 算数平均数：$M_1[x,\{n^{-1}\}_{i=1,\ldots,n}] = n^{-1}\sum_{i=1}^n x_i$。
- 加权平均数：$M_1[x,p] = \sum_{i=1}^n p_i x_i$。
- 平方平均数：$M_2[x,p] = \left(\sum_{i=1}^n p_i x_i^2\right)^{1/2}$。
- 最大值：$\lim_{q\to+\infty} M_q[x,p] = \max_i\{x_i\}$。

在信息理论中，一个有趣的例子是 $x=\{p_i\}_{i=1,\ldots,n}$，因此：

$$M_q[p,p]=\left(\sum_{i=1}^{n}p_ip_i^q\right)^{1/q}$$

让我们定义数量 $N_q[p]=\frac{1}{M_{q-1}[p,p]}$，其中，$q\neq 1$。同样地，对于 $N_q[p]$ 中 $q<1$ 的情况，必有 $p_i>0,\forall i$。如果对于 $k\in[1,n]$，$p_i=\frac{1}{k}$，而其他情况下 $p_i=0$，则权重在 k 个不同的项之间均匀分配，且 $q>1$ 时有 $N_q[p]=k$。也就是说，根据 q 确定的某权重方案，$N_q[p]$ 告诉了我们 p 中项的有效数目或多样性。

使用詹森不等式，我们可以证明 $\frac{\partial M_q[p,p]}{\partial q}\geqslant 0$，因而 $\frac{\partial N_q[p]}{\partial q}\leqslant 0$。较小的 q 值赋予了该分区内的元素更均匀的权重，给不常见的元素赋予了相对更高的权重，而 $\lim_{q\to 0}N_q[p]$ 仅是非零 p_i 的总数。

香农熵为 $H[p]=\sum_{i=1}^{n}-p_i\log[p_i]=-\log[\lim_{q\to 0}M_q[p]]=\log[\lim_{q\to 1}N_q[p]]$。这表明熵可以表示为，当 $q\to 1$ 时 p 中元素有效项数的对数。图 18.2 显示了一组随机生成的 p 数组的有效数目的对数在 q 趋近于 1 时如何收敛

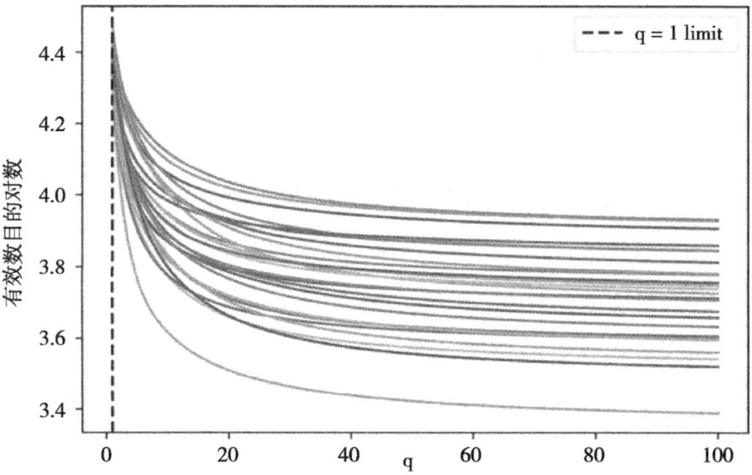

图 18.2　随机生成的 p 数组的有效数目的对数

于香农熵。同时也要注意，随着 q 值的增大，它们的数值趋于平稳。

熵将信息直观地衡量为随机变量中包含的多样性。这种直觉被形式化为广义均值的表达式。这表明香农熵是多样性衡量的一个特例（因此也可以联系到波动率）。现在我们可以定义和计算除熵以外的多样性的其他衡量指标，其中，$q \neq 1$。

18.8　熵在金融中的一些应用

我们在本节中将介绍熵在金融市场建模中的一些应用。

18.8.1　市场有效性

当套利机制挖掘出所有盈利机会时，价格立刻反映了可以获得的全部信息，因此变得不可预测（鞅过程），且不再有可辨别的特征。相反，当套利机制不完善时，价格只能反映部分信息，因此会导致一些可预测的特征出现。当序列包含冗余信息时特征就会出现，并且使信息压缩变得可能。最优的压缩率取决于信息的熵。熵越高，则冗余度越低，信息量也越大。因此，在给定的时间点下价格序列的熵告诉我们市场有效性的程度。"解压"之后的市场是有效市场，因为价格信息不再冗余。"压缩"市场是非有效市场，因为价格信息是冗余的。泡沫恰恰是在压缩市场（低熵）形成的。

18.8.2　最大熵的形成

在一些论文中，Fiedor（2014a，2014b，2014c）提出用 Kontoyiannis（1997）中的方法来估计价格序列中熵的数量。他认为，在未来可能的结果中，最大限度地提高熵可能是最有利可图的，因为它是最不可能被频率学派的统计模型所预测的。黑天鹅情形最可能触发止损，从而产生反馈机制巩固并加剧价格运动，导致收益率时间序列在方向上来回波动。

18.8.3 投资组合集中度

考虑一个 $N \times N$ 的收益率协方差矩阵 V。第一，我们计算该矩阵的特征值分解，$VW = W\Lambda$。第二，计算因子载荷向量 $f_\omega = W'\omega$，其中，ω 是分配权重向量，$\sum_{n=1}^{N} \omega_n = 1$。第三，我们可以推导出每一个主成分带来的风险［Bailey & López de Prado（2012）］：

$$\theta_i = \frac{[f_\omega]_i^2 \Lambda_{i,i}}{\sum_{n=1}^{N} [f_\omega]_n^2 \Lambda_{n,n}}$$

其中，$\sum_{i=1}^{N} \theta_i = 1$，且 $\theta_i \in [0,1]$，对 $\forall i = 1, \ldots, N$ 成立。第四，Meucci（2009）提出以下以熵为基础的投资组合集中度的定义：

$$H = 1 - \frac{1}{N} e^{-\sum_{n=1}^{N} \theta_i \log[\theta_i]}$$

乍一看，这种投资组合集中度的定义可能看起来比较奇怪，因为 θ_i 并不是概率。这种投资组合集中度和熵的联系来源于广义均值，我们在第 18 章第 18.7 节有过探讨。

18.8.4 市场微观结构

Easley 等人（1996，1997）证明，当好消息/坏消息的比例是偶数时，可推导出知情交易概率（Probability of Informed Trading，简写为 PIN）如下：

$$PIN = \frac{\alpha\mu}{\alpha\mu + 2\varepsilon}$$

其中，μ 是知情交易者出现的概率，ε 是非知情交易者出现的概率，而 α 是一个有信息量的事件出现的概率。PIN 可以解释为知情交易者的订单数占总订单流的比例。

在交易量大小为 V 的交易量线中，我们可以根据某些算法，如分时规则或李-雷迪（Lee-Ready）算法，将分时分为买和卖两部分。定义 V_τ^B 为交易量线 τ 内的买入分时的交易量总和，而 V_τ^S 为交易量线 τ 内的卖出分时的交易量总和。Easley 等人（2012a，2012b）证明 $\mathrm{E}[|V_\tau^B - V_\tau^S|] \approx \alpha\mu$，且预期总交易量为 $\mathrm{E}[V_\tau^B + V_\tau^S] = \alpha\mu + 2\varepsilon$。采用交易量时间［Easley 等人（2012c）］，我们可以外生设置 $\mathrm{E}[V_\tau^B + V_\tau^S] = \alpha\mu + 2\varepsilon = V$。这意味着在交易量时间下，PIN 下降为：

$$VPIN = \frac{\alpha\mu}{\alpha\mu + 2\varepsilon} = \frac{\alpha\mu}{V} \approx \frac{1}{V}\mathrm{E}\left[\left|2V_\tau^B - V\right|\right] = \mathrm{E}\left[\left|2v_\tau^B - 1\right|\right]$$

其中，$v_\tau^B = \frac{V_\tau^B}{V}$。注意，$2v_\tau^B - 1$ 代表指令流的非平衡性，OI_τ 是一个有界的实值变量，$OI_\tau \in [-1, 1]$。因此 VPIN 理论在知情交易概率和同一交易量时间下的指令流非平衡的持续性之间建立了正式的联系。第 19 章在市场微观结构方面有详细的论述。

持久的指令流不平衡是逆向选择的必要非充分条件。在做市商给知情交易者提供流动性之前，该指令流非平衡性 $|OI_\tau|$ 必须已经无法预测。换言之，当对指令流非平衡性有精确预测时，做市商不会被逆向选择，即使 $|OI_\tau| \gg 0$。为了确定逆向选择的概率，我们需要确定指令流非平衡性不可预测的程度。我们可以应用信息理论来确定。

考虑一长序列的字符。当该序列包含很少的冗余模式时，它变得十分复杂以致无法描述和预测。柯尔莫哥洛夫（1965）正式阐述了冗余度和复杂度之间的联系。在信息理论中，无损压缩是用尽可能少的比特数来完美地描述一个序列的任务。一个序列所含冗余度越大，则能达到越高的压缩率。熵描述了信源的冗余度，以及它的柯尔莫哥洛夫复杂度和预测性。我们可以应用序列的冗余度与不可预测性之间的联系来推导出逆向选择的概率。

这里我们将讨论一种推导出逆向选择概率的特殊程序，该逆向选择概率将表示为指令流非平衡性所带来的复杂性的函数。第一，给定交易量线序列 $\tau = 1,\cdots,N$，其中，每一交易量线规模为 V，我们确定交易量分类为买入的部分，$v_\tau^B \in [0,1]$。第二，我们在 $\{v_\tau^B\}$ 上计算 q 分位数，从而定义一个包含 q 个互斥子集的集合 K，$K = \{K_1,\cdots,K_q\}$。第三，我们构造一个映射，将每一个 v_τ^B 映射到某一个互斥子集中，$f: v_\tau^B \to \{1,\ldots,q\}$，其中，$f[v_\tau^B] = i \Leftrightarrow v_\tau^B \in K_i, \forall i \in [1,q]$。第四，我们通过为每一个值 v_τ^B 分配它所属的 K 子集的索引 $f[v_\tau^B]$ 来量化 $\{v_\tau^B\}$。这可以将订单非平衡性的集合 $\{v_\tau^B\}$ 转化为量化消息 $X = [f[v_1^B], f[v_2^B], \ldots, f[v_N^B]]$。第五，采用 Kontoyiannis 的 LZ 算法来估计熵 $H[X]$。第六，我们计算累积分布函数 $F[H[X]]$，然后用时间序列 $\{F[H[X_\tau]]\}_{\tau=1,\ldots,N}$ 作为预测逆向选择的特征。

练习

18.1 构建 E-迷你标普 500 指数期货的美元线：

(1) 通过二进制编码量化收益序列。

(2) 通过分位数编码量化收益序列，使用 10 个字母。

(3) 通过 σ 编码量化收益序列，其中，σ 为所有美元线收益率的标准差。

(4) 采用嵌入式估计，计算上述三种编码序列的熵。

(5) 采用 Kontoyiannis 方法，且保持窗口长度为 100，计算上述三种编码序列的熵。

18.2 使用练习 18.1 中的美元线：

(1) 计算收益率序列 $\{r_t\}$。

（2）对序列采用如下编码：当 $r_t r_{t-1} < 0$ 时，编码为0；当 $r_t r_{t-1} \geqslant 0$ 时，编码为1。

（3）将整个序列分为1 000个大小相等互不重叠的子集（你可能需要舍弃初始的一些观测值）。

（4）采用嵌入式估计，计算这1 000个编码子集的熵。

（5）采用 Kontoyiannis 方法，且保持窗口长度为100，计算这1 000个编码子集的熵。

（6）计算（4）和（5）之间的相关性。

18.3　从一个标准正态分布中抽取1 000个观测值：

（1）该过程真实的熵是多少？

（2）根据8分位数给观测值贴标。

（3）采用嵌入式方法估计熵。

（4）采用 Kontoyiannis 方法估计熵：

①采用长度为10的窗口。

② 采用长度为100的窗口。

18.4　采用练习18.3中的取值 $\{x_t\}_{t=1,\ldots,1\,000}$：

（1）计算 $y_t = \rho y_{t-1} + x_t$，其中，$\rho = 0.5, y_0 = 0$。

（2）根据8分位数给观测值 $\{y_t\}$ 贴标。

（3）采用嵌入式方法估计熵。

（4）采用 Kontoyiannis 方法估计熵：

①采用长度为10的窗口。

② 采用长度为100的窗口。

18.5　假设有10个持有相同美元份额的投资组合。

（1）第 i 个主成分对总风险的贡献为 $\frac{1}{10}, i = 1, \cdots 10$。该投资组合的熵是多少？

（2）第 i 个主成分对总风险的贡献为 $1 - \frac{i}{55}, i = 1, \cdots 10$。该投资组合的熵是多少？

（3）第 i 个主成分对总风险的贡献为 $\alpha \frac{1}{10} + (1 - \alpha)(1 -$

$\frac{i}{55}),i=1,\cdots,10,\alpha\in[0,1]$。请绘制投资组合的熵表示为 α 的函数的图。

引用文献

Bailey, D. and M. López de Prado (2012): "Balanced baskets: A new approach to trading and hedging risks." *Journal of Investment Strategies*, Vol. 1, No. 4, pp. 21–62. Available at https://ssrn.com/abstract=2066170.

Easley D., M. Kiefer, M. O'Hara, and J. Paperman (1996): "Liquidity,information, and infrequently traded stocks." *Journal of Finance*, Vol. 51, No. 4, pp. 1405–1436.

Easley D., M. Kiefer and, M. O'Hara (1997): "The information content of the trading process." *Journal of Empirical Finance*, Vol. 4, No. 2, pp. 159–185.

Easley, D., M. López de Prado, and M. O'Hara (2012a): "Flow toxicity and liquidity in a high frequency world." *Review of Financial Studies*, Vol. 25, No. 5, pp. 1547–1493.

Easley, D., M. López de Prado, and M. O'Hara (2012b): "The volume clock: Insights into the high frequency paradigm." *Journal of Portfolio Management*, Vol. 39, No. 1, pp. 19–29.

Gao, Y., I. Kontoyiannis and E. Bienestock (2008): "Estimating the entropy of binary time series: Methodology, some theory and a simulation study." Working paper, arXiv. Available at https://arxiv.org/abs/0802.4363v1.

Fiedor, Pawel (2014a): "Mutual information rate-based networks in financial markets." Working paper, arXiv. Available at https://arxiv.org/abs/1401.2548.

Fiedor, Pawel (2014b): "Information-theoretic approach to lead-lag effect on financial markets." Working paper, arXiv. Available at https://arxiv.org/abs/1402.3820.

Fiedor, Pawel (2014c): "Causal non-linear financial networks." Working paper, arXiv. Available at https://arxiv.org/abs/1407.5020.

Hausser, J. and K. Strimmer (2009): "Entropy inference and the James-Stein estimator, with application to nonlinear gene association networks," *Journal of Machine Learning Research*, Vol. 10, pp. 1469–1484. http://www.jmlr.org/papers/volume10/hausser09a/hausser09a.pdf.

Kolmogorov, A. (1965): "Three approaches to the quantitative definition of information." *Problems in Information Transmission*, Vol. 1, No. 1, pp. 1–7.

Kontoyiannis, I. (1997): "The complexity and entropy of literary styles", *NSF Technical Report #* 97.

Kontoyiannis (1998): "Asymptotically optimal lossy Lempel-Ziv coding," *ISIT*, Cambridge, MA, August 16–August 21.

MacKay, D. (2003): *Information Theory, Inference, and Learning Algorithms, 1st ed.* Cambridge University Press.

Meucci, A. (2009): "Managing diversification." *Risk Magazine*, Vol. 22, pp. 74–79.

Norwich, K. (2003): *Information, Sensation and Perception, 1st ed.* Academic Press.

Ornstein, D.S. and B. Weiss (1993): "Entropy and data compression schemes." *IEEE Transactions on Information Theory*, Vol. 39, pp. 78–83.

Shannon, C. (1948): "A mathematical theory of communication." *Bell System Technical Journal*, Vol. 27, No. 3, pp. 379–423.

Ziv, J. and A. Lempel (1978): "Compression of individual sequences via variable-rate coding." *IEEE Transactions on Information Theory*, Vol. 24, No. 5, pp. 530–536.

参考文献

Easley, D., R. Engle, M. O'Hara, and L. Wu (2008): "Time-varying arrival rates of informed and uninformed traders." *Journal of Financial Econometrics*, Vol. 6, No. 2, pp. 171–207.

Easley, D., M. López de Prado, and M. O'Hara (2011): "The microstructure of the flash crash." *Journal of Portfolio Management*, Vol. 37, No. 2, pp. 118–128.

Easley, D., M. López de Prado, and M. O'Hara (2012c): "Optimal execution horizon." *Mathematical Finance*, Vol. 25, No. 3, pp. 640–672.

Gnedenko, B. and I. Yelnik (2016): "Minimum entropy as a measure of effective dimensionality." Working paper. Available at https://ssrn.com/abstract=2767549.

第 19 章

微观结构特征

19.1 动机

市场微观结构研究的是“在确定交易规则下资产交易的过程和结果”［O'Hara（1995）］。微观结构数据集包含竞价过程中的主要信息，比如撤单、双向竞价簿、报价序列、部分成交、报价发起方、订单修正、订单替代等。主要的数据源是 FIX 数据，可以通过交易所购买。FIX 信息中包含的细节使研究者们能够理解市场参与者如何隐瞒和显示他们的意图。这使得微观结构数据成为构建可预测的机器学习特征的最重要的成分之一。

19.2 文献回顾

市场微观结构理论就像是可得数据数量与多样性的函数，随着时间的推移，其深度和复杂性也在逐渐提高。第一代模型仅采用价格信息。早期研究中最基础的两个结果是交易分类模型（比如分时规则）和罗尔（Roll）模型。在交易量数据集可以获取后，第二代模型开始出现，研究者们开始将注意力转移到交易量如何影响价格上。这一代模型的两个典型例子是凯尔（Kyle，1985）模型和阿米胡德（Amihud，2002）模型。

第三代模型在 1996 年以后开始出现，这一时期，Easley 等人（1996）发表了 PIN 理论。这是市场微观结构理论的一次重大突破，因为 PIN 理论将买卖价差解释为流动性提供者（做市商）和头寸占有者（知情交易者）之间连续性博弈的均衡结果。本质上，它反映了做市商作为期权的卖方，容易受到知情交易者的逆向选择，而买卖价差正好是这一期权产生的溢价。Easley 等人（2012a，2012b）解释了如何估计交易量同步知情交易概率（Volume-Synchronized Probability of Informed Trading，简写为 VPIN），它是在以交易量为基础的采样条件下对 PIN 的一种高频估计。

上述是市场微观结构研究采用过的主要理论框架。O'Hara（1995）和 Hasbrouck（2007）很好地概括了低频率的市场微观结构模型。Easley 等人（2013）则呈现了一些高频的市场微观结构模型。

19.3 第一代模型：价格序列模型

第一代微观结构模型主要关注以买卖价差和波动率作为非流动性的代理变量。它们用有限的数据来执行，且交易过程未引入策略交易结构或序贯交易结构。

19.3.1 分时规则

在双向竞价簿中，包含一系列证券卖方发出的不同卖单价格水平（卖出价）和证券买方发出的不同买单价格水平（买入价）。卖出价通常超过买入价，否则将立刻匹配指令，执行交易。当买方匹配到卖出价，或卖方匹配到买入价时，交易便达成了。每笔交易都包含买卖双方，但只有一边会发起这笔交易。

分时规则是一种用于确定交易发起方的算法。根据以下逻辑，买方发起的交易将标记为“1”，卖方发起的交易将标记为“-1”。

$$b_t = \begin{cases} 1 & \text{if } \Delta p_t > 0 \\ -1 & \text{if } \Delta p_t < 0 \\ b_{t-1} & \text{if } \Delta p_t = 0 \end{cases}$$

其中，p_t 是第 t 次交易的价格，$t = 1, \cdots, T$，而 b_0 任意设置为 1。大量学术研究表明，分时规则虽然相对简单，但能够实现很高的分类精确度［Aitken & Frino（1996）］。Lee & Ready（1991）和 Easley 等人（2016）等研究包含了其他分类方法。

对序列 $\{b_t\}$ 的转换能够获得一些有信息量的特征。这些转换包括：(1) 对未来期望值的卡尔曼滤波（Kalman Filter），$E_t[b_{t+1}]$；(2) 预测值的结构突变（见第 17 章）；(3) 序列 $\{b_t\}$ 的熵（见第 18 章）；(4) 对 $\{b_t\}$ 运用沃尔德-沃尔福威茨（Wald-Wolfowitz）检验得到的 t 值；(5) 对序列 $\{b_t\}$ 累积 $\sum_{i=1}^{t} b_i$ 的分数阶微分值（见第 5 章）；等等。

19.3.2 罗尔模型

罗尔模型是第一个对证券交易的有效买卖价差提出解释的模型。该模型有用之处在于买卖价差是流动性的函数，因而罗尔模型被看作衡量证券流动性的最早的尝试。考虑如下中间价格序列 $\{m_t\}$，其中，价格服从无漂移项的随机游走过程：

$$m_t = m_{t-1} + u_t$$

因此，IID 价格变量 $\Delta m_t = m_t - m_{t-1}$ 服从正态分布：

$$\Delta m_t \sim N\left[0, \sigma_u^2\right]$$

这些假设显然与实证观察到的相悖。实证观察发现金融时间序列有漂移项、异方差、序列相关，且收益率分布并非服从正态分布。但是如果采样过程恰当的话，正如第2章所示，这些假设也不会太不切实际。观测到的价格 $\{p_t\}$ 是相对于买卖价差的序列交易的结果：

$$p_t = m_t + b_t c$$

其中，c 是买卖价差的一半，而 $b_t \in \{-1, 1\}$ 是发起方。罗尔模型假设买方和卖方概率相同，即 $P[b_t = 1] = P[b_t = -1] = \frac{1}{2}$，且序列不相关，即 $\mathrm{E}[b_t b_{t-1}] = 0$，与噪声独立，$\mathrm{E}[b_t u_t] = 0$。在给定这些假设的情况下，罗尔模型推导出的 c 和 σ_u^2 如下：

$$\sigma^2\left[\Delta p_t\right] = \mathrm{E}\left[\left(\Delta p_t\right)^2\right] - \left(\mathrm{E}\left[\left(\Delta p_t\right)\right]\right)^2 = 2c^2 + \sigma_u^2$$

$$\sigma\left[\Delta p_t, \Delta p_{t-1}\right] = -c^2$$

从而得到 $c = \sqrt{\max\{0, -\sigma[\Delta p_t, \Delta p_{t-1}]\}}$，且 $\sigma_u^2 = \sigma^2[\Delta p_t] + 2\sigma[\Delta p_t, \Delta p_{t-1}]$。总之，买卖价差是价格变化量的序列协方差的函数，而实际的（未观测的）价格噪声，包括微观结构噪声，是观测到的噪声和价格变化量的序列协方差的函数。

在数据库已包含了更多订单指令簿买卖价格信息的今天，你可能会质疑罗尔模型是否还有被使用的必要。罗尔模型尽管有局限性，但仍有人使用，原因之一是它提供了一种相对直接的方式来确定证券的有效买卖价差，无论这些证券是很少交易的，还是公开的报价并不能代表做市商愿意提供的流动性水平（例如，公司债、市政债、政府机构债）。使用罗尔估计，我们可以根据市场流动性条件获得有用的信息。

19.3.3 高价－低价波动率估计量

Beckers（1983）证明以高价－低价为基础的波动率估计量比传统的以收盘价为基础的波动率估计量更加精确。Parkinson（1980）推导出，对于服从几何布朗运动的连续观测价格：

$$\mathrm{E}\left[\frac{1}{T}\sum_{t=1}^{T}\left(\log\left[\frac{H_t}{L_t}\right]\right)^2\right]=k_1\sigma_{HL}^2$$

$$\mathrm{E}\left[\frac{1}{T}\sum_{t=1}^{T}\left(\log\left[\frac{H_t}{L_t}\right]\right)\right]=k_2\sigma_{HL}$$

其中，$k_1=4\log[2], k_2=\sqrt{\frac{8}{\pi}}$，$H_t$ 是 t 期的高价格，而 L_t 是 t 期的低价格。这时，波动率特征 σ_{HL} 可以通过观测的高－低价格稳健地估计出来。

19.3.4 科温－舒尔茨模型

在 Beckers（1983）研究工作的基础上，科温（Corwin）和舒尔茨（Schultz）基于高低价格引入了买卖价差估计量。该估计量建立在两个原则上。首先，高价格总是与卖出价相匹配，而低价格总是与买入价相匹配。高低价格比值反映了基本的波动率和买卖价差。其次，高低价格比值中由波动率引起的部分，随两个观测值之间的时间间隔而成比例地增加。

科温和舒尔茨证明价差（以价格的百分比计算）可以被估计为：

$$S_t=\frac{2\left(e^{\alpha_t}-1\right)}{1+e^{\alpha_t}}$$

其中：

$$\alpha_t = \frac{\sqrt{2\beta_t} - \sqrt{\beta_t}}{3 - 2\sqrt{2}} - \sqrt{\frac{\gamma_t}{3 - 2\sqrt{2}}}$$

$$\beta_t = \mathrm{E}\left[\sum_{j=0}^{1}\left[\log\left(\frac{H_{t-j}}{L_{t-j}}\right)\right]^2\right]$$

$$\gamma_t = \left[\log\left(\frac{H_{t-1,t}}{L_{t-1,t}}\right)\right]^2$$

$H_{t-1,t}$ 是两个时间线（$t-1$ 与 t）之间的高价，$L_{t-1,t}$ 是两个时间线（$t-1$ 与 t）之间的低价。由于 $\alpha_t < 0 \Rightarrow S_t < 0$，科温和舒尔茨推荐将负值的 α 设置为 0［Corwin & Schultz（2012）］。代码片段 19.1 实现了该算法。函数 corwinSchultz 接收两个参数，列号为（High, Low）的序列数据框，以及用于定义估计 β_t 的样本长度的整数值 sl。

代码片段 19.1　科温 – 舒尔茨算法的实现

```
def getBeta(series,sl):
    hl=series[['High','Low']].values
    hl=np.log(hl[:,0]/hl[:,1])**2
    hl=pd.Series(hl,index=series.index)
    beta=pd.stats.moments.rolling_sum(hl,window=2)
    beta=pd.stats.moments.rolling_mean(beta,window=sl)
    return beta.dropna()
#————————————————————————————————————————
def getGamma(series):
    h2=pd.stats.moments.rolling_max(series['High'],window=2)
    l2=pd.stats.moments.rolling_min(series['Low'],window=2)
    gamma=np.log(h2.values/l2.values)**2
    gamma=pd.Series(gamma,index=h2.index)
    return gamma.dropna()
#————————————————————————————————————————
def getAlpha(beta,gamma):
    den=3-2*2**.5
    alpha=(2**.5-1)*(beta**.5)/den
    alpha-=(gamma/den)**.5
    alpha[alpha<0]=0 # set negative alphas to 0 (see p.727 of paper)
    return alpha.dropna()
```

```
#———————————————————————————————————————
def corwinSchultz(series,sl=1):
    # Note: S<0 iif alpha<0
    beta=getBeta(series,sl)
    gamma=getGamma(series)
    alpha=getAlpha(beta,gamma)
    spread=2*(np.exp(alpha)-1)/(1+np.exp(alpha))
    startTime=pd.Series(series.index[0:spread.shape[0]],index=spread.index)
    spread=pd.concat([spread,startTime],axis=1)
    spread.columns=['Spread','Start_Time'] # 1st loc used to compute beta
    return spread
```

注意，波动率并没有出现在最终的科温－舒尔茨模型中。原因是波动率被它的高价/低价估计量代替了。作为该模型的副产物，我们可以推导出贝克－帕金森（Becker-Parkinson）波动率，如代码片段 19.2 所示。

代码片段 19.2　估计高－低价的波动率

```
def getSigma(beta,gamma):
    k2=(8/np.pi)**.5
    den=3-2*2**.5
    sigma=(2**-.5-1)*beta**.5/(k2*den)
    sigma+=(gamma/(k2**2*den))**.5
    sigma[sigma<0]=0
    return sigma
```

该程序在公司债市场中尤其有用，因为这种市场中没有集中的订单，交易是通过竞争性招标来完成的。其结果特征，买卖价差 S 可以通过滚动窗口递归估计出来，而值的大小可以通过卡尔曼滤波平滑。

19.4　第二代模型：策略交易模型

第二代市场微观结构模型着重于理解和测度非流动性。非流动性在金融机器学习模型中是一种重要的多信息特征，因为它具有溢价的风险。这类模型比起第一代模型有更深的理论基础，因为它们将交易行为解释为知情交易者和非知情交易者之间的策略互动。在进行上述解释时，它们将注意力集中于交易量的方向以及订单流非平衡性。

这些特征中大多数都是通过回归模型来估计的。实际上，我观察到与这些市场微观结构（均值）估计量相比，估计量的 t 值本身包含更多信息。尽管学术文献中并没有提到上述现象，这里也有一个优先考虑基于 t 值的特征而不是基于均值的特征的充分理由：t 值经过了估计误差的标准差调整，这种方式整合了另一维度的信息，而这种信息均值估计量是无法体现的。

19.4.1 凯尔模型的 λ

凯尔（1985）引入了下列策略交易模型。考虑一个终值为 $v \sim N[p_0, \Sigma_0]$ 的风险资产，包含两个交易者：

- 噪声交易者的交易量为 $u = N[0, \sigma_u^2]$，独立于 v。
- 知情交易者已知 v，以市价指令下单数量为 x 的交易。

做市商观察到总订单流为 $y = x + u$，并据此设定价格为 p。在这个模型中，做市商并不能区分订单是来自噪声交易者还是知情交易者。他们根据订单流不平衡性的函数来调整价格，因为这可以反映出知情交易者的存在。因此，价格改变和指令流不平衡之间存在正向关系，这也被称为市场作用。

知情交易者推测做市商的线性价格调整函数为 $p = \lambda y + \mu$，其中，λ 是流动性衡量值的倒数。知情交易者的利润为 $\pi = (v - p)x$，在 $x = \frac{v-\mu}{2\lambda}$ 处取得最大，其中，二阶条件为 $\lambda > 0$。

相反，做市商推测知情交易者的需求为线性函数 v：$x = \alpha + \beta v$，这意味着 $\alpha = -\frac{\mu}{2\lambda}$ 且 $\beta = \frac{1}{2\lambda}$。注意，流动性越低意味着 λ 越高，这也意味着知情交易者需求越低。

凯尔认为做市商必须在利润最大化和市场效率之间取得均衡，在上述线性函数的假设下，唯一可能的解只会出现在：

$$\mu = p_0$$

$$\alpha = p_0\sqrt{\frac{\sigma_u^2}{\Sigma_0}}$$

$$\lambda = \frac{1}{2}\sqrt{\frac{\Sigma_0}{\sigma_u^2}}$$

$$\beta = \sqrt{\frac{\sigma_u^2}{\Sigma_0}}$$

最后，知情交易者的预期利润可表示为：

$$\mathrm{E}[\pi] = \frac{\left(v - p_0\right)^2}{2}\sqrt{\frac{\sigma_u^2}{\Sigma_0}} = \frac{1}{4\lambda}\left(v - p_0\right)^2$$

这意味着知情交易者的利润有 3 个来源：

- 证券的错误定价。
- 噪声交易者的净订单流的方差。噪声量越大，知情交易者更容易隐藏其意图。
- 证券终值方差的倒数。该波动率越低，越容易从错误定价中获利。

在凯尔模型中，变量λ反映了价格的影响。非流动性随着 v 的不确定性而增加，随着噪声数量而减少。作为一种特征，它可以通过拟合如下回归来估计：

$$\Delta p_t = \lambda\left(b_t V_t\right) + \varepsilon_t$$

其中，$\{p_t\}$ 是价格的时间序列，$\{b_t\}$ 是交易发起方方向（买或卖）的时间序列，$\{V_t\}$ 是交易量的时间序列，因此 $\{b_t V_t\}$ 是交易量方向或净订单流的时间序列。图 19.1 绘制了基于 E－迷你标普 500 指数期货序列测算的凯尔模型的λ值直方图。

19.4.2 阿米胡德模型的λ

阿米胡德（2002）研究了绝对收益率和非流动性之间的正向关系。特别是，他计算了与每一美元交易量相对应的日度价格反应，并且将计算得到的值作为价格效应的代理变量。该想法可能的实现方式为：

$$\left|\Delta\log\left[\tilde{p}_\tau\right]\right| = \lambda \sum_{t\in B_\tau}\left(p_t V_t\right) + \varepsilon_\tau$$

其中，B_τ是 τ 时期交易的集合，$\tilde{p}_\tau$是 τ 时期的收盘价，$p_t V_t$ 是交易时间 $t\in B_\tau$交易量的美元总数。尽管相对简单，但哈斯布鲁克（2009）发现阿米胡德模型的日内λ估计量与日内的有效买卖价差估计量有很强的联系。图 19.2 绘制了基于 E－迷你标普 500 指数期货序列测算的阿米

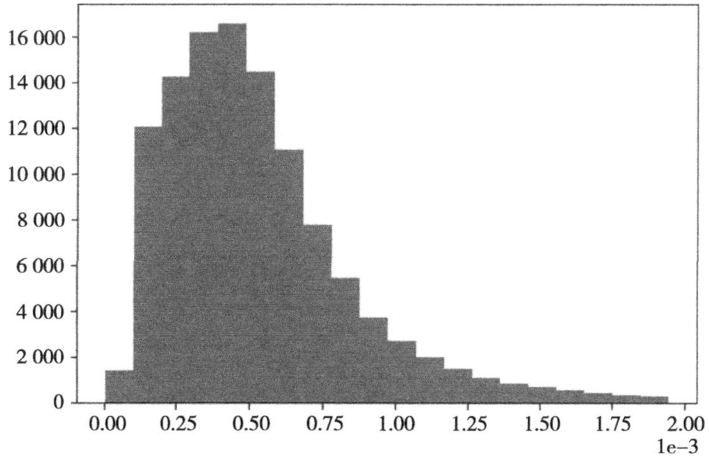

图 19.1　根据 E－迷你标普 500 指数期货计算的凯尔模型的λ

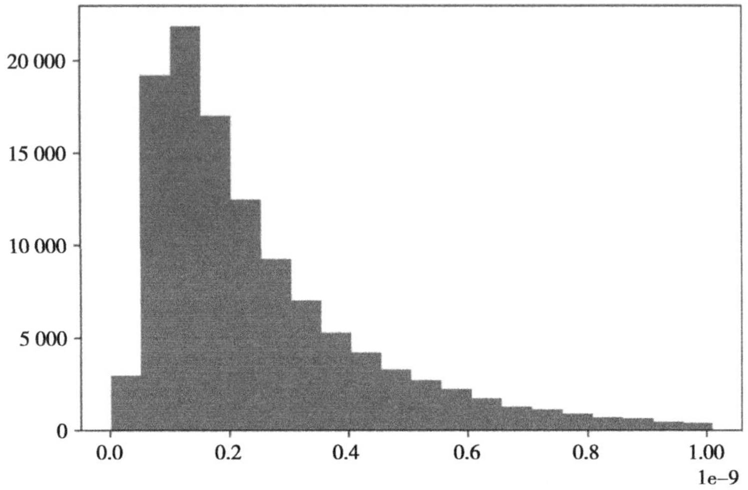

图 19. 2　根据 E－迷你标普 500 指数期货计算的阿米胡德模型的 λ

胡德模型的 λ 值直方图。

19. 4. 3　哈斯布鲁克模型的 λ

哈斯布鲁克（Hasbrouck，2009）继续采用凯尔模型和阿米胡德模型的思想，并将其应用于以交易和报价数据为基础的价格影响系数的估计。他采用吉布斯（Gibbs）采样法生成以下回归的贝叶斯估计量：

$$\log\left[\tilde{p}_{i,\tau}\right]-\log\left[\tilde{p}_{i,\tau-1}\right]=\lambda_i\sum_{t\in B_{i,\tau}}\left(b_{i,t}\sqrt{p_{i,t}V_{i,t}}\right)+\varepsilon_{i,\tau}$$

其中，$B_{i,\tau}$ 是 τ 时期证券 i 交易的集合，$i=1$，…，I，$\tilde{p}_{i,\tau}$ 是 τ 时期证券 i 的收盘价，$b_{i,t}\in\{-1,1\}$ 用于确定交易 $t\in B_{i,\tau}$ 是买方发起还是卖方发起；$p_{i,t}V_{i,t}$ 是交易 $t\in B_{i,\tau}$ 的美元交易量。此时我们可以估计每只证券 i 的 λ_i，然后用它作为估计交易的有效成本（市场效应）的特征。

与大多数学术文献保持一致，哈斯布鲁克推荐用 5 分钟级别的时间频率来进行交易分时取样。然而，正如第 2 章提到的原因，采用与市场

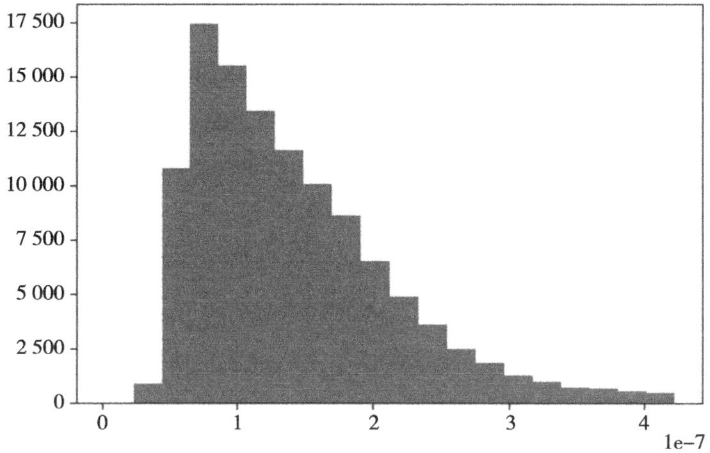

图 19.3　根据 E－迷你标普 500 指数期货估计的哈斯布鲁克模型的 λ

同步的随机采样方法能获得更好的结果。图 19.3 绘制了基于 E－迷你标普 500 指数期货序列测算的哈斯布鲁克模型的 λ 值直方图。

19.5　第三代模型：序贯交易模型

正如我们在上一节中看到的那样，策略交易模型的特点是存在单个可以在多期交易的知情交易者。本节中，我们将讨论另一种模型，该模型假定随机挑选的交易者连续且独立地抵达市场。

由于假定了这些交易者的出现，序贯交易模型在做市商中非常受欢迎。其中一个原因是，这些模型纳入了流动性提供者所面临的不确定性来源，即信息事件发生的概率、这些事件为负的概率、噪声交易者的到达率、知情交易者的到达率。由于这些变量的存在，做市商必须动态地更新报价，以及管理存货。

19.5.1　知情交易概率

Easley 等人（1996）用交易数据来确定单个证券的 PIN。该市场微观结构模型将交易视为做市商和头寸交易者之间的多期重复博弈。

将证券的价格记为 S，其中，现值为 S_0。然而，一旦有一定数量的新信息进入价格，S 将变成 S_B（坏消息）或者 S_G（好消息）。在进行分析的时间段内新信息到达的概率为 α，是坏消息的概率为 δ，是好消息的概率为 $1-\delta$。这些研究者证明证券价格的预期值在 t 时刻可以计算为：

$$\mathrm{E}\left[S_t\right]=\left(1-\alpha_t\right) S_0+\alpha_t\left[\delta_t S_B+\left(1-\delta_t\right) S_G\right]$$

它们的报单行为服从泊松分布，知情交易者的报单到达率为 μ，非知情交易者的报单到达率为 ε。为了避免遭受知情交易者产生的损失，做市商将在买入价 B_t 处达到盈亏平衡：

$$\mathrm{E}\left[B_t\right]=\mathrm{E}\left[S_t\right]-\frac{\mu \alpha_t \delta_t}{\varepsilon+\mu \alpha_t \delta_t}\left(\mathrm{E}\left[S_t\right]-S_B\right)$$

而 t 时刻的卖出价 A_t 盈亏平衡点为：

$$\mathrm{E}\left[A_t\right]=\mathrm{E}\left[S_t\right]+\frac{\mu \alpha_t\left(1-\delta_t\right)}{\varepsilon+\mu \alpha_t\left(1-\delta_t\right)}\left(S_G-\mathrm{E}\left[S_t\right]\right)$$

这表明买卖价差的盈亏平衡点为：

$$\mathrm{E}\left[A_t-B_t\right]=\frac{\mu \alpha_t\left(1-\delta_t\right)}{\varepsilon+\mu \alpha_t\left(1-\delta_t\right)}\left(S_G-\mathrm{E}\left[S_t\right]\right)+\frac{\mu \alpha_t \delta_t}{\varepsilon+\mu \alpha_t \delta_t}\left(\mathrm{E}\left[S_t\right]-S_B\right)$$

在 $\delta_t=\frac{1}{2}$ 的标准情形下，我们得到：

$$\delta_t = \frac{1}{2} \Rightarrow \mathrm{E}\left[A_t - B_t\right] = \frac{\alpha_t \mu}{\alpha_t \mu + 2\varepsilon}\left(S_G - S_B\right)$$

该方程告诉我们决定做市商提供流动性的价格区间的关键因素是：

$$PIN_t = \frac{\alpha_t \mu}{\alpha_t \mu + 2\varepsilon}$$

下标 t 表明概率 α 和 δ 是在该时刻估算的。研究者们采用贝叶斯更新过程来将在每一笔交易到达市场后的新信息包含进去。

为了确定 PIN_t 的值，我们必须估算 4 个无法观测的参数，即 $\{\alpha, \delta, \mu, \varepsilon\}$。一种极大似然的方法是拟合 3 个泊松分布的混合：

$$\begin{aligned} \mathrm{P}[V^B, V^S] &= (1-\alpha)\mathrm{P}[V^B, \varepsilon]\mathrm{P}[V^S, \varepsilon] \\ &\quad + \alpha(\delta \mathrm{P}[V^B, \varepsilon]\mathrm{P}[V^S, \mu+\varepsilon] + (1-\delta)\mathrm{P}[V^B, \mu+\varepsilon]\mathrm{P}[V^S, \varepsilon]) \end{aligned}$$

其中，V^B 为与卖出价相匹配的交易量（买方发起的交易），V^S 是与买入价相匹配的交易量（卖方发起的交易）。

19.5.2 知情交易的同步交易概率

Easley 等人（2008）证明：

$$\begin{aligned} \mathrm{E}\left[V^B - V^S\right] &= (1-\alpha)(\varepsilon - \varepsilon) + \alpha(1-\delta)(\varepsilon - (\mu+\varepsilon)) + \alpha\delta(\mu + \varepsilon - \varepsilon) \\ &= \alpha\mu(1 - 2\delta) \end{aligned}$$

尤其对于足够大的 μ：

$$\mathrm{E}[|V^B - V^S|] \approx \alpha\mu$$

Easley 等人（2011）提出一种 PIN 的高频估计量，称之为 VPIN。该方法采用了交易量时间，将数据取样与市场活动同步，通过交易量捕获（见第 2 章）。我们因此可以估计：

$$\frac{1}{n}\sum_{\tau=1}^{n}\left|V_{\tau}^{B}-V_{\tau}^{S}\right|\approx\alpha\mu$$

其中，V_{τ}^{B}是交易量时间线 τ 内由买方发起的交易量总和，V_{τ}^{S}是交易量时间线 τ内由卖方发起的交易量总和，而 n 为该估算中涉及的时间线的数量。因为所有交易时间线有相同的大小 V，根据构建我们知道：

$$\frac{1}{n}\sum_{\tau=1}^{n}\left(V_{\tau}^{B}+V_{\tau}^{S}\right)=V=\alpha\mu+2\varepsilon$$

因此 PIN 在高频环境下可估算为：

$$VPIN_{\tau}=\frac{\sum_{\tau=1}^{n}\left|V_{\tau}^{B}-V_{\tau}^{S}\right|}{\sum_{\tau=1}^{n}\left(V_{\tau}^{B}+V_{\tau}^{S}\right)}=\frac{\sum_{\tau=1}^{n}\left|V_{\tau}^{B}-V_{\tau}^{S}\right|}{nV}$$

对于 VPIN 的更多细节讨论和案例分析，详见 Easley 等人（2013）。Andersen & Bondarenko（2013）采用线性回归模型，认为 VPIN 并不是预测波动率的一个好的指标。然而，大量文献表明 VPIN 确实有预测能力，例如 Abad & Yague（2012），Bethel 等人（2012），Cheung 等人（2015），Kim 等人（2014），Song 等人（2014），Van Ness 等人（2017），Wei 等人（2013）。无论如何，线性回归是 18 世纪数学家们就已经熟悉的技术［Stigler（1981）］，如果它无法识别 21 世纪金融市场中复杂的非线性特征，经济学家们大可不必对此感到惊讶。

19.6 市场微观结构数据中的其他特征

我们在第19.3节至第19.5节中讨论的特征是市场微观结构理论所提出的。此外，我们应该考虑其他的特征，尽管这些特征并没被市场微观结构理论提出，但我们认为这些特征包含了市场参与者的行为方式，以及他们未来的意图等方面的重要信息。为了研究这些特征，我们将利用机器学习算法的功能，在没有相关理论指导情况下来研究如何使用这些特征。

19.6.1 订单大小的分布

Easley等人（2016）研究了每种交易大小的交易频率，发现“整数规模”的交易表现得更异常频繁。比如，交易频率随着交易规模的扩大迅速衰退，但以下整数交易规模例外{5,10,20,25,50,100,200,…}。研究者们将这种现象归因于所谓的“鼠标”交易员或“GUI”交易员，也就是指人工交易员通过在GUI点击按钮来发送指令。在E-迷你标普500指数的例子中，比如，规模为10的交易频率是规模为9的2.9倍；规模为50的交易频率是规模为49的10.9倍；规模为100的交易频率是规模为99的16.8倍；规模为200的交易频率是规模为199的27.2倍；规模为250的交易频率是规模为249的32.5倍；规模为500的交易频率是规模为499的57.1倍。这种特征在“硅商交易员”（silicon traders）中并不典型，这些交易员往往通过编程将交易随机化，从而隐藏他们在市场中的足迹。

一种有用的特征可以用于确定整数规模交易的正常频率，以及计算与正常期望值的偏差。举个例子，机器学习算法可以确定整数规模交易中高于正常的比例是否与趋势有关，因为人工交易员倾向于用基本面观点、信念、可信度来进行投注。相反，整数规模交易中低于正常的比例可能会增加价格一边倒的概率，这是因为硅商交易员并不会持有长期的交易观点。

19.6.2 撤单比率、限价指令和市价指令

Eisler 等人（2012）研究了市价指令、限价指令和取消报价的影响。研究者们发现小股票相比大股票在这些事件上表现得极为不同。他们的结论是衡量这些幅度与建立买卖价差动态模型相关。

Easley 等人（2012）同时认为大的报价取消比率可能意味着低流动性，因为市场参与者发布的报价并不打算成交。他们讨论了 4 类捕食算法：

- 塞单者（Quote Stuffers）：他们从事“潜伏套利”。他们的策略包括使交易场所充斥大量信息，其唯一目的是拖慢竞争对手的算法的速度，使对手算法被迫解析只有发起者才知道可以忽略的无用行情消息。
- 追单者（Quote Danglers）：这种策略通过发送报价来迫使被压榨的交易员追逐不符合其利益的价格。O'Hara（2011）呈现了这些破坏性活动的证据。
- 流动性榨取者（Liquidity Squeezers）：当一个大型危机投资者被迫平仓时，捕食算法在相同的方向进行交易，尽可能多地榨干平仓时的流动性。结果导致价格过度反冲，流动性榨取者从中获利［Carlin 等人（2007）］。
- 群聚搜寻者（Pack Hunters）：独立搜寻的捕食者意识到各自的活动后，聚成一群以最大化触发连锁反应的机会［Donefer（2010），Fabozzi 等人（2011），Jarrow & Protter（2011）］。NANEX（2011）显示出群聚搜寻者被迫止损。尽管他们个人行动的影响太小，不足以引起监管者的注意，但他们集体行动可能会操纵市场。当这种情况发生时，很难证明他们存在勾结，因为他们以分散的、自发的方式协同作战。

上述捕食算法利用取消报价和多种指令类型试图达到逆向选择做市商的目的。它们在交易记录中留下不同的特征，并测量报价取消、限价指令和市价指令的比率，可以作为有用特征的基础，且能够反映出它们的意图。

19.6.3 TWAP 执行算法

Easley 等人（2012）展示了如何识别以 TWAP 为目标的执行算法的存在。TWAP 算法是一种将大订单切分为很多小订单的算法（这些订单按照规律的时间间隔提交），以此来完成预定义的时间加权平均价格。研究者们以 E－迷你标普 500 指数期货在 2010 年 11 月 7 日至 2011 年 11 月 7 日的交易作为样本。他们将每天划分为 24 小时，且对于每一小时，他们考虑每一秒钟的交易量，而不考虑每分钟的情况。接下来他们绘制了总交易量的三维图，其中 x 轴是每秒的交易量，y 轴是每天的各个小时，z 轴是总交易量。这种分析能够让我们看到每分钟的交易量分布，也能使我们在按时间顺序排列的时空中寻找执行大量订单的低频交易员。对于每一天的大多数小时来说，每分钟内交易量的最大集中度倾向于发生在最初的几秒钟。这种现象在 00:00—01:00 GMT（亚洲市场开盘时间）、05:00—09:00 GMT（英国和欧洲股市开盘时间）、13:00—15:00 GMT（美国股市开盘时间），以及 20:00—21:00 GMT（美国股市闭市时间）尤其显著。

一个有用的机器学习特征可以评估每分钟一开始的订单不平衡性，并确定是否存在一个持久成分。然后这可以用来在大型机构投资者的 TWAP 订单大部分处于等待状态时，抢在大型机构投资者之前抢占先机，提前交易。

19.6.4 期权市场

Muravyev 等人（2013）使用美国股票市场和期权市场的微观结构信息来研究两个市场发生的不一致的情形。他们将期权平价关系下的报价所隐含的买卖价格范围与实际的股票市场买卖价格范围进行比较，从而衡量两个市场的不一致性。他们认为不一致性更倾向于在股票报价中得到解决，这意味着期权报价并没有包含经济意义上有用的信息。同时，他们发现期权交易中包含了股票价格中没有的信息。这些发现对于习惯于交易流动性相对较弱的产品（例如股票期权）的投资组合经理而言并不奇怪。报价可以在很长一段时期内保持非理性，此时只有少量的价格是具有信息量的。

Cremers & Weinbaum（2010）发现拥有相对更贵的看涨期权的股票（股票同时拥有高波动率价差和高波动率价差的变化值）比起拥有相对更贵的看跌期权（股票同时拥有低波动率价差和低波动率价差的变化值）的股票每周的表现要好出 50 个基点。当期权流动性高而股票流动性低时，这种预测程度还要更大。

与这些观察一致，有用的特征可以通过计算期权隐含的股票价格提取，也可以直接从期权交易中推导得到。期货价格仅仅反映平均值或预期的未来价值。但是期权价格允许我们推导出未来可能的价格的完整分布。机器学习算法可以通过搜索在不同的执行日期和到期日下的希腊字母形式的报价来获取特征。

19.6.5 订单流方向的序列相关性

Toth 等人（2011）研究了伦敦股票交易所股票的订单流方向，并发现订单方向多日维持正的自相关性。他们对该发现给予了两种可能的解释：羊群效应和订单分割。他们认为在小于几小时的时间范围内，订单流的持久性大概率是由于订单分割而不是羊群效应造成的。

考虑到市场微观结构理论将订单流的持续非平衡性归因于知情交易者的存在，通过净订单量的序列相关性来测量这种持续性的强度就显得十分有意义了。这种特征对于我们在第 19.5 节中学习的特征可能是一种很好的补充。

19.7 什么是市场微观结构信息?

在本章最后，我指出了自认为是市场微观结构文献中的一项主要缺陷。关于这一主题，大多数论文和书籍都研究的是信息不对称，以及策略代理者如何利用信息不对称从做市商身上获取利润。但是，什么是交易中的信息的准确定义呢？令人遗憾的是，在微观结构的理论里，对于信息，没有一种被广泛接受的定义，并且很多文献以一种宽泛甚至非正式的方式使用“信息”这一概念［López de Prado（2017）］。本节提出了基于信号处理的信息的恰当定义，可应用于市场微观结构研究。

考虑一个特征矩阵 $X=\{X_t\}_{t=1,\ldots,T}$，它包含做市商经常使用的信息，这些信息用于确定他们是否应该在特定的水平下提供流动性，或取消他们的被动式报价。比如，每一列应该是这一章讨论的所有特征，比如 VPIN，凯尔模型的 τ，订单取消率，等等。矩阵 X 内每一个决策时点都有一行。比如，每当已交易 10 000 个合约或者只要价格有显著改变时，做市商可能会重新考虑是否提供流动性或者撤出市场（见第 2 章的采样方法）。第一，我们推导出序列 $y=\{y_t\}_{t=1,\ldots,T}$，其中，对产生做市盈利的观测值标注为 1，对于产生做市亏损的观测值标注为 0（见第 3 章的元标签方法）。第二，我们在训练集（X，y）上拟合出一个分类器。第三，当新的样本外观测值达到 $\tau>T$ 条件时，我们使用拟合的分类器来预测标签 $\hat{y}_\tau=\mathrm{E}_\tau[y_\tau|X]$。第四，采用第 9 章中第 9.4 节描述的方法，我们拟合出这些预测值 L_τ 的交叉熵损失。第五，我们利用负的交叉熵损失的序列 $\{-L_t\}_{t=T+1,\ldots,\tau}$，拟合出核密度估计量（KDE），从而推导出累积分布函数 F。第六，我们用 $\phi_\tau=F[-L_\tau]$ 估计 t 时期的市场微观结构信息，其中，$\phi_\tau\in(0,1)$。

这种市场微观结构信息可以被理解为做市商决策模型所面临的复杂性。在正常的市场条件下，做市商们用低的交叉熵损失来产生有信息量的预测值，并且能够通过向头寸占有者提供流动性来盈利。然而，在知情交易者存在的情况下（不对称），做市商会产生没有信息量的预测值，且用高的交叉熵损失来衡量，因此他们被逆向选择了。换言之，市场微观结构信息仅能根据做市商的预测能力来定义和衡量。这也暗示着 $\{\phi_\tau\}$ 应该是金融机器学习工具箱中的重要特征。

思考 2010 年 5 月 6 日的闪电崩盘事件。做市商错误地预估他们在买入价的被动式报价能够成交并以更高的价格售出。崩盘并不是由单个不准确的预测导致的，而是上千个预测误差累积的结果［Easley 等人 (2011)］。如果做市商监测到他们的预测值的交叉熵损失正在上升，他们很可能已经意识到知情交易者的存在以及产生逆向选择的概率在危险地上升。这将使他们扩大买卖价差以消除指令流的不平衡性，因为卖方将不愿意折价交易。相反，做市商继续极度慷慨地向卖方提供流动性，直到他们最终被迫退出，引发了令市场、监管者、学术界震惊数月甚至数年的流动性危机。

练习

19.1 基于 E－迷你标普 500 指数期货的分时数据：

（1）采用分时规则推导交易方向的序列。

（2）与 CME 提供的发起方（FIX tag 5797）相对比，分时规则的精确度是多少？

（3）找出 FIX tag 5797 与分时规则不一致的例子：

①你能找出任何能解释这一不一致的简明扼要的原因吗？

②这些不一致性是与大的价格跳跃相关，还是高的订单取消率或者小的报价规模相关？

③这些不一致性更可能出现在市场活动高峰时期还是市场活动低峰时期？

19.2 基于 E－迷你标普 500 指数期货时间序列的分时数据计算罗尔模型。

（1）σ_μ^2 和 c 的估计值是多少？

（2）已知该合约是世界上最具流动性的产品之一，且它以最低的买卖价差进行交易，那么这些估计值与你的期望值保持一致吗？

19.3 基于E－迷你标普500指数期货计算高价－低价波动率的估计值（见第19.3.3节）：

（1）采用每周的数据，它与收盘价的标准差有何不同？

（2）采用每天的数据，它与收盘价的标准差有何不同？

（3）采用美元线，假设每天平均有50条线，它与收盘价的标准差有何不同？

19.4 将科温－舒尔茨估计量应用于E－迷你标普500指数期货的每日时间序列。

（1）买卖价差的期望值是多少？

（2）隐含波动率是多少？

（3）这些估计值与练习19.2和练习19.3中的结果一致吗？

19.5 用以下数据计算凯尔模型的λ：

（1）分时数据。

（2）E－迷你标普500指数期货美元线的时间序列，其中：

①b_t是交易方向的交易量加权平均值。

②V_t是该交易中交易量总和。

③Δp_t是两笔相邻交易中的价格改变量。

19.6 应用哈斯布鲁克模型的λ重复练习19.5。结果一致吗？

19.7 应用阿米胡德模型的λ重复练习19.5。结果一致吗？

19.8 根据E－迷你标普500指数期货的交易量线时间序列：

（1）计算2010年5月6日的VPIN序列（闪电崩盘）。

（2）画出VPIN和价格序列。你观察到了什么？

19.9 计算E－迷你标普500指数期货的订单规模的分布：

（1）在整个时期。

（2）2010年5月6日单天。

(3) 对上述两种分布采用柯尔莫哥洛夫－斯米尔诺夫（Kolmogorov-Smirnov）检验。它们在95%置信水平上显著不同吗？

19.10 基于E－迷你标普500指数期货的数据集，计算每天的报价取消率、市价订单部分的时间序列。

(1) 这两种序列的相关性是多少？在统计意义上显著吗？

(2) 这两种序列和日度波动率的相关性是多少？这是你期望得到的结果吗？

19.11 采用E－迷你标普500指数期货的分时数据：

(1) 计算每分钟前5秒的交易量的分布。

(2) 计算每分钟交易量的分布。

(3) 计算两种分布的柯尔莫哥洛夫－斯米尔诺夫检验。它们在95%置信水平上显著不同吗？

19.12 采用E－迷你标普500指数期货的分时数据：

(1) 计算交易量方向的一阶序列相关性。

(2) 在95%置信水平上，它具有统计意义上的显著性吗？

引用文献

Abad, D. and J. Yague (2012): "From PIN to VPIN." *The Spanish Review of Financial Economics*, Vol. 10, No. 2, pp.74-83.

Aitken, M. and A. Frino (1996): "The accuracy of the tick test: Evidence from the Australian Stock Exchange." *Journal of Banking and Finance*, Vol. 20, pp. 1715–1729.

Amihud, Y. and H. Mendelson (1987): "Trading mechanisms and stock returns: An empirical investigation." *Journal of Finance*, Vol. 42, pp. 533–553.

Amihud, Y. (2002): "Illiquidity and stock returns: Cross-section and time-series effects." *Journal of Financial Markets*, Vol. 5, pp. 31–56.

Andersen, T. and O. Bondarenko (2013): "VPIN and the Flash Crash." *Journal of Financial Markets*, Vol. 17, pp.1-46.

Beckers, S. (1983): "Variances of security price returns based on high, low, and closing prices." *Journal of Business*, Vol. 56, pp. 97–112.

Bethel, E. W., Leinweber. D., Rubel, O., and K. Wu (2012): "Federal market information technology in the post–flash crash era: Roles for supercomputing." *Journal of Trading*, Vol. 7, No. 2, pp. 9–25.

Carlin, B., M. Sousa Lobo, and S. Viswanathan (2005): "Episodic liquidity crises. Cooperative and predatory trading." *Journal of Finance*, Vol. 42, No. 5 (October), pp. 2235–2274.

Cheung, W., R. Chou, A. Lei (2015): "Exchange-traded barrier option and VPIN." *Journal of Futures Markets*, Vol. 35, No. 6, pp. 561-581.

Corwin, S. and P. Schultz (2012): "A simple way to estimate bid-ask spreads from daily high and low prices." *Journal of Finance*, Vol. 67, No. 2, pp. 719–760.

Cremers, M. and D. Weinbaum (2010): "Deviations from put-call parity and stock return predictability." *Journal of Financial and Quantitative Analysis*, Vol. 45, No. 2 (April), pp. 335–367.

Donefer, B. (2010): "Algos gone wild. Risk in the world of automated trading strategies." *Journal of Trading*, Vol. 5, pp. 31–34.

Easley, D., N. Kiefer, M. O'Hara, and J. Paperman (1996): "Liquidity, information, and infrequently traded stocks." *Journal of Finance*, Vol. 51, No. 4, pp. 1405–1436.

Easley, D., R. Engle, M. O'Hara, and L. Wu (2008): "Time-varying arrival rates of informed and uninformed traders." *Journal of Financial Econometrics*, Vol. 6, No. 2, pp. 171–207.

Easley, D., M. López de Prado, and M. O'Hara (2011): "The microstructure of the flash crash." *Journal of Portfolio Management*, Vol. 37, No. 2 (Winter), pp. 118–128.

Easley, D., M. López de Prado, and M. O'Hara (2012a): "Flow toxicity and liquidity in a high frequency world." *Review of Financial Studies*, Vol. 25, No. 5, pp. 1457–1493.

Easley, D., M. López de Prado, and M. O'Hara (2012b): "The volume clock: Insights into the high frequency paradigm." *Journal of Portfolio Management*, Vol. 39, No. 1, pp. 19–29.

Easley, D., M. López de Prado, and M. O'Hara (2013): *High-Frequency Trading: New Realities for Traders, Markets and Regulators*, 1st ed. Risk Books.

Easley, D., M. López de Prado, and M. O'Hara (2016): "Discerning information from trade data." *Journal of Financial Economics*, Vol. 120, No. 2, pp. 269–286.

Eisler, Z., J. Bouchaud, and J. Kockelkoren (2012): "The impact of order book events: Market orders, limit orders and cancellations." *Quantitative Finance*, Vol. 12, No. 9, pp. 1395–1419.

Fabozzi, F., S. Focardi, and C. Jonas (2011): "High-frequency trading. Methodologies and market impact." *Review of Futures Markets*, Vol. 19, pp. 7–38.

Hasbrouck, J. (2007): *Empirical Market Microstructure*, 1st ed. Oxford University Press.

Hasbrouck, J. (2009): "Trading costs and returns for US equities: Estimating effective costs from daily data." *Journal of Finance*, Vol. 64, No. 3, pp. 1445–1477.

Jarrow, R. and P. Protter (2011): "A dysfunctional role of high frequency trading in electronic markets." *International Journal of Theoretical and Applied Finance*, Vol. 15, No. 3.

Kim, C., T. Perry, and M. Dhatt (2014): "Informed trading and price discovery around the clock." *Journal of Alternative Investments*, Vol 17, No. 2, pp. 68-81.

Kyle, A. (1985): "Continuous auctions and insider trading." *Econometrica*, Vol. 53, pp. 1315–1336.

Lee, C. and M. Ready (1991): "Inferring trade direction from intraday data." *Journal of Finance*, Vol. 46, pp. 733–746.

López de Prado, M. (2017): "Mathematics and economics: A reality check." *Journal of Portfolio Management*, Vol. 43, No. 1, pp. 5–8.

Muravyev, D., N. Pearson, and J. Broussard (2013): "Is there price discovery in equity options?" *Journal of Financial Economics*, Vol. 107, No. 2, pp. 259–283.

NANEX (2011): "Strange days: June 8, 2011—NatGas Algo." NANEX blog. Available at **www.nanex.net/StrangeDays/06082011.html.**

O'Hara, M. (1995): *Market Microstructure*, 1st ed. Blackwell, Oxford.

O'Hara, M. (2011): "What is a quote?" *Journal of Trading*, Vol. 5, No. 2 (Spring), pp. 10–15.

Parkinson, M. (1980): "The extreme value method for estimating the variance of the rate of return." *Journal of Business*, Vol. 53, pp. 61–65.

Patzelt, F. and J. Bouchaud (2017): "Universal scaling and nonlinearity of aggregate price impact in financial markets." Working paper. Available at https://arxiv.org/abs/1706.04163.

Roll, R. (1984): "A simple implicit measure of the effective bid-ask spread in an efficient market." *Journal of Finance*, Vol. 39, pp. 1127–1139.

Stigler, Stephen M. (1981): "Gauss and the invention of least squares." *Annals of Statistics*, Vol. 9, No. 3, pp. 465–474.

Song, J, K. Wu and H. Simon (2014): "Parameter analysis of the VPIN (volume synchronized probability of informed trading) metric." In Zopounidis, C., ed., *Quantitative Financial Risk Management: Theory and Practice*, 1st ed. Wiley.

Toth, B., I. Palit, F. Lillo, and J. Farmer (2011): "Why is order flow so persistent?" Working paper. Available at https://arxiv.org/abs/1108.1632.

Van Ness, B., R. Van Ness, and S. Yildiz (2017): "The role of HFTs in order flow toxicity and stock price variance, and predicting changes in HFTs' liquidity provisions." *Journal of Economics and Finance*, Vol. 41, No. 4, pp. 739–762.

Wei, W., D. Gerace, and A. Frino (2013): "Informed trading, flow toxicity and the impact on intraday trading factors." *Australasian Accounting Business and Finance Journal*, Vol. 7, No. 2, pp. 3–24.

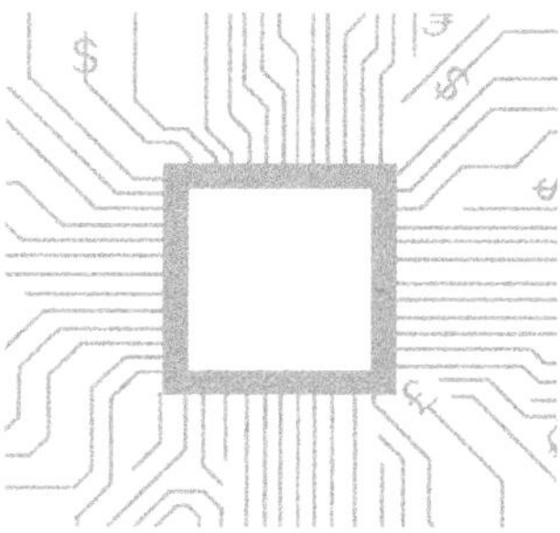

第5部分

高性能计算方法

第 20 章

多进程和矢量化

20.1 动机

多进程对于机器学习来说至关重要。机器学习算法是计算密集型算法，要求能够高效地利用所有 CPU、服务器和集群。因此，书中介绍的大部分函数都是为异步多进程而设计的。例如，我们经常使用一个名为“mpPandasObj”的神秘函数，但还从未定义过它。我们在本章中会解释这个函数的作用。此外，我们还将深入研究如何开发多进程引擎。本章介绍的程序结构都与执行它们的硬件体系结构无关，无论我们采用的是单服务器的多核处理器还是分布于多个互联服务器上的处理器（例如，在高性能计算集群或云中）。

20.2 矢量化示例

矢量化也被称为数组编程，是并行的一个最简单的例子，即将一个操作同时应用于整个数值集合中。作为一个最简单的例子，假设需要对一个每个维度都有两个节点的三维空间进行暴力搜索，笛卡儿乘积的非矢量化应用类似于代码片段 20.1。如果搜索的维度数量为 100 或者在运行期间由用户任意定义，代码将会有什么样的变化呢？

代码片段 20.1　非矢量化笛卡儿乘积

```
# Cartesian product of dictionary of lists
dict0={'a':['1','2'],'b':['+','*'],'c':['!','@']}
for a in dict0['a']:
    for b in dict0['b']:
        for c in dict0['c']:
            print {'a':a,'b':b,'c':c}
```

矢量化解决方案用矩阵代数运算或编译过的迭代器或生成器来替换所有显式迭代器（例如，for 循环）。代码片段 20.2 是代码片段 20.1 的矢量化版本。矢量化版本更为可取，因为以下 4 个原因：（1）低速的“for 循环”嵌套被快速迭代器取代；（2）该代码可以通过“dict0”的维度推断出网格的维度；（3）在无须修改代码或运行 100 个“for 循环”的前提下即可进行 100 维度的运算；（4）Python 代码的底层可以调用 C 或 C + + 进行操作。

代码片段 20.2　矢量化笛卡儿乘积

```
# Cartesian product of dictionary of lists
from itertoolsimport izip,product
dict0={'a':['1','2'],'b':['+','*'],'c':['!','@']}
jobs=(dict(izip(dict0,i)) for i in product(*dict0.values()))
for i in jobs:print i
```

20.3　单线程、多线程和多进程

现代计算机一般有多个 CPU 插槽，每个 CPU 有许多内核（处理器），每个内核有几个线程。多线程技术是多个应用程序在同一个内核的两个或多个线程上并行运行的技术。多线程技术的一个优势在于，应用程序共享同一个内核的同时也共享相同的内存空间。但因此，几个应用程序同时写入相同的内存空间的风险也随之产生。为避免这种情况的发生，全局解释器锁（Global Interpreter Lock，简写为 GIL）在每个内核中只为一个线程分配写入权限。在 GIL 下，Python 的多线程被限制为每个处理器的一个线程。基于这个原因，Python 通过多进程实现了并行处理，而不是真正的多线程。处理器间不共享相同的内存空间，因此，多进程不会写入相同的内部空间。但因此，在处理器之间的对象共享也变得更为困难。

Python 这种单线程的特性只用到了现代计算机、服务器或集群中的一小部分性能。以下的例子展示了一项简单任务在低效的单线程下是如何完成的。代码片段 20.3 找到了 10 000 个长度为 1 000 的高斯过程达到宽度为标准偏差 50 倍的对称双势垒的最早时间。

代码片段 20.3 单触双势垒的单线程实现

```
import numpy as np
#———————————————————————————————
def main0():
    # Path dependency: Sequential implementation
    r=np.random.normal(0,.01,size=(1000,10000))
    t=barrierTouch(r)
    return
#———————————————————————————————
def barrierTouch(r,width=.5):
    # find the index of the earliest barrier touch
    t,p={},np.log((1+r).cumprod(axis=0))
    for j in xrange(r.shape[1]): # go through columns
        for i in xrange(r.shape[0]): # go through rows
            if p[i,j]>=width or p[i,j]<=-width:
                t[j]=i
                continue
    return t
#———————————————————————————————
if __name__=='__main__':
    import timeit
    print min(timeit.Timer('main0()',setup='from __main__ import main0').repeat(5,10))
```

将代码片段 20.3 与代码片段 20.4 对比，可以发现代码片段 20.4 将问题分解成 24 个任务，每个处理器负责一个任务。如果在具有 5 000 个 CPU 的集群上运行相同的代码，所用时间将约为单线程实现的 1/5 000。

代码片段 20.4 单触双势垒的多进程实现

```
import numpy as np
import multiprocessing as mp
#———————————————————————————————
def main1():
```

```
        # Path dependency: Multi-threaded implementation
        r,numThreads=np.random.normal(0,.01,size=(1000,10000)),24
        parts=np.linspace(0,r.shape[0],min(numThreads,r.shape[0])+1
        parts,jobs=np.ceil(parts).astype(int),[]
        for i in xrange(1,len(parts)):
            jobs.append(r[:,parts[i-1]:parts[i]]) # parallel jobs
    pool,out=mp.Pool(processes=numThreads),[]
    outputs=pool.imap_unordered(barrierTouch,jobs)
    for out_ in outputs:out.append(out_) # asynchronous response
    pool.close();pool.join()
    return
#———————————————————————————————————————
if __name__=='__main__':
    import timeit
    print min(timeit.Timer('main1()',setup='from __main__ import main1').repeat(5,10))
```

此外，可以通过执行相同的代码将一个矢量化的函数进行多进程化处理，就如我们在第 3 章中通过函数 `applyPtSIOnT1` 实现的那样，其并行进程执行的子例程中包含了向量化的 pandas 对象。通过此操作可以实现两级并行化。通过对高性能计算机集群中的矢量化代码进行多进程化后可以实现三级并行化。其中，集群中的每个节点都提供第三级并行化。在下一节中我们会进一步说明多进程是如何运作的。

20.4 原子和分子

在准备并行化的工作时，区分原子和分子是很有用的。原子是指不可分割的任务。相较于在单个线程中依次有序的执行这些任务，人们更愿意将它们组合成分子，进而通过使用多个处理器并行处理。每个分子都是原子的一个子集，它们将在单个线程中被一个回调函数按顺序处理。并行化发生在分子层面。

20.4.1 线性分区

形成分子的最简单的方法是将原子列表分成相同大小的子集，其中，子集的数量取处理器数量和原子数量之间的最小值。对于 N 个子集，我们需要找到包含分区的 $N+1$ 个索引，如代码片段 20.5 所示。

代码片段 20.5 “linParts”函数

```
import numpy as np
#————————————————————————————————————————
def linParts(numAtoms,numThreads):
    # partition of atoms with a single loop
    parts=np.linspace(0,numAtoms,min(numThreads,numAtoms)+1)
    parts=np.ceil(parts).astype(int)
    return parts
```

包含两个嵌套循环操作的情况是很普遍的。比如，通过计算 SADF 序列（见第 17 章）评估多重屏障的达成（见第 3 章），或者进行未对准系列协方差矩阵的计算。在这些场景下，原子任务的线性分割效率低下，因为有些处理器必须处理比其他处理器大得多的计算，总消耗时间将取决于任务最重的分子。一种能够部分解决问题的方案是将原子任务划分为处理器数量倍数的多个作业，然后根据分子任务繁重程度安排任务队列。通过这种方式，工作量小的分子将被首先分配给已完成繁重任务的处理器，以确保所有 CPU 都在运作，直到作业队列耗尽。在下一节中，我们将讨论更完整的解决方案。图 20.1 展示了将 20 个原子任务按照相同的复杂度线性划分为 6 个分子任务的情况。

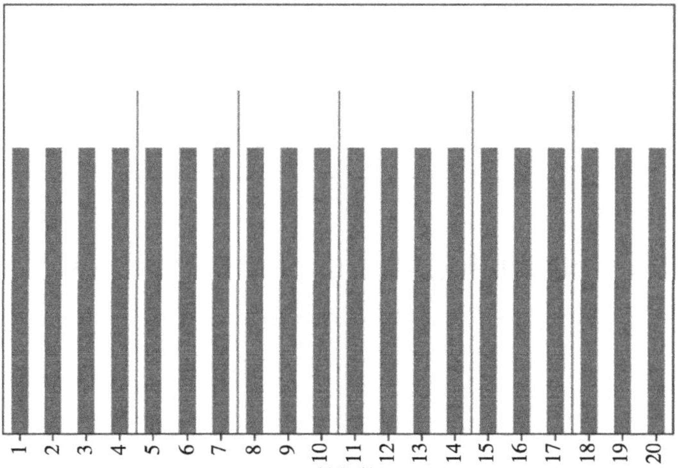

图 20.1　将 20 个原子任务通过线性划分变为 6 个分子任务

20.4.2 双嵌套循环的划分

假设存在这样一个嵌套循环，外部循环的迭代为 $i=1,\cdots,N$，内部循环的迭代为 $j=1,\cdots,i$。我们可以将这些原子任务排列成 $\{(i,j)\mid 1\leqslant j\leqslant i, i=1,\cdots,N\}$ 的倒三角矩阵（包括主对角线），因此总共需要 $\frac{1}{2}N(N-1)+N=\frac{1}{2}N(N+1)$ 次运算，其中的 $\frac{1}{2}N(N-1)$ 为非主对角线项，N 为主对角线项。现在我们要将这些原子任务分为 M 个包含了不同行数的子集进行并行运算，即 $\{S_m\}_{m=1,\ldots,M}$，每个任务集包含约 $\frac{1}{2M}N(N+1)$ 个原子任务。下述算法将阐述如何决定每个任务应包含多少个运算（作为一个分子任务）。

第一个子集 S_1 将由前 r_1 条运算行组成，即 $S_1=\{1,\cdots,r_1\}$，合计 $\frac{1}{2}r_1(r_1+1)$ 次运算。因此，r_1 必须满足 $\frac{1}{2}r_1(r_1+1)=\frac{1}{2M}N(N+1)$，求解 r_1，我们可以得到正数根：

$$r_1=\frac{-1+\sqrt{1+4N(N+1)M^{-1}}}{2}$$

第二个子集 S_2 所包含的运算行为 $S_2=\{r_1+1,\ldots,r_2\}$，合计 $\frac{1}{2}(r_2+r_1+1)(r_2-r_1)$ 项运算。因此，r_2 必须满足 $\frac{1}{2}(r_2+r_1+1)(r_2-r_1)=\frac{1}{2M}N(N+1)$，求解 r_2，我们可以得到正数根：

$$r_2=\frac{-1+\sqrt{1+4\left(r_1^2+r_1+N(N+1)M^{-1}\right)}}{2}$$

接下来对于任意子集 S_m，它所包含的运算行均为 $S_m=\{r_{m-1}+1,\ldots,r_m\}$，合计 $\frac{1}{2}(r_m+r_{m-1}+1)(r_m-r_{m-1})$ 项运算。因此 $\frac{1}{2}(r_m+r_{m-1}+1)(r_m-r_{m-1})=\frac{1}{2M}N(N+1)$，求解 r_m，我们可以得到正数根：

$$r_m=\frac{-1+\sqrt{1+4\left(r_{m-1}^2+r_{m-1}+N(N+1)M^{-1}\right)}}{2}$$

可以清楚地看到，当$r_{m-1}=r_0=0$时，r_m即为r_1。因为运算行数必定为正整数，上述运算结果将会四舍五入至其最近的自然数，这意味着部分子集所包含的运算次数将稍微偏离其理论值$\frac{1}{2M}N(N+1)$。代码片段20.6实现了该逻辑。

代码片段20.6 nestedParts函数

```
def nestedParts(numAtoms,numThreads,upperTriang=False):
    # partition of atoms with an inner loop
    parts,numThreads_=[0],min(numThreads,numAtoms)
    for num in xrange(numThreads_):
        part=1+4*(parts[-1]**2+parts[-1]+numAtoms*(numAtoms+1.)/numThreads_)
        part=(-1+part**.5)/2.
        parts.append(part)
    parts=np.round(parts).astype(int)
    if upperTriang: # the first rows are the heaviest
        parts=np.cumsum(np.diff(parts)[::-1])
        parts=np.append(np.array([0]),parts)
    return parts
```

若该嵌套循环的外部循环的迭代为$i=1,\cdots,N$，内部循环的迭代为$j=i,\cdots,N$。我们可以将这些原子任务排序成$\{(i,j)\mid 1\leqslant i\leqslant j,j=1,\cdots,N\}$的三角矩阵（包括主对角线）。在这种情况下，函数nestedParts中必须设定upperTriang=True。对好奇的读者来说，这其实是装箱问

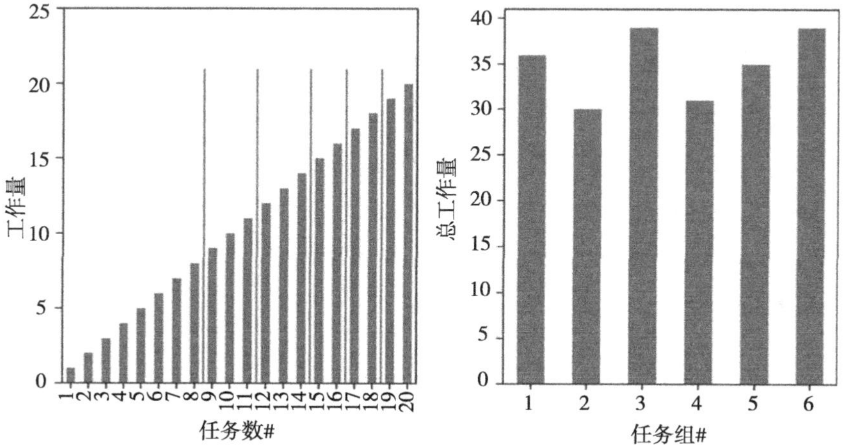

图20.2 一个关于原子进入分子的双重嵌套循环部分

题的一种特殊情况。图 20.2 展示了将一个二层嵌套循环的原子任务划分为分子任务的情况，任务的复杂程度逐步提升，而结果中的 6 个分子各自的任务总量则较为接近，尽管一些原子任务的难度是其他的 20 倍。

20.5 多进程引擎

为每个多进程函数都编写一个并行封装并不合适。我们应该开发一个能够处理未知函数的库，而不管它们的参数和输出结构如何。这是多进程引擎的目标。在本节中，我们将研究一个这样的引擎。一旦掌握了研究的逻辑，就可以开发出更多具有各种定制属性的引擎。

20.5.1 准备工作

在前面的章节中，我们经常使用函数 mpPandasObj。该函数接受 6 个参数，其中 4 个参数是可选的。

- func：并行执行的回调函数。
- pdObj：包含了以下两个功能的元组：
  - 用于将分子传递给回调函数的参数的名称。
  - 将会被分配给分子且无法继续细分的原子任务清单。
- numThreads：并行使用的线程的数量（一个处理器一个线程）。
- mpBatches：并行批处理任务的数量（每个内核的作业数）。
- linMols：划分是线性的还是双重嵌套的。
- kargs：func 需要的关键字参数。

代码片段 20.7 列出了 mpPandasObj 的工作方式。第一，使用 linParts（每个分子的原子数相等）或 nestedParts（原子分布在倒三角矩阵结构中）将原子分组为分子。当 mpBatches 大于 1 时，分子的数量会超过核心数量。假设我们将一个任务分为10个分子，分子1所花费的时间为其他分子的两倍，如果该运算在10个内核中进行，9个内核将会有一半时间处于闲置状态，直到被分配到分子1的内核完成运算。另一种选择是设置 mpBatches =10，即将该任务分成100个分子。在这种情况下，所有的内核将会被分配到同等的工作量，即便前10个分子所花费的时间与之后20个分子所花费的时间相同。在本例中，设置 mpBatches =10 所花费的时间为设置 mpBatches =1 所花费时间的一半。

第二，我们为所有的工作创建一张清单。一个任务包含了需要执行一个分子操作的全部信息，包括回调函数、它的关键字参数，以及形成分子的原子子集。第三，当参数设置为 numThreads = =1 时（见代码片段20.8），任务将会顺序执行，而为其他值时，任务则会并行执行（见20.5.2小节）。选择任务顺序执行的主要目的在于调试，当程序在多个处理器上执行时，很难识别出其中的问题。① 一旦代码调试完成，我们将会设置 numThreads >1。第四，我们将把所有分子的执行结果汇总，并以列表、系列、数据帧的形式进行展现。

代码片段 20.7　mpPandasObj，已在本书中多处使用

```
def mpPandasObj(func,pdObj,numThreads=24,mpBatches=1,linMols=True,**kargs):
    '''
    Parallelize jobs, return a DataFrame or Series
    + func: function to be parallelized. Returns a DataFrame
    + pdObj[0]: Name of argument used to pass the molecule
    + pdObj[1]: List of atoms that will be grouped into molecules
    + kargs: any other argument needed by func
   Example: df1=mpPandasObj(func,('molecule',df0.index),24,**kargs)
   '''
   import pandas as pd
   if linMols:parts=linParts(len(argList[1]),numThreads*mpBatches)
   else:parts=nestedParts(len(argList[1]),numThreads*mpBatches)
   jobs=[]     for i in xrange(1,len(parts)):
       job={pdObj[0]:pdObj[1][parts[i-1]:parts[i]],'func':func}
       job.update(kargs)
       jobs.append(job)
```

① Heisenbugs，因海森堡（Heisenberg）不确定性原理得名，描述了因人的观察而改变行为的漏洞。多进程漏洞是一个主要的例子。

```
if numThreads==1:out=processJobs_(jobs)
else:out=processJobs(jobs,numThreads=numThreads)
if isinstance(out[0],pd.DataFrame):df0=pd.DataFrame()
elif isinstance(out[0],pd.Series):df0=pd.Series()
else:return out
for i in out:df0=df0.append(i)
df0=df0.sort_index()
return df0
```

在第20.5.2节中会看到与代码片段20.8中的processJobs_对应的多进程实现。

代码片段20.8 单线程执行用于调试

```
def processJobs_(jobs):
    # Run jobs sequentially, for debugging
    out=[]
    for job in jobs:
        out_=expandCall(job)
        out.append(out_)
    return out
```

20.5.2 异步调用

Python有一个被称为multiprocessing的并行化库，这个库是类似joblib① 等多进程引擎的基础，joblib是许多sklearn算法②的引擎。代码片段20.9说明了如何异步调用Python的multiprocessing库。reportProgress函数用于通知我们任务完成的百分比。

代码片段20.9 异步调用Python multiprocessing库的示例

```
import multiprocessing as mp
#———————————————————————————————————————
def reportProgress(jobNum,numJobs,time0,task):
    # Report progress as asynch jobs are completed
    msg=[float(jobNum)/numJobs,(time.time()-time0)/60.]
    msg.append(msg[1]*(1/msg[0]-1))
```

① https://pypi.python.org/pypi/joblib.

② http://scikit-learn.org/stable/developers/performance.html#multi-core-parallelism-using-joblib-parallel.

```
    timeStamp=str(dt.datetime.fromtimestamp(time.time()))
    msg=timeStamp+' '+str(round(msg[0]*100,2))+'% '+task+' done after '+ \
        str(round(msg[1],2))+' minutes. Remaining '+str(round(msg[2],2))+' minutes.'
    if jobNum<numJobs:sys.stderr.write(msg+'\r')
    else:sys.stderr.write(msg+'\n')
    return
#———————————————————————————————————————
def processJobs(jobs,task=None,numThreads=24):
    # Run in parallel.
    # jobs must contain a 'func' callback, for expandCall
    if task is None:task=jobs[0]['func'].__name__
    pool=mp.Pool(processes=numThreads)
    outputs,out,time0=pool.imap_unordered(expandCall,jobs),[],time.time()
    # Process asynchronous output, report progress
    for i,out_ in enumerate(outputs,1):
        out.append(out_)
        reportProgress(i,len(jobs),time0,task)
    pool.close();pool.join() # this is needed to prevent memory leaks
    return out
```

20.5.3 回调展开

在代码片段20.9中，指令pool.imap_unordered()通过在单线程中运行作业（分子）的每个项实现expand-Call的并行化。代码片段20.10列出了expandCall，它展开作业（分子）中的每一项（原子），并执行回调函数。这个小函数是多进程引擎的核心：它将字典转换一个任务。一旦你理解了它的运作方式，就可以开发自己的引擎了。

代码片段20.10 将作业（分子）传递至回调函数

```
def expandCall(kargs):
    # Expand the arguments of a callback function, kargs['func']
    func=kargs['func']
    del kargs['func']
    out=func(**kargs)
    return out
```

20.5.4 序列化/反序列化对象

多进程在分配到不同处理器时必须选择序列化方法，而存在的一个问题是绑定方法无法被序列化。[①] 这里需要做的工作就是在既定的引擎中加入功能，告知程序库该如何处理这些对象。代码片段 20.11 包含了需要被放置在引擎最前端的指令［Ascher 等人（2005）］。

代码片段 20.11　将该代码放置在引擎的最前端

```
def _pickle_method(method):
    func_name=method.im_func.__name__
    obj=method.im_self
    cls=method.im_class
    return _unpickle_method,(func_name,obj,cls)
#——————————————————————————————
def _unpickle_method(func_name,obj,cls):
    for cls in cls.mro():
        try:func=cls.__dict__[func_name]
        except KeyError:pass
        else:break
    return func.__get__(obj,cls)

#——————————————————————————————
import copy_reg,types,multiprocessing as mp
copy_reg.pickle(types.MethodType,_pickle_method,_unpickle_method)
```

20.5.5　输出减少

假设将一个任务分成 24 个分子，引擎将每个分子分配给一个可用核心。代码片段 20.9 中的函数 processJobs 将捕获 24 个输出并将它们存储在列表中。这种方法在不涉及大量产出的问题中十分有效。如果这 24 个输出必须合并为一个输出，除了要等到最后一个分子完成外，我们还需要处理列表中的其他项目。通常来说，只要输出的大小和数量都很小，这个后处理过程不会增加显著的延迟。

但是，当这些输出消耗大量内存并且需要合并为一个输出时，将所有这些输出存储在列表中可能会导致内存错误。因此，最好在 func 异步返回时尽快进行输出减少的动作，而不是等待所有的分子运算都完成后再进行。我们可以通过提升 processJobs 来解决这个关注点。我们将通过以

---

① http：//stackoverflow. com/questions/1816958/cant-pickle-type-instancemethod-when-using-pythonsmultiprocessing-pool-ma.

下3个额外的参数来确定如何将分子输出减少至一个。代码片段20.12列出了processJobs的增强版本，其中包含了3个新参数：

- redux：实现输出减少的回调函数。例如：当输出数据框架应被相加时，则redux=pd.DataFrame.add。
- reduxArgs：向redux传递参数的字典。例如：若redux=pd.DataFrame.join，那么可能出现的情况为reduxArgs={'how':'outer'}。
- reduxInPlace：布尔值，指明redux是否需要就地执行。例如：redux=dict.update和redux=list.happened就需要满足reduxInPlace=True，因为一个列表的附加和一个字典的更新均应为就地执行。

代码片段20.12　优化processJobs以达到写入过程中输出减少

```
def processJobsRedux(jobs,task=None,numThreads=24,redux=None,reduxArgs={},
                     reduxInPlace=False):
    '''
    Run in parallel
    jobs must contain a 'func' callback, for expandCall
    redux prevents wasting memory by reducing output on the fly
    '''
    if task is None:task=jobs[0]['func'].__name__
    pool=mp.Pool(processes=numThreads)
    imap,out,time0=pool.imap_unordered(expandCall,jobs),None,time.time()
    # Process asynchronous output, report progress
    for i,out_ in enumerate(imap,1):
        if out is None:
            if redux is None:out,redux,reduxInPlace=[out_],list.append,True
            else:out=copy.deepcopy(out_)
        else:
            if reduxInPlace:redux(out,out_,**reduxArgs)
            else:out=redux(out,out_,**reduxArgs)
        reportProgress(i,len(jobs),time0,task)
    pool.close();pool.join() # this is needed to prevent memory leaks
    if isinstance(out,(pd.Series,pd.DataFrame)):out=out.sort_index()
    return out
```

在知道如何正确处理分子输出后，可以通过代码片段20.7提升mypandasObj。在代码片段20.13中，新的函数mpJobList将3个输出减少参数传递给processJobsRedux。这样就不需要像mpPandasObj那样处理输出列表，从而节省了时间和内存。

代码片段 20.13　优化 mpPandasObj 以达到写入过程中输出减少

```
def mpJobList(func,argList,numThreads=24,mpBatches=1,linMols=True,redux=None,
              reduxArgs={},reduxInPlace=False,**kargs):
    if linMols:parts=linParts(len(argList[1]),numThreads*mpBatches)
    else:parts=nestedParts(len(argList[1]),numThreads*mpBatches)
    jobs=[]
    for i in xrange(1,len(parts)):
        job={argList[0]:argList[1][parts[i-1]:parts[i]],'func':func}
        job.update(kargs)
        jobs.append(job)
    out=processJobsRedux(jobs,redux=redux,reduxArgs=reduxArgs,
                         reduxInPlace=reduxInPlace,numThreads=numThreads)
    return out
```

20.6　多进程示例

到目前为止，本章前几节提供的思路都可以用来加速数个数量级的、冗长的和大规模的数学运算。在本节中将说明多进程的另一个目标：内存管理。

现在假设要将一个形式为 $Z'Z$ 的协方差矩阵方程进行频谱分析，与第8章第8.4.2节一样，Z 的大小为 $T\times N$。它的特征向量矩阵为 W，特征值矩阵为 Λ，即 $Z'ZW=W\Lambda$。现在我们想获得其正交主成分，$0\leqslant\tau\leqslant 1$，它用于解释总方差中用户定义的部分。为此我们将计算 $P=Z\tilde{W}$，其中 $\tilde{W}$ 包含了 W 的前 $M\leqslant N$ 列，并满足 $(\sum_{m=1}^{M}\Lambda_{m,m})(\sum_{n=1}^{N}\Lambda_{n,n})^{-1}\geqslant\tau$。$P=Z\tilde{W}$ 的计算可被并行化，注意：

$$P=Z\tilde{W}=\sum_{b=1}^{B}Z_b\tilde{W}_b$$

其中，Z_b 大小为 $T\times N$ 的稀疏矩阵，它仅含有 $T\times N_b$ 个项（其余为空），$\tilde{W}_b$ 是大小为 $N\times M$ 的矩阵，它仅含有 $N_b\times M$ 个项（其余为空），并且$\sum_{b=1}^{B}N_b=N$。这里的稀疏性由于该集合的列被分为了 B 个子集列，并仅将第 b 个子集列装入 Z_b 中所导致。这个概念乍一看有点复杂，代码片段 20. 14 展示了如何使用 pandas 方便地实现这一概念。

函数 getPCs 通过参数 eVece 接收 $\tilde{W}$ 参数，molecules 参数包含了 fileNames 中的文件名子集，其中，每个 Z_b 代表一个文件。在这里，我们需要理解的核心思想是我们计算了 Z_b 与 $\tilde{W}_b$ 中的一个片段的点积，而这个片段是由 Z_b 所定义的列组成的，并且那些分子结果在运算过程中就已执行了聚合（redux =pd.DataFrame.add）。

代码片段 20. 14　列子集中的主成分

```
pcs=mpJobList(getPCs,('molecules',fileNames),numThreads=24,mpBatches=1,
    path=path,eVec=eVec,redux=pd.DataFrame.add)
#———————————————————————————————————————
def getPCs(path,molecules,eVec):
    # get principal components by loading one file at a time
    pcs=None
    for i in molecules:
        df0=pd.read_csv(path+i,index_col=0,parse_dates=True)
        if pcs is None:pcs=np.dot(df0.values,eVec.loc[df0.columns].values)
        else:pcs+=np.dot(df0.values,eVec.loc[df0.columns].values)
    pcs=pd.DataFrame(pcs,index=df0.index,columns=eVec.columns)
    return pcs
```

这个方法有两个优点：首先，因为 getPCs 按照顺序加载数据帧 Z_b，对于足够大的 B，内存也不会被耗尽。其次，mpJob -List 并行执行分子，加速了运算。

在机器学习的实际应用中，经常遇到包含数十亿数据点的数据集 Z。如本例所示，并行化不仅减少了运行时间，也解决了许多由于内存限制不能被解决的问题。

练习

20. 1　使用 timeit 运行代码片段 20. 1 和 20. 2，重复 10 批执行 100 次。每个代码片段的最小运行时间是多少？

20.2 代码片段 20.2 中的说明对于单元测试、蛮力搜索和场景分析非常有用。你还记得你在书中其他哪些地方看到过？它们还可以在哪里使用？

20.3 调整代码片段 20.4，使用两个嵌套循环方案而非一个线性方案来形成分子。

20.4 与 `timeit` 相较：

(1) 运行代码片段 20.4，重复 10 批执行 100 次。每个代码片段的最小运行时间是多少？

(2) 修改代码片段 20.4（根据练习 20.3），重复 10 批执行 100 次。每个代码片段的最小运行时间是多少？

20.5 使用 `mpPandasObj` 来简化代码片段 20.4。

20.6 调试 `mpPandasObj`，以使用具有上三角结构的两个嵌套循环方案来处理形成分子的可能性。

引用文献

Ascher, D., A. Ravenscroft, and A. Martelli (2005): *Python Cookbook*, 2nd ed. O'Reilly Media.

参考文献

Gorelick, M. and I. Ozsvald (2008): *High Performance Python*, 1st ed. O'Reilly Media.

López de Prado, M. (2017): "Supercomputing for finance: A gentle introduction." Lecture materials, Cornell University. Available at https://ssrn.com/abstract=2907803.

McKinney, W. (2012): *Python for Data Analysis*, 1st ed. O'Reilly Media.

Palach, J. (2008): *Parallel Programming with Python*, 1st ed. Packt Publishing.

Summerfield, M. (2013): *Python in Practice: Create Better Programs Using Concurrency, Libraries, and Patterns*, 1st ed. Addison-Wesley.

Zaccone, G. (2015): *Python Parallel Programming Cookbook*, 1st ed. Packt Publishing.

第 21 章

蛮力搜索和量子计算机

21.1 研究目的

离散数学出现在机器学习的许多问题中，包括层次聚类、网格搜索、基于阈值的决策以及整数优化。有时候这些问题没有一个已知的解析解，甚至没有一个启发式的引导方法，唯一的希望就是通过蛮力搜索来解决。本章将研究如何将现代超级计算机难以驾驭的金融问题作为整数优化问题进行重新调整，使其更适用于量子计算机。你可以从中知晓如何将金融机器学习难以解决的问题转化为量子蛮力搜索。

21.2 组合优化

组合优化问题可以被描述为存在有限数量的可行解的问题，这些可行解由有限数量的离散值组合而成。随着可行组合数量的增加，穷举搜索变得较为不切实际。旅行商问题就是著名的非确定性多项式困难（NP - hard）的组合优化问题的例子［Woeginger（2003）］，这与最难的非确定性多项式时间问题一样棘手。

穷举法不切实际的原因在于标准计算机是依次评估和储存可行的解决方案。但如果我们可以一次完成所有可行方案的评估和储存呢？这就是量子计算机的目标。鉴于标准计算机的二进制系统间传输标准，一次只能采用两种可能的状态中的一种（{0，1}），而量子计算机依赖于量子位，这是可以实现两种状态线性叠加的记忆元件。理论上，量子计算机是通过量子力学现象实现这一点的。在某些实践过程中，量子位可以通过同时支持两个方向的电流，从而实现所需的叠加。此线性叠加的特性使量子计算机理论上非常适合解决非确定性多项式困难的组合优化问题。参见 Williams（2010）关于量子计算机能力的综合性论述。

通过例子说明是理解这个方法的最佳途径，我们将看到受一般交易成本函数约束的动态投资组合最优化问题如何被表示为适用于量子计算机的一个组合优化问题。不同于 Garleanu & Pedersen（2012），我们不会假设回报是从 IID 高斯分布中得出的。这与大型资产管理公司尤其相关，因为过高的换手率和执行偏差可能会严重削弱其投资策略的盈利能力。

21.3 目标函数

思考一组资产 $X=\{x_i\}, i=1,\cdots,N$，其中，回报在每个时间范围 $h=1,\cdots,H$ 遵循多元正态分布，且具有不同的均值和方差。假设这些回报服从多元正态分布，独立但并不同分布于时间。我们将交易轨迹定义为 $N\times H$ 矩阵 ω，它决定了在每个 H 范围内分配给 N 项资产的每一项的资本比例。在特定的范围 $h=1,\cdots,H$，我们有预测的平均值 μ_h，预测的方差 V_h 和预测的交易成本函数 $\tau_h[w]$。也就是说，已知一个交易轨迹 ω，我们可以计算预计投资收益率 r 的向量，如：

$$r=\operatorname{diag}[\mu'\omega]-\tau[\omega]$$

其中，$\tau[\omega]$ 可以采用任何函数形式。在不失一般性的前提下，考虑以下内容：

- $\tau_1[\omega]=\sum_{n=1}^{N} c_{n,1}\sqrt{|\omega_{n,1}-\omega_n^*|}$。
- $\tau_h[\omega]=\sum_{n=1}^{N} c_{n,h}\sqrt{|\omega_{n,h}-\omega_{n,h-1}|}, h=2,\ldots,H$。
- ω_n^* 是对 n 个证券的初始分配，$n=1,\cdots,N$。

$\tau[\omega]$ 是交易成本的 $H\times 1$ 向量。换句话说，与每项资产相关的交易成本是资本分配变化的平方根的总和，由随着 h 变化的资产特定因子$C_h=\{c_{n,h}\}_{n=1,\ldots,N}$ 重新调整。因此，C_h 是一个 $N\times 1$ 向量，用于确定资产之间的相对交易成本。

与 r 相关的夏普比率（见第 14 章）可以计算为（μ_h 是无风险利率的净值）：

$$SR[r]=\frac{\sum_{h=1}^{H}\mu_h'\omega_h-\tau_h[\omega]}{\sqrt{\sum_{h=1}^{H}\omega_h'V_h\omega_h}}$$

21.4 问题

我们试图计算出一个最佳交易轨迹来解决这个问题。

$$\max_{\omega} SR[r]$$
$$\text{s.t.}:\sum_{i=1}^{N}|\omega_{i,h}|=1,\ \forall h=1,\ldots,H$$

这个问题主要是为了估算全局动态最优，而在第16章中通过均值方差优化计算出的是静态最优值。非连续交易成本包含在 r 中。与标准最优投资组合相较，这不是一个凸（二次的）规划问题，有以下3个原因：（1）由于 μ_h 和 V_h 会随着 h 变化，因此回报不服从恒等分布；（2）交易成本 $\tau_h[\omega]$ 是非连续的，且会随着 h 的变化而变化；（3）目标函数 $SR[r]$ 是非凸性的。我们接下来将展示如何在不运用目标函数的分析性质的情况下计算解决方案（此方法具有普遍性）。

21.5 整数规划方法

这一问题的普遍性使其难以通过标准凸优化方法解决。我们的解决方案策略是对其进行离散化处理，从而使其能够适应整数优化。这反过来又使我们可以使用量子计算技术来找到最优解。

21.5.1 分类分区

如果我们要计算将 K 个单位的资本分配到 N 个资产中的方法数量，假设 $K>N$。这等价于寻找 $x_1+\ldots+x_N=K$ 的非负整数解的个数，它具有一个好的组合解 $\binom{K+N-1}{N-1}$。这与数论中的经典整数分割问题相似，其中，数学家哈代（Hardy）和拉马努金（Ramanujan），以及后来的拉德马赫（Rademacher）证明了渐进式［Johansson（2012）］。尽管顺序对分割问题无影响，但对于我们目前处理的问题却是息息相关的。

例如，$K=6$ 且 $N=3$，则（1，2，3）和（3，2，1）需要视为不同分区且进行区别对待［显然（2，2，2）不需要置换］。图21.1说明了在将6个单位资本分配给3个不同资产时顺序的重要性。这意味着我们必须考虑每个分区的所有不同排列。即使有一个很好的组合解决方案来

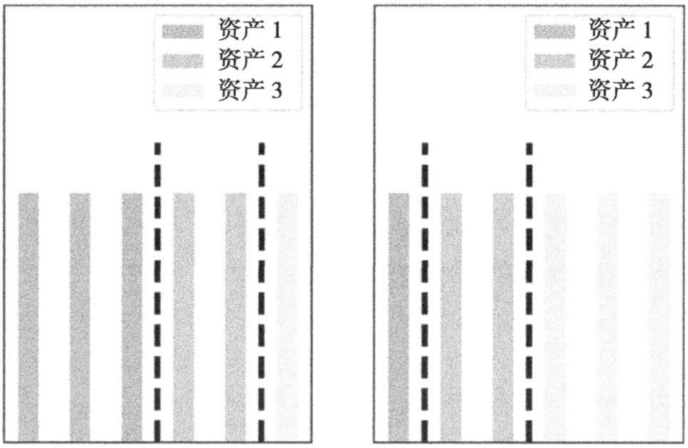

图21.1　分区（1，2，3）和（3，2，1）必须被区分对待

找到这样的分配数量，但是当 K 和 N 变大时，它仍然可能是计算密集型的。然而，我们可以使用斯特林（Stirling）的近似值来轻松得出估计值。

代码片段 21.1 提供了一种生成所有分区集的有效算法，$p^{K,N}=\left\{\{p_i\}_{i=1,\ldots,N} | p_i \in \mathbb{W}, \sum_{i=1}^{N} p_i = K\right\}$，其中，$\mathbb{W}$ 为自然数，包括零（整数）。

代码片段 21.1　*K* 个对象在 *n* 个插槽中的分区

```
from itertools import combinations_with_replacement
#————————————————————————————————
def pigeonHole(k,n):
    # Pigeonhole problem (organize k objects in n slots)
    for j in combinations_with_replacement(xrange(n),k):
        r=[0]*n
        for i in j:
            r[i]+=1
        yield r
```

21.5.2　可行的静态解

对任何给定的范围 h 计算所有可行解的集合，将其表示为 Ω。考虑将 K 个单元的分区集合成 N 个资产 $p^{K,N}$。对于每个分区 $\{p_i\}_{i=1,\ldots,N} \in p^{K,N}$，

我们可以定义绝对向量如 $|\omega_i| = \frac{1}{K}p_i$，其中，$\sum_{i=1}^{N}|\omega_i| = 1$（全额投资限制）。这种全额投资（无杠杆）的约束意味着每个权重可以是正数或负数，因此对于绝对权重 $\{|\omega_i|\}_{i=1,\dots,N}$ 的每个向量，可以生成 2^N 个向量（带符号的）的权重。这是通过将 $\{|\omega_i|\}_{i=1,\dots,N}$ 中的项与 $\{-1,1\}$ 的笛卡儿乘积的项相乘 N 次来实现的。代码片段 21.2 展示了如何生成与分区相关的所有的向量权重的 Ω 集合。

$$\Omega = \left\{ \left\{ \frac{s_j}{K}p_i \right\} \middle| \{s_j\}_{j=1,\dots,N} \in \underbrace{\{-1,1\}\text{x}\dots\text{x}\{-1,1\}}_{N}, \{p_i\}_{i=1,\dots,N} \in p^{K,N} \right\}$$

代码片段 21.2　与所有分区相关的向量集合

```
import numpy as np
from itertools import product
#———————————————————————————————————————
def getAllWeights(k,n):
    #1) Generate partitions
    parts,w=pigeonHole(k,n),None
    #2) Go through partitions
    for part_ in parts:
        w_=np.array(part_)/float(k) # abs(weight) vector
        for prod_ in product([-1,1],repeat=n): # add sign
            w_signed_=(w_*prod_).reshape(-1,1)
            if w is None:w=w_signed_.copy()
            else:w=np.append(w,w_signed_,axis=1)
    return w
```

21.5.3　评估轨迹

给定所有矢量 Ω 的集合，我们将所有可能轨迹的集合 Φ 定义为具有 H 个重复的 Ω 的笛卡儿乘积。然后，对于每个轨迹，我们可以评估其交易成本和 SR，并选择在 Φ 上具有最佳性能的轨迹。代码片段 21.3 实现了这一功能。对象 params 是包含 C、μ、V 值的列表。

代码片段21.3 评估所有轨迹

```
import numpy as np
from itertools import product
#————————————————————————————————
def evalTCosts(w,params):
    # Compute t-costs of a particular trajectory
    tcost=np.zeros(w.shape[1])
    w_=np.zeros(shape=w.shape[0])
    for i in range(tcost.shape[0]):
        c_=params[i]['c']
        tcost[i]=(c_*abs(w[:,i]-w_)**.5).sum()
        w_=w[:,i].copy()
    return tcost
#————————————————————————————————
def evalSR(params,w,tcost):
    # Evaluate SR over multiple horizons
    mean,cov=0,0
    for h in range(w.shape[1]):
        params_=params[h]
        mean+=np.dot(w[:,h].T,params_['mean'])[0]-tcost[h]
        cov+=np.dot(w[:,h].T,np.dot(params_['cov'],w[:,h]))
    sr=mean/cov**.5
    return sr
#————————————————————————————————
def dynOptPort(params,k=None):
    # Dynamic optimal portfolio
    #1) Generate partitions
    if k is None:k=params[0]['mean'].shape[0]
    n=params[0]['mean'].shape[0]
    w_all,sr=getAllWeights(k,n),None
    #2) Generate trajectories as cartesian products
    for prod_ in product(w_all.T,repeat=len(params)):
        w_=np.array(prod_).T # concatenate product into a trajectory
        tcost_=evalTCosts(w_,params)
        sr_=evalSR(params,w_,tcost_) # evaluate trajectory
        if sr is None or sr<sr_: # store trajectory if better
            sr,w=sr_,w_.copy()
    return w
```

值得注意的是，此过程不依赖凸优化来选择全局最优轨迹。即使在协方差矩阵是病态矩阵、交易成本函数是非连续的前提下，还是会找到一个解决方案，但会因此产生极大的计算量。事实上，评估所有轨迹与旅行商问题类似。数字计算机不适合解决非确定性多项式完全问题（NP - Complete）或非确定性多项式困难问题。然而，基于线性叠加的特性，量子计算机具有一次性评估多种方案的优势。

本章中所用的方法通过量子退火算法计算机解决了最优交易轨迹问题，为 Rosenberg 等人（2016）的研究提供了基础。此逻辑可以应用于很广泛的涉及路径依赖的金融问题，例如交易轨迹。难处理的机器学习算法可以被离散化且转化为适用于量子计算机的蛮力搜索。

21.6 例子

下面我们举例说明如何运用数字计算机在实践中找到总体最优值。量子计算机会一次评估所有的轨迹，而数字计算机会按顺序依次进行。

21.6.1 随机矩阵

代码片段 21.4 返回一个具有已知秩的高斯值的随机矩阵，该矩阵在许多应用中都十分有用。此代码可以作为下一次执行多变量蒙特卡洛实验或场景分析时的参考。

代码片段 21.4　创造一个已知秩的随机矩阵

```
import numpy as np
#—————————————————————————————
def rndMatWithRank(nSamples,nCols,rank,sigma=0,homNoise=True):
    # Produce random matrix X with given rank
    rng=np.random.RandomState()
    U,_,_=np.linalg.svd(rng.randn(nCols,nCols))
    x=np.dot(rng.randn(nSamples,rank),U[:,:rank].T)
    if homNoise:
        x+=sigma*rng.randn(nSamples,nCols) # Adding homoscedastic noise
    else:
        sigmas=sigma*(rng.rand(nCols)+.5) # Adding heteroscedastic noise
        x+=rng.randn(nSamples,nCols)*sigmas
    return x
```

代码片段 21.5 生成均值、协方差矩阵以及交易成本因子 C，μ，V 的 H 向量。这些变量存储在 params 列表中。

代码片段 21.5　生成问题的参数

```
import numpy as np
#———————————————————————————————————————
def genMean(size):
    # Generate a random vector of means
    rMean=np.random.normal(size=(size,1))
    return rMean
#———————————————————————————————————————
    #1) Parameters
    size,horizon=3,2
    params=[]
    for h in range(horizon):
        x=rndMatWithRank(1000,3,3,0.)
        mean_,cov_=genMean(size),np.cov(x,rowvar=False)
        c_=np.random.uniform(size=cov_.shape[0])*np.diag(cov_)**.5
        params.append({'mean':mean_,'cov':cov_,'c':c_})
```

21.6.2　静态解

代码片段 21.6 计算了由局部（静态）最优产生轨迹的性能。

代码片段 21.6　计算和评估静态解

```
import numpy as np
#———————————————————————————————————————
def statOptPortf(cov,a):
    # Static optimal porftolio
    # Solution to the "unconstrained" portfolio optimization problem
    cov_inv=np.linalg.inv(cov)
    w=np.dot(cov_inv,a)
    w/=np.dot(np.dot(a.T,cov_inv),a) # np.dot(w.T,a)==1
    w/=abs(w).sum() # re-scale for full investment
    return w
#———————————————————————————————————————
#2) Static optimal portfolios
w_stat=None
for params_ in params:
    w_=statOptPortf(cov=params_['cov'],a=params_['mean'])
    if w_stat is None:w_stat=w_.copy()
    else:w_stat=np.append(w_stat,w_,axis=1)
tcost_stat=evalTCosts(w_stat,params)
sr_stat=evalSR(params,w_stat,tcost_stat)
print 'static SR:',sr_stat
```

21.6.3 动态解

代码片段21.7应用了本章中所解释的函数，计算了与全局最优动态轨迹相关的性能。

代码片段21.7 计算和评估动态解方案

```
import numpy as np
#————————————————————————————————
#3) Dynamic optimal portfolios
w_dyn=dynOptPort(params)
tcost_dyn=evalTCosts(w_dyn,params)
sr_dyn=evalSR(params,w_dyn,tcost_dyn)
print 'dynamic SR:',sr_dyn
```

练习

21.1 运用鸽笼原理，证明 $\sum_{n=1}^{N}\binom{N}{n}=2^N-1$。

21.2 运用片段21.4构建一个满足以下条件的随机矩阵，大小为(1 000，10)，`sigma=1`。

(1) 当秩为1，绘制协方差矩阵的特征值。

(2) 当秩为5，绘制协方差矩阵的特征值。

(3) 当秩为10，绘制协方差矩阵的特征值。

21.3 运用第21.6节中的示例：

(1) 使用`size=3`，并使用`timeit`计算运行时间。重复10批100次执行，需要花费多长时间?

(2) 使用`size=4`和`timeit`。重复10批100次执行，需要花费多长时间?

21.4 回顾本章中的代码片段：

(1) 有多少可以被矢量化?

(2) 有多少可以运用第20章中的技术并行化?

（3）如果优化了代码，你认为可以提速多少？

（4）使用了被优化后的代码，有多少问题维度可以在一年内被解决？

21.5 在什么情况下，全局动态最优轨迹会与局部最优序列相匹配？

（1）这是一套现实的假设吗？

（2）如果不是：

①这可以解释为什么看似简单的方法打败了马科维茨理论吗？

②你认为为什么这么多公司在计算局部最优的序列上花费如此多精力？

引用文献

Garleanu, N. and L. Pedersen (2012): "Dynamic trading with predictable returns and transaction costs." *Journal of Finance*, Vol. 68, No. 6, pp. 2309–2340.

Johansson, F. (2012): "Efficient implementation of the Hardy-Ramanujan-Rademacher formula," *LMS Journal of Computation and Mathematics*, Vol. 15, pp. 341–359.

Rosenberg, G., P. Haghnegahdar, P. Goddard, P. Carr, K. Wu, and M. López de Prado (2016): "Solving the optimal trading trajectory problem using a quantum annealer." *IEEE Journal of Selected Topics in Signal Processing*, Vol. 10, No. 6 (September), pp. 1053–1060.

Williams, C. (2010): *Explorations in Quantum Computing*, 2nd ed. Springer.

Woeginger, G. (2003): "Exact algorithms for NP-hard problems: A survey." In Junger, M., G. Reinelt, and G. Rinaldi: *Combinatorial Optimization—Eureka, You Shrink!* Lecture notes in computer science, Vol. 2570, Springer, pp. 185–207.

第 22 章

高性能计算智能与预测技术

22.1 动机

本章将介绍美国劳伦斯·伯克利国家实验室的计算智能与预测技术（CIFT）项目。CIFT 的主要目标是推动高性能计算工具和技术在流数据分析中的应用。在注意到美国证券交易委员会和美国商品期货交易委员会因数据量的原因延迟了 5 个月才发布关于 2010 年“闪电崩盘”事件的报告后，美国劳伦斯·伯克利国家实验室启动了 CIFT 项目，应用高性能计算技术管理和分析金融数据。利用数据流做出及时的决策符合许多商业应用的需求，例如避免即将发生的电网故障或金融市场流动性危机。在这些情况中，高性能计算工具非常适合处理复杂的数据相关性并提供及时的解决方案。多年来，CIFT 一直致力于研究多种不同形式的流数据，包括车辆交通、电网、用电等领域。接下来的部分将介绍高性能计算系统的主要功能，并提供使用这些高性能计算工具进行流数据分析的示例。

22.2 监管部门对2010年“闪电崩盘”事件的反应

美国东部夏令时2010年5月6日下午2点45分左右，美国股票市场道琼斯工业平均指数下跌近10%，在几分钟后修复了大部分的亏损。监管机构大约花费了5个月的时间出具了一份调查报告。在调查此次事故的国会小组面前，监管机构表示数据量（大约20万亿字节）是造成报告延期的主要原因。高性能计算系统［例如美国国家能源研究科学计算中心（NERSC）中的那些系统］常常在数分钟内处理数百兆数据，因此用高性能计算系统处理金融市场数据是没有任何问题的。这也是CIFT项目成立的原因，其任务是应用高性能计算技术和工具进行金融数据分析。

金融大数据的一个关键因素是它主要由时间序列组成。多年来，CIFT团队与众多合作者一起开发了许多分析不同形式的数据流和时间序列的技术。本章将简要介绍高性能计算系统的硬件（见第22.4节）、软件（见第22.5节）和一些成功的应用案例（见第22.6节），最后总结我们迄今为止的愿景和工作内容。

22.3 背景

最近的一些科学突破，如希格斯粒子［Aad等人（2016）］和引力波［Abbot等人（2016）］的发现，推动了计算机技术的进步，使得寻找复杂模式变得简单，此功能也是许多互联网公司的核心，以便将用户与广告商进行匹配［Zeff & Aronson（1999），Yen等人（2009）］。但是，科学中所应用的硬件和软件与商业中所应用的完全不同。高性能计算技术具有一些关键优势，可用于各种商业应用。

科学家的工具通常是围绕高性能计算平台构建的，而商业应用的工具则是围绕着云计算平台构建的。为了筛选大量的数据以找到有用的模式，这两种方法被证明效果良好。然而，高性能计算系统的大范围应用是大规模模拟，例如用于预测未来几天区域性风暴天气的模型［Asanovic 等人（2006）］。相反，商业云计算最初的动机是需要同时处理大量独立的数据对象（数据并行任务）。

我们的工作主要关注数据流的分析，特别是高速复杂的数据流，例如来自传感网络监测的电网和高速公路系统的数据流。这种流媒体工作量对于高性能计算系统和云系统并不理想。但是，我们相信高性能计算系统比云系统能提供更好的流数据分析。

云系统最初设计用于并行数据任务，可同时处理大量独立数据对象。该系统因此被设计用于高通量，而不是用于产生实时响应。但是，许多商业应用程序都需要实时响应。例如，电网中的不稳定事件可能会在几分钟内发展成为一场灾难。快速找到问题将可以避免灾难。同理，金融研究文献已经确定了非流动性事件产生前的信号，在活跃的市场交易时间内迅速找到这些迹象就可以采取有效措施减小对市场的冲击，从而避免闪电崩盘。在这些情况下，对快速周转时间进行优先排序的能力是至关重要的。

根据定义，数据流是逐步可用的，因此可能没有大量的数据对象需要并行处理。通常，只有固定数量的最新数据记录可以用于分析。在这种情况下，有效利用多个 CPU 内核的计算能力的方法是将分析工作分成单个数据对象（或单个时间步骤）分配给多个 CPU 内核。与云计算系统相比较，高性能计算系统为此类工作提供了更有效的方法。

以上是我们工作的动力来源。如需更全面的比较高性能计算系统和云系统，我们推荐感兴趣的读者阅读 Asanovic 等人（2006）的研究文献。特别是 Fox 等人（2015）创建的一个广泛的分类法，用来描述任何应用场景的相似和不同之处。

简而言之，我们相信高性能计算领域可以为数据流分析提供最先进的技术。CIFT 项目的目标在于将美国劳伦斯·伯克利国家实验室的高性能计算专业知识应用到数据流实际运用中。我们将通过协作、演示和工具开发来实现这一目标。

为了评估高性能计算技术的潜在用途，我们花了很多时间用于研究各种应用，这一过程不仅使高性能计算专家进入了各种领域，也为我们获得用于建立演示装置的资金支持提供了机会。

基于一些早期支持者的慷慨捐赠，我们建立了一个致力于这项工作的大规模计算集群。这个专用计算机（名为 dirac1）允许用户使用高性能计算系统并评估他们自己的应用程序。

我们还参与了一项工具开发工作，以使高性能计算系统更适用于数据流分析。在下面章节中，我们将介绍 CIFT 专用机器的硬件和软件，以及一些演示和工具开发工作。其中包括将数据处理速度提高了 21 倍，并将计算机预警指标的计算速度提高了 720 倍。

22.4 高性能计算硬件

据说，第一代大数据系统是从大学校园收集的备用计算机组件构建而成的。这可能是一个城市传奇，但这突出了高性能计算系统和云系统之间的一个重要差异。理论上而言，高性能计算系统是由定制的高成本组件构成的，而云系统则使用标准的低成本商品组件构建。实际上，由于全球对高性能计算系统的投资远远小于个人电脑，因此制造商无法为高性能计算市场生产定制组件。因此，高性能计算系统很大程度上是由商品组件组装而成，就像云系统一样。但是，由于它们的目标应用不同，在组件选择上存在一些差异。

我们依次描述一下计算元件、存储系统和网络系统。图 22.1 是代表 2010 年左右麦哲伦集群［Jackson 等人（2010），Yelick 等人（2011）］关键组成部分的示意图。计算元件包括 CPU 和 GPU。这些 CPU 和 GPU 几乎

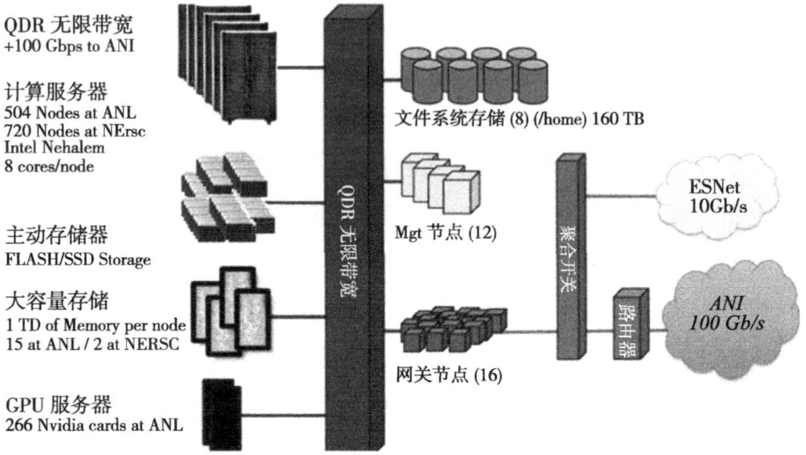

图 22.1 麦哲伦集群示意图（大约 2010 年）

都是商业产品。例如，“dirac1”上的节点使用一个 24 核的 2.2Ghz 英特尔处理器，这在云计算系统中是很常见的。目前“dirac1”不包含 GPU。

网络系统由两部分组成：连接集群内部组件的无限带宽，交换网络连接外部。在此特定实例中，外部连接标记为“ESNet”和“ANI”。无限带宽网络交换机在云计算系统中也很常见。

图 22.1 中的存储系统包括旋转磁盘和闪存。这种组合也很常见。不同之处在于，高性能计算系统通常将其存储系统集中在计算机节点之外，而典型的云计算系统的存储系统分布在计算机节点之间。这两种方法各有利弊。例如，集中系统通常作为全局文件系统导出到所有计算机节点，这使得处理存储在文件中的数据变得更加容易。但是，这需要一个连接 CPU 和磁盘的高效网络。相比之下，分布式方法可以使用容量较低的网络，因为每个 CPU 都有一些存储空间。通常，分布式文件系统，例如谷歌文件系统［Ghemawat，Gobioff，Leung（2003）］，位于云计算系统之上，以使所有 CPU 均可访问该存储。

简而言之，目前一代高性能计算系统与云计算系统使用几乎相同的商用硬件组件。它们的区别主要在于对存储系统和网络系统的安排。显然，存储系统的设计差异会影响应用程序的性能。但是，云系统的虚拟层可能是造成应用程序性能差异的更大原因。在下一节中，我们将讨论另一个可能产生更大影响的因素，即软件工具和库。

虚拟化通常用于云计算环境，以使多个用户可以使用相同的硬件，并将一个软件环境与另一个软件环境隔离。这是区分云计算环境和高性能计算环境的更突出的特性之一。在大多数情况下，计算机系统的3个基本组件——CPU、存储和网络，都是虚拟化的。这种虚拟化有很多好处。例如，现有的应用程序可以在CPU芯片上运行而无须重新编译；许多用户可以共享相同的硬件；硬件故障可以通过虚拟化软件纠正；失败的计算机节点上的应用程序可以更容易地迁移到另一个节点上。然而，此虚拟层也同时增加了一些运行费用并可能降低应用程序的性能。对于时间敏感的应用，性能的降低可能成为一个关键问题。

测试表明可能会存在较大的性能差异。接下来，我们将简要介绍Jackson等人（2010）的性能研究报告。图22.2显示了使用不同计算机的性能下降。横轴表示美国国家能源研究科学计算中心常用的不同软件包。左边柱形对应商业云，中间柱形对应麦哲伦，右边柱形对应EC2-Beta-Opt系统（有时缺失）。未优化的商业云实例运行这些软件包的速度比美国国家能源研究科学计算中心的超级计算机慢2~10倍。即使在更昂贵的高性能实例上，也有明显的减速。

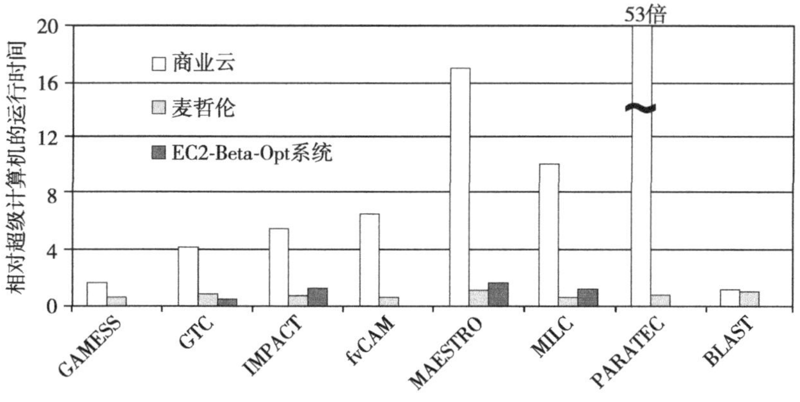

图22.2　云计算的科学应用速度比高性能计算系统慢（大约2010年）

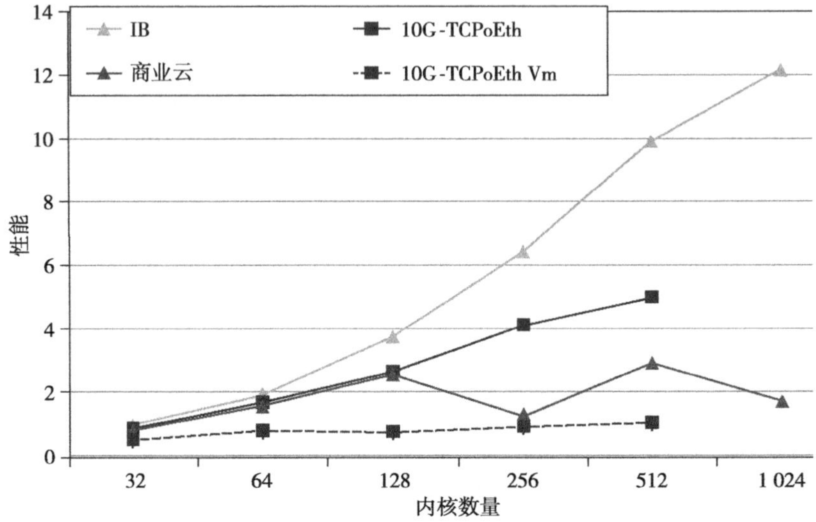

图 22.3 随着内核数量的增加，虚拟化成本变得更加显著（大约 2010 年）

图 22.3 显示了导致“PARATEC”软件包减速的主要因素。在图 22.2 中，我们看到“PARATEC”在商业云完成的时间比在高性能计算系统上花费的时间长 53 倍。在图 22.3 中可以看到，随着内核数量（横轴）的增加，性能测量（用 TFLOP/秒测量）之间的差异变大。特别是，标记为“10G-TCPoEth Vm”的线几乎没有随着内核数量的增加而增长。这就是网络实例使用虚拟网络（TCP over Ethernet）的情况。它清楚地表明，网络虚拟化的成本是显著的，以致云计算的用处变小。

虚拟化成本问题已得到广泛的认识［Chen 等人（2015）］。一些学者对 I/O 虚拟化成本［Gordon 等人（2012）］以及网络虚拟化成本［Dong 等人（2012）］进行了大量的研究。随着这些最先进的技术逐渐被转移到商业产品中，我们预计未来的成本将会减少，但一些成本将不可避免地保持下去。

最后，我们再简要地介绍一下高性能计算系统和云系统的经济性。通常，高性能计算系统由非营利性研究机构和大学运营，而云系统则由商业公司提供。利润、客户维系以及许多其他因素会影响云系统的成本

[Armburst 等人（2010）]。2011 年，麦哲伦项目报告指出：“成本分析表明，与商业云提供商相比，美国能源中心的成本通常低 3 ~ 7 倍，具有成本竞争力。”[Yelick 等人（2010）]

高能物理学家认为他们的使用案例特别适合云计算，并对一个比较研究进行了详细的分析 [Holzman 等人（2017）]。他们的成本比较结果显示，对于完成类似的计算任务，商业云比专用的高性能计算系统要多花费大约 50% 的费用。为了避免由数据移动可能产生的高昂费用，研究人员在数据输入和输出方面的工作受到严重的限制。对于复杂的工作负载，例如本书中讨论的流数据分析，我们预计未来高性能计算的成本优势仍将存在。2016 年美国国家科学院的一项研究得出了同样的结论：处理 NSF 预期的科学工作量的时候，即使是亚马逊的长期租赁费用，也会比高性能计算系统的价格贵 2 ~ 3 倍。

22.5 高性能计算软件

相较于硬件，超级计算机的真正优势在于它的专业软件。有许多软件包可以用于高性能计算系统和云系统。在大多数情况下，两个平台可用相同的软件包。因此，我们选择专注于高性能计算系统特有的，并有可能提升计算机智能和预测技术的软件包。高性能计算的软件生态系统有一个显著的特点是大部分应用软件通过信息传递接口（MPI）执行自己的跨处理器通信。实际上，大多数科学计算书籍的基石是 MPI [Kumar 等人（1994），Gropp，Lusk，Skjellum（1999）]。因此，我们对高性能计算软件工具的讨论将从 MPI 开始。由于本书依赖于数据处理算法，我们将专注于数据管理工具 [Shoshami & Rotem（2010）]。

22.5.1 信息传递接口

MPI 是一种运用于并行计算的通信协议 [Gropp，Lusk，Skjellum

(1999)，Snir 等人（1988）]。它定义了许多点对点数据交换操作以及一些集体通信操作。MPI 标准是基于几个早期构建便携式通信库的尝试而建立的。美国阿贡国家实验室早期实施的名为“MPICH”的系统具有高性能、可扩展性和便携性。这有助于 MPI 获得科研用户的广泛认可。

MPI 的成功可以部分归因于其将语言独立规范（LIS）与其语言绑定分开。这允许相同的核心功能提供给许多不同的编程语言，这也有助于 MPI 被广泛接受。第一个 MPI 标准规定了 ANSI C 和 Fortran-77 与 LIS 的绑定。该规范草案已于 1994 年超级计算会议上向用户提交。

MPI 成功的另一个关键因素是 MPICH 使用的开源许可证。该许可证允许供应商采用源代码生成自己的定制版本，这使得高性能计算系统供应商能够快速生成自己的 MPI 库。直到今天，所有的高性能计算系统用户都在他们的计算机上支持熟悉的 MPI。这种广泛的适用性也确保了 MPI 将继续成为高性能计算系统用户最喜欢的通信协议。

22.5.2 层次数据格式第 5 代（HDF5）

在描述高性能计算硬件组件时，我们注意到高性能计算平台中的存储系统通常与云平台中的存储系统不同。相应地，大多数用户访问存储系统所使用的软件库也是不同的。这种差异可以追溯到数据概念模型的差异。通常，高性能计算应用程序将数据视为多维数组，因此高性能计算系统上最流行的 I/O 库被设计为可与多维数组一起使用。在这里，我们介绍一下广泛使用的数组格式库 HDF5［Folk 等人（2011）]。HDF5 是由 HDF 组生成的分层数据格式的第 5 代。HDF5 中的基本数据单元是数据集，包括一个阵列及其相关信息，如属性、维数和数据类型。数据集可以分组为被称为“组”的大型单元，并且组又可以组织成高级组。这种灵活的分层组织允许用户表达数据集之间的复杂关系。

除了将用户数据组织到文件中的基本库，HDF 组还为不同的应用程序提供一套工具和专门化的 HDF5。例如，HDF5 包含一个性能分析工具。美国国家航空航天局开发了 HDF5 的独特应用，命名为“HDF5 EOS”，用于从他们的地球观测系统（EOS）中获取数据。而下一代DNA序列社区已经为其生物信息学数据产生了一项名为“BioHDF”的专业化应用。

HDF5为访问高性能计算平台上的存储系统提供了一种有效的方法。在测试中，我们已经证明使用HDF5存储股票市场数据能够显著加快分析操作的进程。这主要归功于其高效的压缩/解压缩算法，可最大限度地减少网络流量和I/O操作，这就将我们引入了下一个观点。

22.5.3 “In Situ”写入过程

在过去的几十年中，CPU性能每18个月大约提升一倍（摩尔定律），而磁盘性能每年增长不到5%。这种差异导致CPU内存的写入时间越来越长。为了解决这个问题，许多研究工作都集中在“in situ”分析能力上［Ayachit等人（2016）］。

在当前的处理系统中，自适应I/O系统应用最广泛［Liu等人（2014）］。它采用许多数据传输引擎，允许用户使用I/O流并执行分析操作。这在应用中十分有效，因为可以在传输中丢弃不相关的数据，从而避免其缓慢和大量的存储。同样的原理也使其能够非常快速地完成写入操作。事实上，它最初是因其写入速度而受到关注。此后，自适应I/O系统开发人员与许多大团队合作，改进其I/O渠道和分析能力。

由于自适应I/O系统支持流数据访问，因此它与CIFT工作高度相关。在一些演示中，自适应I/O系统与ICEE传输引擎能够实时完成分布式流数据分析［Choi等人（2013）］。我们将在下一节描述一个涉及大数据对象聚变等离子体团块的用例。

总而言之，“in situ”数据处理能力是高性能计算生态系统中另一个非常有用的工具。

22.5.4 趋同

我们前面提到，高性能计算硬件市场是整个计算机硬件市场的一小部分。与整体软件市场相比，高性能计算的软件市场更小。到目前为止，高性能计算软件生态系统主要由许多小企业以及一些开源贡献者维护。因此，高性能计算系统用户承受着巨大的压力，驱使其迁移到更受支持的云软件系统上。这是高性能计算软件与云软件之间融合的一个重要驱动因素［Fox 等人（2015）］。

尽管趋同似乎是不可避免的，但我们主张在融合的过程中保持上述软件工具的优势。CIFT 项目成立的动机之一就是设法将上述工具转移到未来的计算环境中。

22.6 应用案例

数据处理是现代科学研究的重要组成部分，一些研究人员称其为科学的第四范式［Hey，Tansley，Tolle（2009）］。在经济学中，相同的数据驱动的研究活动导致了行为经济学的广泛流行［Camerer & Loewenstein（2011）］。近期数据驱动的研究的许多进展都基于机器学习应用［Qiu 等人（2016），Rudin & Wagstaff（2014）］。他们在诸如天文学和生物信息学等广泛领域的成功引起了不同领域研究人员的极大兴趣。在本节的其余部分中，我们将介绍几个将先进的数据分析技术应用于各个领域的示例，其中许多用例源于 CIFT 项目。

22.6.1 识别超新星

在天文学中，许多重要的事实的确定（如宇宙的膨胀速度）都是通过测量 Ia 型超新星爆炸的光芒来进行的［Bloom 等人（2012）］。在夜空中寻找爆炸超新星的过程被称为天气成像测量。帕洛玛瞬变工厂（Palomar Transient Factory，简写为 PTF）就是这样一个天气成像测量的例子［Nicholas 等人（2009）］。PTF 望远镜扫描夜空并每 45 分钟产生一组图像。通过比较新图像与同一片天空先前的图像，进而确定发生了什么变化，同时对变化进行分类。最初，这种识别和分类任务是由天文

图 22.4 首次爆炸证据显示“Supernova SN 2011fe”是在爆炸的 11 个小时后被发现的，这是天文观测分类广泛自动化的结果

学家手动完成的。但是，目前来自 PTF 望远镜的图像数量太大，无法进行人工检查。因此，科学家开发了自动化图像处理系统，并部署在多个不同的计算机中心中。

图 22.4 显示了在爆炸过程中最早发现的超新星。2011 年 8 月 23 日，天空中没有看到这颗恒星，但在 8 月 24 日出现了一道微弱的光芒。这个快速的识别让世界各地的天文学家进行了详细的后续观测，这对于确定与宇宙膨胀有关的参数十分重要。

这次超新星的快速识别是对自动工作流程系统的机器学习能力的重要证明。此系统会处理新传入图像，并提取上次观察以来变化的新对象。随后，根据之前的训练对改变的对象进行分类并确定初步类型。由于对新对象后续跟进所需的资源非常宝贵，分类不仅需要指明假设类型，还要指出分类的可能性和置信度。使用基于 PTF 数据的分类算法，瞬变和变星的错误标记总误差率为 3.8% 。预计在即将进行的调查中，其他新工作的进行将进一步提升准确率，如大口径综合巡天望远镜的设立。

22.6.2 聚变等离子体气泡

物理学和气候学等领域的大规模科学探索是数千名科学家参与的大

规模国际合作。这些协作将以更快的速度产生越来越多的数据，现有的工作流管理系统难以跟上数据产生的速率。一个必要的解决方案是在数据到达相对较慢的磁盘存储系统之前进行处理、分析、汇总和减少数据，这个过程被称为在途处理（或者机上分析）。我们与自适应 I/O 系统开发人员一起实施了“ICEE”传输引擎，用来显著提高工作流系统的数据处理能力。测试表明，“ICEE”引擎允许一些大型国际合作伙伴做出接近实时的协作决策。在这里，我们简要介绍一下关于“KSTAR”的协作。

KSTAR 是具有完全超导磁体的核聚变反应堆。它位于韩国，但在世界各地有许多相关的研究团队。在一次聚变实验的运行过程中，一些研究人员控制着 KSTAR 的物理设备，但其他人可能希望通过对之前运行的实验进行协作分析，以便就如何为下一次运行配置设备提供建议。在对实验测量数据进行分析期间，科学家可能会进行模拟或检查以前的模拟来研究参数选择。通常，两次连续运行之间可能会有 10 ~ 30 分钟的时间间隔，所有协作分析需要在此时间窗口内完成，以影响下一次运行。

我们已经用两种不同类型的数据演示了 ICEE 工作流系统的功能：一种是从 KSTAR 测量的电子回旋放射成像（ECEI）数据；另一种是来自 XGC 建模的综合诊断数据。分布式工作流引擎需要从这两个来源收集数据，提取一个被称为“气泡”的特征，跟踪这些气泡的移动，预测气泡在实验测量中的移动，然后提供有关执行操作的建议。图 22.5 显示了 ECEI 数据是如何处理的。XGC 模拟数据的工作流程类似于图 22.5 所示的工作流程，不同之处在于 XGC 数据位于国家能源研究科学计算中心。

为了能够实时完成上述分析任务，科学家使用自适应 I/O 系统的 ICEE 的传输引擎进行有效的数据管理。实验第二部分是有效检测气泡［Wu 等人（2016）］。在这项工作中，我们需要通过选择必要的组块来减少通过广域网传输的数据量。然后我们识别气泡中的所有细胞，并将这些细胞分组到空间中的连通区域，其中每个区域的连接将形成一个气泡。我们开发的新算法通过充分利用节点间通信的 MPI 和同一节点上的 CPU 内核之间的共享内存，将工作划分至不同的 CPU 内核。此外，我

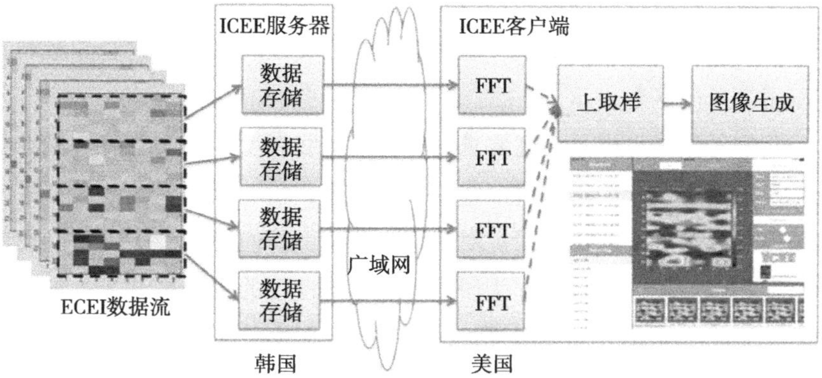

图 22.5　一个用于研究聚变等离子体动力学的分布式流程图

们还更新了连通区域标识的算法，以正确识别边缘的气泡，这些气泡用早期的检测算法时常会被遗漏。总体而言，我们的算法能够充分利用高性能计算系统中的并行性。

22.6.3　当天用电峰值

公用事业单位在部署先进的计量基础设施（AMI）以捕捉电力消耗在空间和时间上的细节。这些巨大的快速增长的数据流为测试基于大数据分析平台的预测能力提供了重要的测试场地［Kim 等人（2015）］。这些前沿数据科技与行为理论相结合，使行为分析能够获得对电力消费模式及其潜在驱动因素的新见解［Todd 等人（2014）］。

由于电力不易存储，其生产与消耗需要相匹配。当需求量超过发电容量时，通常会在消费者最需要电力的时候发生停电。由于增加发电容量的成本昂贵并且需要花费多年的时间，监管机构和公用事业公司设计了许多定价方案，旨在减少需求高峰时段不必要的消费。

为了衡量定价政策对峰值需求影响的有效性，可以分析 AMI 产生的用电数据。我们的工作侧重点是提取家庭用电的基线模型以供行为分析研究。除了不能给出新的定价方案，这个基线模型能够理想地捕捉到家庭用电的所有特征。建立这样的模型过程存在许多挑战。例如，有许多因素可能影响电力的使用，但没有任何记录，比如空调的温度设定或新设备的购买。还包括如室外温度等已知的其他因素，但它们的影响又难以用简单的函数表示。

我们开发了可满足上述要求的许多新基线模型。目前，黄金标准基线是一个精心设计的随机对照组。我们发现，新的数据驱动基线可以准确预测对照组的平均用电量。对于这次评估，我们使用了一项精心设计的研究，选取美国某地区作为研究对象，该地区的用电量在 5 月到 8 月的下午和晚上最高。尽管这项工作专注于证明新的基线模型对群体有效，但我们相信新的基线模型对未来研究单个家庭的用电也十分有效。

我们研究了一定数量的标准黑箱模型。在机器学习方法中，我们发现梯度渐进树比其他方法更加有效。然而，最准确的梯度渐进树模型需要滞后变量作为特征（例如，一天前的用电量和一周前的用电量）。在我们的工作中，我们需要使用 T－1 年的数据来确定 T 与 T＋1 年的基线使用情况。一天前的和一周前的滞后变量反应的不是 T－1 年而是最新的信息。我们尝试修改预测程序，以使用最近的预测代替前一天和前一周的实际测量值。然而，我们的测试表明，预测误差随着时间的推移而累积，导致夏季一个月左右的预测不切实际。这种类型的预测误差累积在时间序列的连续预测过程中很常见。

为了解决上述问题，我们设计了一些白箱方法，其中最有效的方法叫作 LTAP。LTAP 是基于每日累计可变用电量被平均日常温度的分段线性函数准确表述的事实，这一事实使我们能够预测每日总用电量。通过进一步假设在研究期间每个家庭的用电使用情况保持不变，我们能够从每日总使用量中分配每小时使用值。这种方法被证明是自相容的。也就是说，预测程序准确地再现了 T－1 年的用电量，并且对照组在 T 年和 T＋1 年的预测都非常接近实际测量值。两组在高峰需求时段都减少了用电量，活跃组的使用量比被动组减少了更多。这一观察结果与其他研究一致。

尽管新的数据驱动基线模型 LTAP 准确预测了对照组的平均使用

率，但为了减少高峰需求时段的用电量，预计新的使用分时定价的影响会有一些不同（见图22.6）。以控制组为基线，在新价格的基础上，活动组分别在第一、第二年的峰值需求时间内平均减少0.277kWh、0.198kWh用电量。使用LTAP作为基准，两年的平均减少量仅为0.164kWh。部分差异可能是由于自我选择偏差，尤其是活跃组，家庭必须明确选择参加实验。选择加入活跃组的家庭很可能非常适合利用新拟议的定价模式。我们认为LTAP基线是解决自我选择偏差的一种方法，并计划进行额外的研究以进一步验证这一点。

22.6.4 2010年“闪电崩盘”事件

美国证券交易委员会和美国商品期货交易委员会花了很长时间来调查2010年的“闪电崩盘”。正是由于当初美国证券交易委员会和美国商品期货交易委员会在调查2010年的“闪电崩盘”事件时花费了过长的时间，CIFT项目才得以启动。联邦调查人员需要对数十TB字节的数据进行筛选，以找出崩盘的根本原因。由于美国商品期货交易委员会公开指责数据量是长时间延迟的根源，我们开始寻找能够轻松处理数十TB的高性能计算工具。由于HDF5是最常用的I/O库，我们首先使用HDF5组织了一组大的股票交易数据［Bethel等人（2011）］。

让我们快速回顾一下2010年“闪电崩盘”期间发生的事情。美国东部夏令时间5月6日下午2:45左右，道琼斯工业平均指数下跌近10%，许多股票以每股1美分的价格交易，这是可能交易的最低价格。图22.7显示了另一个极端情况的示例，其中苹果公司的股票交易价格为每股100 000美元，即交易所允许的最高交易价格。显然，这些都是不寻常的事件，这破坏了投资者对金融市场的信心。投资者要求了解导致这些不寻常事件发生的原因。

为了让我们的工作与金融行业相结合，我们尝试使用HDF5软件，并将其应用于计算早期预警指标的具体任务中。基于一组机构投资者、监管机构和学者给出的建议，我们实施了两套指标，这些指标在闪电崩盘

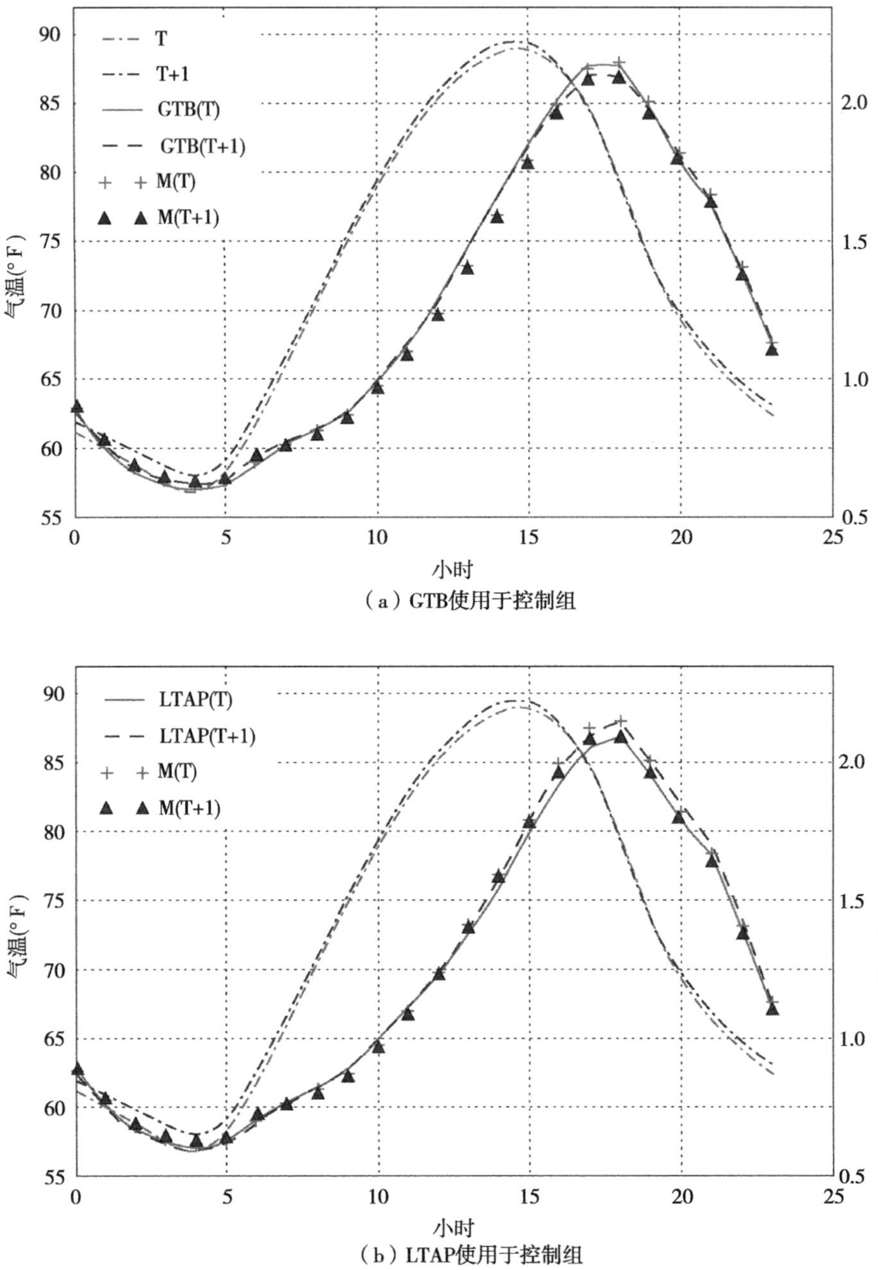

图 22.6 GTB 无法像新近开发的 LTAP 那样预测基线使用

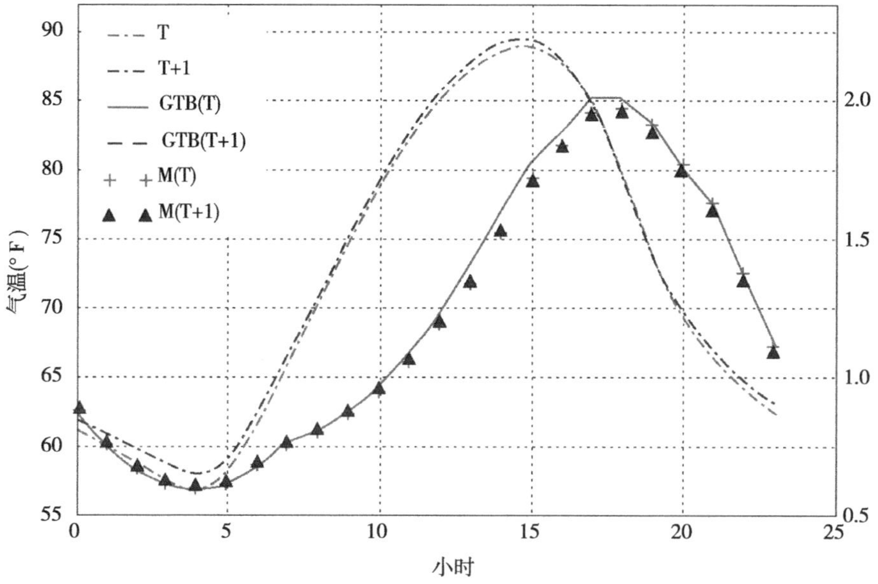

（c）GTB使用于被动组

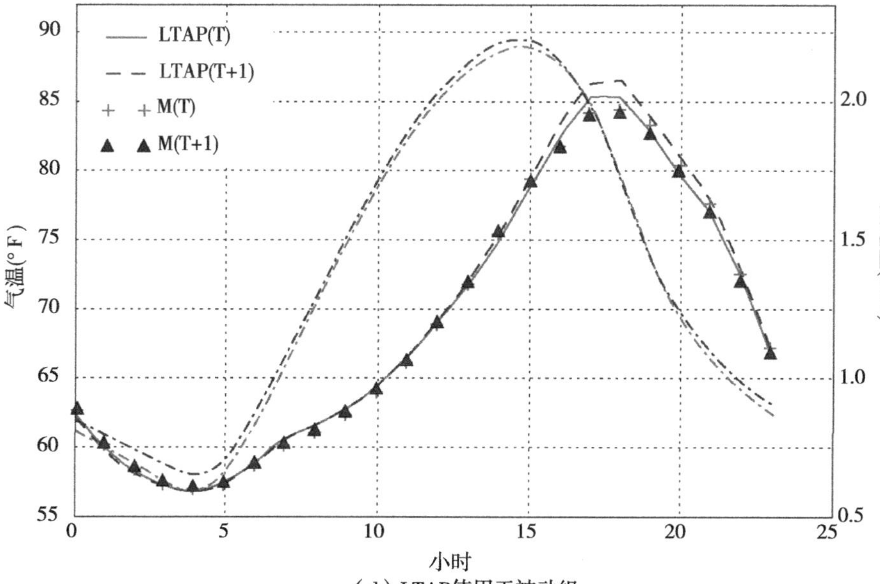

（d）LTAP使用于被动组

图 22.6（续） GTB 无法像新近开发的 LTAP 那样预测基线使用

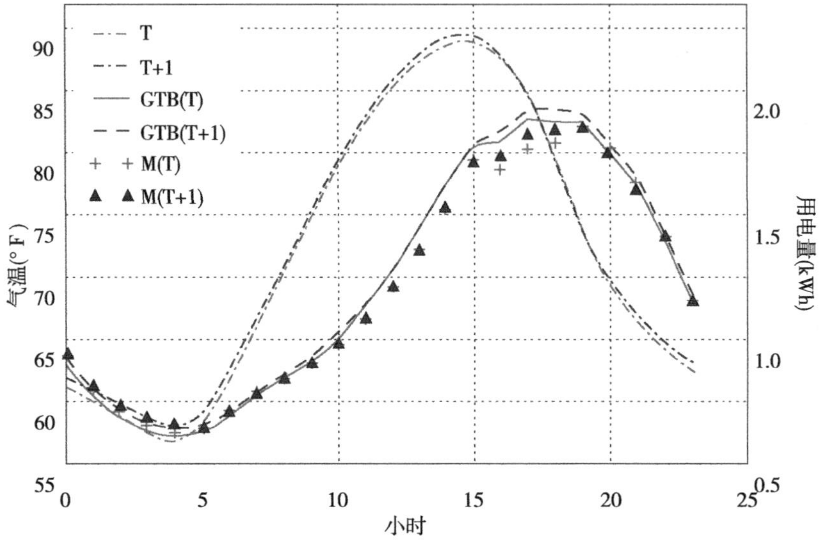

（e）GTB使用于活跃组

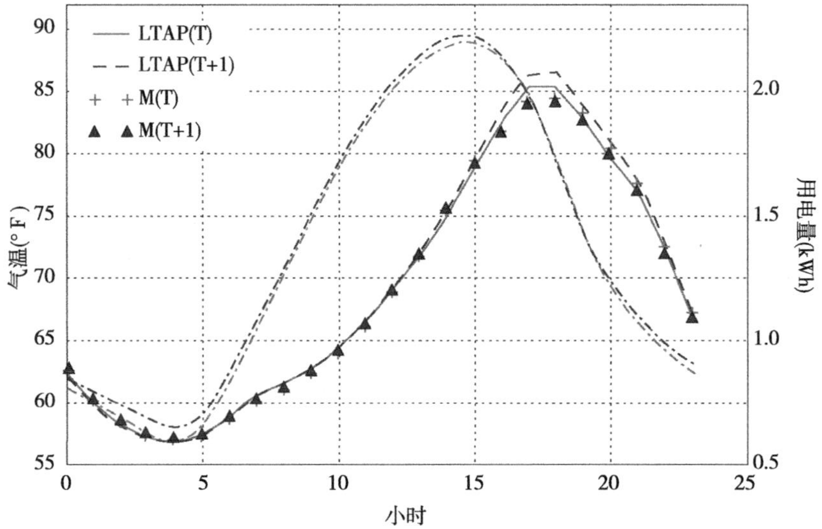

（f）LTAP使用于活跃组

图 22.6（续）　GTB 无法像新近开发的 LTAP 那样预测基线使用

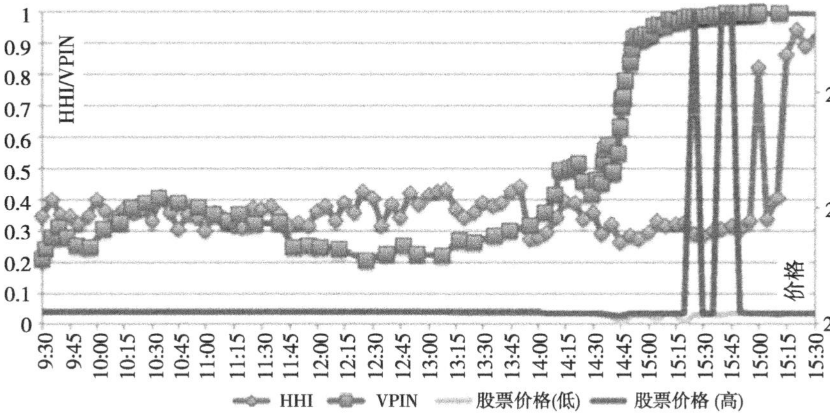

图 22.7　2010 年 5 月 6 日的苹果公司股票价格，以及交易时段内每 5 分钟的 HHI 和 VPIN 值

之前已被证明具有“早期预警”属性。它们是 VPIN［Easley，López de Prado，O'Hara（2011）］以及市场分化阶段的 HHI 指数［Hirschman（1980）］的变体。我们在 C++ 语言中实现了这两个算法，同时使用 MPI 进行处理器间通信，以充分利用高性能计算系统。这么做的原因在于，如果这些早期的预警指标中有指标被证明是成功的，那么高性能计算的实现将允许我们尽可能早地提取预警信号，以便有时间采取纠正措施。我们的研究是证明预警信号可以被及时计算出的第一步。

在过程中，我们执行了两个版本的程序：一个使用 HDF5 文件中组织的数据；另一个读取常用 ASCII 文本文件中的数据。图 22.8 显示了处理所有标普 500 指数成分股的 10 年以内交易记录所需的时间。由于 10 年期交易数据的规模仍然相对较小，我们将数据复制了 10 次。在单核 CPU（图 22.8 中标记为“Serial”）上，使用 ASCII 数据需要大约 3.5 小时，而 HDF5 文件只需要 603.98 秒。当使用 512 核 CPU 时，使用 HDF5 文件的时间减少到 2.58 秒，加速了 234 倍。

在较大（复制后）的数据集上，高性能计算代码计算这些指数的优势更加明显。在使用 10 倍多的数据时，计算机完成任务的时间只比

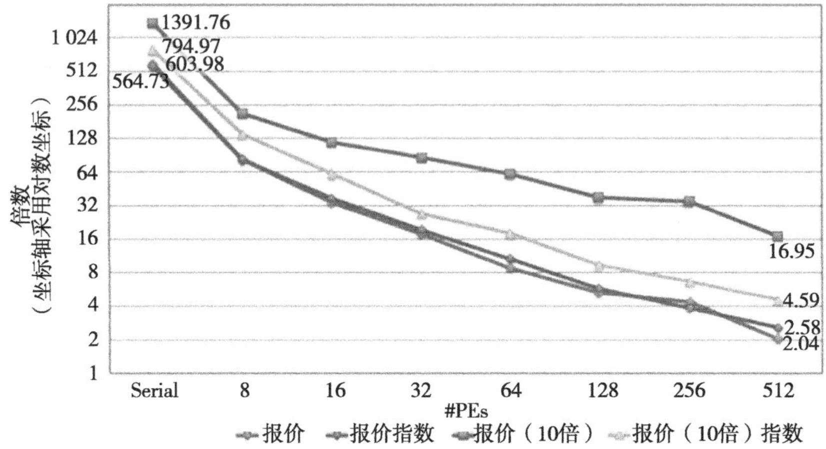

图 22.8　处理存储于 HDF5 文件系统中标普 500 指数成分股的 10 年以内交易记录所耗时间，是处理存储于 ASCII 文件中同样数据所耗时间的 21 倍（前者约 3.5 小时，后者 603.98 秒）

原时间增加大约 2.3 倍，线性延迟时间也会增加。增加 CPU 的使用量使高性能计算更具可扩展性。图 22.8 还显示，对于大数据集，我们可以进一步利用 HDF5 中可用的索引技术来减少数据访问时间（进而也减少了总计算时间）。当使用 512 核 CPU 时，由于采用高性能计算索引技术，总运行时间从 16.95 秒减少到 4.59 秒，加速为原来的 1/3.7。

22.6.5　知情交易校准的数量同步概率

了解金融市场的波动性需要处理大量数据。我们将数据密集型科学应用程序的技术应用于此任务，并通过在大量期货合约上计算 VPIN 的早期预警指标来证明其有效性。测试数据包含 100 个最频繁交易的期货合约的 67 个月内的交易数据。平均而言，处理超过 67 个月的一份合约大约需要 1.5 秒。在我们实现这个高性能计算应用之前，完成相同任务大约需要 18 分钟。高性能计算应用将速度提升了 720 倍。

值得注意的是，上述速度的提升仅基于算法的改进而未经过并行化处理。高性能计算代码可以通过在使用 MPI 的并行机器上运行进一步缩短计算时间。我们工作中使用的软件技术包括通过上述 HDF5 进行更快

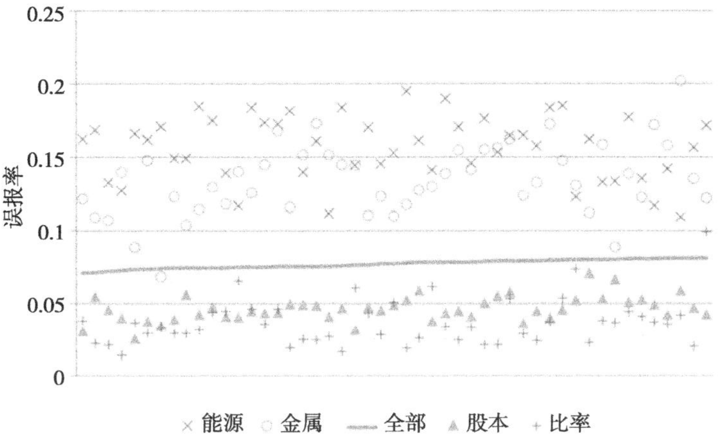

图 22.9　根据平均值排序的不同类别期货合约的平均误报率（α）

的 I/O 访问，以及用于计算 VPIN 的存储条和桶的简化数据结构［Wu 等人（2013）］。

如果用运行速度更快的程序来计算 VPIN，我们还能够更进一步探索参数的选择。例如，我们可以确定参数值，使 100 个交易的 VPIN 误报率从 20% 降低至 7% 。如图 22.9 所示，为了实现这个目标，需要调节参数有：（1）用交易的中位数价格来定价交易量（而非通常分析时使用的收盘价）；（2）200 储存桶/天；（3）30 条/桶；（4）窗口支持 VPIN =1 天，事件期间 =0.1 天；（5）具有 v =0.1 的 t 分布的总体积分类；（6）VPIN 的 CDF 阈值 =0.99。这些参数对期货合约的总体提供较低的误报率，而不是个别拟合的结果。

在不同类别的期货合约中，可以选择不同的参数来实现更低的误报率。在某些情况下，误报率可能会显著降低至 1% 以下。根据图 22.9，利率和指数期货合约通常具有较低的误报率。能源和金属等商品的期货合约通常具有较高的误报率。

此外，用于计算 VPIN 更快的程序允许我们验证由 VPIN 识别的事件是“固有的”，在某种意义上，诸如 VPIN CDF 上的阈值之类的变化参数对于检测到的事件数量仅有轻微影响。如果事件是随机的，将此阈值从0.9更改为0.99会使事件数量减少10倍。简而言之，更快的VPIN程序有助于提升VPIN的实时有效性。

22.6.6 用非均匀快速傅里叶变换揭示高频率的事件

高频交易在所有电子金融市场中都十分普遍。随着算法取代了以前由人类执行的任务，类似于2010年“闪电崩盘”的连锁效应出现的可能性将增大。在我们的工作中［Song等人（2014）］，我们汇集了许多高性能信号处理工具，以提升我们对这些交易活动的理解。作为例证，我们总结了对天然气期货交易价格的傅里叶分析。

通常情况下，傅里叶分析应用于均匀间隔的数据。由于市场活动突然爆发，我们可能更倾向于根据交易活动指数对金融时间序列进行采样。例如，VPIN将金融系列作为交易量的函数进行采样。然而，按时间顺序对金融系列进行傅里叶分析仍然具有启发意义。为此，我们考虑使用非均匀快速傅里叶变换（FFT）程序。

从天然气期货市场的傅里叶分析中，我们发现了证明市场上高频交易的有力证据。与高频相对应的傅里叶分量近年来变得更加突出，并且比市场结构预期的要高得多。此外，大量的交易活动发生在每分钟的第一秒，这是由以TWAP为目标的算法触发的交易信号。

对交易数据的傅里叶分析表明，每分钟一次的交易频率高于相邻频率。值得注意的一点是垂直轴是对数刻度。每分钟频率的活动强度比相邻频率强10倍以上。此外，活动非常精确地定义为每分钟一次，这表明这些交易是由有意建立自动化的事件触发的。我们认为这证实了TWAP算法在该市场中占据重要地位。

我们预计频率分析会呈现出明显的日常周期。在图22.10中，我们预测频率365的幅度会很大。然而我们可以看到幅度最大的是在频率366，因为2012年是闰年。由此说明非均匀傅里叶变换可以捕获预期信号。第二和第三高的频率分别为732和52，分别是每天两次和每周一次。

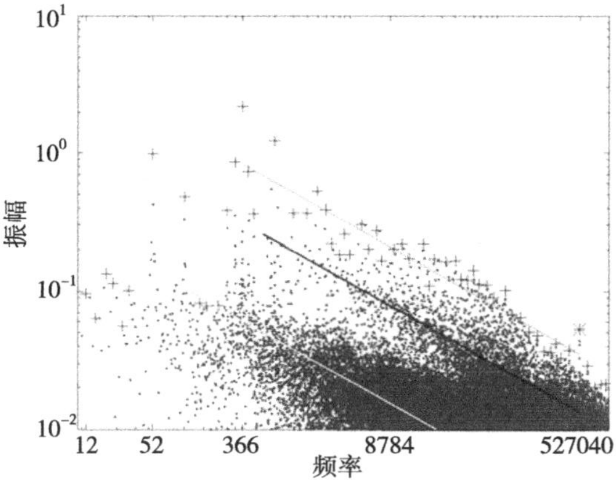

图22.10　2012年天然气期货合约交易价格的傅里叶谱

注：非均匀FFT确定强烈的活动每天发生一次（频率 = 366），每天两次（频率 = 732），每分钟一次（频率 = 527 040 = 366 × 24 × 60）。

此外，我们还在交易量上应用了非均匀傅里叶变化，并发现了算法交易的进一步证据。这些信号表明近年来算法交易的存在性增强。由此可见，非均匀傅里叶变换算法可用于分析高度不规则的时间序列。

22.7　总结和呼吁

目前，构建大规模计算平台有两种主要方式：高性能计算方法和云计算方法。大多数科学计算工作都使用高性能计算方法，而大多数商业计算需求通过云方法得到满足。传统观点认为，高性能计算方法带来的收益甚微，这是不正确的。高性能计算系统对推动科学研究进展起到至关重要的作用。它们在促进新科学发现中发挥了重要作用，包括希格斯粒子和引力波。它们促进了新学科的发展，例如行为经济学，以及通过互联网进行商业活动新模式。超大高性能计算系统的实用性促成了2015年美国国家战略计算计划。

人们正努力通过加速高性能计算在商业应用中的使用来提升高性能

计算工具的作用。“HPC4 制造”首次将知识转移到美国制造业并引起了广泛的关注。现在是时候协调一致地推动高性能计算满足其他关键业务的需求了。

近年来，我们已将 CIFT 开发为可从高性能计算工具和技术中受益的广泛的业务应用程序类别。在诸如如何应对电力变压器中的电压波动以及即将发生的市场波动事件的早期预警信号等决策中，高性能计算软件工具可以帮助决策者及早确定信号，提供足够的预测信心，并在灾难性事件到来之前预测结果。这些应用程序具有复杂的计算要求，并且通常对响应时间也有严格的要求。高性能计算比基于云计算更能满足这些要求。

在我们的工作中，我们已经证明 HPC I/O 库 HDF5 可将数据访问速度提高 21 倍，高性能计算技术可将闪电崩盘的预警指标 VPIN 的计算速度提升 720 倍。同时，我们开发了能使我们预测未来几年的每日高峰用电量的算法。因此，我们认为高性能计算技术应用于其他业务时也会取得相应的重大进展。

除了上面提到的性能优势之外，许多已发表的研究［Yelick 等人（2011），Holzman 等人（2017）］表明高性能计算系统也具有显著的价格优势。根据工作负载对 CPU、存储和网络的要求，使用云计算系统可能比使用高性能计算系统的花费多 50%，在某些情况下，可能高出 7 倍。对于本书中描述的复杂分析任务，由于它们不断需要提取数据进行分析，我们预计成本优势将继续保持。

CIFT 正努力提升高性能计算技术在私人公司中的应用，以便它们也能从大规模研究机构所享有的价格和性能优势中受益。我们早期的合作方为我们的工作专用的高性能计算系统提供了资金。这些资金会使感兴趣的各方在高性能计算系统上尝试其应用程序变得更加容易。我们欢迎不同形式的合作。如需要有关 CIFT 的更多信息，请访问 CIFT 的官网 http：//crd. lbl. gov/cift/。

CIFT 项目是戴维·莱因韦伯（David Leinweber）博士的心血。霍斯特·西蒙博士于 2010 年将其带到了美国劳伦斯·伯克利国家实验室。E. W. 贝瑟尔（E. W. Bethel）和 D. 贝利（D. Bailey）领导该项目 4 年。